조영식과 이케다 다이사쿠의

평화사상과 계승

조영식·이케다 다이사쿠 | ①
연구회 총서

조영식과 이케다 다이사쿠의
평화사상과 계승

하영애 편저

추천사

경희대학교 조영식·이케다 다이사쿠 연구회의 첫 번째 총서인 『조영식과 이케다 다이사쿠의 평화사상과 계승』의 출간을 진심으로 축하합니다.

조영식 학원장님은 제게 학교의 은사이십니다. 우리 시대의 선각자로 1948년에 『민주주의 자유론』을 저술하셨으며, 한국전쟁 후 초토화된 한반도의 미래를 생각하며 '교육으로 사회를 다시 일으킬 수밖에 없다'는 신념으로 경희대학교를 설립하셨습니다. 평생을 교육운동과 세계평화를 위해 진력하셨습니다. 일찍이 1965년 세계대학총장회의(IAUP)를 창립하셨고, 냉전이 한창이던 1981년 유엔의 '세계평화의 날' 제정에 결정적 역할을 하신 선생님께 존경과 감사의 말씀을 드립니다. 학원장님은 자신과 유사한 길을 걸어오신 이케다 다이사쿠 소카대학교 창립자와 1997년 소카대학교에서 만나 교육과 평화의 철학에 대해 깊이 공명하고, 이듬해 이케다 회장에게 경희대학교 명예철학박사학위를 수여하셨습니다.

이케다 회장님은 저도 1999년 12월 도쿄에서 만나 뵈었습니다. 한국을 일본의 '문화 대은인의 나라', '형님의 나라'라고 떳떳하게 말씀하시는 선생님을 뵈옵고 그 떳떳함과 올바름, 그리고 깊은 인품에 존경하는 마음을 금하지 못했습니다. 회장님은 참으로 겸손하시고 인간에 대한 자애와 사랑을 간직하고 계셨으며, 무엇보다도 인간이 걸어야 할 길을 올바르게 걷고 올바르게 가르쳐 오셨습니다. 또 전쟁은 절대악이라는 확신으로 평생동안 평화를 염원하며 젊은 세대에게 평화사상을 호소하며 인류의 항구평화를 위해 모든 힘을 다하고 계십니다. 특히 회장님이 보여주신 한일관계의 올바른 역사관과 평화사상은 한일관계의 새로운 관계뿐만 아니라 동북아시아와 세계 평화의 빛이 될 것이라고 믿고 있습니다.

이 책을 계기로 우리 시대의 진정한 평화사상가이신 조영식 학원장님과 이케다 회장님에 대해 더욱 많은 분들이 관심을 갖게 되었으면 합니다. 아울러 두 분의 사상을 계승하는 평화의 사자가 계속 나와 세계평화와 인류사회의 번영을 위해 활약해 주시길 고대합니다. 그러한 의미로 2016년에 두 분의 사상에 대한 본격적인 연구와 실천을 목적으로 하는 연구회가 출범하여 활동의 저변을 확대하고 있는 것은 무엇보다도 기쁩니다. 경희대학교 조영식·이케다 다이사쿠 연구회를 이끌어가는 하영애 회장과 많은 교수들의 활약에 찬사와 존경을 보내며 앞으로도 연구회가 더욱 발전하길 기원합니다.

2018년 12월

대한민국 전 국무총리 이 수 성

서문

첫눈이 소복이 쌓이는 뽀얀 눈을 밟으며 경희대에서 개최되는 김장봉사에 참석하러 갔다. 밝은사회(GCS) 한국본부와 여교수회 등 16개 밝은사회클럽에서 공동으로 개최하는 이 김장봉사는 독거노인을 비롯하여 자취하는 유학생 및 대학생들에게 김치를 나누어주는 일을 16년째 계속하고 있다. 이는 조영식이 추진한 밝은사회운동을 계승하는 실천운동의 하나이기도 하다.

2016년에 뜻있는 교수들이 모여 '조영식·이케다 다이사쿠(池田大作) 연구회'를 결성하였다. 주요 활동으로는 '평화사상과 실천'이라는 대주제로 매년 7월에 한국SGI 학술부와 공동으로 세미나를 개최하였고, 그리고 대만 문화대학교, 중국 천진의 남개대학교, 상해 복단대학교 등 국제세미나에 참석하여 발표를 하였고 금년(2018년) 2월에는 연구회의 주요 임원들이 일본 소카대학(創價大學)과 SGI를 방문하고 많은 분들과 다각적인 대화를 나누고 또한 후지미술관 견학을 통해 다시 한 번 연구회가 도약할 수 있는 기회를 가졌다.

이처럼 많은 교수들이 두 사람의 평화사상에 대한 연구에 참여했다. 특히 이 책은 연구회 설립 이후의 3년에 걸친 연구 성과를 담은 첫 번째 총서로서 출판하게 되었다. 연구의 출발점으로서 두 사람의 평화사상의 전체상(全体像)이나 핵심적 내용에 대한 깊이 있는 이해와 분석을 제공하여, 이를 연구회의 실천적 목적인 '계승'의 방향으로 논의하는 것이 이 책의 주요 내용이다. 책은 주제에 따라 다음과 같이 총 3부로 구성되고 있다.

제1부는 조영식의 평화사상을 주제로 여섯 편의 논문을 실었다. 교육, 문화, 평화, 민주주의, 한반도 통일 등 그의 광범위한 사상의 기원과 전개를 살펴보며, 학문적 특징과 실천적 과제를 연구하였다. 조영식은 이러한 분야를 중심으로, '정신적으로 아름답고, 물질적으로 풍요롭고, 인간적으로 보람 있는 인류 사회'라는 통합적 사회 비전을 제시했고, 이를 실현하기 위해 지역과 사회 그리고 유엔과 세계를 무대로 스스로부터 종횡무진으로 행동했다. 또한 이러한 바람직한 미래를 향해 문제 하나 하나를 극복할 수 있는 현실적 잠재력과 숭고한 사명이 우리 인간 모두에게 있다는 것을 '오토피아(Oughtopia)' 사상을 통해 호소했다. 여섯 편의 논문은 공통적으로 이와 같은 조영식 평화사상의 깊이와 넓이 그리고 이 시대에서의 필요성을 실감하고 있으며, 각 세부 주제에 관해서 보다 세밀한 분석을 통해 학술적 의의와 실천 방법을 모색했다.

제2부는 이케다 다이사쿠의 평화사상을 주제로 다섯 편의 논문을 실었다. 이케다는 1974년 국제적 조직으로서 SGI를 창립하면서 평화, 문화 교육을 중심으로 한 활동을 세계를 무대로 펼치고 있다.

그의 스승인 마키구치 쓰네사부로(牧口常三郎 1871-1944)는 전쟁을 부추기는 일본 군국주의 정부에 맞서 인류공동의 대선(大善) 추구를 중심으로 한 '미·이·선(美·利·善)' 가치 체계를 주장했다. 스승의 뜻을 이어받은 이케다는 세계평화의 구현을 위해 한 사람 한 사람의 인간적 존엄성과 잠재력을 각성시키는 의식 개혁에 노력해 왔다. 그는 이를 '인간혁명' 그리고 '민중의, 민중의 의한, 민중을 위한 임파워먼트(empowerment) 운동'이라고 불렀다. 다섯 편의 논문 또한 이와 같은 이케다 평화사상의 깊이, 넓이, 시대적 필요성에 입각하면서 세부 주제별 분석을 통해 학술적 의의와 실천적 함의를 심화시켰다.

제3부는 국내에서 조영식 및 이케다 다이사쿠에 대한 연구를 발전시키는 것을 목적으로 하여, 세계 석학들의 영어 논평을 실었다. 두 사람에 대한 평가나 연구는 국내보다 해외의 동향이 훨씬 앞서가고 있기 때문에 이들을 건설적 또는 비판적으로 학습하는 노력을 통해 국내 학술연구의 저변을 확대하는 것이 현실적인 연구 발전의 길이자 연구회가 해야 할 역할이라고 사료 된다. 또한 제3부에는 제1, 2부의 논문에 대한 영어 요약문도 함께 실었다. 두 사람에 대한 연구를 국제적으로 독자에게 알림으로써 미약하지만 국내-국제 간의 소통을 마련하는 것을 의도하고 있다.

이와 같이 조영식과 이케다 다이사쿠는 인간주의를 바탕으로 한 공통적인 평화사상을 가지고 있으며 동시대에 활약한 위대한 사상가이자 교육자, 선구자, 지도자이다. 두 사람의 사상과 행동은 이미 세계에서 수많은 사람들의 마음을 움직였으며, 국내에서도 특히 교육과 사회, 지역 발전 등의 면에서 현실적 변화를 일으키고 있다. 두 사람의 사상을 깊이 있게 알고, 뜻을 계승하고자 하는 사람들의 의지는 시간이 지날수록 보다 큰 시대적 흐름이 될 것으로 믿어 의심치 않는다. 우리 연구회가 내보낸 이 책이 이러한 시대적 조류의 일조가 될 수 있으면 더할 나위가 없겠다.

끝으로 이 책이 출판될 수 있도록 도와주신 많은 분들께 마음 깊이 감사를 드린다. 특히 여러 가지 바쁘신 중에도 본 총서에 대해 추천의 글을 써주신 이수성 전 총리님께 진심으로 커다란 감사를 드린다. 실무를 맡아서 수고한 미우라 히로키 연구위원장과 여국희 사무국장의 세심한 노력에도 고마움을 표한다. 연구회의 한 분 한 분 교수님들을 비롯하여 SGI 학술부의 교수님들께도 깊이 감사드리며 세미나에 토론자로 참석하여 고견을 주신 분들께도 고마움을 전한다.

이번 총서는 시작에 불과하다. 끊임없는 노력과 연구를 통해 총서 2, 3, 4...가 지속적으로 옥고를 담고 쏟아져 나오기를 기대한다.

2018. 12. 02.
연구회 총서 1 발간에 즈음하여 경희대 청운관에서
저자 대표 하 영 애 씀

목차

제1부

조영식의 평화사상과 계승

제1장

조영식 평화사상의 계승과
발전모색

하 영 애

Ⅰ. 서론

조영식 박사가 유엔을 통해 이루어 놓은 '세계평화의 날'과 '세계평화의 해'가 올해(2016)로 각 각 35주년과 30년이 된다. 그간 (각 국가의 평화를 위한 노력과) 조 박사의 평화의 중요성 강조와 미소양국의 노력 등으로 비록 제3차 전쟁의 발발을 막기는 하였으나 아직도 수많은 국지전을 비롯하여 우리사회는 평화와는 동떨어진 생활들을 하고 있는 실정이다. 흔히 평화를 소극적 평화 (negative peace)와 적극적 평화(positive peace)로 구분한다.[1] 적

---

1) Johan Galtung, "Peace Research: Past Experiences and Future Perspectives," *Peace and Social Structure Essays in Peace Research*, Vol.1, Atlantic Highland: Humanities Press, 1975-85. pp.244-252; 조영식 "전쟁없는 인류사회를 바라보며," 국제평화연구소 편, 『세계평화는 과연 이루어질 수 있는가』 (서울: 경희대 출판국, 1984), pp.29-34. 소극적 평화란 전쟁이 없는 상태를 말하며, 적극적 평화란 다양한 의견이 있다. 갈퉁은 사랑과 인도주의에 기초한 사회조화를 위한

극적 평화를 주장한 조영식은 세계평화에 관한 수십년간의 국제세미나와 결의문 체택, 세계대학총장회의의 활동을 통한 대학교육과 세계평화 등을 통해서 괄목한 족적을 남겼다. 그럼에도 불구하고 조영식이 추구했던 세계평화는 아직도 요원하고 특히 이산가족재회 촉진운동을 펴 2천여 만명의 서명을 받아 세계 기네스 북 1위를 기록하면서 염원했던 남북한의 대치상황은 2018년 4월27일에 남북정상회담이 개최되어 호전되고 있으나, 쉽지는 않은 상황이다.

필자는 최근 조영식과 이케다 다이사쿠에 대한 몇 편의 논문과 몇 권의 저서를 출판하였다. 그 과정에서 특히 한국 SGI를 방문하여 자료를 찾거나 일본 SGI를 탐방했을 때나, 소카대학을 탐방했을 때 한사람 한사람이 '이케다 다이사쿠'에 대한 진심어린 존경의 마음을 느낄 수 있었다. 무엇이 그들을 이러하게 만들까? 하는 생각을 지속적으로 하게 되었다. 또한 어느 세미나가 끝난 후 사석에서 필자의 주제발표에 대해 지정토론자로 참석했던 어느 교수가 "50년 이후에 조영식을 생각하는 사람이 얼마나 될까요?"라는 질문을 하였다. 이는 필자로 하여금 조 박사의 평화사상에 대한 지속적인 연구를 해야겠다는 학문적 의지를 갖게 하였다. 본 논문은 이러한 취지에서 어떻게 조영식의 사상과 정신을 발전시키고 계승할 수 있을까? 하는데 역점을 두고 시작하였다.

계승이란 무엇인가? 사전에 따르면, 계승이란 선대의 업적, 유산, 전통, 지위를 물려받아 이어 나간다고 명시하고 있다. 그간 조영식에 관한 연구로는 칸트의 영구평화론과 조영식의 오토피아 평화

열망이라고 했으며, 조영식은 전쟁이 없는 상태는 물론이고, 인도적이며 개인과 집단을 막론하고 모든 적대관계가 없을 뿐만 아니라 상부상조하고 있을 때, 즉 조화된 상태를 평화로 보아야 한다고 강조한다.

론2), 오토피아(Oughtopia) 이론의 내용과 전개3), 조영식과 평화운동4), 조영식과 이케다 다이사쿠의 교육사상과 실천5) 등이 있으며, 그의 사회활동에 관한 연구로는, 공동체의식 함양을 위한 밝은사회클럽의 활동사례6) 등을 비롯하여 조박사가 저술한 자료들이 상당수 있다.7) 그러나 이들 대부분은 조영식의 사상과 업적들에 관한 연구에 중점을 두고 있으며 계승과 관련한 연구는 드물다. 따라서 본 연구는 조영식의 평화실천운동에 중점을 두고 고찰한 후 차후 어떻게 계승발전 시킬 수 있는지를 모색해본다.

연구의 방법으로는 정치학, 평화학과 관련한 다양한 문헌연구를 중심으로 하고 부분적인 직접 인터뷰를 병행하였다. 이는 필자가 일본 소카대학(創價大學) 방문과 대만의 중국문화대학교 이케다연구소 방문, 중국 남개대학의 세미나참석 등에서의 인터뷰한 자료들을 활용하였다.8)

---

2) 오영달, 하영애 "칸트의 영구평화론과 조영식의 오토피아평화론: 세 수준의 이론적 분석,"『아태 연구』제17권 제2호 (2010년 8월).

3) 하영애, "오토피아(Oughtopia) 이론의 내용과 전개: 중국과 대만사회의 수용,"『한중사회 속 여성리더』, (파주: 한국학술정보, 2015).

4) 하영애,『조영식과 평화운동』, (파주: 한국학술정보, 2015).

5) 하영애,『조영식과 이케다 다이사쿠의 교육사상과 실천』, (파주: 한국학술정보, 2015).

6) 이환호, "공동체의식 함양을 위한 밝은사회클럽의 활동사례," 밝은사회연구소 편,『밝은사회연구』제27집, (서울: 경희대학교 인류사회연구원 밝은사회연구소, 2006).

7) 조영식,『민주주의 자유론』(서울: 경희대학교 출판문화원, 2014); 조영식,『문화세계의 창조』(서울: 경희대학교 출판문화원, 2014) 등 그 자신이 저술한 수십권의 저서가 있다.

8) 필자는 1997년 10월 29일-11월 2일 일본 창가대학을 방문하여 관련 자료를 수집하였고, 2015년 10월 8일 한국 SGI를 방문하여 김규식 문화홍보국장, 구형모 대외협력부장, 이희주 부인부장과 인터뷰 하였다. 또한 2016년 2월 22일부터 24일까지 조희원 교수와 일본 소카대학, 일본 SGI 본부를 방문 많은 학자들과 인터뷰 하였고, 또한 두 사람은 10월 21일부터 23일까지 중국의 남개대학 세미나에 참석하였다.

II. 조영식 평화사상의 재조명

1. 학교교육을 통한 평화사상의 실천

조영식의 교육사상은 인간교육, 정서교육, 과학교육 및 민주교육을 표방하였으며 많은 교과과정에서 교육을 통한 평화를 강조하였다. 조영식은 교육의 목적을 인류의 평화에 두고 있다. 조영식은 자신의 저서명이기도 한 '문화세계의 창조'라는 교시탑을 경희대 서울 캠퍼스의 한가운데에 높이 세워놓고 모든 이들이 실천해주기를 원했다. 이는 정신적으로 아름답고, 물질적으로 풍요롭고 인간적으로 보람 있는 B.A.R(Spiritually Beautiful, Materially Affluent, Humanly Rewarding) 사회를 만들자는 그의 사상의 핵심이기도 하다. 그는 교육평화에 대한 이상과 꿈을 실천적 교육을 통해 펼쳐나갔다.

조영식의 민주주의 대한 교육평화사상은 경희대학교의 건학이념으로 구체화되었다. 그는 경희대학교를 설립하면서 1951년 8월 부산의 임시 교사(校舍)의 개강에 즈음하여 "본 대학은 민주주의적 사고방식과 처리능력을 가진 민주적인 선량한 국민의 양성을 목표로 하여 학원의 민주화, 사상의 민주화, 생활의 민주화를 교훈으로 삼고 인간교육, 정서교육, 과학교육, 민주교육을 교육방침으로 문화 복지사회 건설에 공헌하려 한다"고 창학(創學)의 소신을 밝힌 바 있는데, 그는 1952년 12월 9일 4년제 대학을 설립할 때 이를 부연하여 전문(前文)과 3항의 본문으로 성문화한 창학 정신을 정식으로 공포하였다.9) 경희대학교가 추구하는 건학이념인 학원의 민주화, 사상의 민주화, 생

---

9) 경희50년 편찬위원회, 『경희50년사 상권』, (서울: 경희대학교 출판국, 2003) p.143.

활의 민주화는 소통을 통해 새로운 창조를 모색하는 것이다.

<표 1>에서 보는바와 같이, 조영식은 1949년 5월 12일 신흥초급대를 인수하였다. 그 당시의 학과편제는 영어과, 중국어과, 체육과 3과목으로 각각 50명씩 총150명이었다. 1952년에는 신흥대학을 4년제 대학으로 설립을 인가 받고 법률학과, 정치학과, 문학과, 체육학과를 법정학부, 문학부, 체육학부로 편제를 개편하였다. 특히 눈에 띄는 것은 체육학과로써 이는 신흥무관학교를 계승한 정통민족대학으로 한국 최초로 체육대학을 만들게 된 것이다. 1960년에는 신흥대학을 경희대학으로 명칭을 변경하였다. 또한 1965년부터 의과대학과 약학대학을 신설하였고, 1970년에 경희간호전문대를 개편인가를 받았으며, 1972년에는 치과대학의 신설과 1973년에는 한의과대학을 신설함으로써 종합의과대학의 면모를 갖추게 되었다. 또한 1971년 10월 5일 경희의료원을 개원하면서 조영식은 인사말에서 "의료원을 국민에게 바친다"고 국민의 복리를 위한 설립취지를 설명하였다. 부속병원으로는 경희의료원(강북), 강동경희대학교 병원, 강남경희한방병원이 설립되어있다. 1972년에 의과대학생의 첫 졸업생이 배출되었는데 총장, 교수, 학생이 혼연일체가 되어 노력한 결과 졸업생 전원이 100% 국가고시시험에 합격하는 우수한 결과를 가져옴으로써 의과대학과 한의과 대학의 명성은 높아지기 시작했다. 이는 간단한 일인 것 같지만 설립한지 겨우 20여년의 대학에서 그것도 처음 입학한 학생들의 졸업이었으며, 1기생들에 대한 모든 이들의 기대를 학생들은 저버리지 않았다[10]고 하겠다.

교육제도를 보면, 경희대학교는 4년제 정규대학과정, 석, 박사의

---

10) 그 이면에는 학생들을 '단체 기숙' 시키면서 공부에 여념이 없도록 모든 것을 뒷바라지 한 조영식 총장과 교수들의 노력이 있었기 때문에 가능했다. 『경희 30년사』 pp.598-600.

대학원 과정을 비롯하여, 유치원부터 초등학교, 남녀 중고등학교를 설립하였고, 서울캠퍼스, 국제캠퍼스, 강릉캠퍼스의 3개의 캠퍼스를 운영하였다. 무엇보다도 대한민국 최초의 국제대학원으로 '평화복지대학원'을 설립한 것은 역시 그의 평화이념을 실천에 옮기고자한 사상의 실현이라고 할 수 있겠다.

<표 1> 조영식의 교육평화 사상의 내용

설립자	조영식(趙永植)
일반 교육 사상	인간교육, 정서교육, 과학교육, 민주교육.
교육의 목적	인류의 평화/문화세계의 창조, 아름답고, 풍요롭고, 보람있는(B.A.R) 사회만들자
교육의 내용 (편제, 교육과정,)	1949.5.12 신흥초급대 설립. 학과편제 영어과, 중국어과, 체육과. 1951. 조영식 재단이사장 취임 및 장학제도설치. 1952. 신흥대학 4년제 설립인가. 법률학과, 정치학과, 문학과, 체육학과를 법정학부, 문학부, 체육학부로 편제개편 1955. 신흥대 (종합대) 설립인가. 3.1 조영식 초대 총장에 취임. 1960. 신흥대학을 경희대학으로 명칭변경 1963. 음악대학 신설. 1965. 의과대학 약학대학 신설. 1967. 산업대학 신설. 1969. 공과대학 신설. 1970. 경희간호전문대 개편인가. 1972. 치과대학 신설. 1973. 한의과대학 신설. 1976. 인류사회재건연구원 설립
부속기구	1971.10.5. 경희 의료원 개원 -부속병원(내과, 외과 등 14개과) -치과병원(보존과 보철과 등 7개과) -한의원(한방내과, 침구과 등 4개과) 제3의학 개발(동서협진센터)
교육제도	-경희대학교, 각 대학원(서울 캠퍼스/ 국제 캠퍼스) -평화 복지 대학원 -경희 중, 고등학교 -경희여자 중, 고등학교 -경희 유치원
대축제 준비	2019년 (개교 70주년)

출처:『경희대 50년사』(경희대학교 출판국, 2003), pp.144-361. 숙독 후 필자 구성.

2. 사회단체를 통한 평화운동 전개

조영식은 평화운동을 실천하기 위하여 학교교육 외에도 다양한 사회단체를 설립하였다. 가장 대표적인 것으로 1975년에 밝은사회 클럽을 결성하였으며, 남북한 분단으로 부모형제가 떨어져 생활하는 비참한 현실을 목도하고 이들을 위한 이산가족재회운동본부를 발족하였다. 밝은사회클럽은 G.C.S클럽(Good will, Cooperation, Service 약칭 GCS클럽)으로 이미 세계적으로 많이 알려지고 있다. 미국, 독일, 중국, 남아프리카, 대만 등을 비롯하여 전 세계 40 여개 국가에서 이 GCS운동이 전개되고 있다. 미국의 임파우 대학(IMPAU University)에서는 '제2의 르네상스' 란 과목을 정규과목으로 설강하고 콜롬비아 클럽에서는 GCS 활동소식지 발행 등을 간행하여 알리고 있다.[11] 중국의 요녕대학에서는 조영식의 사상을 대표하는 '오토피아 사상연구소'가 개설되었으며 중국에서는 이 운동의 전개로 187차에 걸쳐 유학생 보건사업으로 많은 학생들이 의료혜택을 받았다.[12] 최근에는 밝은사회국제클럽에서 각 국가의 태권도의 확산돼 더불어 GCS 미얀마 양곤클럽, 일본의 동경클럽 등이 최근 확산되고 있는 대표적 사례이다.[13] 이러한 활동에 관하여 다음 절에서 구체적으로 고찰해보자.

---

11) 『GCS 각 국가별 활동 보고서』 (서울: 경희대학교 밝은사회연구소, 1997), 콜롬비아 보고에서 발췌.
12) 하영애, 『조영식과 평화운동』, pp.79-81.
13) 하영애, 『한중사회 속 여성리더』, pp.34-35.

III. 조영식 평화사상의 사회실천운동과 계승

1. 조영식 평화사상의 사회실천운동

1) 밝은사회운동과 계승발전

조영식 평화사상의 대표적인 사회실천운동은 밝은사회운동, 이산가족재회운동 추진본부, 김장담기 나눔봉사 등을 들 수 있다. 그는 로타리클럽, 라이온스클럽, 제이씨(JC)활동이 중추를 잡고 있는 한국에서 밝은사회운동을 창시하였으며 특히 정신적인 면과 물질적 측면을 아울러 중시하면서 독특한 BAR 사회를 목표로 전국적으로 확산하였다. 그는 또한 밝은사회 국제본부 초대총재로 추대되었다. 이를 개괄하면,

첫째, 밝은사회 국제클럽 한국본부는 1975년에 밝은사회운동결성과 함께 이루어지고, 1978년 6월15일에 한국본부가 결성되었다. 1970년 후반은 주로 경희대 교직원과 의료원, 병설학교 교직원 중심으로 조직되었으나 1980년대의 확산기에는 총 299개 클럽이 결성[14]되는 등 지속적으로 확산 발전하였다. 특히 경희의료원 연합회, 목련연합회, 여성클럽 연합회, 광주전남지역 연합회 등 26개 연합회와 6개의 지구가 결성되어 밝은사회운동은 지역, 성별, 청소년 클럽, 성인클럽 등으로 전국적으로 확산되었다. 한국본부의 초대총재에는 안호상(초대 문교부 장관)이 역임하였고 그외 13명의 총

---

14) 1980년 2월1일 산울림 클럽(양승례 회장)을 시작으로 1982년 10월 26일 대은클럽(권용설 회장)을 비롯하여 1989년 11월 25일 올림픽클럽(김종필회장) 등 299개 클럽으로 확산 및 발전되었다. "1980년대 클럽결성 현황," 『밝은사회운동 30년사』, pp.186-189 참조.

재들 중에는 대학총장을 역임한 교육자들이 많았다. 최근 한국본부는 사단법인화 되어 활동하고 있다.

둘째, 2000년대에는 밝은사회클럽의 국제화시기라고 할 수 있는데, 밝은사회 국제본부 조영식 총재가 1999년10월에 공동 개최한 '1999서울NGO 세계대회'는 밝은사회운동의 새로운 도약의 계기를 마련하는 계기가 되었다. 2001년에는 인도 뉴델리에서 국제대회, 2003년 필리핀 마닐라 국제대회에서는 아동우유기금과 현지에서 모금을 개최하여 사회운동을 지원하였다.[15] 최근에는 2014년에 미얀마 양곤 국제대회, 2015년 일본 도쿄국제대회[16]를 비롯하여 2016년 11월에는 네팔에서 개최하였다. 2012년 조영식 박사가 타계한 후 후임으로 제2대 밝은사회국제클럽 총재는 조정원 세계 태권도 연맹 총재가 추대되어 태권도와 함께 밝은사회운동의 세계화가 더욱 가속화되고 있다.

밝은사회운동이 추진하고 있는 역점사업으로는 장학금 지원사업, 수해 및 자연재해지역 지원사업, 경로잔치 및 독거노인 집 지어주기, 도서지역 무료 의료 봉사활동, 시각장애자 개안수술지원 등 30여년 동안 물질적 정신적 측면에서 한국사회에 적지 않는 기여를 해오고 있다.

셋째, 특히 밝은사회한국본부에서 시행하고 있는 특별한 제도로서 고등학생들에게 공부 외에도 선행을 중시하여 대학에 입학할 수 있도록 시행하고 있는데 이는 사회전반적으로 좋은 반응을 얻고 있다. 예를 들면 '제21회 전국 고등학생 밝은사회 선행자 상 공모 안

---

15) 『밝은사회운동 30년사』, p.191 참조.
16) 2015년 10월 일본 동경 개최. 필자 현지참석.

내'17)는 지역사회와 학교에서 선행, 효행, 봉사를 활발하게 전개하여 다른 사람의 귀감이 되는 청소년들을 선발하여 대학교에 입학전형하는 방안이다. 추천대상자 내용에는 '부모를 공경하고 가족을 사랑하며, 화목한 가정생활에 기여한 학생, 불우이웃 돕기, 노인 및 이웃사랑에 솔선수범하는 학생'이 명시되어있다. 이는 조영식 총재가 처음 제도를 만들어 시행하였고 2016년 현재 21회째를 맞이하여 지속화 하고 있으며, 해당 단체가 추구하는 화목한 가정, 불우이웃돕기 등 인간다움을 일깨워 주는 정신을 엿볼 수 있다.

2) 일천만 이산가족 재회추진위원회를 통한 민족의식과 조국애의 실천

'일천만 이산가족 재회추진위원회'는 1982년 12월에 사단법인으로 창립이 되었고 초대 위원장에 조영식 박사가 추대되었다. 이는 비록 1972년부터 남북적십자회담이 진행되었으나 정체되어 가족상봉의 실마리가 보이지 않게 되자 5백만 월남동포들은 '우리 문제를 우리 손으로 풀어보자'라는 결의로 이북 5도민회가 주축이 되어 이루어낸 것이다.18) 조영식위원장과 이재운 부위원장을 중심으로 추진위원회는 1년 뒤인 1983년 6월에 KBS 가 대한적십자사와 공동으로 '이산가족 찾기' 사업을 전개하여 피란길에 헤어진 가족들이 재회를 이루어내었으며, 나아가 1985년 9월에는 고향방문단 50명이 서울과 평양을 오가면서 해방이후 40년만에 처음으로 혈육이

---

17) 사단법인 밝은사회국제클럽 한국본부 심호명 총재의 명의로 전국의 고등학교 교장선생님 앞으로 발송된 공문이다. 문서번호, 밝국한 제 2016-17호, 시행일자 2016.3.30.

18) Jae Woon Lee, "A Savior To Fulfill The Hope of The Separated Families," The Publication Committee of Global Leader With Great Vision, *Global Leader With Great Vision* (Seoul: Kyohaksa, 1977), pp.360-370.

상봉하는 실로 감격적인 만남을 주선하였다. 뿐만 아니라, 조 위원장은 남북한 이산가족 문제해결에 좀 더 적극성을 발휘할 수 있도록 국제적인 설득과 압력을 행사하고 도움을 요청하기 위해 유엔의 '케야르' 사무총장 및 '횔리스 가에르' 국제인권연맹 사무총장, '알렉산더 헤이' 적십자 국제위원회 총재 등을 수시로 예방하여 한국 이산가족문제에 대한 지원을 요청하였고, 서독, 프랑스, 영국 등의 최고 지도자들과 적십자책임자들에게도 한국이산가족문제의 비극성과 한국정부의 노력을 홍보하는 등 국제협력을 전개하였다.[19] 조 위원장은 1989년 7월 위원회 간부들과 백두산을 탐방한 그 즉석에서 '하나가 되라'는 시를 짓고 백두산을 향해 기도하며 남북이 하나가 되기를 기원하였다.

이러한 노력의 결과, 1993년에는 153개 국가가 이 운동에 동참하는 서명을 하였으며 1년 뒤인 1994년 11월 4일 발표한 집계에 의하면, 어느 주부는 혼자서 10만명[20]의 서명을 받아내는 집념 속에 21,202,192명이 서명을 하여 세계 기네스 북 제1위에 올랐다. 이는 민족, 동족의 아픔을 딛고 통일을 염원하여 남북한 동포들의 왕래를 촉구하는 커다란 전환점을 마련하는데 단초를 제공했다고 평가할 수 있다.

---

19) Jae Woon Lee, "A Savior To Fulfill The Hope of The Separated Families," p.370.

20) 하영애, 『밝은사회운동과 여성』 (서울: 범한서적, 2005), pp.147-148.

3) '사랑의 김장 담기와 나눔 봉사'의 계승 및 전국적인 발전

20여년전 '전국밝은사회 여성클럽연합회'가 시작한 사랑의 김장 담기는 해를 거듭할수록 참가하는 단체클럽이 늘어날 뿐만 아니라, 더 많은 분량의 김장김치를 담고 더 많은 결손가정이나 독거노인들에게 배달이 되고 있다. 서울지역에서의 이러한 '사랑의 김장담기와 나눔 봉사'는 2015년에는 경희여고 학부모클럽인 이삭클럽을 비롯하여 꿈초롱클럽, 동산학부모 클럽, 나눔클럽, 무지개 클럽, 사임당 클럽, 서울 여성클럽, 다산 여성클럽, 청록클럽[21]에 이어 '경희대 여교수회'와 '경희대 교직원 모임'에서도 동참하여 이틀 동안 이루어지는데, 첫날에는 배추를 다듬고 절이는 등 기초작업이 끝나고 둘째 날에는 수 백명의 회원들이 함께 모여 김장담기가 진행된다. 모든 경비는 참가하는 단체가 공동으로 나누어 분담하며, 김장김치는 수 백통의 하이얀 김치 박스에 담은 후 역시 균등하여 분배하고 각 클럽별로 독거노인이나 결손가정 및 소년소녀가장, 필요한 이웃들에게 나누어진다.

지방의 단위클럽들도 역시 김장김치 나누어주기에 동참하고 있으며, 한국본부에서와 전국여성클럽연합회에서 7일간 일시를 정해놓고 전국적으로 동시에 시행하기도 하였다. 예를들면, '밝은사회 전북여성클럽'에서는 전라북도 도청에 계획서를 제출하여 재정적 지원을 받아서 5,000포기의 김장김치를 담아 이들의 손길을 요하는 이웃은 물론 외국인 가정에도 전달하는 등 적극적인 김장봉사를 하였다.[22]

---

21) 유공조, 『밝은사회운동 30년사』 (서울: 경희대학교 인류사회재건연구원 밝은사회연구소, 2007), p.234; "영남지구 사례 발표," 『제33회 밝은사회지도자 수련회 자료집』(서울: 밝은사회 국제클럽 한국본부, 2016), p.24.

22) '밝은사회 전북여성클럽 연합회' 김장담기 봉사 참석. 당시 밝은사회 한국본부의 초대여성부장을 담당한 하영애 교수는 그 당시 사무총장에 재임중인 유공조 교수의 "사랑의 김장 동시

또한 '밝은사회 영남지구'에서는 전체 단위클럽의 회원 및 부인회원들의 참여로 이루어지는 활동봉사를 개최하고 있다. 울산광역시의 지원과 지구내 단위클럽의 자발적 참여로 영남지구의 회관 앞에서 단위클럽별 김장 부스를 마련하고 손수 김장을 하여 불우한 이웃 및 결손가정, 해당 관활 등 자치센터 등에 담근 김치를 박스에 담아 기부하였다.23) 이러한 활동 등은 밝은사회운동이 추구하는 봉사활동의 지속적인 사업의 하나로서 K-POP과 더불어 한국문화의 상징과 의미이며 동시에 중요한 가치로 등장하고 있는 '김치 한국'의 전통적인 문화를 일구어 나가는데도 커다란 역할을 하고 있다. 이는 또한 전국적인 클럽이 지속적으로 추구하고 계승해나가고 있으며 주위의 좋은 평가를 받고 있는 봉사활동으로 자리매김하고 있다.

아무리 좋은 이상을 가지고 있어도, 그것이 실천되지 않으면 아무런 소용가치가 없게 된다. 조영식이 이루어 놓은 교육분야의 업적은 어떻게 계승발전되고 있는가?

2. 조영식 평화사상의 교육분야에서의 계승운동

1) 후마니타스 칼리지와 인간교육의 중시

조영식의 평화사상은 인간교육의 중요성을 제기했다. 그의 평화사상은 교육현장에서 어떻게 녹아있는가? 후마니타스칼리지(Humanitas College)는 조영식의 인간교육이념을 기초로 하여 조인원 총장이

담기"의 아이디어와 지침에 따라 전국적으로 확산시켜 나갔다.
23) "영남지구 사례 발표," 『제33회 밝은사회지도자 수련회 자료집』(서울: 밝은사회 국제클럽 한국본부, 2016), p.24.

핵심적으로 추진하고있는 미래지향적 인간교육이다. 대학을 설립한 조영식의 평화사상은 역대 총장들[24])에 의해 나름대로 유지·발전되어왔지만 조인원 총장은 문화세계의 창조라는 뜻을 살려 '후마니타스 칼리지'를 국내대학 최초로 받아들여 인간교육, 미래사회, 미래대학에 중점을 두고 교수, 대학생이 다양한 의견을 주고받는 대화시간을 통해 구성원들의 소리와 그리고 나아가야 할 방향을 함께 논의하였다. 예컨대, 총장과 학생들의 대담의 자리에서 한 학생이 (박예지, 정치외교학과 학생)질문 하였다. "해외 자료를 찾아 봤는데 미국 브라운 대학의 경우 독립연구(independent study)라는 과목이 있었는데, 학생들이 자율적으로 연구하고 싶은 주제를 선정해 심도있게 연구하는 프로그램입니다. 물론 교수님에게 지도를 받습니다…우리 학교에서 이런 제도를 도입했으면 좋겠습니다"[25])라고 건의사항을 얘기하였다. 이에 대해 조인원 총장은 "독립연구 도입을 적극적으로 생각 해 볼 필요가 있다"고[26]) 답변하였다. 총장은 이 학생의 의견을 받아들여 시행을 지시하였다. 그 결과 경희대는 2016년도 1학기부터 '독립연구'가 시행되고 있으며, 42개 분야에 70여개 팀이 신청하여 연구되었고, 2016년 2학기 부터는 독립연구 IIFMF 추진하고 있으며, 학생들은 자신이 공부해보고 싶은 주제를 가지고 독자적으로 연구할 수 있어서 좋은 반응을 얻고 있다.

---

24) 초대 총장 조영식에 이어 경희대 총장을 역임한 사람은 2대 고병국, 3대 조영식, 4대 안치열, 5대 심태식, 6대 박양원 7, 8대 조영식, 9대 공영일, 10대, 11대 조정원, 12대 김병묵 총장에 이어 조인원 총장이 13대, 14대로 재임하였다.

25) "대학, 그 현실과 이상사이에서," 조인원 『내 손안의 미래』 p.167.

26) 조인원 총장의 답변, "대학, 그 현실과 이상사이에서," 조인원 『내 손안의 미래』 p.168.

2) 미원렉처와 미래문명원의 활동

경희대학은 초창기에 어려움이 적지 않았으나 현재는 더 나은 대학, 세계일류대학으로의 꿈과 목표를 가지고 매진하고 있다. 설립자 조영식의 유지를 이어 70주년을 맞이하는 2019년을 향해 새 꿈과 목표를 가지고 다양한 발전계획을 추구하고 있다. 특히 14대 조인원 총장은 국제기구의 인턴십(Internship Program) 선발과 미원렉처, 석학특강 등을 추진해오고 있다. 예컨대, 2015 KHU-UN/국제기구 Internship Program 선발이 있는데 2006~2016년까지 10년 동안 95명을 해외 인턴십을 보냈으며, 2016년 현재 5명도 합격하여 준비 중에 있으니 그 인원은 총 100명이다. 학부2학년 이상 재학생 및 대학원 재학 중인 학생으로 UN 및 국제기구의 인류평화나 공영 활동에 대한 관심과 참여 의지가 있는 사람들이 선발되는데[27], 미국 일본 제네바 방콕 등을 비롯하여 다양한 NGO활동을 하게 된다.

또한 '미원렉처'는 경희대학교 설립자 故 조영식 박사의 호 '미원(美源)'을 따서 이름 지은 특별 강연이다. 경희대는 '문화세계의 창조'를 창학 정신으로, '학문과 평화'의 전통을 면면히 이어오고 있다. 미원렉처/석학초청특강은 세계적인 국내외 석학과 거장, 실천인을 연사로 초빙해 우리 사회와 인류문명의 새로운 안목, 평화로운 미래를 여는 데 기여하기 위해 출범했다. 제1회 미원렉처는 2010년 2월에 Paul Kennedy 예일대학교 역사학과 교수가 "교육과 인류의 미래"를 주제로 개최됐다. 이어 고이치로 마쓰우라 전 유네

---

27) 대학원생 및 학부생 총 100명으로 지원내용은 왕복항공료 및 소정의 생활비를 지급한다. 이는 경희대 '미래 문명원'이 발족한 이래 NGO 인재 양성을 위한 야심찬 프로그램이라고 할 수 있겠다.

스코 사무총장이 "인류와 문명"(2010년 9월), 프레드 블록 UC DAVIS 사회학과 교수가 "지구적 근대, 그 위기의 기원"(2011년 9월)에 대해 강연했다. 2012년 8월에는 이리나 보코바 유네스코 사무총장이 "UNESCO에서 본 21세기 평화의 토대"에 대해서, 2012년 12월에는 미국 정치학회 회장을 역임한 바 있는 코넬대학교 국제학과 피터 카첸슈타인 교수가 "세계 정치속 문명: 동서양을 넘어"를 주제로 강연했다.

또한 석학특강에서는 이정식 펜실베이니아대학교 정치학과 명예교수가 "21세기에 다시 보는 해방후사(解放後史)"를 주제로 2011년 11월에 4회에 걸쳐 강연했고, 슬라보예 지젝이 2012년 6월 27일에 "정치를 위해 무엇을 할 것인가?"를 주제로 특별 강연했다.

이들 미원렉처와 석학특강의 프로그램 진행 중에는 대학생과 대학원생, 교수들이 참여하여 예리한 질문과 응답을 통해 함께 인류사회의 사회상 등 다양한 문제에 대한 궁금증을 해소해가고 있다. 이에 대해 <표 2>에서 참조할 수 있다.

<표 2> 미원(美源) 렉처(특별강연) 현황

	강사명	주제	소속	비고
1회	Paul Kennedy	교육과 인류의 미래	예일대 역사학과 소속	2010.2
2회	고이치로 마쓰우라	인류와 문명	전 유네스코 사무총장	2010.9
3회	프레드 블록	지구적 근대, 그 위기의 기원	UC DAVIS 사회학과 교수	2011.9
4회	이리나 보코바	UNESCO에서 본 21세기 평화의 토대	유네스코 사무총장	2012.8
5회	피터 카첸슈타인	세계 정치속 문명: 동서양을 넘어	코넬대학교 국제학과 교수	2012.12

출처: 미래문명원 사이트 검색 후 필자 구성.

3) 지구사회봉사단

2011년 9월 15일 뉴욕 유엔본부와 경희대학교 평화의 전당에서 세계평화의 날 30주년 기념 'UNAI-경희 국제회의'가 화상회의로 개최되었다[28]. 회의주제는 "평화의 미래, 대학의 미래(Give Peace Another Chance)"였다. 조인원 경희대 총장은 현지에서의 기조연설에서 "전 세계 고등교육기관의 시민교육과 지구봉사를 지원하기 위한 '세계기금' 창설에 대한 논의를 시작하자"고 제안하여 국제적 관심을 끌었다. (시민교육과 지구봉사) 그후 경희대는 세계시민, 지구 봉사단(GSC)이 발족되어 다양한 활동을 하고 있다.

2015년 5월 옥스퍼드대학에서는 세계대학총장회 발족 50주년을 기념하는 회의가 개최되었으며, 옥스퍼드대학에서는 경희대 조인원 총장을 초청하였고 조 총장은 기조연설을 수락하였는데, 바로 50년 전 조영식 총장이 이 대학에서 아놀드 토인비 등 수많은 석학들과 함께 '세계대학 총장회의 IAUP'를 4개 대학의 총장들과 함께 창립했던 곳이다. 이 회의는 폐막식에서 50년 이후의 세계대학총장회의 역할과 미래를 고대하면서 막을 내렸다.

4) 평화보트(Peace Boat)에 경희대 교수-학생 참여

'평화보트'는 일본을 근거지로 전적으로 항해에 참가하는 사람들에 의해 운영되는 비영리기구로서 평화. 인권. 환경과 관련된 여러 NGO 들과 각국 시민들과 연대를 이루려는 단체이다. 이 '평화보

---

28) UNAI는 반기문 유엔사무총장이 '고등교육을 통한 세계평화 구현'을 목표로 설립한 유엔공보처 산하기구이다. 미원조영식박사 기념사업회, 『학문과 평화, 그 창조의 여정』 (서울: 경희대학교 출판문화원, 2014), pp.216-217.

트'는 어떤 민족이나 이념 또는 교리가 절대시되는 것을 반대하며, 나이 국적 인종 종교 신분 지역 또는 성(Sex)에 상관 없이 모든 사람에게 개방되어 있으며 구체적인 활동으로는 각 기항지에서 장기적인 발전에 관심을 가지고 있는 지역 그룹들과 공동 결정을 통해 지속가능한 개발과 분쟁의 평화적 해결에 공헌해 오고 있다[29]. 이 '평화보트'는 경희대학교가 공동주최한 '99 서울NGO 세계대회' 평화 안보분과에서 발표를 통해 1999년 10월18일부터 2000년 1월15일 까지 북반구 세계순항과 2000년 1월16일부터 2000년 4월14일 까지 남반구 세계순항을 계획하였다.[30]

'평화보트'는 구호팀, 환경팀, 핵 관련 팀으로 구성되어있는데, 핵 관련팀은 '평화보트'의 주요 활동분야의 하나로 1998년도에는 세계 순항 중에 나가사키와 히로시마 그리고 비키니아톨과 체르노빌에서의 핵폭격과 실험으로 인한 인류의 비극을 담은 사진전시회를 열었다.

2016년 이 평화보트의 항해에 경희대학교 교수와 대학생 4명이 참여하였다. 일본, 대만, 홍콩 등의 선상에서 지속적인 발표와 토론 등을 통해 '평화보트' 항해 속에서 대학생, 젊은 청년들이 주축이 된 평화관련 세미나 워크샵를 하였다.

이들은 빡빡한 15일간의 일정 속에 쉴틈 없이 움직이면서 힘들기도 하였지만, 평화를 모토로 하고 있는 경희대 구성원들로서 다양한 실질적인 경험을 통하여 보람을 느꼈다고 피력하며 인솔교수

---

29) Shinsaku Nohira 외 평화보트 스태프들의 발표, "평화를 향한 항해-미래의 평화를 위한 지난 시도들에 대한 회고," 1999서울NGO 세계대회 조직위원회, 『1999서울NGO 세계대회 백서』, (서울: 1999서울NGO 세계대회 조직위원회, 2000), pp.155-156.
30) Shinsaku Nohira 외 평화보트 스태프들의 발표, "평화를 향한 항해-미래의 평화를 위한 지난 시도들에 대한 회고," pp.156-157.

였던 정화영 교수는 앞으로 이런 기회가 주어지면 경희대학대학생들이 지속적으로 참여할 수 있기를 희망했다.[31]

5) 조영식·이케다 다이사쿠 연구회의 발족

미국의 시카고 대학은 행태주의(Behaviorism)를 발전시킴으로서 정치사에 적지않은 하나의 이론을 마련하게 되었으며 이 분야의 '시카고 학파'가 태동되었다. 하나의 이론이 사상과 철학으로서 자리잡음 할 수 있기 위해서는 부단한 학문적 연구가 이루어져야한다. 또한 실천이 추진되어야 한다. 2016년은 조영식이 이루어낸 '세계 평화의 날'이 선포된 지 35주년이 되는 뜻깊은 해 이다. 그가 꿈꾸던 세계평화, 아니 남북한 통일도 보지 못하고 그는 2012년 2월 18일 타계했다. 추모 4주기를 맞이하여 '조영식과 평화운동'이 출판되었고 뒤늦은 감이 있지만 조영식을 연구하겠다는 학자들이 모였다. 그리고 세계적으로 다양한 분야의 연구와 계승이 진행되고 있는 또 한사람의 평화운동가 이케다 다이사쿠를 연구하고자하는 학자들과 함께 연구회를 발족하였다. 조영식은 생전에 학자무변을 강조하였는데, 즉 어떠한 주제나 어떠한 연구도 가능하다는 사상을 피력하였다. 두 사람이 만나 '천년지기'의 우정을 다졌던 것과 같이 우리학자들은 조영식과 이케다 다이사쿠가 가진 많은 공통점과 차이점을 비교연구하여 인류가 평화롭고 행복할 수 있도록 인류공동의 복지를 위하여 더 한층 분발하고 연구를 추진해야한다고 제의한다.

조영식의 평화사상과 정신이 꾸준히 연구발전하기 위해서는 지

---

31) 2016년 8월 15일부터 29일 까지 15일간 '평화보트'에 참여했던 일행들의 지도교수로 동참한 후마니타스 칼리지의 정화영 교수와의 대담. 2016. 9. 20. 14:00-15:00 정화영 교수 연구실에서.

속적인 연구가 필요하다. 이에 관해 평화사상이나 교육, 인간에 대해 조영식과 많은 공통점을 가지고 있는 일본 소카대학의 설립자 이케다 다이사쿠에 대한 연구현황은 점차 확산되고 있기 때문에 참고해야 할 필요가 있다고 본다. 예를 들면, 미국의 De Paul 대학의 이케다 교육연구소32), 대만의 중국문화대학교의 이케다 다이사쿠 연구소(池田大作 硏究所)33), 중국 북경대학의 이케다 연구회, 절강성 소흥문리학원(浙江省 紹興文理學院)의 루쉰-이케다 연구소(魯迅 與池田大作 硏究所), 천진(天津) 남개대학(南開大學)의 '周恩來-이케다 다이사쿠 연구회' 등을 설립하여34) 동북아 뿐만 아니라 미국 등 세계적으로 폭넓게 연구되고 있으므로 조영식의 연구와 계승발전에 참고할 필요가 있다고 생각한다.

최근 한국에서도 이러한 연구활동과 추세 및 평화를 사랑하는 의지에 힘입어 '조영식-이케다 다이사쿠 연구회'가 발족하였다. 이를 기반으로 국내학자들의 연구 발표 및 다른 나라의 학자들과도 활발한 학술교류를 추진할 수 있도록 하는 것은 한국의 평화사상가 조영식을 대외로 알리고 특히 '세계평화의 날'에 대한 조 박사의 불굴의 평화정신을 정착시키는데 중요한 계기가 될 수 있을 것이다.

---

32) 일본 창가학회 본부 방문시의 자료에서, 2016. 2. 22. 16:00-18:00.

33) 발표자 중의 한 사람인 하영애 교수가 2016. 3. 2. 대만 문화대학의 이케다 다이사쿠 연구소 제10주년 국제세미나에 참석하였다.

34) 2016년10월 22일-23일 남개대학에서 양일간 개최된 '제9회 池田大作思想國際學術硏討會'에는 중국 전역에서 이케다 다이사쿠를 연구하는 120여명의 전문가와 학자들이 참석하였으며, 광동성 사회과학연구원의 부원장은 기조연설을 통해 2018년에는 광동성에서 다음의 국제학술회의를 개최하겠다고 말하며, 2020년에는 일본소카대학과 일본SGI에서 이 대회를 개최해달라고 공식적으로 요청하였다.

Ⅳ. 결론: 평화사상의 창조적 계승을 위하여

그간 조영식은 '세계대학총장회의'와 '국제평화연구소'를 중심으로 다양한 국내외적 학술활동을 펼쳐왔다. 그 시대에 맞는 대주제를 정해 예외 없이 매년 그는 세계평화분야, 교육분야, 사회분야의 석학들과 NGO 관련단체를 모아 국제평화세미나를 개최하였다. 그러나 2016년 현재 상황에서 살펴보자. 2012년 조영식 박사가 타계하셨고 조영식 박사와 오래도록 함께 이 분야에서 오래도록 일해 왔던 전 통일원장관을 역임한 손재식 박사가 연로하여 퇴임한 이후 경희대학의 평화연구는 주춤한 상황이라고 할 수 있다. 어쩌면 인력과 재정 두 분야가 연구와 조직의 활성화를 위해 필수적이라고 할 수 있는데 위기를 맞고 있다고도 할 수 있다. 이와 유사한 사례를 일본 소카대학의 평화문제연구소에서도 보여지고 있다. 2016년 2월 방문했던 소카대 평화연구소 타마이 소장은 예전에는 평화연구소에 전임교수 및 겸임교수가 많았는데 시간이 경과할수록 인원과 재정면에서 어려움이 따르고 있어서 학술발표자료집 등의 정기적인 발간이 지연되기도 한다고 설명하였다.[35]

그러나 70년대에 한국은 유엔에 가입조차 되지 않았지만 불굴의 의지를 가진 조영식은 세계평화의 날을 이끌어내지 않았던가!

각국의 대사를 역임하고 평화복지대학원에서 학생들을 지도했던 한표욱 박사는 생전에 본인이 모아왔던 1억원을 학생들의 교육에 쓸 수 있도록 쾌척하였다. 이를 시작으로 평화복지대학원의 홍기준

---

35) 일본 방문 중 소카대 평화문제연구소 타마이 히데키(玉井 秀樹) 교수와의 간담 중에서. 2016. 2. 23. 11:00-13:00.

교수, 하영애 교수, 김동욱 행정실장 등이 GIP를 사랑하는 마음으로 각각 1천만원을 '학교발전기금'으로 내었고, 그 외에도 적지 않는 동문들이 각기 형편에 맞게 후원금을 내기도 하였다. 이제 우리는 다시 한번 '티끌모아 태산'의 마음가짐으로 조영식 평화사상연구와 조영식 사회운동의 연구에 작은 정성을 모을 필요가 있겠다.

이외에도 조영식 연구의 계승발전을 위해서는 과거에 조영식과 대화를 나누었던 사람들과의 '대화집' 묶음 준비라든가[36], 국제사회에 평화관련 지속적인 연계망 구축 등이 추진되어야 할 것이다. 특히 학생들 중심으로 진행되었던 '오토피아 평화 페스티발(Oughtopia Peace Festival' 분임 발표라든가 'Peace Boat' 항해의 지속적인 학생들의 참여는 미래 평화사회의 주인인 젊은이들이 중심이라는데서 시사성과 경희의 정체성 확립에도 바람직할 것이다.

그럼에도 불구하고 조영식의 평화사상의 계승발전을 위해서는 다음과 같은 몇 가지를 제시해본다.

첫째, 사회운동차원에서는, 밝은사회국제본부와 한국본부에서 GCS운동의 국내외적인 활동과 지속적인 평화운동을 비롯한 5개운동의 실천을 가속화 하면서 GCS클럽의 창시자 조영식의 평화사상이 지속화, 내실화 하도록 해야 할 것이다.

둘째, 교육분야에서의 평화운동차원에서는 미래문명원에서 시행하고 있는 다양한 프로그램들이 더욱 폭넓게 추진되어야 한다. 어렵게 이루어낸 [오토피아] 학술지의 국내 1급지 등재지도 지속할 수 있도록 관련 부서에서 노력해야할 것이다. 특히 '미원렉처'를 비

---

36) 일본 방문 중 평화운동국 카즈오 이시와타리(石渡 一夫) 국장과의 간담 중에서. 2016. 2. 22. 17:00-19:15.

롯하여 석학초빙을 통한 콜로키움, 세미나, 평화음악회, 평화영화제를 비롯하여 매년 개최하는 '경희 후마니타스 Peace BAR Festival'의 지속성과 지역주민들의 연계를 이끌어내어야 더욱 축제로서의 가치성을 가질 수 있다.

셋째, 국제화 시대와 더불어 해외의 대학과 기구를 통해 조영식 평화연구에 대한 다양한 비교연구가 이루어지도록 하고, 국제무대에서 조영식의 평화사상이 계속되도록 연대의 끈을 놓지 않아야 한다. 특히 세계에 확산되고 있는 이케다 다이사쿠 연구회와 연구소를 벤치마킹하여 조영식을 더욱 알리고 튼실화 할 필요가 있다.

참고문헌

국제평화연구소. 『平和研究』. 제1권 제1호. 서울: 경희대학교 출판국, 1981.

_____. 『世界平和는 과연 이루어질 수 있는가』. 서울: 경희대학교 출판국, 1984.

김광식. 『한국 NGO』. 서울: 동명사, 1999.

김택환. "세계평화와 한길땅(한반도)통일을 위한 언론의 역할과 사명," "안중근의 평화사상의 내용과 의미," 세계평화교수협의회, 통일사상연구원, 선문대 문선명연구원 주최. 『문선명 선생의 평화·통일운동과 비전』. 성화 3주년 기념 국제학술세미나 발표논문, 2015.

김재천. "민주평화론: 논의의 현주소와 동북아에서의 민주평화 담론." 『21세기 정치학회보』 제19집 2호. 부산: 21세기정치학회, 2009.

김혁래 외. 『세계화와 한국 NGO의 발전방안』. 서울: 경제정의실천시민연합, 1997.

마에하라 마사유키 지음. 박인용 옮김. 『이케다 다이사쿠 행동과 궤적』. 서울: 중앙일보시사미디어, 2007.

미원 조영식박사 기념사업회. 『학문과 평화, 그 창조의 여정』. 서울: 경희대학교 출판문화원, 2014.

박주식. "탈현실주의 평화학." 『유엔세계평화의 해 10주년 기념 학술회의, 평화연구: 이론과 실제』. 사단법인 한국정치학회, 1996.

송병록. "Pax UN론." 『오토피아』 제14권 제1호. 서울: 경희대학교 인류사회재건연구원, 1999.

신정현. "현대세계와 평화연구." 『평화연구』. 서울: 경희대학교 국제평화연구소, 1981.

오영달·하영애. "칸트의 영구평화론과 조영식의 오토피아평화론: 세 수준의 이론적 분석." 『아태연구』 제17권 제2호 (2010년 8월).

오일환. "안중근의 평화사상의 내용과 의미." 세계평화교수협의회, 통일사상연구원, 선문대 문선명연구원 주최, 『문선명 선생의 평화·통일운동과 비전』. 성화 3주년 기념 국제학술세미나 발표논문, 2015.

요한 갈퉁. 『평화적 수단에 의한 평화』. 서울: 들녘, 2000.

요한 갈퉁·이케다 다이사쿠.『평화를 위한 선택』. 서울: ㈜신영미디어, 1997.

일본평화학회 편집위원회.『平和學: 理論과 課題』. 서울: 문우사, 1987.

조영식.『문화세계의 창조』. 서울: 경희대학교 출판문화원, 2014.

_____.『오토피아』. 서울: 경희대학교 출판국, 1996.

_____. "나의 世界平和白書."『평화연구』. 제VI권 제2호. 서울: 경희대학교 국제평화연구소, 1987.

_____.『인류사회는 왜, 어떻게 재건되어야 하나』. 서울: 고려원, 1993.

_____.『새로운 천년을 여는 NGO의 役割과 使命』. 99서울 NGO 세계대회 기조연설, 1999.

_____. "21세기 민주주의와 팩스 UN을 통한 신국제질서."『아름답고 풍요하고 보람있는 사회』제2권, 서울: 경희대학교 출판국. 2003.

_____.『아름답고 풍요하고 보람있는 사회』(총 5권). 서울: 경희대학교 출판국, 2003.

정수복. "새로운 사회운동과 초국적 시민연대."『유럽연구』. 한국유럽학회, 1997년 봄호.

차기벽.『간디의 생애와 사상』. 서울: 한길사, 1989.

최상용.『현대 평화사상의 이해』. 서울: 한길사, 1976.

최상진.『가난한 이들의 행복, 슬럼가 피아니스트 빌리』. 서울: 도서출판 가이드포스트, 2009.

하영애.『조영식과 평화운동』. 서울: 한국학술정보, 2015.

_____.『조영식과 이케다 다이사쿠의 교육사상과 실천』. 서울: 한국학술정보, 2015.

_____. "오토피아(Oughtopia) 이론의 내용과 전개: 중국과 대만사회의 수용."『한중사회 속 여성리더』서울: 한국학술정보, 2015.

_____. "가정평화와 밝은사회를 위한 NGO 활동의 모델."『가정평화와 사회평화를 위한 여성NGO역할과 연대』. 1999 서울NGO 세계대회조직위원회, 1999 서울NGO 세계대회 백서, 2000.

_____. "한중관계와 오토피아(Oughtopia) 사상." 2008 건국 60주년 기념 공동학술회의, 한국정치학회, 한국국제정치학회, 세계지역학회 공동주최, 2008.

_____.『밝은사회운동과 여성』. 서울: 범한서적 주식회사, 2005.

홍규덕. "탈냉전과 전환을 위한 노력."『평화연구: 이론과 실제』. 한국정치학회, 1996.

황병곤 편저.『밝은사회 운동 활동백서』. 서울: 경희대학교 밝은사회연구소, 1995.

1999 서울 NGO 조직위원회. 『1999 서울 NGO 백서』. 1999 서울 NGO 조직
위원회발간, 2000.

Bernaldez, Pedro B. *Oughtopian Peace Model for Neo-Renaissance*, (Aquinas University
of Legazpi, Inc, 2002).

_____. *Praxis of Oughtopia*. (The Institute of International Peace Studies,
1996).

Boutros-Ghali, Boutros. "Chancellor Choue and the United Nation." *Global
Leader With Great Vision*. (Korea: The Publication Committee of Global
Leader With Great Vision, 1997).

Choue, Young Seek. "Toward the Global Common Society." Seoul: Kyung Hee
University Press. Vol.3. (2001).

Daisaku, Ikeda. *The Human Revolution*. (New York: Weatherhill, 1972).

Galtung, Johan. "Peace Research: Past Experiences and Future Perspectives."
Peace and Social Structure Essays in Peace Research. (Atlantic Highland:
Humanities Press, Vol.1, 1975).

Lee, Hahn Been. "An Uncommon Intellectual with the Talent of Inaugurating
new Enterprises." *Global Leader With Great Vision*, (Korea: the Publication
Committee of Global Leader With Great Vision, 1997).

Lee, Won Sul. The IAUP and Dr. Choue, *Global Leader With Great Vision*. (Korea:
the Publication Committee of Global Leader With Great Vision, 1997).

Sohn, Jae Shik. *Peace and Unification of Korea*. (Seoul Computer Press, 1991).

The Graduate Institute of Peace Studies. *Peace Forum* vol, XII, No. 23,
November, (Korea: Kyung Hee University Press, 1995).

UN document number A/36/L.29/Rev.1.

매일경제신문. 1996. 11. 15.
인민일보. 2009. 11. 8.
聖教新聞. 2016. 11. 9.

조영식의 '오토피아' 윤리사상의 칸트적 기원

신 충 식

내가 자주 또 오래 생각하면 할수록, 점점 더 새롭고 점점 더 큰
경탄과 외경으로 마음을 채우는 두 가지 것이 있다.
그것은 **내 위의 별이 빛나는 하늘과 내 안의 도덕법칙**이다.
임마누엘 칸트(조영식 1996, 213; 칸트 2009, 271)

I. 들어가며

본 논문은 조영식 경희학원 설립자(이하 조영식)를 동서고금의
다양한 사상, 특히 서양근대철학의 집대성자인 칸트의 철학에 깊게
뿌리를 내린 '창업적'[1] 지성인이자 교육자로 이해할 것이다. 이러
한 명제를 검증하기 위해 필자는 조영식이 수많은 역경을 거쳐 정

---

[1] 조영식 설립자에게 '창업적'이라는 수식어를 사용했던 이는 이한빈 전 부총리이다(조영식 백인
집 출간위원회 편 1991, 95).

립한 오토피아 사상에서 칸트의 실천철학적 요소들을 끌어내고자 한다. 조영식은 전체적으로 칸트철학의 기본명제를 첫째, 인간이란 무엇인가, 둘째 우리 인간은 무엇을 추구해야 하는가, 셋째, 무엇을 해야 하는가는 질문에 대답하는 것으로 정리한다. 이 질문들을 제대로 해명하지 않으면 모든 지식은 산지식이 아닐뿐더러 무용하다는 입장이다(조영식 2014, 20).

조영식은 칸트의 이러한 인간을 어떻게 이해했는가? 그에 따르면, 인간은 동물처럼 본능과 충동에 의존하는 존재도 아니고 신과 같은 완전한 이성을 지닌 존재도 아니다. 그는 인간이 신성을 지닌 이성과 물성을 지닌 감성을 동시에 다 가지고 있다. 다시 말해서, 인간은 신과 동물과의 '중간적 존재자'이다. 중요한 것은 인간이 감성과 이성을 모두 갖추었기에 도덕생활이 가능하다는 점이다. 만약 우리 인간이 이성만 가지고 있다면 인간은 신과 같은 존재가 될 것이다. 그렇게 되면 인간의 의사는 곧 신의 뜻과 같아서 절대적이며, 인간의 행동 또한 항상 완벽할 것이다. 인간이 감성만 가지고 있다면 생각과 행동은 감성과 충동에 얽매여 동물과 같은 생활을 하지 않을 수 없을 것이다. 요컨대, 조영식은 인간이 본능과 이성을 조절하며 정신과 육체의 조화를 이룰 수 있는 인격체로서 '선의지'(good will)를 갖고 있다고 보았다.

조영식의 칸트철학에 대한 입문은 서울대 법대 재학시절 첫 저서 『민주주의 자유론』을 펴낸 것으로 보면 당시 그가 수많은 책을 탐독했을 때 이루어졌던 것으로 보인다. 이 첫 저작에서 조영식은 칸트의 자유개념을 원용했다. 그에게 자유는 "나 자신 이외의 원인에 의해 활동하도록 결정되지 않은, 즉 강행되지 않은 자율"이다(조영

식 1948, 52). 칸트주의자 조영식의 면모는 1951년에 출간된『문화
세계의 창조』에 더욱더 두드러진다. 그는 이 저작에서 인간은 그
자체로서 목적적인 존재이며 결코 다른 어떤 것을 위해 이용되거나
수단이 되어서는 안 된다는 칸트의 실천철학을 준용한다.

흥미로운 사실은 김대중 전 대통령이 1998년 2월 23일 경희대학
교에서 명예경제학박사 학위를 수여받으며 행한 연설에서, "6·25
전쟁이 일어난 부산에서 머물 때 신흥대학 학장이라는 사람이『문
화세계의 창조』라는 책을 출간했다. … 본인 앞에서 이런 얘기를
해서 참으로 미안하지만, 그때는 '젊은 객기에 한번 본때를 보여준
다고 썼겠지'하는 부끄러운 생각을 했다"라고 토로했다. 김대중 대
통령이 "우리나라에도 선견지명을 가진 분이 있구나"라고 감탄해
마지않게 한 이 저작에도 칸트철학이 깊이 배어 있음을 알 수 있다
(미원조영식박사기념사업회 2014b, 125). 정신문화의 고차원적 발
전과 물질문명의 고도발달을 추구하는 문화세계의 한 축은 분명 칸
트와 맞닿아 있음을 알 수 있다.

먼저 이 글에서는 조영식이 칸트의 실천철학을 어떻게 이해했는
지를 살펴볼 것이다. 둘째, 칸트가 말하는 자연세계 또는 조영식이
극복하고자 하는 실용주의 사회에서 칸트의 용어로 목적의 왕국인
문화세계로 어떻게 이행하는지를 분석할 것이다. 셋째, 조영식의
오토피아로서 문화세계가 교육을 통해 어떻게 이룩될 수 있는지를
살펴볼 것이다. 칸트가 꿈꾸는 계몽된 사회는 혁명을 통해 급진적
으로 이루어질 수 있는 사회가 아니라 사고방식에 있어서 진정한
개혁을 꾀하고자 하는 교육적 노력을 통해 점진적으로 이루어짐을
알 수 있다. 조영식이 염원했던 오토피아 역시 치열한 교육의 산물

이었다. 그에게 인간의 궁극적 목적은 "행복의 추구와 복지사회를 건설하는 것"(조영식 1951, 80)이었다.

II. 조영식과 칸트의 실천철학

조영식에게 칸트는 영국의 존 로크와 데이비드 흄의 경험철학 전통과 대륙의 합리적 형이상학을 종합함으로써 서양의 근대철학을 집대성한 철학자이다. 특히 칸트는 인식의 근원을 인상과 관념이라는 후천적 경험에서 찾았던 동시대 철학자 흄의 철학저작을 읽고 "오랫동안의 잠에서 깨어나 자신의 비판철학을 창도했던 … 서양 현대철학의 태두"(조영식 1996, 54)로 이해된다.[2] 칸트 역시 흄처럼 인간 인식을 정당하게 활용할 수 있게 하는 것은 오직 자연계뿐이라고 했다. 따라서 우리 인간이 경험할 수 있는 세계는 다만 물질세계 뿐으로서 초월자·절대자를 인식의 대상으로 삼으려는 형이상학은 정당한 학문일 수 없다고까지 했다.

18세기 계몽시대에 현상계와 예지계의 접점에서 새로운 학문으로서 비판철학을 수립하고자 했던 칸트의 지상과제는 여러 형이상학적 주장을 법정에 세우고 '자유,' '신,' '영혼불멸'과 관련된 논쟁들을 완전히 종식하는 것이었다. 제1비판에서 칸트는 이성을 '신,' '인간,' '세계'를 우리 자신에 표상할 수 있는 능력으로 정의한다. 나아가 그의 제2비판인 실천철학에서 이성이란 자연을 '목적'에 따라 조직된 총체성으로 표상할 수 있는 능력이다. 이 목적개념이야말로 우리 근대인이 이른바 '존재'(is)에서 '당위'(ought)로의 이행을 가능하

---

2) 감각과 욕망을 통해 얻어지는 인상은 강하고, 기억과 상상을 통해 얻어지는 관념은 약하다고 했다.

게 하는 것이다. 이러한 의미에서 자연은 목적에 준해 조직화되고 공공복리라는 목적을 가진다. 그러므로 이 목적은 우리 근대인이 '의지'를 통해서 당위적으로 요청해야 하는 것이 된다. 이에 반해서 동물적 존재의 기계적인 질서는 '자율'이 아닌 '타율,' '평화'가 아닌 '폭력'을 통한 안정화를 지향한다. 18세기의 칸트는 바야흐로 계몽을 통한 진보를 확신했다. 진보란 타율(heteronomy)에서 자율(autonomy)로, 자연적 결정에서 자기 결정으로, 법에 기반을 둔 국가에서 자유, 즉 도덕성에 기반을 둔 국가로의 이행을 의미한다.

『오토피아』에서 조영식은 보편타당한 행위규범을 통해 인간이 도덕생활을 해나가는 데 필요한 칸트의 세 가지 요청을 놓치지 않는다(조영식 1996, 214-217 참조). 첫째, 자유의 요청이다. 도덕의 성립은 인간에게 자유가 없이는 성립될 수 없다. 인간의 행위가 단순히 어떤 섭리나 인과법칙에 의해 이루어지는 것이라고 한다면 인간에게는 책임이 뒤따르지 않을 것이다. 기계와 마찬가지로 작동되는 대로 움직이면 되는 것이기에 거기에는 어떤 도덕성이나 책임도 존재할 수 없다. 따라서 자유는 도덕성립의 실재근거가 되며 자연과 대립된다(조영식 1996, 214).

둘째, 영혼불멸의 요청이다. 칸트에 따르면, 완전한 덕에 부합하는 완전한 복리야말로 궁극적으로 이성의 최고선이다. 따라서 도덕의 완전한 성립을 위해 '영혼'은 불멸해야 한다. 조영식은 말하기를, "만약 인간의 도덕행위가 내세와 연관되지 않고 현세에 그친다면 인간사회의 여러 모순과 불합리성을 보정할 길이 없게 되며, 최고선의 궁극적 승리는 불가능해진다. 도덕 자체의 목적적인 성격과 완전 승리를 위해 영혼은 영속적인 계속, 즉 영혼의 불멸이 요청되어야 한다는 것이다"(조영식 1996, 214f.).

셋째, 신의 존재에 대한 요청이다. 칸트는 도덕률의 성립을 위해 인간의 자유의지의 요청과 영혼불멸의 요청 이후 자연스러운 단계가 신 존재의 요청이라고 했다. 즉 인간행위의 선악을 인정하고 판정하고자 할 때 신의 존재가 요청된다. 어떻게 인간은 자연이라는 감각적 세계 또는 동물적 실존의 질서를 뛰어넘는 영역으로 나아갈 수 있는가? 조영식에 따르면, 칸트는 이 질문에 답하기 위해 "초감각적인 절대의 세계에서 연역적으로 도덕의 근거를 찾은 것이 아니라 요청적으로 현상세계에서 초감각적인 실재를 귀납적으로 끌어내고자 했다"(조영식 1996, 215). 조영식은 칸트의 실천철학에서 도덕적 판단을 위해 '현상(phenomenon)의 법칙과 정신(noumenon)의 법칙,' '자연의 수준과 자유의 수준,' '감성과 이성,' '타율과 자율,' '의지와 경향성(inclinations)'의 구분이 필수적임을 일찍이 간파했음을 엿볼 수 있다. 지금까지 조영식은 칸트의 도덕자율성이 "인간의 모든 행위에 도덕성 그 자체가 목적이 되는 것이지 신을 기쁘게 하거나 행복의 대가를 요망하는 마음에서 행해진 도덕은 무가치함"을 분명히 했다.

나아가서 조영식은 칸트가 객관적 법칙과는 전혀 다른 인간의 내면적 주체의 법칙을 정립했음을 중시한다. 이 세 가지 법칙은 다음과 같다. "첫째, 너희 의지의 준칙, 즉 양심의 명령이 항상 보편적 입법의 원리에 타당하도록 행하라. 둘째, 너희의 인격이나 다른 사람의 인격을 항상 목적으로서 대해야 하며 결코 수단으로서 대하지 말라. 셋째, 너희는 모든 인격을 소유하고 있는 사람들로 구성된 집단의 완성을 위해 봉사하라고 한 그것이다." 조영식이 자신의 저작과 연설에서 자주 언급하는 '목적의 왕국'에 대한 통찰은 주로 칸트의 유명한 저작 『도덕형이상학을 위한 기초 놓기』(1785)에서 기인한 것이다. 이 저작을 통해서 조영식은 칸트의 실천철학을 고유한 방식으로 이해하고자 했다. 다음 절에서는 칸트가 어떻게 자연상태에서 목적의 왕국, 즉 오토피아로 이행하는지를 살펴볼 것이다.

Ⅲ. 자연상태에서 '문화의 세계'로의 이행

동시대의 철학자 루소가 칸트의 실천철학과 정치철학에 결정적인 영향을 미쳤던 것은 잘 알려진 사실이다. 심지어 칸트는 루소를 '도덕세계의 뉴턴'으로 부르기도 했다. 루소야말로 뉴턴이 처음으로 자연의 무질서와 다양성 안에서 지극히 간결한 자연의 법칙을 발견했던 것처럼, 자연이라는 다양한 형식 아래에서 인간 깊숙이 묻혀있는 본성과 숨은 법칙을 최초로 발견했다. 칸트는 "뉴턴과 루소 이후 신이 정당화된다"라고 말했을 정도이다. 하지만 칸트가 말한 자연은 루소가 말한 '순수상태(the state of innocence)'의 자연과 판이하게 다르다. 루소가 말하는 자연상태가 소박함과 행복을 의미한 데 반해서, 칸트의 자연상태는 필요, 욕망, 정념 및 여기에 수반된 갈등의 상태이다. 그래서 칸트는 자신의 조건에 대한 성찰 없이 개인적 성향만을 따르는 자연인의 상태에서 자연과 가장 잘 조화로울 수 있는 성향과 능력을 계발한 '윤리적 인간'으로 이행해야 한다고 보았다(신충식 2017, 369-371 참조).

조영식에게서도 본질적으로 자연인은 폭력적이다. 그는 "공리보다는 사리를, 내일보다는 오늘을 중시하는 현실주의적 사회에 있어서 모든 나라 사람이 과연 이기와 아집을 버리고 인류 모두의 공익, 즉 세계평화와 공존공영을 위해 혼연히 협력해줄 수 있을까 하는 것을 생각할 때 매우 낙관하기가 어렵다"(조영식 1991, 213)라고 했다. 칸트와 조영식 공히 정치세계를 욕망의 세계이자 자연상태로 이해했음을 알 수 있다. 조영식에게 자연상태는 이(利), 효(效), 용(用), 쾌(快)라는 이해타산적·감각적인 것으로 받아들여진다. 이처럼 인류의 역사는 자연상태에 놓인 채 각자 자신의 욕망을 성취하기 위해 온갖 방법을 가리지 않고 힘에 힘으로 맞서고 증오, 전쟁, 기만, 약탈 가운데에 엄청난 희생을 되풀이해왔다.

그래서 조영식은 인류의 어리석고 무의미한 자연의 상태에서 하루빨리 벗어날 수 있는 방안을 강구했다. 그에 따르면, 과학으로 존재의 세계를 설명할 수는 있지만 당위에 대해 논의하기는 거의 불가능하다(조영식 1996, 61; 1991, 416). 정신이나 물질 그 어느 쪽도 근본적 실재라 말할 수 없으며, 그 근본은 "둘이 아니고 하나이며 하나이면서 둘이다"(조영식 1991, 61). 이 세상에는 변화하는 것과 변화하지 않는 것, 존재와 당위가 분리될 수 없다는 점을 분명히 할 필요가 있다(조영식 1991, 89). 조영식은 이 세상의 원리가 일원론의 원리가 아니라 "존재와 당위, 나와 뭇나, 정신적인 것과 물질적인 것, 일자와 다자, 필요성과 불필요성 등이 공존하는 상대주의 세계라는 데 문제가 있다"(조영식 1991, 92).

인간이면 누구나 존재의 세계에 살고 있다. 그렇지만 가치 있는 존재가 되고자 할 때 우리는 당위의 세계를 지향할 필요가 있다(조영식 1991, 305). 칸트는 '이성의 사실'로서 '도덕의 사실'이라고 부르는 것을 수립하고자 했다. 칸트는 도덕성을 여타 다른 사실, 즉 경험과 분리한다. 또한 도덕성을 여타 다른 형식의 이성, 즉 사변적 또는 이론적 이성으로부터도 구분한다. 이러한 두 과제를 동시에 수행하기 위해서 그는 '선의지'(善意志)에 대해 주목한다. 도덕성에 대한 칸트의 비판적인 관점은 도덕적 결정의 사실에서보다는 우리 자신 안에서 도덕성의 조건을 파악하려는 데 있다. 도덕성을 위한 첫 번째 조건은 우리 모두가 도덕성에 대해서 알고 있다는 것이다. 칸트가 의무와 도덕성의 법칙이라고 말하는 것과 벌써 친숙해 있음을 의미한다. 칸트의 의도는 사람들이 실제로 경험하고 그것을 모두에게 알려진 무엇으로 음미하는 시선 없이 순수하게 도덕성을 고찰하는 것이다. 이러한 두 가지 전제와 더불어 그는 의지의 문제를 소개한다. 도덕성의 순수법칙은 "의지로 진입할 필요가 있으며" "도덕형이상학은 가능한 순수의지의 이념과 원칙들을 연구할 필요가 있다. 하지만 이것은 심리학으로부터 대부분 끌어온 인간의지 그 자체의 활동이나 조건은 아니다."

조영식은 칸트의 도덕시비 판단능력을 실천이성에서 발견한다. 이러한 의미에서 인간의 양심이란 "정사선악을 판단할 수 있는 선천적인 것으로서 도덕과 선악의 심판이며 경고자이다"(조영식 2004, 32). 우리는 그가 칸트의 양심이 우리 인간의 순수의지에 따르는 법에 대한 내면적인 복종임과 동시에 이성과 소통이 가능한 유일한 감정으로 꿰뚫고 있음을 알 수 있다. 당연히 여기서 법이란 통치를 위한 법이 아니라 인격에 대한 순수 존중(respect)임은 더 이상 말할 나위가 없다. 칸트는 이러한 존중이야말로 '도덕적 삶의 유일한 동기'라고 했다. 흥미로운 사실은 칸트와 그를 따르는 조영식에게 양심이 선의지라는 실천이성과 감정이 동시에 어우러지는 도덕현상이라는 점이다. 다시 말해서, 양심이란 실천이성이라는 선의지가 자체의 고유한 권한에 따라 우리 내면에 스며든 유일한 감정이다. 따라서 조영식에게 선(善)은 칸트의 양심처럼 인격적 자유, 즉 '도덕률과의 내면적 일치를 뜻하는 도덕성'(조영식 2014, 41)이다.

칸트는 인간을 이성과 감성을 지닌 존재로 파악한다. 인간은 이성과 함께 유한한 인간의 본성인 감성을 지니고 있다. 그 때문에 인간은 불완전할 수밖에 없는 것이다. 양심에 대한 칸트의 논의에서 보았던 것처럼, 조영식 역시 이성은 발전하는 것이지 선험적(先驗的)으로 완전무결하게 주어지는 것이 아니라고 보았다. 이성이 처음부터 완벽하다면 인간은 태어남과 동시에 완전한 영감을 가지게 될 것이다. 그에 따르면, "이성은 결코 선험적인 것도, 절대적인 것도 아니다. 듣거나 보지 못한다면 색과 소리에 대해 알 수 없다. 인간의 본능과 감각은 본디 가지고 있는 것이라 해도 도야하지 않으면 없는 것과 마찬가지다. 그러므로 이성을 실천적인 것으로 이해하는 것은 오류이다"(조영식 2014, 59).

둘째, 자연상태에서 '목적의 왕국'인 이른바 문화의 세계로 이행할 수 있는 가장 확실한 방법은 자유개념을 새롭게 이해하는 것이었다. 그는 다시금 칸트에 주목한다. 앞 절에서 살펴보았던 것처럼, 칸트의 철학에서 자유, 불멸성, 신이라는 세 요소가 중요하다. 그중에서 특히 칸트의 실천철학을 결정하는 핵심개념은 '자유'이다. 다른 두 이념은 종교에 대한 도덕적·계몽적 태도가 된다. 칸트의『순수이성비판』에서 자유는 우주론적 의미로 나타나지만, 윤리에 관한 저작에서는 도덕법칙을 의미한다.

조영식은 1948년에 집필된 자신의 첫 저서에서 칸트의 자유개념을 정확히 도덕률로 이해한다. "자유는 나 자신 이외의 원인에 의해 활동되도록 결정지어지지 않는, 즉 강행되지 않는 자율로서 무이유, 무원인, 무법칙적인 방종의 자유는 인간의 자유로서 하등 무의미한 존재일 뿐만 아니라, 그것은 결코 도덕적 동물로서의 자유가 아니다"(조영식 1948, 52). 특히 칸트가 이성과 자유의 상호관계에 대해 논한 부분을 강조해 다음과 같이 소개한다. "완전한 선의지라는 것은 준칙(maxims)이 언제나 보편법칙(universal law)으로 인정된 자기 자신을 자기 안에 보유할 수 있는 의지로서의 명제이다. 그러므로 자유는 모든 이성적 주체의 의지로서 전제되지 않으면 안 된다. 주체의 의지는 다만 자유의 이념하에서만 자기 자신의 의지일 수가 있다. 그러므로 실천적 견지에서 모든 이성주체에게 부여되지 않으면 안 된다"(조영식 1948, 124).

이로부터 3년 후에 집필된 『문화세계의 창조』에서도 자연에서 자유로의 이행, 즉 자연적 인과법칙에서 정신적인 필연법칙으로의 이행을 역설한다. 자유의 원인은 이러한 필연성 속에서 태어난다고 주장한다. 그는 자유가 도덕을 인식하고 가능케 하는 실재근거라고 말한다. 오로지 인간만이 양심을 갖고 도덕생활을 영위한다. 도덕을 사유하고 행동할 수 있는 것은 인간이 자유를 가지고 있기 때문이다(조영식 1951/2014, 69f). 자율이라는 실천이성은 인간생활의 영역에서 최고의 절대가치일 뿐만 아니라 인간에게 존엄성과 가치를 부여하는 덕의 생활을 가능케 한다는 점에서 칸트의 실천철학은 '목적의 왕국'으로 귀결된다. 그렇지만 조영식은 이제 세상이 덕보다는 복이 더 현실적으로 요청되고 있음을 간과하지 않는다. 금욕을 통한 덕의 완성이 아니라 복의 추구와 복지사회 건설이 인간사회의 목적이 되어야 하는 것이다(조영식 1951/2014, 77f). 다시 말해서 인류는 단순히 정신적 진보로 자족할 것이 아니라 물질적 풍요 역시 그에 못지않게 중요한 국면에 이르게 된 것이다.

따라서 조영식은 칸트적 의미의 이상사회인 '목적의 왕국'이 '보이지 않는 교회'에 다름 아니라고 주장한다. "목적의 왕국을 실현하는 방법으로 선이 악을 이기기 위해서는 선의의 중생이 필요하다고 했고, 이와 같은 것이 전 인류에 퍼져 도덕적 사회, 도덕적 국가를 이루어야 하는데, 나는 이것을 '보이지 않는 교회'라고 이름한다. 이 보이지 않는 교회는 가장 이상적인 집단으로서 교회 안의 인간은 하나가 되어 순수한 이성신앙을 가져야 한다. 그곳에서의 신은 입법자이고, 모든 국민은 그 신의 종복이다. 따라서 보이지 않는 교회는 궁극적인 우리의 이상사회라고 설명했다"(조영식 1996, 216).

칸트가 주장하는 목적의 왕국은 앞 절에서 조영식이 상세히 분석했던 세 가지 요청이라는 가설 위에 정립되었음을 알 수 있다. 그것은 바로 인간의 자유의지, 영혼불멸, 신의 존재에 대한 요청이다. 조영식은 바로 여기에 큰 문제가 있다고 본다. 조영식은 칸트의 이론에 충분히 동의하면서도 그가 제시한 결론은 무모하다고 주장한다(조영식 1996, 216).[3] 이러한 비판적 통찰에 입각해 조영식은 우리가 지향해야 할 이상사회를 '종합문명사회' 또는 '인간의 당위적 요청사회'(조영식 1991, 453f.)에서 찾는다.

그렇다면 조영식이 지속적으로 강조하는 당위적 요청사회는 어떻게 가능한가? 인간이 인간답게 살아가자는 당위적 요청사회란 바로

---

3) 합리적 존재이자 유한한 존재인 인간에게 있어서 칸트의 도덕적 진보에 대한 확신은 단순히 기계적인 진보가 아니라 "자연이 자유를 의지하는"(Nature wills freedom)데서 비롯하는 의무에 대한 확신임을 상기할 필요가 있다.

'오토피아'(Oughtopia)의 사회이다. 여기서 '오토피아'라 함은 어떤 환상이나 낙원사상을 그리며 그런 비현실적인 천국을 만들자는 것이 아니라 인간이 인간답게, 값있게, 보람 있게, 평화롭고 행복하게 살아가자는 것이다(조영식 1991, 416 참조). 잘 알려진 것처럼, 오토피아의 세 가지 목표는 첫째, 정신적으로 아름다운 도덕사회, 즉 건전한 인간사회를 만들자는 것이다. 둘째, 그렇지만 우리 인간은 육체를 가지고 있기에 물질적으로 풍요롭고 편리한 사회도 건설할 필요가 있을 것이다. 셋째, 오토피아는 인간적으로 값있고 보람된 사회를 이룩하는 일이다. 단순히 동양의 정신문화와 서구의 물질문명을 종합한 사회가 아니라 동서이념을 융합하고 새로운 인류사회를 전망하는 기초 아래에서 인간이 가장 존중되며 가치와 행복 및 보람을 누릴 수 있는 종합문명사회를 지향한다. 조영식이 말하는 보람 있는 사회란 "직분의 책임을 다하고 목표를 세워 살았다는 것 외에 남을 도우며 인류세계의 문명창조와 사회발전에 얼마간의 기여를 했다는 데 보람을 느끼며 사는 것"(조영식 1991, 418)이다.

이러한 맥락에서 조영식은 교육을 통해 문화의 세계를 건설할 필요가 있음을 강조한다. 우리 인간은 살아가며 일말의 판단력을 가질 수 있을 것이다. 그렇지만 이는 이른바 지성(understanding)일 뿐 진정한 의미의 이성은 아니라는 것이다. 그래서 조영식은 이성을 누구에게나 똑같이 주어지는 무엇이 아니라 후천적 경험이며, 성장과 교육을 통해 가지게 되는 지성으로 파악한다. 그는 이러한 통찰을 칸트의 다음 구절에서 끌어온다. "인간이 만약 신이라면 교육은 불필요하다. 만약 인간이 동물이라면 교육은 불가능할 것이다. 따라서 인간은 인간이기에 교육이 필요하고 가능한 것이다"(조영식 1991, 322).

Ⅳ. 교육을 통한 '문화세계'의 창조

칸트의 도덕형이상학은 순수의지가 어떻게 가능한지를 연구하고자 했다는 점에서 조영식의 주리생성론(主理生成論)은 물론 오토피아론에 결정적인 영향을 미친다. 칸트와 조영식이 강조하는 선의지(善意志), 즉 보편의지는 감성의 특징이라 할 수 있는 자기중심주의에 의해서 설명될 수 없다. 도덕성과 관련된 의지의 중요성은 또한 논리적 추론을 통해서도 수립되지도 않는다. 이 양자에 있어서 욕망한다는 것은 항상 무엇을 욕망하는 것, 즉 어떤 것에 대한 경향성(inclination)을 전제하지만, 의지를 갖는다는 것은 그 무엇에도 의지하는 것이 아님을 분명히 할 필요가 있다.

앞에서 살펴보았던 것처럼, 이성과 의지를 가진 인격체에게 '보존'과 '번영'은 자신의 '행복'이자 자연의 본래 목적이라 할 수 있다. 그렇다면, 자연은 이러한 자기 의도의 실행자로서 그 피조물의 이성을 선발하는 매우 나쁜 조처를 취한 것이라고 할 수 있다. 유기체가 이런 의도에서 수행해야만 할 모든 행위와 그 처신의 전체 규칙은 나의 개별적인 의지가 합리적이기 위해 의지가 어떤 주관적 한계와 방해물, 경향성을 극복할 필요가 있기 때문이다. 그래서 이 것은 의지를 합리적이게 하는 의무인 것이다.

조영식은 일찍이 자신의 전체사상에서 인간의지의 중요성을 강조했다(『문화세계의 창조』 1951 참조). "인간의 의지에는 온 천하를 바꾸어 놓을 수 있는 강력한 힘이 있다"는 것이다. 이러한 입장은 후일 인간을 자유의지에 입각한 인격적 존재로 파악하는 '주리생성론'이라는 개념으로 정식화된다. 세계는 물질계, 생물계, 인간계 모두 상호작용을 통해 존재한다는 것이다. 그중에서도 오직 인간계에서 주체의 의지나 의식의 지도성이 새로운 상황을 조성해 다음 상황을 규정할 수 있다.

의지나 의식의 지도성이 생성의 원인이라는 점을 강조한 '주리생성론'은 정신이 물질에 여러 형태로 영향을 미친다는 것을 인정하면서도 물질이 정신에 지대한 영향을 준다는 사실을 인정하는 입장이다. 조영식은 주리생성론을 통해 우주만물의 원리를 규정하고자 한다. 하지만 인간의 상호작용 영역에서는 의식작용의 영향이 지대하기에 주리생성론을 '주의생성론'(主意生成論)으로 정식화한다.

주의생성론에 의거한 조영식의 근본적인 질문은 "우리의 미래가 결정되어 있는 것이 아니라면, 또 모든 것이 기계적인 숙명의 결과에서 오는 것이 아니라면, 우리가 해야 할 일은 과연 어떠한 것이며 또한 어떻게 살아야 할까?"로 집약된다. 이처럼 더 나은 세계와 더 나은 인생 및 내일을 기약해 당위의 계획을 '오토피아'(Oughtopia)라 불렀다. 앞 절에서도 이미 밝힌 것처럼, 오토피아는 "인류가 지향해야 할 당위적 요청사회"(조영식 1996, 4)로서 인간의 비현실적, 비당위적 이상사회를 지향했던 유토피아와 구별된다. 이는 인간으로서 바랄 수 있고, 당위적으로 그래야 할 실현 가능한 사회이다. 조영식은 평화교육의 중요성을 역설하면서 다시금 칸트의 의지 개념에 의존한다. 인간이면 누구나 알고자 하는 호기심뿐만 아니라 동시에 이를 알 수 있는 지각능력을 가지고 있다는 것이다. 1974년 8월 27일 미국 애틀랜타의 세계인류학대회 기조강연에서 조영식은 인류사회 건설을 위한 의식혁명 또는 정신혁명의 필요성을 다음과 같이 주장한다.

인간은 마치 보석과 같아서 잘 갈고 닦으면 영롱한 빛이 날 수 있는 무한한 가능성을 가지고 있습니다. "이성이란 따로 있는 것이 아니라, 바로 감성을 도야한 것입니다." 교육을 통해서 잠재능력을 계발하지 않으면 아무런 가치가 없는 존재가 되어버리는 것이 우리 인간입니다(조영식 1991, 279).

조영식은 의식혁명의 구체적인 방안으로 첫째, 생성에 관한 주·객체의 교호작용을 강조한다. 예를 들어, 거울 앞에 서 있는 인간의 모습에서 이러한 교호작용을 찾아볼 수 있다(조영식 1991, 70). 둘째, 그는 인간의 의식작용에서 주·객체의 생성관계에는 특별한 의식적인 지도가 필요하다고 본다. 예를 들어, 다양한 뉴스를 접하면서도 특별한 관심을 보이지 않는 문제에 대해서는 여러 정보와 자료를 듣고도 쉬이 망각하는 반면에 누군가가 인구, 식량문제, 공해, 환경문제 등에 각별한 관심이 있으면 일반인이 느끼지 못하는 것에도 깊은 정보와 자료를 얻을 수 있을 것이다. 이처럼 마음이 우리의 인식과 생활을 인도하고 있음을 알 수 있다(조영식 1996, 71). 셋째, 조영식은 인간을 인간답게 하고 인간생활을 더 행복하고 값있게 해주는 것도 단순한 주·객체의 상관관계에서 오는 것이 아니라 고차원적인 정신인 주의(主意)에 의해, 즉 의식적 지도에 의해 이루어짐을 강조한다. 인간이 인간일 수 있는 조건은 자기가 해야 할 일과 해서는 아니 될 일, 그리고 자기가 바랄 수 있는 일과 바라서는 아니 될 일을 분간하는 인격을 소유하고 있는지의 여부에 두고 있다(조영식 1996, 72).

조영식은 칸트의 선의지에 의거해 인간의 3대 보편의지를 해명하고자 한다. 인간은 누구나 착하고자 하는 보편의지와 옳고자 하는 보편의지, 더 나아지고자 하는 보편의지를 가지고 있다는 것이다. 그래서 인간은 더 선할 수 있고, 더욱 나아질 수 있는 발전의 소지를 갖고 있다(조영식 1991, 322f. 참조). 칸트의 선의지론은 곧바로 조영식의 주의생성론에 반영된다. 이 이론은 주체인 실(實)과 객체인 상(像)을 동시에(이원적으로) 인정하며, 또 그 교호작용인 생성을 인정한다. 그렇지만 여기서 생성이란 존재적으로나 당위적으로 단순하게 상호 관련되고 제어하는 것이 아니라, 이(理) 또는 주의(主意)인 의식적 지도성에 의해 만사 만물이 생멸되고 변화하며 다시 태어난다고 보는 것이다. 조영식은 이러한 의미에서 주리생성론을 조화롭게 생성된다는 의미에서 이른바 '화생론'(和生論) 또는 '창조적 조화론'이라 부른다. 창조적 조화론이라 하는 이유는 "이 세상의 모든 것은 분리되고 화합하면서 상극과 조화의 관계를 이루어 변화하기" 때문이다(조영식 1991, 73). 결국 그의 주의생성론의 원리는 사물을 단편적으로 파악하는 것이 아니라 종합적으로 보려는 시도이다. 더욱 중요하게도 이 원리는 사태를 종합적으로 이해하려는 시도를 뛰어넘어 자연만물을 이치에 바탕을 두고서 이해하며, 인간사는 '의지'를 중심으로 유기적이고 입체적으로 통괄해보려는 것이다.

이러한 의미에서 대학교육의 전면적인 개혁이 필요하다. 대학은 단순히 고전만을 들추고, 있는 사실만을 가르치는 곳이 아니라, "당장 우리 사회에 발생하고 변화해가는 일들과 앞으로의 전망과 그 사안들의 체계적 해결점을 찾아나서는 곳"(조영식 1991, 330)이다. 그는 학문의 진정한 가치 역시 존재의 세계를 연구해나가는 것 못지않게 앞으로 일어날 일들을 연구해 인간이 나아가야 할 당위사회의 목표를 밝히고, 장차 일어날 수도 있는 일을 미연에 예방하며,

실천과정에서 시행착오를 줄여가야 한다는 것이다. 이를 위해 그는 <인류문화사>, <세계시민강좌>, <대화의 광장>, <평화교육> 등의 핵심강좌를 개설할 필요가 있다고 주창한다.

교육을 통해서 우리는 세계 평화의 구현에 이바지할 수 있고, 인류의 영원한 과제인 전쟁과 빈곤, 천재와 질병, 무지와 욕구불만 등을 해소할 수 있으며, 다음 사회의 담당자인 젊은 세대가 건전한 기풍과 가치관을 수립할 수 있도록 해야 한다는 것이다.

지금까지 논의를 정리하자면, 구시대의 적폐인 국가주의, 계급적 이념주의, 패권적 실리주의를 우리 세계에서 구축하고 문화적 윤리적 인간으로 거듭나기 위해서는 철저한 의식개혁이 요청된다. 새 세계에 걸맞은 새 인간으로 탈바꿈하기 위해 요청되는 것은 첫째, 정신과 물질의 일방적 추구에서 탈피해 '전인적 인간'이 될 필요가 있다. 둘째, 배타적 국가주의에서 탈피해 국제시대인 오늘 지구촌의 인류가족의 한 성원임을 자각해야 한다. 셋째, 자아와 타아 속에서 보편아(普遍我)를 발견해서 함께 어울려 살 줄 아는 '민주적 사회인'이 되어야 할 것이다. 넷째, 모든 사물을 볼 때 특수와 보편, 존재와 당위, 부분과 전부를 유기적으로 관련지어 보는 종합적 혜안을 가져야 한다. 다섯째, 명분과 실리 어느 한쪽에 치우치지 말고 인간관계를 투쟁관계가 아닌 '원만한 협력관계'에로 전환해야 한다 (조영식 1991, 52).

지금까지 살펴본 조영식의 문화세계는 실용주의적 자기중심적 관심사에 의해서 빚어진 자연적 갈등이 더욱 합리적인 삶으로 서서히 이행하는 과정이다. 이러한 이행은 '자연상태'에서 '자유상태'로의 이행이다. 이 이행과정에서 단순히 정신적·의식적 변화 및 진보만 수반되는 것이 아니라 물적 변화가 이루어져야 한다는 것이 칸트의 계몽적 진보이자 조영식의 "BAR"의 정신이다. BAR이란 정신적으로 아름다운 사회(spiritually Beautiful society), 물질적으로 풍요하고 편익하며 살기 좋은 사회(materially Affluent society), 인간적으로 보람 있는 사회(humanly Rewarding society)를 말한다.4) 한편, 칸트에게서 역사란 폭력, 자기중심주의, 비도덕의 영역인 데 반해서 조영식이 이해하고 있는 역사는 "어떤 이해할 수 없는 힘에 의해 창조되어 나가는 것이 아니라, 사람의 의지적·의도적 노력에 의해 생성되는 것"(조영식 1991, 277)이다. 이러한 그의 역사관은 주의적 생성원리(Generative Principle of subjective Will)에 기반을 두고 있다. 다시 말해서, 자연은 생성되는 이치에 의해 이루어지고 역사는 인간의 당위와 객관의 요청에 의해 이루어진다는 것이다. 이런 점에서 칸트와 조영식은 자연이 어떤 진보를 의지하고 요청한다고 결론 내리는 것으로 보인다.

Ⅴ. 나가며

조영식 경희대 설립자의 한 측근은 『인간조영식박사백인집』에서 다음과 같이 회고한다. "유 교수, 저 하늘에 별이 보이지? 저 별들은 모두 자연의 섭리에 의해서 움직이는 거야. 그러나 인간은 자기의 뜻대로 움직이며 그 뜻이 없으면 역사는 창조될 수가 없고 사회

---

4) 다행히 2011년에 설립된 국내 최초의 전문 교양대학인 후마니타스칼리지의 교육이념은 조영식이 제시한 대학의 소명인 '평화지향적 인간'의 양성을 위해 최적화되어 있다. 그는 일찍이 평화가 백일몽이나 우연하게 다가오는 무엇이 아니라, 지속적인 윤리노력, 즉 자기절제와 자기변형의 노력의 결과물이라는 사실. 평화지향적인 인간을 양성하기 위해 후마니타스칼리지는 조영식이 자신의 교육철학을 통해서 강조했던 첫째, 인류의 문화유산과 미래에 대한 역사의식을 가질 수 있는 '전인적(全人的) 인간', 둘째, 사회에 대한 자신의 책임을 다하는 '사회적 인간,' 셋째, 타인에게 군림하려 하지 않고 관용과 이해 및 협동을 앞세우는 '민주적 인간'을 양성하기 위해 더욱 매진할 필요가 있을 것이다(조영식 1991, 359-361; Dallmayr 2004, 9).

도 발전하지 못하지. 이것이 바로 주의생성론(主意生成論)이야. 즉 모든 사회변화와 역사창조는 의지에 따라 결정되는 것이지. … 그렇기에 인간은 건전한 의지를 함양하기만 하면 인간적으로 보람 있고 정신적·도덕적으로 건전한 사회, 즉 당위론적 사회를 건설할 수 있을 거야. 그 당위론적 사회는 지상낙원이 되겠지. 그 지상낙원을 이름 붙이자면 '오토피아'라고나 할까!"(조영식 백인집 출간위원회 편 1991, 287). 1976년 크리스마스 밤 이스라엘에서 조영식 총장 부부와 함께했던 이 측근은 그가 이 말을 건네며 제사에서 인용한 칸트의『실천이성비판』마지막 구절을 마음에 두었음을 감지하지 못했던 것 같다. 칸트처럼 조영식이 경험했던 첫 번째 경이는 하늘에 총총히 박힌 수많은 별이 일사불란하게 작동하게 했던 자연의 섭리였다. 이 자연의 섭리를 최초로 발견한 과학자가 바로 영국의 뉴턴이었다. 곧이어 칸트는 스스로 내 위가 아닌 내 안에서 살아 숨 쉬는 또 다른 법칙을 발견한다. 그것이 곧 도덕률이다. 칸트의 도덕법칙은 곧 그가 설파한 적극적인 의미의 자유개념이자 '선의지'였다. 칸트는 이 선의지야말로 "보석처럼 자신의 완전한 가치를 자기 안에 갖고 있기에 그 자체로 빛날 것"(칸트 2002, 29)이라 했다. 보석처럼 빛나는 이 '선의지'가 바로 당위론적 사회이자 지상낙원인 오토피아인 초석인 것이다. 이처럼 조영식은 선의지를 지성보다 더 우위에 두는 방식으로 상호작용 속의 '주의생성'이 어떻게 작동하는지를 밝혔다. 결국 인간계만이 주체의 선의지를 가지고서 새로운 상황을 조성하며 다음 상황을 규정할 수 있었던 것이다. 이러한 의미에서 인간은 신이 창조한 작은 창조자였다.[5]

---

5) 이러함에도 조영식의 삶과 철학을 조망한 임춘식의『소망과 창조』(2009)가 칸트를 거의 언급하지 않은 점은 아쉬운 부분이다. 그가 칸트의 선의를 "어떤 조건을 필요로 하지 않는 유일한 선"이라고 한 부분에서 칸트라는 고유명을 "Cant"(152)로 표기한 부분은 반드시 바로잡아야 할 것이다.

참고문헌

미원조영식박사기념사업회 편. 2014a. 『문화세계의 창조: 새로운 미래를 향해』. 경희대학교 출판국.

_____. 2014b. 『학문과 평화 그 창조성의 여정: 경희학원 설립자 미원 조영식 박사』. 경희대학교 출판국.

신충식. 2017. "공화제의 관점에서 본 루소와 칸트의 정치철학." 『루소, 정치를 논하다』. 이학사, 366-398.

임춘식. 2009. 『소통과 창조: 미원 조영식의 삶과 철학』. 동아일보사.

조영식. 1948. 『민주주의 자유론』, 경희대학교 출판국.

_____. 1974. 『밝은 내일을 지향하며: 조영식 박사 학술·연설문집』. 경희대학교 출판국.

_____. 1991. 『눈을 들어 하늘을 보라, 땅을 보라: 미원 조영식 박사 고희기념』. 예진.

_____. 1993. 『인류사회는 왜, 어떻게 재건되어야 하는가』. 고려원.

_____. 1996. 『오토피아』, 경희대학교 출판국.

_____. 2014. 『문화세계의 창조』. 경희대학교 출판국.

조영식 백인집 출간위원회 편. 1991. 『인간 조영식 박사 백인집』. 서울: 원방각.

칸트, 임마누엘. 2002[1785]. 『도덕 형이상학을 위한 기초 놓기』. 이원봉 옮김. 서울: 책세상.

_____. 2008. 『영구평화론』. 이한구 옮김. 서울: 서광사.

_____. 2009. 『실천이성비판』. 백종현 옮김. 서울: 아카넷.

하영애. 2015. 『조영식과 평화운동: 유엔 세계평화의 날 제정의 원류를 찾아서』. 한국학술정보(주).

Dallmayr, Fred. 2004. *Peace Talk: Who Will Listen?* Notre Dame: University of Notre Dame Press.

조영식의 전승화론: 전일적 통찰력의 과학적 인식

홍 기 준

I. 서론

조영식의 오토피아 철학은 원리론인 주리생성론과 기능론인 전승화이론, 그리고 당위적인 요청사회인 오토피아를 이루기 위한 실행계획, 즉 GCS 실천론으로 대별된다. 여기서 전승화(全乘和)는 오토피아 철학에서 우주·자연 뿐만 아니라 인간·사회의 제 현상의 변화를 설명하는 핵심적 개념이다. 오토피아 철학에서 전승화란 "세상의 만사만물이 서로 관련되고 서로 작용된 것이 합해져 이룬다는 의미를 가지고 있으며", "우주를 파악함에 있어서 각개 독립된 한 낱개로 보지 않고 무수한 입자의 구성체로 보며, 또 모든 현상을 성질을 달리 또는 같이하는 입자나 분자가 상호관련된 작용에서 오는 것으로 간주할 뿐만아니라, 대소간의 모든 실체들은 유기

적 통일체"로 본다.[1]

이와 같은 전승화론은 "단순한 철학적·논리학적·명상적 추리에 근거한 것이 아니고 철학과 과학의 두 이론의 기초 위에 입각하여 정립되었기 때문에"[2] 현대 철학과 과학의 최신 연구성과를 수용하고 있는 것으로 간주된다. 전승화론의 과학성은 최근 과학의 새로운 패러다임으로 등장하고 있는 복잡성과학(Science of Complexity)이론에 의해 입증되고 있다고 보는 것이 본 논문의 기본 시각이다.

17세기 데카르트(René Descartes)의 '기계론적 자연관'을 기초로 정립된 현대의 자연과학은 자연을 극도로 단순화되고 이상화된 '부분'으로 나누어 취급함으로써 매력적인 '자연법칙'을 찾아내는데 성공하였다. 뉴턴 (Isaac Newton)의 고전역학, 상대성 이론, 양자역학 등이 모두 그런 자연법칙들이고 지금까지 자연을 이해하고 인류의 복지를 향상시키는 데에 큰 기여를 한 것이 사실이다. 그러나 이러한 단순성과학은 21세기에 들어서면서 한계를 노정하기 시작하였다.

복잡성과학은 말 그대로 혼돈스럽고(chaotic) 복잡한(complex) 자연현상을 있는 그대로 연구하는 학문이다. 복잡성과학에서는 자연을 단순히 이상화된 부분의 합으로 보지 않는다. '전체는 부분의 합 이상의 무엇'이라고 본다. 이러한 관점은 곧 '창발성'(emergence)의 개념으로 귀결된다. 여기서 말하는 창발성이란 부분이 복잡한 상호작용을 통하여 새로운 특질을 배태하는

---

1) 조영식, 『오토피아』(서울: 경희대학교 출판국, 1979), pp.156-157.

2) *Ibid.*, p.113.

것을 의미하며 전승화는 곧 창발성을 배태하는 과정인 것이다. 이러한 연구방법은 나노기술과 컴퓨터기술의 발달에 힘입은 바 크다. 복잡성 과학은 아직까지 과학적 입장에서 완성된 이론이라고 할 수는 없지만, 지금까지 우리의 인식체계를 지배해 왔던 기계론적 자연관에 대한 근본적인 수정을 요구하고 있다. 즉 복잡성과학은 자연현상의 예측 불가능성을 인정하는 '진화론적 자연관'을 수용하도록 요구하고 있다. 이러한 과학 패러다임의 전이는 우리에게 하나의 도전을 던져주고 있다. 전승화론과 복잡성론은 수렴될 수 있는가?

본 논문은 전승화이론과 복잡성이론을 비교론적 관점에서 검토함으로써 위 문제에 대한 해답을 얻고자 한다. 또한 기본적인 세계관에서 유사성과 공통점을 가지고 있는 두 이론의 융합을 시도하고자 하는 것이 본 논문의 목적이다.

II. 전승화론과 복잡성론의 비교론적 고찰

1. 전승화론의 개요

전승화론의 성립근거는 주리생성론(主理生成論)에 의하여 확립되었다. 곧 모든 생성은 주리(主理)의 작용 밑에서 주리(主理)의 주도하에 이루어지는 것이다. 여기서 주리란 이치(理致) 즉 법칙(法則)이고 이를 실현하려는 힘을 의미한다. 따라서 주리의 전개과정에 대한 이론이 바로 전승화론인 것이다. 이와 같은 전승화론은 우주를 구성하고 있는 모든 실체들의 상호작용을 유기적 통일체로 보고 그 인과관계를 종합적으로 파악하고자 한다. 이와 같은 실체들간의 상호작용은 그 실체들에 내재해 있는 성질과 원리·이치에 따라 원인과 결과의 순환적 인과관계를 형성하게 된다. 따라서 이와 같은 관점은 부분과 전체를 동시에 종합적(holistic)으로 파악하도록 요구하며 원인없는 우연이나 기적의 존재를 부정한다.

이와 같은 전승화론은 우주현상을 시간(時間)·공간(空間)·환류(環流)·실체(實體)의 4개 차원에서 종합적으로 파악하며 이 사기체(四基體)는 가(加; +) 감(減; -) 승(乘; ×) 제(除; ÷) 영(零; 0)의 상관상승작용을 한다고 본다. 사기체를 상술하면 시간은 연속적 시간(역사적 시간)과 찰나적 시간(순간적 시간), 공간은 보편적 공간(무한적 공간)과 특수적 공간(유한적 공간), 환류는 자연적 환류(자연적·현상적 환류)와 사회적 환류(인위적·문화적·역사적 환류), 실체는 개별적 실체(개별적 무기실체와 개별적 유기실체)와 집합적 실체(집단적 무기실체와 집단적 유기실체)로 구분한다. 이러한 기체들은 매우 복잡한 상호작용, 즉 승화(乘和)를 통해 우주의 생성변화를 일으킨다.

마지막으로 전승화론은 인간을 독립된 자기세계를 가지고 있는 존재자라고 파악한다. 이것은 주의생성론의 의식적 지도성의 원리에 따른 것으로 오직 인간만이 의식적 지도성, 즉 자유의지를 가지고 있음으로 해서 전승화의 결정론적 필연의 고리를 끊고 새로운 역사, 새로운 문화를 창조할 수 있다고 본다. 따라서 인간은 한 마디로 숙명 속에서 자유로운 활동을 허용받은 존재라는 것이다. 여기서 숙명이란 전승화작용의 결과로 생긴 거역할 수 없는 환류를 의미하며, 자유로운 활동을 허용받았다는 것은 인간이 이 환류의 필연 속에서 창조의 가능성을 찾아내고 미래의 변화를 주도해 나가

는 존재라는 의미이다. 따라서 인간이라는 특이한 존재가 전승화의
필연과 주의생성의 자유를 중재하고 있다.

2. 과학 패러다임의 변화와 복잡성과학의 등장

근대 합리주의를 탄생시킨 데카르트의 방법론은 '복잡한 것을 이
해하기 위해서는 그것을 부분으로 나누어 각 부분이 명확하게 될
때까지 분할을 계속한다'는 분석적 사고방식을 도입했다. 각 부분
을 명확하게 알게 되면, 그것을 다시 결합하여 전체를 파악할 수
있다는 것이다. 이러한 데카르트의 방법론은 뉴턴에 의하여 인과율
을 따르는 기계론적 세계관과 요소환원주의로 완성되어 근대과학의
기본사상이 되었다. 뉴턴의 자연법칙에서는 시간은 가역적인 것으
로 인식된다. 즉 초기조건이 주어지면 자연법칙으로부터 미래를 예
측할 수도 있고 과거로 되돌아 갈 수도 있다.

뉴턴에 의해 제시된 절대시공개념은 아인슈타인(Albert Einstein)
의 특수상대성이론에 의해 무너지고, 시간과 공간은 서로 독립된
개념이 아니라 서로 얽힌 하나의 개념으로 채택된다. 모든 관찰자
에게 공통으로 적용되는 절대시간은 없다는 것과, 거리나 시간 등
도 관찰자의 위치에 따라 달라진다는 것이 상대성이론이다. 그러나
아인슈타인은 '신은 주사위를 던지지 않는다'라고 갈파함으로써 자
연현상의 우연성을 배제하고 결정론을 견지하였다.[3]

그러나 결정론에 대한 닐스 보어(Niels Bohr)와 이인슈타인 간의
오랜 논쟁은 '코펜하겐 해석'(Copenhagen Interpretation)에 의해 결

---

3) 김용준 역, 『부분과 전체』(서울: 지식산업사, 2000), p.123.

정론이 양자의 세계에서는 더 이상 옳지 않다는 결론에 도달하게 되었다. 코펜하겐 해석의 핵심은 자연질서를 구성하는 핵심원리는 '보완성'(complementarity)이라는 것이다. 즉 입자와 파동, 위치와 운동량, 시간과 공간 등이 상호보완적(duality) 관계를 구성하며, 입자는 어떠한 공간적 거리에 관계없이(non-locality) 상호작용을 하며 영향을 미친다는 것이다. 이러한 물질을 구성하는 입자들은 독립적으로 존재하지 않으며(entanglement), 다른 입자와의 관계를 통해서 존재하고 관찰될 수 있음이 입증되었다. 뿐만 아니라 입자와 의식은 이러한 관계를 통하여 상호작용하고 있음이 밝혀졌다. 결국 미세한 물질의 세계에 있어서는 어떤 것도 본래의 완전한 상태를 관찰할 수 없다는 것이다. 입자에서 파동으로, 파동에서 입자로 변형을 계속하기 때문에 원자적 실체는 환경과 무관한 고유의 성질을 가지고 있지 않다는 것이다. 동시에 명확히 정의될 수 없는 한 쌍의 개념 또는 양면성이 있어서 어느 한 면을 강조하면 할수록 다른 면이 불확실해지며 양자 사이의 정밀한 관계는 불확정성의 원리(principle of indeterminancy)로 주어지게 된다. 이와 같은 양자역학은 결국 현실 세계에서는 인지하기 어려운 원자, 분자 차원의 미시세계를 이해하고 응용하는 비결정론적, 확률론적 인식체계를 구축하였다.[4]

위와 같은 양자론적 인식론은 복잡성과학의 발전에 지대한 영향을 미쳤다. 복잡성과학은 요소환원주의에 바탕을 둔 현대과학이 잘 해결하지 못하는 문제들을 전일주의 입장에서 이해해 보려는 새로

---

4) Robert Nadeau and Menas Fafatos, The Non-Local University: The New Physics and Matter of the Mind (Oxford: Oxford University Press, 1999).

운 시도이다. 뇌, 인간, 사회, 경제, 생태계처럼 수많은 인자들로 복잡하게 얽혀 있는 시스템이 발현하는 성질은 그 구성요소인 각 인자들의 성질들을 단순히 선형적으로 합해 가지고는 결코 이해할 수 없다는 발상에서 복잡성과학은 출발한다.[5]

따라서 복잡성과학은 데카르트와 뉴턴에 의해 확립된 전통적 과학의 요소환원주의와 결정론을 거부하는 과학의 새로운 패러다임이라 볼 수 있다. 여기서 전통적 과학과 복잡성과학의 특징을 간략히 비교해 볼 필요가 있다. 즉 전통적 과학은 평형과 균형을 연구의 대상이자 목표로 하며 선형적 인과관계를 가정한다. 따라서 특정한 사물과 현상의 결과는 예측 가능하다고 본다. 이것은 사물을 요소로 나누어 연구하는 분석적 방법과 관계가 있다. 또 전통적 과학은 질서와 무질서가 서로 반대되는 것이라 생각한다. 따라서 무질서는 전통적 학문의 연구대상이 아니다.

반면에 복잡성과학은 전통적 과학이 무시했던 비평형과 불균형의 문제를 다루며, 질서와 무질서는 분리된 것이 아니라 언제든지 상대방의 상태로 바뀔 수 있다고 본다. 또 사물을 요소로 나누어 접근하지 않고 전체적으로 파악한다. 요소간의 관계 역시 선형적인 인과관계가 아니라 시간변화에 따라 상호 영향을 주고받는 역동적인 관계로 보기 때문에 결코 예측할 수 없다고 생각한다.[6] 즉 복잡성과학은 결정론적 예측가능성이라는 고전물리학의 라플라스적 환상을 거부한다.[7] 또한 복잡성과학에서 시간은 비가역적이다.

---

5) 최우석, 『복잡성과학의 이해와 적용』(서울: 삼성경제연구소, 1997), pp.72-73.

6) *Ibid.*, pp.109-110.

7) 뉴턴의 역학사상을 이어받은 라플라스는 어떤 시각에서 우주를 구성하는 모든 원자의 위치와 순간속도를 알고 있고, 이들 데이터를 아주 빠른 시간 내에 뉴턴의 운동방정식에 넣어 계산해 낼 수 있는 악마와 같은 지성을 갖춘 자가 있다면 그는 우주의 과거와 미래를 모두 알아낼 수

이러한 복잡성과학은 복잡계(complex system)을 연구대상으로 한다. 복잡계는 두 가지 종류로 구분된다. 하나는 카오스 현상[8]이라 불리는 비적응적 복잡계(complex nonadaptive system)로 공기중에 퍼져나가는 담배연기와 같은 자연계의 카오스 현상은 체계의 행동을 지배하는 고정된 패러미터(parameter)가 있고, 일정한 패턴을 갖지만 정확한 결과를 예측할 수 없다. 이러한 현상들은 스스로 적응하거나 진화하지 않는다.

다른 하나는 복잡적응계(complex adaptive system)로 인체의 신경계, 경제시스템, 도시나 지역사회와 같은 시스템은 다수의 행위자가 자율성을 갖고 상호작용하고, 학습하고, 진화함으로써 특정한 구조와 규칙을 만들어 간다. 이와 같은 계는 외부환경이나 다른 복잡계와 상호작용하며 진화해 가나 그 결과를 정확히 예측할 수 없다.

여기서 우리는 복잡성과학의 사회과학적 함의를 도출하기 위하여 복잡적응계에 관심을 집중시킬 필요가 있다. 복잡적응계에서 질서가 만들어지는 원리는 자기조직화 (self-organization)이다. 자기조직화란 어떤 시스템이 외부의 개입 없이도 구성요소간의 복잡한 상호작용을 통해 질서를 연속적으로 만들어내는 현상을 의미한다. 뿐만 아니라 복잡적응계는 자기조직화 과정을 통해서 더 높은 수준의 구조와 기능을 창출한다.

이와 같은 복잡적응계의 자기조직화현상은 다음과 같은 특징을 갖는다. 첫째는 창발성(emergence)이다. 수없이 많고 독립적인 작

있다고 믿었으며 이러한 전지전능한 초인을 라플라스 악마(Laplace's Demon)라 부른다.

8) 카오스이론이 말하고 있는 카오스란 어떤 시스템이 확고한 규칙 (결정론적 법칙)에 따라 변화하고 있음에도 불구하고 매우 복잡하고 불규칙하면서 동시에 불안정한 행동을 보여 먼 미래의 상태를 전혀 예측할 수 없는 현상을 말한다.

은 요소들은 어떤 환경이 갖추어지면 각 요소들 간의 상호작용이 강해져서 스스로 거시구조를 만들어 낸다. 자기조직화된 거시구조는 다시 작은 요소들에게 새로운 환경으로 피드백(feedback)을 일으킴으로써 작은 요소들이 보다 활발하게 거시조직을 구성하게 한다. 이렇게 증폭된 양의 되먹임이 바로 진화이다. 국소적인 상호작용은 끊임없이 변하지만 이 작은 상호작용으로 창발된 거시적인 구조는 변함이 없다.9)

둘째는 전체성(wholeness)이다. 자기조직시스템은 낱낱의 요소로 나누어질 수 있는 것이 아니라 부분과 전체가 유기적으로 결합되어 있다. 따라서 미시적 요소들의 학습, 적응, 진화에 따라 거시구조가 변하게 된다. 분산구조(dissipative structure)를 통한 새로운 구조의 생성은 구성요소들간의 고도의 협력의 결과이다.10)

셋째는 자기유사성(self-similarity)이다.11) 자기유사성이란 부분과 전체가 서로 닮아있는 구조를 의미한다. 이것은 '부분이 전체이고, 전체가 부분(一卽多, 多卽一)'이라는 의미와 일맥상통한다. 이러한 자기유사성의 구조는 강물줄기, 산, 나무, 눈꽃송이 등 자연의 모습뿐만 아니라 두뇌나 혈액순환기와 같은 인체 속에서도 발견된다. DNA의 자기복제현상은 대표적인 자기유사성 현상이다.

넷째는 비선형성(nonlinearity)이다. 비선형성이란 변화가 일률적이 아님을 의미한다. 자기조직시스템은 선형적인 인과성으로는 이

---

9) 장은성, 『복잡성과학』(서울: 전파과학사, 1999), pp.97-98.

10) 분산구조란 체계의 하위요소들이 새로운 구조의 창출에 필요한 에너지를 환경으로부터 유입하고 그 과정에서 생성된 엔트로피를 환경으로 분산시키는 것을 말한다. I. Prigogine and I. Stengers, *Order out of Chaos: Man's New Dialogue with Nature* (New York: Bantam Books, 1984).

11) 만델브로(Mandelbrot)는 프랙탈 차원(fractal dimension)의 개념으로 자연현상의 불규칙적인 패턴을 연구하여 자기유사성 개념을 창안했다.

해할 수 없고 체계내의 모든 요소는 복잡한 피드백 과정을 통해 서로 연결되어 있다. 이 피드백은 부정피드백과 긍정피드백으로 구분하여 설명할 수 있다. 즉 부정피드백은 온도조절기와 같이 한 변수의 변화(온도상승)가 그 반대 방향의 변화(스위치 끔)를 유발시켜 시스템의 안정성을 유도하는 현상을 설명하는 원리이다. 반면 긍정피드백은 어떤 하나의 변화가 더욱 큰 변화를 유발시키고, 작은 변화는 더 작은 변화를 촉발시키는 현상을 설명하는 원리이다. 이 두 가지 피드백 메커니즘은 시스템의 안정과 변화를 설명한다.

다섯째는 비평형상태(far-from-equilibrium state)이다. 환경으로부터의 에너지 유입량과 엔트로피 유출량이 균형을 잃었을 때가 비평형 상태이다. 비평형 상태의 구조는 끊임없이 요동하고 분기점 (bifurcation)에 이르면 종래의 구조는 무너지고 새로운 구조가 나타난다. 이 분기점에서는 이 시스템의 다음 상태를 미리 결정한다는 것은 불가능하다는 것이다. 이 때 우연히 이 상태의 시스템을 건드려 새로운 경로를 밟게 한다. 그리고 일단 경로가 선택되면 다음 분기점에 도달할 때까지는 다시금 필연이 지배하게 된다. 즉 분산시스템은 안정과 불안정, 우연과 필연이 공존하는 패러독스를 보여준다. 이와 같은 비평형 시스템에서는 앞서 언급한 비선형성과 긍정피드백 과정이 융합될 경우 초기조건의 미세한 차이가 더욱 더 큰 카오스적 행태를 보이게 된다. 이 현상을 '초기조건의 민감성 (sensitive dependence on initial conditions)'이라 부른다.[12]

여섯째는 공진화(coevolution)이다. 공진화란 생태계에서 살아 있

---

12) 이와 같은 현상의 대표적인 예가 나비효과(butterfly effect)이다. 즉 나비 한 마리가 북경에서 공기를 살랑거리면 다음날 뉴욕에서 폭풍이 이어날 수도 있다는 것이다. 기상학자 로렌쯔는 특정한 방정식의 시스템에서는 작은 오차가 대단한 변화를 초래한다는 것을 입증하였다.

는 것들이 상호 의존을 통해 자기 조직을 하고 진화하는 과정을 말한다.13) A라는 종의 변화가 B라는 종의 생존환경을 만들고, 다시 B의 변화가 A의 생존조건이 되는 연속적인 과정이다.14) 공진화 이론은 개체의 돌연변이가 환경에 의해 선택되었다는 적자생존의 논리에서 벗어나서 실제의 진화는 개체가 전체를 진화시키고 전체가 개체를 진화시켜나가는 상호진화의 과정이었음을 보여준다.15) 공진화는 결국 자기조직화의 방식이다. 하위 시스템의 구성요소들이 공진화를 통해 만들어내는 질서는 상위시스템의 자기조직화라고 볼 수 있다.

3. 전승화론과 복잡성론의 비교

전승화론과 복잡성론의 첫 번째 유사점은 두 이론 모두 우주자연뿐만 아니라 인간사회의 제 현상을 설명하는 보편적·통일적 이론(theory of everything)을 지향하고 있다는 점이다. 전승화론은 사기체, 즉 시간·공간·환류·실체의 상호작용을 가·감·승·제·영의 상승작용으로 파악하여 "심오한 우주의 실재와 변화하는 여러 현상의 원리와 인간관계를 연구하여 진리를 구명"하기 위한 우주의 공식이다.16) 복잡성론은 단순성과학이 미지의 영역으로 남겨놓았던 자연의 복잡계를 연구함으로써 자연현상의 보편적 진리를 발견함을

---

13) J. F. Moor, *The Death of Competition: Leadership and Strategy in the Age of Business Ecosystems* (New York: Harper Business, 1996), p.11.

14) 예를 들어 늑대가 약한 순록을 잡아먹기 때문에 순록떼는 더 강해지고, 강한 순록떼를 잡아먹기 위해 늑대는 더욱 강해지는 식으로 진화한다는 것이 공진화의 개념이다.

15) 최우석, *op. cit.*, p.118.

16) 조영식, *op. cit.*, p.156.

목적으로 한다. 또한 복잡성론은 경제학, 인류학, 사회학 등 인문사회과학 및 의학, 생물학에 그 영향을 미쳐 복잡한 변수들을 포함한 전체구조에서 가장 효율적인 한계예측(limit expectation)을 이끌어내는 방법론으로 부각되고 있다. 따라서 복잡성론은 단순성과학의 기존원리를 배제하기보다는 포용하고 있어서 일반원리로서의 보편성을 가지고 있다고 볼 수 있다.

두 번째 유사점은 전승화론과 복잡성론 공히 진화론적 입장을 취한다는 것이다. 전승화론에서 "전승화는 4기체가 가감승제영이라는 5작용을 통하여 상관관계를 일으킴으로써 만사가 이루어지고 또 변천해 나간다고 본다. 즉 오늘의 모든 실체는 무한한 옛날부터 상관관계를 지으며 변화에 변화를 거듭하면서 역사적으로 이루어진 귀결된 결합체"[17]라고 보기 때문에 진화론의 입장에 서 있다. 복잡성론에서 공진화는 생태계에서 살아있는 것들이 상호의존을 통해 자기조직을 하고 진화하는 과정을 말한다. 기존의 다윈주의적 진화론은 적자생존과 경쟁으로 생물의 진화를 설명해 왔지만, 공진화는 경쟁 뿐 아니라 협동 역시 진화의 중요한 원리임을 강조한다. 오토피아론에서 주권국가들이 지역협동사회(regional cooperation society)를 구성하고 이것이 지구협동사회(global cooperation society)로 전이된다는 주장은 공진화의 논리와 일맥상통하는 것이다.

세 번째 유사점은 전승화론과 복잡성론이 패러독스[18]의 상대성을 인정하고 있다는 점이다. 전승화론에서 우주 생성의 변화는 절

---

17) 조영식, *Ibid.*, p.176.

18) 패러독스란 모순이란 의미와 상호배타적인 요소가 동시에 존재하고 작용한다는 의미를 지닌다. 즉, 둘 또는 그 이상의 모순되는 대안으로부터 하나를 선택하는 것이 아니라, 모순되는 두 요소가 동시에 존재하고 수용되며 작용하는 것을 말한다.

대주의가 아닌 상대주의적 관점에서 파악된다.[19] 즉 이 세상에는 영원불변한 것이 없다고 본다. 모든 사물은 정체하는 일이 없으며 서로 작용하고 생성하여 변하므로 정지되어 있는 일이 없다.[20] 이러한 우주관은 패러독스의 존재를 인정한다. 즉 변화 (變化)속에 불변화(不變化), 동자(動者)속에 부동자(不動者), 동중이(同中異), 이중동(異中同) 일즉다(一卽多), 다즉일(多卽一) 유한즉무한 (有限卽無限), 무한즉유한(無限卽有限), 특수즉보편(特殊卽普遍), 보편즉특수 (普遍卽特殊) 등과 같은 패러독스가 우주의 원리속에 존재한다는 것이다. 복잡성론에서 프리고진 (Ilya Prigogine)은 분산구조를 '안정과 불안정이라는 패러독스가 동시에 나타나며, 또한 우연과 필연이 반복·공존하는 구조'라고 설명한다. 기존의 뉴턴주의는 패러독스를 인정하지 않았지만 복잡성론에서는 우연과 필연이 공존하는 패러독스를 인정하며, 패러독스는 극복의 대상이 아니라 아주 자연스럽게 받아들일 수 있는 현상으로 본다.

네 번째 유사성은 전승화론과 복잡성론은 분석의 방법론에 있어서 동일하다는 것이다. 즉 전승화론이 우주를 무수한 입자의 구성체로 보고, 모든 현상을 입자의 상호작용으로 보며, 대소간의 모든 실체들은 유기적 통일체로 보기 때문에 전일주의적·종합적 입장을 취하고 있다. 복잡성론은 복잡하고 비선형적이며 동태적 유기체의 성격을 가지고 있는 복잡계는 분석적이고 환원론적인 전통적인 과학적 방법론으로 설명할 수 없다고 보고 문제들을 전일주의적 입장에서 이해하려 한다. 따라서 생존하고 번성하는 창조적 실체는 순

---

19) *Ibid.*, p.174.
20) *Ibid.*, p.63.

환과정을 중시하게 되고, 이러한 상호보완적 순환과정을 긍정 피드백과 부정 피드백간의 자기조직화 과정으로 보는 것이다. 전승화론에서 화승(和乘), 즉 가(加: ＋)와 승(乘: ×)은 복잡성이론에서 긍정 피드백, 즉 수확체증(increasing return)을 의미하며, 극승(剋乘), 즉 감(減: －)과 제(除: ÷)는 부정 피드백, 즉 수확체감(decreasing return)을 의미한다.

한편 영승은 사기체의 관계를 형성하는 데에서 상호작용에 공전(空轉)할 수 있는 타이밍을 얻게 하여 준다. 따라서 어떤 돌발적 사태나 의외의 사태가 일어난다고 하더라도 이것은 전승화의 과정에서 벗어난 우연한 사례가 아니라 영승(零乘) 곧 공승(空乘)의 결과로서 전승화의 범위밖에 있는 것이 아니라고 본다. 더구나 영승은 가감승제의 상호작용의 순서를 바꾸게 하여 주는 것뿐만 아니라 또 동시에 똑같은 원리로 사기체 관계의 서열도 바꾸어 놓게 된다. 따라서 영승은 모든 것이 서로 영향을 주고받으며 영원히 유전하는 과정에서 중요한 변수로 작용하는 것이다. 이와 같이 전승화론은 영승의 개념을 통하여 전화위복(轉禍爲福)·새옹지마(塞翁之馬)와 같은 예기치 않은 변화를 설명하고 있다.

전승화론에서 '영승(零乘)'은 복잡성론에서 '카오스의 가장자리(edge of chaos)'와 정확히 일치하는 개념이다. 복잡성론에서 카오스의 가장자리는 분산구조에서 작은 변화의 결과로 갑작스럽고도 극적인 질적 변화가 발생하는 분기점(bifurcation)을 의미한다. 분기점에서 우연한 환경과 사소한 사건이 결합되면 실제 어떠한 창발적 결과가 발생될지 알 수 없다. 전승화론이 기본적으로 원인과 결과의 인과론에 바탕을 두고 있으면서도 영승의 작용을 통하여 우연성과 필연성의 조화를 꾀하는 것은 복잡성론이 고전과학의 결정론을 수용하면서 분산구조의 분기점 개념을 통하여 우연과 필연의 이중 구조를 설명하는 것과 동일하다.

또한 전승화론에서 소실체(小實體)와 대실체(大實體)의 상관작용은 복잡성론에서 부분과 전체의 상호작용과 정확하게 일치한다. 소실체는 개별적 실체(분자-개체)를 말하고 대실체는 보다 큰 집단적 실체(가정-직장-단체-국가-지구-태양계-우주 등) 또는 집합적 유기-무기실체를 말한다. 소실체와 대실체가 서로 영향을 미친다는 사상은[21] 부분과 전체가 유기적으로 결합되어 있다는 복잡성론의 자기유사성 개념과 일치하고 개체가 전체를 진화시키고 전체가 개체를 진화시킨다는 공진화의 개념과 일맥상통한다.

우리는 위에서 전승화론과 복잡성론의 유사성을 확인하였다. 그러면 두 이론의 차이점은 무엇인가? 첫째는 인간의 자유의지에 관한 것이다. 복잡성이론은 인간을 최고도로 진화된 복잡적응계로 간주하고 있으나 인간의 기본적 본질인 자유의지에 대한 설명을 결여하고 있다. 반면 전승화론은 모든 실체 중에서 오직 인간만이 자유의지란 이실체(理實體)를 가지고 있음으로써 필연이란 결정론의 고리를 끊고 역사를 창조할 수 있는 존재로 파악한다. 따라서 인간사회에는 필연과 자유가 공존하는 것으로 본다. 따라서 "인간은 독립된 실체의 주체자로서 필연이라는 공전궤도를 타고 의지의 자유(노력)라는 자전을 굴리는" 존재인 것이다.[22]

---

21) 조영식, *op. cit.*, p.191.
22) 조영식, *Ibid.*, pp.178-188.

Ⅲ. 전승화의 확률론적 해석

전승화론은 "원인없는 결과는 없다"라는 자명한 원리 즉 공리를 이론의 출발점으로 하고 있다. 우연 혹은 기적처럼 보이는 것은 인과관계가 너무 복잡하여 어떤 결과에 작용한 원인을 알 수 없는 현상일 뿐이라는 것이다. 그럼에도 불구하고 우리의 관념 속에서 "우연은 없다"라는 의미와 "우연은 있다"라는 의미는 동시에 존재한다. "우연은 없다"라는 의미는 "원인 없는 결과는 없다"라는 존재론적 의미이며, "우연은 있다"라는 말은 "원인을 모르는 결과가 있다"라는 인식론적 의미이다. 즉 우리의 일상생활에서 우연이란 어휘는 이렇게 개념적 혼동을 일으키면서 사용되고 있는 것이다. 본 논문에서 우연은 '원인을 모르는 결과'를 의미한다. 따라서 우연처럼 보이는 현상도 인간의 지식이 증가함에 따라 원인과 결과의 인과관계가 밝혀지게 되면 필연이 되는 것이다. 따라서 현상계에서 우연은 숨겨진 질서 구조의 외형일 뿐인 것이다.

그러면 현상계의 우연적인 현상은 왜 나타나는 것인가? 결정론적 시스템에서 초기조건의 민감성을 최초로 밝혀낸 포엥카레(Jules Henn Poincaré)는 이에 대해 적절한 설명을 제시하고 있다.

> "우리가 머릿속에서 알아낼 수조차 없는 만큼 작은 원인이 놀라울 만큼 중대한 영향을 초래하는 경우도 있지만, 그런 경우 대개 우리는 그것이 우연의 작용이라고 흔히 생각한다. 만약 자연법칙과 우주 최초의 순간의 상태를 정확하게 알고 있다면, 우리는 동일한 우주 이후 계속되는 임의의 순간의 상태를 정확하게 예측할 수 있을 것이다. 그렇지만 실제로는 비록 자연법칙 의 모든 것을 알아냈다 하더라도 초기상태에 대해 우리가 알고 있는 것은 어디까지

나 '근사치'에 불과하다. 만약 초기상태의 근사와 같은 정확도로 다음 상태의 예측이 가능하다면, 우리는 그 자연법칙에 의해 지배되는 현상을 예측할 수 있다고 말할 수 있다. 그러나 항상 예측이 가능하다는 뜻은 아니다. 초기값에 나타나는 작은 차이가 최종적인 현상에 큰 차이를 초래할지도 모른다. 초기에 나타난 작은 오차가 나중에 거대한 오차를 일으킨다. 이렇게 해서 예측은 불가능하게 되고, 우리 앞에는 우연적인 현상만이 남겨지는 것이다."[23]

전승화론은 우연과 기적의 존재를 부정하면서도 영승의 작용을 통하여 기체간의 상호작용에 돌발적 변화, 즉 우연적인 현상이 나타날 수 있음을 인정하였다. 여기서 영승은 시간 즉 타이밍(timing)과 관계가 있다.[24] 즉 사기체간의 상호작용 속에서 시간이란 변수에 따라 결과가 달리 나타난다는 것이다. 여기서 시간은 원인에 해당하므로 영승 또한 원인과 결과의 순환적 작용으로 이해되는 인과율을 벗어나지 못한다는 것이다. 이와 같은 설명에서알 수 있는 것은 전승화론에서 시간은 우연적 현상의 가장 직접적 원인이 된다는 것과 미래는 결코 결정론적 예측이 가능하지 않게 된다는 것이다. 우리는 과거에 발생한 일에 대해 원인과 결과의 필연적 인과관계를 밝혀내는 것이 가능하다. 그러나 우리는 결코 복잡시스템 내에서 발생하는 모든 현상의 미래에 대해서 절대적 확신을 가지고 예측할 수 없다. 우리는 사기체간에 작용하는 상호 인과관계의 복잡성과 초기조건의 민감성으로 인하여 미래를 예측할 수 없는 것이다. 우리는 다만 어떤 현상의 발생 개연성을 확률적으로, 통계적으로 추정할 수 있을 뿐이다.

이것은 전승화론이 기계론적 결정론이 아니라는 것을 의미한다.

---

23) J. H. Poincare, *Science and Method* (New York: Dover, 1952).

24) 조영식, *Ibid.*, p.172.

이러한 좁은 의미의 결정론은 동일한 원인이 주어지면 반듯이 동일한 결과가 초래된다는 것을 의미한다. 뉴턴의 역학방정식은 바로 이러한 기계론적 결정론의 선형적 표현인 것이다. 따라서 이러한 결정론에서는 초기조건이 주어질 때 과거의 상태뿐만 아니라 미래의 변화를 정확하게 계산할 수 있다고 본다.

그러나 오토피아 철학에서 전승화론은 "모든 사물은 유전하여 정체하는 일이 없으며 서로 작용하고 생성하여 변하므로 정지되는 일이 없다"[25]고 봄으로써 비선형적 우주관에 입각하고 있다. 또한 "오직 일관되게 흐르는 이치에 따라 질서정연하게 변전하며 진화를 계속하는 것뿐이다"[26]라고 봄으로써 진화론적 우주관을 취하고 있다. 이렇게 보았을 때 전승화론은 기계론적 결정론에서 주장하는 바와 달리 미래에 나타날 현상의 선형적 인과성을 부정한다.[27] 우주만물의 변화는 주체와 객체 그리고 주리(主理) 즉 무기물에서는 이치, 생물에서는 지각, 동물에서는 감각, 인간에서는 정신작용이 주체 또는 주축이 되어 이 삼자가 통일적 유기체의 관계를 이루며 일어난다.[28] 즉 전승화는 '의식적 지도성'에 의한 창조, 즉 주리생성(主理生成)의 결과인 것이다. 특히 인간사회에 있어서 전승화는 인간의 자유의지에 의한 주의생성(主意生成)의 원리가 작용하므로 필연과 자유가 공존한다고 본다. 이러한 변화 속에서 미래는 결정되어 있는 것이 아니라 만들어지는 것이다.

이렇게 보았을 때 전승화론은 비록 구체적 언급은 하고 있지 않

---

25) 조영식, *Ibid.*, p.63.
26) 조영식, *Ibid.*, p.63.
27) 조영식, *Ibid.*, p.192.
28) 조영식, *Ibid.*, p.66.

으나 좁은 의미의 기계론적 결정론은 부정하고 넓은 의미의 확률론적 결정론을 인정하고 있는 것처럼 보인다. 동일한 원인이 동일한 결과를 가져온다고 보는 것이 기계론적 결정론이라면 유사한 원인이 유사한 결과를 낳는다고 보는 것이 확률론적 결정론이다. 즉 확률론적 결정론은 현상세계에서 "동일한 원인이 두 번 다시 나타나지 않으며 다시 반복되지 않는다"라는 전제에 기초를 두고 있다. 이러한 전제는 주리생성론의 일곱가지 명제 중 "이 세상에는 영원불변하는 것이 없다"라는 관점과 일치하는 것이다.[29]

이와 같이 전승화론의 인과율을 보다 넓은 의미의 확률론적 결정론으로 이해할 때 양자론에 의해 입증된 미시세계의 불확정성과 이론적 수렴이 가능해 진다. 양자론에서는 독립된 물체입자의 속성은 다른 체계와의 상호작용을 통해서만 정의될 수 있고 관찰될 수 있다고 본다. 카프라(Fritjof Capra)의 설명에 의하면 아원자적 수준에서의 물질은 일정한 장소에 확실하게 존재하는 것이 아니라 차라리 '존재하는 경향'을 보이는 것이며, 원자적 사건은 일정한 시간에 일정한 방법으로 확실하게 일어나는 것이 아니라 차라리 '일어나는 경향'을 보이는 것이다. 양자 역학의 수학적 형식에서는 이들 경향은 확률로 표현된다.[30]

또한 존재론적으로 결정론적 법칙에 따르면서도 복잡하게 움직이고 초기조건에 민감한 '나비효과'에 의해 장기예측이 불가능한 복잡현상을 설명하는 카오스이론과 이론적 수렴이 가능해 진다. 전

---

29) 이와 같은 관점은 맥스웰의 관점과 일치한다. 그는 "동일한 원인이 동일한 결과를 낳는다는 것은 형이상학적 독단이다. 어느 누구도 그렇게 확신할 수 없다. 동일한 원인이 두 번 다시 나타나지 않으며 결코 반복되지 않는 세계에서는 위의 생각이 적용될 수 없다"라고 보았다.

30) 이성범·구윤서 역, 『새로운 과학과 문명의 전환』(서울: 범양사 출판부, 1995), p.76.

승화론에 있어서 영승은 상전이가 일어나는 분기점, 즉 카오스의 가장자리인 것이다. 이러한 분기점에서는 매우 미세한 차이가 결과적으로 엄청난 차이를 초래하기 때문에 결과에 대한 정밀한 예측은 불가능하고 단지 확률적으로 설명될 수밖에 없다.

마지막으로 전승화론의 확률론적 해석은 진화에 대한 시스템적 설명과 일면 부합될 수 있다. 1965년 노벨 생리의학상을 받은 바 있는 자크 모노(Jacques Monod)는 진화라는 현상의 원인은 미시적 세계의 교란이며, 교란은 결코 어떠한 법칙이나 예측 가능한 방향성을 지니지 않는다. 그리고 우연성이 진화의 근본적인 원동력이 된다고 보았다.[31] 모노에 따르면, 생명체는 인공물과는 달리 외부적인 프로젝트나 미리 규정된 목적을 위해서 만들어진 것이 아니다. 생체의 합목적성이나 진화의 방향은(따라서 인간의 역사는) 헤겔이나 다윈이 생각하듯이 미리 결정된 것도 아니고 외부로부터 주어진 것도 아니다. 모노는 하이젠베르크의 불확정성의 원리를 미시적 세계의 교란 원인으로 제시하면서, 미시적 세계의 교란이 바로 진화의 원동력이라고 보았다. 진화는 돌연변이가 자연 도태되는 과정에 나타나며, 돌연변이는 미시적 세계의 우연적인 교란에 의해서 일어나는데, 이러한 불확정성을 일으키는 근본적인 원인은 물질의 양자적 구조에서 찾아볼 수 있다는 것이다.

---

31) 모노에 따르면 "200개의 아미노산 잔기(殘基)를 가지고 있는 단백질에서 아미노산 잔기의 배열 순서를 199개까지 정확하게 알고 있다 하더라도, 아직 분석에 의해 구명되지 않고 남아 있는 하나의 단백질 잔기의 성질을 예측할 수 있는 이론적, 또는 경험의 법칙을 세우기는 전적으로 불가능한 일이다…이 단백질 구조는 임의적인 것이다…(이것은) 어쩌면 무지하다는 것을 간접적으로 고백하는 것처럼 들릴는지도 모른다. 그러나 사실은 그와 정반대다. 그것은 도리어 사실의 본성을 진술하고 있는 것이다". 이에 대한 상세한 내용은 김진욱 역, 『우연과 필연』 (서울: 삼성출판사, 1982) 참조.

Ⅳ. 결론

위에서 살펴본 바와 같이 전승화론이 넓은 의미의 확률론적 결정론으로 해석될 때 현대과학이 정립한 여러 이론들과의 수렴이 가능하게 된다. 그러나 우리는 과학적으로 정립된 이론이라 할지라도 새롭게 등장한 이론에 의해 기존의 이론이 부정되는 사례를 많이 보아 왔다. 이러한 의미에서 신과학이 제시하는 여러 가지 이론 또한 더 많은 검증을 필요로 함은 물론이다. 그럼에도 불구하고 전승화론이 단순히 관념적 이론이 아니라 우주의 작용을 설명하고 예측하는 실용적 과학철학이 되기 위해서는 과학의 각 분야에서 증명된 여러 이론들을 비판적으로 수용하여 상호 보완성과 양립성을 추구하여 나가는 것이 필요하다. 이러한 의미에서 전승화론과 복잡성론은 이론적으로 상호 보완적이며 양립이 가능하다고 본다. 따라서 조영식의 전승화론에 대한 전일적 통찰력을 보다 정확히 이해하기 위해서는 양자역학과 복잡성과학의 이론과 방법론에 대한 더 깊은 천착이 요구된다 하겠다.

참고문헌

김용준 역. 『부분과 전체』(서울: 지식산업사, 2000).

이성범·구윤서 역. 『새로운 과학과 문명의 전환』(서울: 범양사 출판부, 1995).

장은성. 『복잡성과학』(서울: 전파과학사, 1999).

조영식. 『오토피아』(서울: 경희대학교출판국, 1979).

최우석. 『복잡성과학의 이해와 적용』(서울: 삼성경제연구소, 1997).

Moor, J. F. *The Death of Competition: Leadership and Strategy in the Age of Business Ecosystems* (New York: Harper Business, 1996).

Nadeau, Robert and Menas Fafatos. *The Non-Local University: The New Physics and Matter of the Mind* (Oxford: Oxford University Press, 1999).

Poincare, J. H. *Science and Method* (New York: Dover, 1952).

Prigogine, I. and I. Stengers. *Order out of Chaos: Man's New Dialogue with Nature* (New York: Bantam Books, 1984).

제4장

미원 조영식의 '유엔 주도 하의
세계평화론(Pax UN)'*

오 영 달

Ⅰ. 서론

미원 조영식은 그의 생전에 인류사회의 평화로운 삶의 영위와 관련하여 깊은 사색과 연구를 바탕으로 여러 기회에 그의 간절한 비전을 체계적으로 소개, 호소하였다. 그는 그의 비전을 실천에 옮기는 다양한 사회운동도 전개하였는데 대표적인 것이 밝은사회운동이다. 이러한 많은 사례들 중의 하나로서 그가 설립에 주도적 역할을 했던 세계대학총장회(International Association of University Presidents, IAUP)의 1984년 태국 방콕 총회에서 '유엔 주도 하

* 이 논문은 원래 2016년 11월 26일 조영식·이케다 다이사쿠 연구회 주최 세미나에서 발표되었고 약간의 수정을 거쳐 영어로 번역되어 2017년 6월 22일-24일 개최된 한국정치학회의 한국학 세계대회에서 다시 발표되었으며 그 결과 약간의 수정을 거쳐 『오토피아(Oughtopia)』, 제33권 제1호 (2018년 봄)에 게재되었음을 밝힙니다.

세계평화론(Pax UN)'의 제안이다. 당시 국제사회는 1970년대의 동서의 긴장완화 시기를 지나 1979년 소련의 아프가니스탄 침공으로 촉발된 신동서냉전 시대 속에서 미소 양 강대국간의 대결이 심화되고 있었다. 국제사회는 새로운 냉전 속에서 미소 양 강대국 사이의 핵전쟁의 우려가 점차 높아갈 때 미원은 경희대학교 총장으로서 세계대학총장회 회의에서 유엔의 역할을 강화함으로써 핵전쟁을 방지하고 세계평화를 성취할 수 있다고 주장하였었다. 유엔은 제2차 세계대전 후 새로운 전쟁을 막기 위해 설립된 국제기구이지만 그 설립 직후부터 도래한 동서 양 이데올로기 진영 간의 대립으로 인하여 그 기능을 제대로 발휘하지 못하고 있었다. 따라서 유엔이 국제평화를 위해서 수행할 수 있는 역할에 대하여 많은 사람들이 회의적인 시각이 지니고 있었을 때 미원 조영식은 유엔의 강화를 통해 다시 국제평화를 회복할 수 있음을 역설했던 것이다. 이후 다행스럽게도 동서 대결적 상황이 완화되고 1989년 동서대결의 상징물로서 베를린 장벽이 무너지고 많은 사람들이 새로운 국제질서라고 환호했던 1990년대에는 강대국 간 무력대결 같은 경우에 대해서는 우려가 크게 줄어들었었다. 이후 유엔의 역할도 비교적 적극적으로 수행되었다.

그럼에도 불구하고, 오늘날 국제사회는 세계화의 진전과 상호의존이 심화되고 있는 가운데 다시 미국, 러시아, 중국, 일본 등 강대국 간의 대결적 양상이 다시 두드러지고 있다. 이처럼 국제안보에 있어서 위기감이 다시 고조되는 상황에서 국제평화에 대한 관심과 성취 노력이 절실해졌다. 이러한 맥락에서 미원 조영식이 생전에 호소하였던 '유엔 주도 하 세계평화론(Pax UN)'은 오늘날 시대상황 속에서 하나의 혜안으로서 재조명될 필요가 있다. 이러한 기본적 인식 하에서 본 논문은 미원 조영식의 '유엔 주도 하 세계평화론(Pax UN)' 등장의 시대적 배경, 사상적 기초, 그 구체적인 논의 사항, 그리고 오늘날에 있어서 그 의미를 조명하고자 한다. 이 논문은 미원의 '유엔 주도 하 세계평화론(Pax UN)'이 여전히 의미를 가지며 오늘날 대결적 국제상황에 대한 정책적 처방으로서 재조명되고 채택될 필요가 있음을 강조하고자 한다.

II. 등장의 배경

1. 개인적 경험

조영식은 청소년시절부터 한학을 공부했으며 깊이 사색하고 많은 독서를 한 것으로 유명한데 장시간의 독서목표를 세우고 동서양 사상 전집부터 섭렵하였다. 무엇보다도 그는 성장하면서 짧은 기간 동안에 많은 경험을 압축적으로 하였다. 먼저 태평양전쟁 말기에 일제의 학도병으로 징집되었을 때 부대 내에서 일본 제국주의에 반대하는 비밀결사조직 의거 모의사건으로 영어의 생활을 한 적이 있다. 해방 후에는 평양에서 약 2년 동안 공산주의 사회를 체험했고 이후 곧 월남하여 서울에서 미국식 민주주의 혼란기를 체험하였으며 곧 이어 한국전쟁 기간에는 부산 피난시절 전시체제 하의 혼란 등을 직접 경험하였던 것이다. 또한 새롭게 펼쳐지는 동서간 냉전의 각축장 속에서 평화세계에 대한 그의 의지는 굳게 단련되어갔다.[1] 그는 그의 미래에 대한 구상을 1948년, 즉 그의 나이 27세 때

『민주주의자유론-자유정체의 탐구-』[2)]으로 출판하였다. 그는 이 책에서 다양한 사상가들의 견해를 인용하며 일제의 식민통치로부터 해방된 지 약 3년이 지났고 이제 3년의 미 군정기를 지나 갓 태어난 대한민국에서 다양한 정치이념이 혼재하는 가운데 자유민주주의와 사회민주주의라는 민주주의의 두 가지 범주의 장단점에 대하여 검토하고 그 대안으로서 제3의 민주주의 즉, 보편적 민주주의를 제시하였다. 그는 서방진영의 자유민주주의는 자유를 우선적으로 강조함으로써 평등을 등한시할 수 있으며 공산지영의 사회민주주의는 경제적 평등은 달성할 수 있지만 개인의 자유를 억압하는 결과를 초래한다는 점을 지적하고 이 두 가지를 절충한 자유, 평등, 공영을 가져올 수 있는 제3의 민주주의 즉, 보편적 민주주의를 제시하였다.[3)] 조영식은 이 민주주의자유론을 집필한 이후 오랜 시간이 흐른 1990년에 이르러 자유민주주의를 제1의 민주혁명, 사회민주주의를 제2의 민주혁명이라고 부르며 이제 탈냉전 시대에 제3의 민주혁명을 통한 보편적 민주주의를 실현해야 함을 다시 한번 좀 더 체계적으로 역설하였다.[4)] 조영식은 이 저서의 출판 이후 곧이어 『문화세계의 창조』[5)]를 집필하기 시작했는데 2개월 만에 한국전쟁이 발발하였다. 그는 천안의 시골마을 등 피난생활을 하며 이 저술을 지속하여 한국 전쟁이 아직 진행 중인 1951년에 대구에서 이 책을 출

---

1) 밝은사회운동 30년사 편찬위원회, 『밝은사회운동30년사』 (서울: 한다문화사, 2007), pp.77-78.

2) 조영식, 『민주주의자유론: 자유정체의 추구』 (서울: 한일공인사, 1948).

3) 같은 책, pp.153-158.

4) Young Seek Choue, *Toward the Global Common Society, Vol. II* (Seoul: Kyung Hee University Press, 2001), pp. 450-453. 조영식은 제3의 민주혁명으로서 보편적 민주주의에 대한 견해를 당시 소련의 수도 모스크바에서 소비에트 과학자 위원회(Committee of Soviet Scientists)에 의해 주최된 세미나를 위해 행한 연설에서 제시하였다.

5) 조영식, 『문화세계의 창조: 민주주의의 나아갈 길』 (대구: 문성당, 1951).

판하였는데 그 부제를 "민주주의의 나아갈 길"이라고 함으로써 그가 민주주의에 대하여 얼마나 깊은 관심을 가지고 있었는지 잘 보여준다. 이에 더하여 조영식은 그가 인수하여 운영하는 대학의 교훈을 1951년 8월 '학원의 민주화, 사상의 민주화, 생활의 민주화'로 정하였는데 이를 경희대학교 본관의 현관 입구 옆 석재에 새겨 오늘에 이르고 있다.

조영식이 민주주의에 대하여 깊은 관심을 가졌다는 사실이 중요한 이유는 그가 세계평화와 관련하여 높은 기대를 가지고 있던 유엔이 바로 인권 등 민주주의적인 원칙에 기초하고 있기 때문이다. 조영식은 『문화세계의 창조』에서 국제민주주의를 제창하면서 이미 유엔이 단순한 회의 기관이 아닌 인류의 의회로 구성되었음을 강조하고 나아가 한국 전쟁과 관련하여 평화와 안전의 유지를 위해 제재조치를 발동하고 있음도 지적하였다.[6] 그리하여 조영식은 유엔이 더욱 강화되어 통합된 세계를 만들고 이 세계에 적합한 통합된 행위 판단의 표준을 정하는 데 있어서 주도적인 역할을 해야 한다고 주장하였다.[7] 유엔이 설립된 지 약 5년 만에 발발한 한국전쟁에 유엔이 개입함으로써 침략자를 성공적으로 저지하는 모습을 피난지에서 목도하면서 유엔의 역할에 대한 신뢰감을 형성하기 시작했던 것으로 이해할 수 있다. 조영식은 이미 젊은 시절에 인류 삶에 대한 비전을 수립하고 이를 그의 평생을 통해 심화하고 실천해갔기 때문에 라종일은 "조영식은 나이가 들어도 늘 청년처럼 젊었다"[8]고 증언하였다.

---

6) 같은 책, p.276.

7) 조영식 저, 미원전집편집위원회 편저, 『문화세계의 창조』(서울: 경희대학교 출판문화원, 2014), p.301.

8) 라종일, "뜻과 의지 그리고 실천의 세계 – 미원 조영식의 사상과 생애", 미원조영식박사기념사업회 편, 문화세계의 창조: 새로운 미래를 향해 (서울: 경희대학교 출판문화원, 2014), p.17.

2. 국제정치의 시대적 배경

조영식은 『민주주의 자유론』를 출판하면서 인류세계 평화의 근본적 문제에 대하여 논의하였는데 이를 실천에 옮기기 위한 평생사업의 하나로 1949년 교육사업에 투신하게 되었다. 이후 한국 전쟁 속에서 잠시 대학을 부산으로 이전, 운영하였는데 바로 이 피난 시기의 역경 속에서도 『문화세계의 창조』라는 저서를 출간한 것이다. 이 저서에서 조영식은 문화세계 즉, 자유, 평등, 공영의 문화세계에 대한 비전을 좀 더 체계적으로 제시하였던 것이다. 그리고 이 문화세계의 창조는 경희대학교의 교시탑에 새겨져 오늘날에도 우뚝 서 있다. 제2차 세계대전의 종결 직후에 시작된 동서 양진영 간의 냉전시대 속에서 먼저 한국전쟁이 발발하였고 이러한 대결적 상황이 지속되었는데 그 단적인 사례 중 하나가 1961년에 동베를린과 서베를린을 나누는 장벽의 수립이었다. 또한 곧이어 1962년에는 당시 소련이 카리브 해의 공산국가인 쿠바에 미사일을 배치하려는 시도에 대하여 미국 정부가 강경하게 대응하면서도 소위 쿠바미사일위기(Cuban Missile Crisis)가 발생함으로써 동서 양진영 간 긴장이 높아가고 있었다. 이처럼 긴장이 높아가는 상황 속에서 조영식은 세계평화에 있어서 교육자들의 임무가 중요함을 인식하여 1964년에 인류사회의 지성을 대표하는 대학 총장들의 모임체인 세계대학총장회(International Association for University Presidents, IAUP) 구성을 주도, 창립하였다. 그 결과, 1965년 영국의 옥스퍼드대학교에서 제1차 세계대학총장회 창립총회를 개최하였는데 이 자리에는 21개국에서 150여명의 대학 총장들이 참석하였으며 아놀드 토인비(Arnold

Toynbee)를 비롯한 저명인사들이 기조연설을 하고 조영식은 주제발표를 했다.9) 조영식이 세계적인 지성인의 모임체인 세계대학총장회를 통해 국제평화운동을 전개한 것은 어떤 면에서 18세기 말에 칸트(I. Kant)가 그의 영구평화론 부록에서 통치자들이 철학자들의 조언을 경처어해야 한다고 한 부분의 중요한 사례가 된다고 할 수 있다.10) 이 세계대학총장회의 2차 총회는 1968년 서울 경희대에서 개최되었고 3차 총회는 1971년 필리핀 마닐라에서 열렸는데 이 회의에서 조영식은 "교육을 통한 세계평화"라는 주제의 기조연설을 하였다. 제4차 회의는 1975년 11월 11일 미국 보스턴에서 열렸는데 당시 조영식은 여기에서 이미 서울 경희대학교에서 이미 10월 28일 결성대회를 가진 바 있는 밝은사회운동에 대하여 세계대학총장회의 총회에서 '보스턴선언문'으로 채택, 국제사회의 지지를 이끌어내었다. 1978년 6월 25일에는 제5차 세계대학총장회 총회가 이란의 수도 테헤란에서 개최되었는데 '테헤란선언문' 채택을 통하여 국제밝은사회운동의 전개를 지지, 동참할 것을 결의하였다.

한편 국제사회는 1970년대 말에 이르면서 강대국 간의 대립이 점차 심해지고 있었다. 그 결정적 계기를 제공한 것은 아프가니스탄의 불안한 정정이었다. 1978년 4월 쿠데타를 통해 정권을 장악한 친 사회주의 타라키(Nur Mohammad Taraki) 정권이 추진한 근대화 개혁이 이슬람 세력들을 중심으로 한 강력한 저항에 부딪힌 것이었다. 그 결과 정권의 안전에 심각한 위협을 느낀 타라키 정권은

---

9) 하영애, 『조영식과 평화운동: 유엔세계평화의 날 제정의 원류를 찾아서』 (경기 파주: 한국출판정보, 2015), pp.31-32.
10) Immanuel Kant, "Perpetual Peace: A Philosophical Sketch," in Hans Reiss, ed., *Kant: Political Writings* (Cambridge: Cambridge University Press, 1996), pp.114-115.

소련에 개입을 요청했고 급기야 1979년 12월 크리스마스 이브에 당시 소련 공산당의 레오니드 브레즈네프(Leonid Brezhnev) 서기장은 소련의 제40군(40th Army)을 동원, 아프가니스탄을 침공하여 타라키 정권을 원조하였다. 이에 대하여 미국 민주당의 카터 정부를 중심으로 하는 서방 국가들은 이러한 소련의 침공을 비난하면서 그 철수를 요구하였다. 카터 정권에 이어 미국 대통령에 당선된 공화당의 로널드 레이건 대통령 정부는 소련에 대하여 더욱 강경한 입장을 취하였고 소련을 악의 축(axis of evil)이라고 부르기도 하였다. 뿐만 아니라, 레이건 대통령은 당시에 별들의 전쟁(Star Wars)이라고 불리기도 했던 전략방위구상(Strategic Defence Initiative, SDI)이라는 미사일방어체제 추진을 발표함으로써 미국과 소련 간의 군비경쟁을 가속화하였다.

이에 더하여 영국과 미국에서 보수주의적인 정치노선으로 유명했던 마가릿 대처(Margaret Thatcher) 수상과 로널드 레이건(Ronald Reagan) 대통령이 등장했다. 물론 이들 정치지도자들은 공산전체주의에 대한 비판하고 시장경제를 옹호하였지만 이에 더하여 유엔에 대해서도 비판적인 입장을 취하고 있었다. 이들은 유엔의 총회가 약소국들이 수적인 우위에 지배되면서 반서방적인 방향으로 움직이는 것에 대하여 바람직하게 생각하지 않았다. 그리하여 미국은 유엔에 대한 분담금 지불을 지연시키기도 하였다. 이러한 상황은 유엔을 약화시키는 요인으로 작용하였다.

이러한 국제사회의 분위기 속에서 제6차 세계대학총장회 총회가 1981년 7월 3일 코스타리카의 수도 산호세에서 개최되었다. 여기에서 채택된 '코스타리카 결의안(Costa Rican Resolution)'은 점점 험악해져가는 국제사회의 평화를 위해 유엔이 '세계평화의 날 (International Day of Peace)'을 지정하도록 요청하기로 결정했다. 이 결의안의 채택이 가능했던 것은 조영식이 이 회의의 마지막 날에 당시 미·소간의 전략적 경쟁이 격화되고 또 핵무기와 장거리 미사일에 의한 제3차 세계대전이 발발하는 경우 인류가 멸망 위험을 경고하고 이를 막기 위한 노력의 하나로 유엔으로 하여금 세계평화의 날과 세계평화의 해를 지정토록 촉구하자고 제안한 결실이었다. 유엔은 1981년 11월 30일 36차 총회에서 만장일치로 이를 채택하였다.[11]

한편 위에서도 이미 언급한 것처럼 1970년대 말에서 1980년대로 들어서면서 미국과 소련 등 강대국의 대결적 분위기는 더욱 악화되었다. 그동안 한 대학을 운영하는 교육자로서 그리고 세계평화에 지대한 관심을 가지고 있었던 조영식에게 이와 같은 세계 양 이데올로기 진영의 최강대국 간의 대결이 점점 악화되어가는 상황은 심각한 우려의 대상이 되지 않을 수 없었다. 무엇보다도 이 두 강대국은 강력하고도 많은 수의 핵무기를 보유한 국가들로서 무력충돌이 일어나는 경우 핵무기 사용의 가능성이 그만큼 높아질 것이기 때문이다. 조영식은 이미 제2차 세계대전 당시 히로시마, 나가사키 등에 투하된 핵무기의 기억이 있었고 그러한 무기들의 위력이 상상을 초월한다는 것을 인식하고 있었던 것이다.[12] 당시 이 두 강대국이 보유하고 있던 핵무기의 일부만 사용하더라도 그것이 인류에게

---

11) 하영애, 전게서, pp.42-43.

12) 조영식은 『문화세계의 창조』에서 히로시마에 투하된 원자폭탄의 위력에 대하여 TNT 등의 폭발력에 비겨 언급하는 것을 볼 수 있는데 그는 과학자가 아니면서도 새로운 과학기술의 소산인 핵무기에 대하여 깊은 이해를 갖추고 있었던 것으로 보인다. 같은 책, p.312 참조.

미칠 참화가 상상을 초월하는 것이었음을 깊이 인식하고 있었던 것이다. 즉, 조영식은 1984년 태국 방콕에서 열린 세계대학총장회에서 행한 한 기조연설에서 "지금 세계가 비축하고 있는 핵무기의 총량은 세계 전 인류를 30회 이상이나 죽일 수 있는 어마어마한 양입니다"[13]라고 강조한 적이 있다. 그리하여 제3차 세계 핵 전쟁이 발발하는 경우 그것은 곧 지구 상 인류의 종말을 의미하는 인류세계 운명의 날이라고까지 말할 수 있음을 강조하였다. 따라서 조영식은 인류사회의 평화가 심각하게 위협 하에 놓여 있는 상황에서 세계 지성인들의 대표적인 모임이라고 할 수 있는 세계대학총장회에서 이에 대해 주의를 환기하면서 그에 대한 접근 방법으로서 팩스 유엔(Pax UN), 즉 유엔 주도 하의 평화론을 제시한 것이다.

III. Pax UN의 주요 내용

1. 유엔의 현실에 대한 진단

조영식은 인류가 제1차 세계대전을 통하여 약 2천 수백만의 인명이 살상된 후 국제연맹을 설립하였고 그것이 20년 만에 기능을 상실함에 따라 다시 제2차 세계대전이 발발, 약 5천여만 명의 인명 살상 그리고 엄청난 재산의 파괴를 경험한 댓가로 설립된 것으로 인류사상 가장 진보된 국제평화기구로 인정하였다. 유엔의 존립 근거가 되는 유엔 헌장이 인류사회의 중요한 기본적 규범을 담고 있다는 것을 인정하였다. 즉, 유엔은 그 헌장의 전문과 1조에 나와 있

---

13) 조영식, 『아름답고 풍요하고 보람있는 사회』 제1권 (서울: 경희대학교 출판국, 2003), p.297.

듯이 국제평화와 안전의 유지, 국가 간의 우호 증진, 국제적 협력 도모와 국제활동의 중심적 역할, 그리고 평화달성을 위한 집단적 안전보장과 평화적 해결이라는 중요한 임무를 띠고 출범하였기 때문에 인류로부터 영구평화기구로서의 많은 기대를 받고 있었다고 지적한다.[14]

그럼에도 불구하고, 1980년대 초반 유엔의 무능에 대한 비판이 높았고 그 폐지까지 거론되었음을 지적하였다. 하지만, 유엔의 강화론도 없지 않았는데 조영식은 이러한 입장에서 유엔의 현실과 장단점, 그리고 국제사회의 기류와 국가 관계를 통찰하여 당시 세계에서 희구되었던 평화가 오지 않는 이유를 규명하고 그것을 토대로 이 세계에 영구평화를 세울 수 있는 팩스 유엔의 이론을 모색하였던 것이다. 조영식은 1980년대 초반 당시의 세계에서 유엔의 기능과 업적을 논의하는 시도들 중에는 세 가지 유형, 즉 유엔무능론, 유엔강화론, 그리고 유엔무용론(폐지론)이 있다고 하였다. 유엔의 무능론에 대해서는 누구도 이견을 말하고 있지 않다고 하였다. 다른 한편 유엔폐지론은 유엔의 이상이 숭고하기는 하지만 실제에 있어서 유엔이 헌장정신과는 전혀 다른 방향으로 치닫고 있기 때문에 나온 것으로 이해하였습니다. 즉, 유엔의 회원국들이 유엔에서 세계평화와 협력을 위한 활동을 하는 것이 아니라 자국에게 보다 유리한 이익추구의 각축장으로 악용하고 있어서 이미 대결의 장으로 변질되었다는 것이다. 또한 이와 같은 결과는 유엔에서 진영을 형성하여 국가들 간의 대립으로 나타나고 이에 더하여 자국에게 유익한 주장에 협조하는 조건으로 흥정까지 함으로써 부패의 온상이 되

---

14) 상게서, pp.276-277.

기도 하였다는 것이다. 이것은 유엔을 바라봄에 있어서 유엔은 하나의 정체성을 갖는 것이 아니라 단지 국가들, 특히 강대국들의 패권유지와 이익을 위해 존재하는 협상의 장(fora)에 불과하다는 견해와 부합하는 것이다.[15] 한편, 오늘날에 있어서는 유엔을 그 헌장에 기초하는 규범체계 그리고 어떤 특정 국가에 책임을 지지 않는 독립적 자격의 사무총장 역할 등을 고려하여 단일한 행위자로 보는 시각도 점차 등장하고 있다.[16]

그러나 조영식은 유엔의 단점만을 보고 무용론을 주장하는 것은 하나의 편견일 뿐만 아니라 귀중한 우리의 미래를 포기하는 결과가 될 것이라고 지적한다. 무엇보다도 유엔은 본래 도구와 같아서 무능하지도 않고 유능하지도 않으며 국가들이 잘 협력하면 유능해지고 그렇지 않으면 무능해질 뿐이라는 것이다.[17] 되돌아보면, 이미 유엔은 인간의 삶을 국경 밖의 세계로 확대하여 선린 및 인류애의 사상을 널리 확산시켰으며 공존공영의 대원칙 하에 유네스코 등을 통해 많은 업적들을 이룩하였다는 것이다. 이 외에도 유엔은 신생국이 유엔에 참여할 수 있는 기회의 부여, 경제, 문화, 사회, 인권 등 각 분야에서 서로 협력을 증진할 수 있게 하며, 지역분쟁과 냉전의 조정 및 억제에 기여, 침략전쟁의 규탄과 국제질서 형성에 진일보, 남북관계에 있어서 빈부격차의 해소를 위한 협력, 우주개발, 남북극개발, 해양자원, 인구문제, 식량문제, 보건문제, 오염문제, 환경보존 등 인류의 공동의 문제들에 대한 협력적 접근 등에서 수행

---

15) 서창록, 『국제기구론』(서울: 다산출판사, 2004), p.22.

16) Thomas G. Weiss, David P. Forsythe, and Roger A. Coate, *The United Nations and Changing World Politics* (Boulder, CO: Westview Press, 2001), pp.12-15.

17) 조영식, "21세기의 민주주의와 PAX UN을 통한 신국제질서," 『밝은사회연구』, Vol.15, No.1 (1993), pp.7-8.

한 역할을 높이 평가하지 않을 수 없다는 것이다.

유엔의 역할과 관련하여 무능론 또는 폐지론이 등장하게 된 배경에는 두 가지 측면이 있는 것으로 보았다. 첫째는 유엔의 외적 측면의 요인으로서 국익 지상주의, 동서대결적 이념주의, 그리고 자국 안보제일주의를 문제로 지적하였다. 둘째는, 유엔의 내적 측면에서 오는 요인으로서 유엔 헌장 상 주요 기관 간 기능과 권한의 배분 문제, 신생국가들의 신국가주의(neo-nationalism), 미약한 유엔 사무총장의 권한, 강대국들의 유엔 장외 협상 등이다.[18] 현대는 간단히 말해 새로운 국제조류를 향한 구체제의 탈피를 위한 진통기라고 볼 수 있으며 국가들의 독립체제와 협력체제가 실익주의를 중심으로 엇갈려 작용하는 때로 보았다. 따라서 이러한 시대에 있어서 밝고 평화로운 인도주의와 민주주의의 정신을 되살릴 필요가 있다고 역설하였다. 이것은 곧 숭고한 유엔의 헌장 정신으로 돌아가는 길이라는 것이다.[19] 세계에 평화가 오지 않는 이유는 유엔의 헌장이 잘못되어서가 아니라 헌장의 내용을 지켜려는 마음이 결여되어 있기 때문이며 국제사회의 여건과 시대조류가 함께 제동을 걸고 있기 때문으로 보았다.

---

18) 조영식, 전게서, pp.281-286.
19) 상게서, p.296.

2. 유엔의 강화론과 유엔 주도 하 세계평화론(Pax UN)

1) 유엔의 강화론

유엔은 냉전 시기 동안에 동서 간의 대결로 인하여 그 기능을 제대로 발휘하기 어려웠다. 따라서 유엔의 역할을 강화할 필요성은 항상 존재하였다. 따라서 1982년 1월 임기를 시작한 페레즈 드 케야르(Perez De Cueller) 유엔 사무총장은 취임과 동시에 유엔의 강화론을 제기하였다. 조영식은 얼마 전 유엔 총회를 통하여 세계평화의 날과 세계평화의 해를 통과시킨 주역으로서 유엔의 역할이 좀더 강화되기를 바라던 차에 케야르 사무총장이 이를 공식화하자 이에 대하여 적극적으로 동조하였다.

조영식은 방콕 세계대학총장회 제7차 총회에서 케야르 사무총장이 1983년의 유엔 업무에 관한 연례보고서에서 유엔을 강화하기 위해 제시한 권고안을 자세히 소개하였다.

1) 헌장의 모든 규정을 인류의 공동목표로서 받아들여 존중하여주는 마음이 선행되어야 하며,
2) 모든 분쟁의 당사자들은 UN을 가장 중요한 세계평화 유지 기구로서 인정하고 그 권위와 결정을 반드시 준수해야 하며,
3) UN 헌장에 규정되어 있는 바와 같은 집단안전보장제도를 재건하려는 목표를 세워야 하며 동시에 유엔이 그 주요 임무를 수행할 수 있도록 유엔 밖에서의 일체 개별적 안보행위나 체제를 만들지 말 것이며,
4) 안전보장이사회는 위험에 상황에 대하여 적극적으로 감시 역할을 수행해야 하며 필요하면 당사자들이 위기의 순간에 이르기 전에 논의를 시작해야 하며,
5) 중대한 문제를 안전보장이사회에 회부하는 것을 회피하거나 안전보장이사회가 어떤 사태의 발전에 대하여 진지한 영향을 미

치기에는 너무 늦게 회부하려는 성향은 말려져야 하며,

6) 안전보장이사회 상임이사국들 간의 적절한 관계는 안전보장이
사회의 효율성을 위해 필수조건이며 따라서 안전보장이사회
상임이사국들은 서로의 양자간 어려움으로 인하여 자리를 비
워서는 안된다.

7) 안전보장이사회의 결의는 모든 국가들에 의하여 복종되어야 하며,

8) 사무총장은 잠재적으로 위험스런 상황에 대하여 안전보장이사
회에 주의를 환기시키는 데 있어서 좀 더 꿋꿋한 역할을 수행
해야 한다.

9) UN 평화유지작전의 역량을 강화함과 동시에 분쟁 지역에서 활
동하지만 UN과 무관한 다국적 평화유지군의 역할을 감소시키
도록 하며,

10) 안전보장이사회는 필요에 따라 분쟁당사국 수뇌들을 이사회
에 함께 참석시켜 의사표시를 할 수 있도록 해야 한다.[20]

다른 한편으로 유엔은 당시에 유엔의 현실을 타개할 수 있는 방
안을 모색하기 위한 목적으로 특별위원회를 조직하여 각국에 설문
지를 보내 조사하였는데 그에 답해 온 내용들을 조영식은 다음과
같이 대별하였다. 첫째, 보수적인 그룹에 속하는 국가들인 일본, 영
국, 미국 등은 유엔의 현재 상태를 유지하되 안전보장이사회가 총
회에 보고하게 함으로써 평화유지 역할을 강화하기를 바랐다. 일본
은 특사제도를 신설하여 분쟁 지역에 파견함으로써 사실조사임무를
강화할 것을 제의하였다. 영국은 안전보장이사회의 권한을 제한하
는 대신 유엔 평화유지군과 사무총장의 권한 확대를 찬성하였다.
미국은 유엔 상설 평화유지군의 창설과 자위권의 범위 한정을 희망
하였는데 어떤 국가가 그러한 권리를 행사하는 경우 그 행동은 총
회에 보고되어야 한다는 것이다. 둘째, 제3세계에 속하는 많은 국

---

20) Young Seek Choue, *Toward the Global Common Society, Vol. II* (Seoul: Kyung Hee University Press, 2001), pp.736-737.

가들은 새 회원국 가입, 민족해방, 유엔평화유지군, 안전보장이사회 상임이사국들의 이중 거부권 문제 등에 대하여 급진적 입장을 취하였다. 셋째, 소련은 사무총장들의 친서방적인 성향에 대한 대응책으로서 3인의 사무총장을 두는 방안을 찬성하였다.[21]

2) 유엔주도 하 세계평화론(Pax UN)

그러나 조영식은 케야르 사무총장이 유엔의 강화안을 제시했음에도 불구하고 현직 사무총장으로서 유엔의 개혁을 말하는 데 한계가 있을 수 밖에 없었을 것으로 보면서 직위상 또는 직책상 아무런 제약이 없는 학자의 입장에서 이 문제에 대해 그 자신의 의견을 개진하였다. 조영식은 먼저 세계평화를 위해 강대국의 역할을 인정하면서 이러한 국가들이 전통적인 의미의 강국(Strong Nation)이 아니라 대국(Great Nation)이 될 필요가 있음을 강조한다. 여기서 '강국'은 힘을 위세로 하여 세력정치를 하고 약한 나라 위해 군림하거나 지배하려는 국가들을 의미하고 '대국'은 자국의 번영은 물론 여러 나라에 정신 및 물질적으로 좋은 영향을 끼치는 나라를 의미한다.[22] 여기에 더하여 세계평화를 수립하기 위해서는 평화의 필요성에 대한 온 인류의 공감대 확립과 평화를 사랑하고 지키려는 광범위한 분위기, 즉 전쟁대기(戰爭大氣)의 반대로서 평화대기(平和大氣)가 필요하다고 하였다. 즉, 전쟁을 없애고 평화를 세우기 위해서는 평화의 필요성에 대한 모두의 보편적 합의 또는 국민적 감정의 결합으로서 사회적 대기의 형성이 선결조건이 된다는 것이다.[23] 평

---

21) *Ibid.*, p.738.
22) 조영식, 전게서, pp.306-307.

화에 대한 보편적 의지는 인간이 인간을 살생하는 것을 절대 용납하지 않고 반인도적 죄악으로 보는 것을 말한다. 이와 관련하여 조영식은 인간의 본성에 대하여 사회적 특성에 주목하면서 이러한 본성을 선의의 경쟁 측면에서 선용하면 사회의 발전에 원동력이 될 수 있다는 것이다. 그리하여 인간의 생명은 온 천하보다 귀하기 때문에 전쟁을 미워하고 평화를 사랑하는 마음을 우리 인류의 보편의지로 키우는 것이 필요하다고 지적한다.

조영식은 오늘날 인류가 국제주의와 인류협동주의라는 당위와 전통적으로 유지되어 왔던 국가주의, 이념주의, 패권주의 그리고 신국가주의를 조화시켜야 하는 과제를 안고 있는데 이것은 인류사회의 보편적 의지에 입각한 국제규범이 도출될 때 해결될 수 있다고 주장한다. 1980년 당시 유엔이 무능하다는 이유로 그 폐지를 주장하는 것에 대하여 비판하면서 대신 오늘의 실정에 맞게 이를 점차 개편하여 훌륭한 국제기구로 발전시켜가야 한다는 것을 강조하였다. 또한 세계연방제나 세계정부론의 언급에 대해서는 그것을 당장 실현시킬 가능성이 희박하기 때문에 현재 우리가 가지고 있는 유엔의 강화론에 집중하지 않을 수 없다고 결론을 내렸다.[24] 그리고 이러한 유엔이 강화되기 위해서는 어떤 특정분야에 있어서는 그동안의 상대적 기속력(羈束力) 대신에 절대적 기속력, 즉 법적 구속력을 부여될 필요가 있는데 이러한 새 유엔을 팩스 유엔이라고 하였다.[25]

이러한 팩스 유엔은 지구협동사회의 세계적 보편성이 요청되는 인도(人道)와 민주(民主)의 공동번영을 함께 바라보면서 평화를 얻

---

23) 송병록, "PAX UN론," 『오토피아』 제14권 1호 (1999년 겨울), p.115.
24) 조영식, 전게서, pp.311-313.
25) 상게서, p.314.

고자 하는 유엔을 의미한다. 이러한 유엔은 정치, 외교, 군사 면에 치중하는 평화수호(peace-keeping) 뿐만 아니라 보다 적극적으로 경제, 문화, 사회, 친선 등 광범위한 활동을 하는 평화구현(peace-making)을 실천하는 해야 하는 것으로 보았다. 이러한 맥락에서 유엔은 우주개발을 비롯하여 해양법 문제, 환경보존 등과 같은 인류공영을 위한 사업들에서 성과를 낼 필요가 있다고 지적하였다. 또한 경제, 문화의 분야에서 국제협력을 추진해갈 때 유엔은 더욱 활성화될 수 있다는 것이다. 그리하여 유엔이 회원국 모두가 필요로 하는 국제기구의 역할을 수행하게 됨으로써 국제평화가 자연스럽게 이루어지는 분위기가 조성될 수 있는 것으로 본다. 다시 정리하자면, 팩스 유엔은 기존의 유엔과 비교할 때 권한에 있어서 좀 더 강화되며, 평화수호를 넘어 평화구현에 역점을 두고, 나아가 궁극적 목표로서 하나의 인류세계, 즉, 미원이 꾸준히 부르짖었던 지구공동사회(Global Common Society, GCS) 또는 지구협동사회(Global Cooperation Society)에 도달해야 하는 것이다. 여기에서 한 걸음 더 나아가 궁극적으로 지구통합사회(Global Integration Society)를 지향해야 하는데 이것은 팩스 유엔 하에서 통일된 지구국가연합체(global confederation of states)라고 할 수 있는 것이다.26) 그리하여 팩스 유엔은 유엔의 본래 목적과 기능을 발휘할 수 있을 것이고 구속력있는 결정을 바탕으로 맡은 바 평화와 그 본래 목적을 성취할 수 있을 것이며, 인류의 평화, 안전, 복지를 항구적으로 보장할 수 있을 것으로 보았다. 이러한 팩스 유

---

26) Young Seek Choue, *Toward the Global Common Society, Vol. I* (Seoul: Kyung Hee University Press, 2001), p.159.

엔에서는 회원국들이 그 국가 고유의 일에 대해서는 스스로 처리하되 국제평화와 안전 등 개별적으로 해결할 수 없는 문제들에 대해서는 모두 유엔에 맡기되 이러한 위임사항에 대해서는 절대복종토록 해야 한다고 주장하였다.[27]

이러한 논의를 바탕으로 팩스 유엔의 기구와 성격에 대해서는 다음과 같은 단계들을 구체적으로 제시하였다. 첫째, 유엔의 강화를 위해서는 드 케야르 사무총장이 열 가지로 예시한 것과 같은 일들을 우선 착수하며, 현실에 맞지 않는 지극히 불합리한 헌장 상의 문제점들, 즉 안전보장이사회의 권한과 책임, 총회의 권한과 책임, 경제사회이사회의 역할과 책임, 사무총장의 실질적인 권한과 책임의 확대강화 등, 그리고 유엔 내의 부서 상호간과 사무총장 간의 관계와 협력 등을 재검토하여 단계적으로 헌장 개정에 착수해야 한다. 둘째, 세계의 안전보장을 충분히 유지해 낼 수 있는 유엔군의 조직강화와 감시역할의 증대, 폭넓은 경제, 문화, 사회 등의 교류 권장, 개발도상국의 교육, 경제, 기술의 원조와 지도, 유럽공동체(EC, 오늘날의 유럽연합) 등과 같은 지역기구의 권장 및 통합 확대, NGO의 강화 확대와 유엔 목적 구현에 도움이 될 수 있는 일의 협조 권장, 인권문제의 강화와 담당부서의 기구 확대, 국제재판소의 위치강화와 권한 확대, 충분한 재정확보를 위한 회원국 회비의 GNP에 의한 누진적 부담, 국제친선과 평화증진을 위한 사업의 권장과 보조, 팩스 유엔의 추진을 위한 여구와 사업 강화, 셋째, 유엔은 지역기구로서 지역공동사회(Regional Common Society)를 세계적인 지구공동사회 또는 지구협동사회(GCS)로 탈바꿈케 하는 주역

---

27) 조영식, 『아름답고 풍요하고 보람있는 사회』, 제1권, pp.317-318.

이 되어 그 사업을 수행해야 하는 것으로 보았다.[28]

그리하여 팩스 유엔에서는 기존의 총회가 국가의 의회와 같은 역할을 수행하고 안전보장이사회는 집행기관인 행정부의 역할을 수행함과 아울러 외교, 국방 및 기타 주요 문제만을 전담하고 경제사회이사회는 여타의 행정부서로서 경제, 사회, 문화 등의 문제를 담당케 하며 국제사법재판소는 모든 국제분쟁을 담당하도록 확대, 강화함으로써 좀 더 강력한 평화, 복지, 안전의 기구의 모습을 볼 수 있을 것으로 보았다. 그럼에도 불구하고 팩스 유엔은 세계정부는 아니라는 것을 분명히 하였는데 국제평화와 안전 같은 문제 외의 회원국 국내문제는 간섭해서는 안되며 그 주권행사가 존중되어야 한다고 주장하였다.[29] 이러한 팩스 유엔을 지향하기 위해서는 예비적으로 평화애호사상의 고취, 평화수호사상의 함양, 군비의 하향식 또는 축소지향적 세력균형, 그리고 지역공동체의 권장과 지구공동체제의 형성을 수행해야 함을 강조하였다. 무엇보다도 유엔은 지역공동사회가 지구공동사회로 확대, 발전될 수 있도록 조장해야 하며 이러한 것들이 실제 결성될 수 있도록 하고 또 그 과정에서 주체가 되는 역할도 수행해야 함을 강조했다.[30] 이러한 팩스 유엔에 대한 구상을 제시하면서 드 케야르 당시 유엔 사무총장의 유엔 강화안이 이러한 방향으로 지향해줄 것을 건의하는 내용을 세계대학총장회의 제6차 회의에서 결의안으로 제안하였다.[31] 그리고 이 결의안은 이 회의에서 만장일치로 채택되어 이 회이에 참석하고 있던 유엔 사무

---

28) 상게서, pp.318-319.
29) 상게서, pp.319-320.
30) 상게서, pp.320-328.
31) 상게서, p.333.

총장의 특사인 키브리아(Kibria) 유엔 사무차장을 통해 드 케야르 유엔 사무총장에게 전달되었다.[32)]

3) 팩스 유엔의 제안 이후

기본적으로 조영식이 제안한 팩스 유엔에 관한 구상은 유엔이 평화의 산실로서 인류의 의회로 출발한 이상 반드시 제 역할을 할 수 있도록 해야하며 이러한 유엔은 온 인류의 것이며 또 온 인류의 생명과 재산을 지켜주는 가장 신성한 평화의 아성이라는 점에 깊은 신뢰를 가지고 있었음을 보여준다. 조영식의 팩스 유엔이라는 구상이 제시된 이후 유엔에서는 이러한 구상을 의식하였든지 안하였든지 간에 그동안 다소의 발전적 변화가 있었던 것이 사실이다. 첫째, 조영식은 현실에 맞지 않는 지극히 불합리한 헌장 상의 문제점들에 대한 개정의 필요성을 지적하였다. 사실 유엔은 오랜 시간의 운영 속에서 민주성과 대표성, 실효성과 전문성 그리고 효율성이라는 측면에서 끊임없이 개혁의 필요성이 제기되어 온 것이 사실이다.[33)] 예를 들면, 1992년에 취임한 부토로스 부트로스 갈리(Boutros Boutros-Ghali) 사무총장은 헌장 개정을 포함하는 유엔 기구의 근본적 개혁논의를 본격적으로 추진했는데 1993년 유엔 총회는 이러한 사무총장의 제안을 수용하여 안전보장이사회의 개편과 유엔의 안보기능 활성화를 위한 5개 부문의 개방형 고위 실무그룹

---

32) Javier Perez de Cuellar, "Dr. Young Seek Choue, Peace Pilgrim, "in The Publication Committee of Global Leader with Great Vision, *Global Leader with Great Vision: 100 Essays on Dr. Young Seek Choue* (Seoul: Kyohaksa, 1996), p.4.

33) 조한승, "유엔 개혁의 주요 쟁점과 도전고제," 박흥순 · 조한승 · 정우탁 엮음, 『유엔과 세계평화』 (서울: 도서출판 오름, 2013), pp.266-268.

(Open-Ended High-Level Working Groups)을 구성하기로 한 것이다.[34] 특히, 1993년 이후 안전보장이사회의 개혁에 대한 논의가 진행되었음에도 불구하고 별 진전이 없자 2004년 저명인사로 구성된 고위급패널에 의해 '보다 안전한 세계(A More Secure World: Our Shared Responsibility)' 보고서가 제출되었고 이를 토대로 코피 아난 사무총장은 '보다 큰 자유(In Larger Freedom: Towards Development, Security, and Human Rights for All)' 제목의 보고서를 총회에 보고하였다. 여기에서 아난 사무총장은 안전보장이사회의 대표성을 강화하기 위해 이사국 수를 늘리는 것을 포함하는 방안들을 제시하였다.[35] 둘째, 조영식은 폭넓은 경제, 문화, 사회 등의 교류 권장 그리고 개발도상국의 교육, 경제, 기술의 원조와 지도 등을 강조하였는데 사실 오늘날 유엔의 중심적 역할은 이분야에 집중되어 있다고 해도 과언이 아니다. 이러한 사실은 유엔사무차장을 역임한 리차드 졸리(Richard Jolly)가 지적하듯이 오늘날 유엔의 주요 업무 중 약 4/5는 개발과 관련된 보건, 농업, 고용, 인구, 통계와 같은 핵심적 분야에 핵심적 국제적 지원이 이루어지고 있는 데서 알 수 있다.[36] 셋째, 유엔군의 조직강화와 감시역할의 증대라는 측면에서 그동안 유엔은 그 평화유지활동(Peace-keeping operations)의 일환으로 국제사회의 분쟁지역들에서 평화유지군을 구성, 파견하여 지속적으로 역할을

---

34) A/RES/48/26(1963), 조한승, 상게서, pp.276에서 재인용.

35) 조한승, 상게서, p.286.

36) Richard Jolly, "Underestimated Influence: UN Contributions to Development Ideas, Leadership, Influence, and Impact," in Bruce Curri-Alder, Ravi Kanbur, David M. Malone, & Rohinton Medhora, eds., *International Development: Ideas, Experience, & Prospects* (Oxford: Oxford University Press, 2014), p.881.

확대, 수행해오고 있다. 유엔은 1948년 중동 휴전감시기구를 구성, 파견한 이래 오늘날까지 총 71건의 평화유지활동을 하고 있으며 2016년 현재도 16건의 평화유지활동이 운영 중에 있다.[37] 이 과정에서 유엔평화유지군의 신속배치 등의 문제를 향상시키기 위해 유엔 신속대응군(Rapid Reaction Force)에 대한 구상 등도 제시되었다. 특히 2000년 8월에 제출된 브라히미보고서(Brahimi Report)는 유엔이 동원해야 할 평화유지군을 상시 대기하는 제도(United Nations Standby Arrangement Systems, UNSAS)를 수립함으로써 이러한 문제에 접근할 것을 건의하고 있다.[38] 그리하여 한국을 비롯하여 많은 국가들이 유엔 평화유지군의 파견 요청에 부응할 수 있도록 평상시에 훈련하며 준비하고 있기도 하다. 그럼에도 불구하고 아직 유엔의 이름 하에 운영되는 상비군은 존재하지 않고 있어서 국제사회의 하나의 과제로 남아있는 것이 현실이다. 넷째, 조영식은 팩스 유엔의 추진 방향에 있어서 인권문제의 강화와 담당기구의 부서 확대를 제안했는데 이는 유엔이 2006년에 기존의 유엔 인권위원회(Commission on Human Rights)를 대체하는 인권이사회(Human Rights Council)를 신설함으로써 실현되었다고 할 수 있다. 이 인권이사회는 기존의 인권위원회 때보다 좀 더 향상된 기능으로서 보편적 정례검토(Universal Periodical Review) 등의 제도를 도입하여 유엔의 회원국 모두에 대하여 정기적으로 인권상황에 대한 보고서를 접수하고 검토하는 작업을 수행함으로써 인권증진을 노력을 기울이고 있다.[39] 다섯째, 무엇보다도 조영식은 유엔이 제대로

---

37) http://www.un.org/en/peacekeeping/resources/statistics/factsheet.shtml (검색일: 2016년 11월 23일).

38) http://www.un.org/en/ga/search/view_doc.asp?symbol=A/55/305 (검색일: 2016년 11월 24일)

39) Bertrand G. Ramcharan, *The UN Human Rights Council* (New York: Routledge, 2011), pp.46-65.

작동되기 위해서는 인류사회의 모든 국가들이 동의할 수 있는 공동의 규범이 필요함을 강조했는데 이와 관련하여 2001년에 제출된 '개입과 국가주권에 관한 국제위원회(International Commission on Intervention and State Sovereignty)'의 보고서에 나온 '보호책임(Responsibility to Protect)'이라는 규범의 사례를 들 수 있다. 이 보고서의 '보호책임'이라는 규범은 그동안 국가주권 개념 그리고 그 국가 안에서 일어나는 일에 대한 간섭 금지에 대한 유엔 헌장의 규정에 대한 하나의 변경이라는 함의를 가지는 것으로 어떤 국가 내의 인권유린, 특히 대량학살, 인종청소, 반인도범죄, 침략행동 등에 대하여 국제사회가 관여할 수 있는 규범적 근거를 체계적으로 제시한 것이다.[40]

IV. 결론

이 논문은 조영식이 평생 동안 염원하고 추구했던 세계평화와 관련하여 유엔에 초점을 두고 전개한 팩스 유엔(Pax UN) 즉, 유엔 주도 하의 세계평화라는 비전과 실천 운동을 조명하였다. 이제 역사 속의 팩스 로마나(Pax Romana)나 팩스 브리타니카(Pax Britanica) 같이 힘과 문명에 의한 평화의 추구 대신에 오늘날에 세계에 있어서 보편적 인류의 최대 평화기구로서 유엔을 통한 세계평화를 추구해야 한다는 이해에 바탕을 두고 있었다.

조영식은 이러한 팩스 유엔이라는 비전을 1984년 세계대학총장

---

40) Diana Amnéus, "The Coining and Evolution of Responsibility to Protect: the Protection Responsibility of the State," Gentian Zyberi, ed., *An Institutional Approach to the Responsibility to Protect* (Cambridge: Cambridge University Press, 2013), pp.3-5.

회 제7차 방콕 총회에서 공식적으로 제안하였지만 그것은 이미 그
가 20대 말부터 저술했던 민주주의 자유 그리고 문화세계의 창조
라는 비전 속에서 싹트고 있었다. 세계평화에 있어서 유엔의 역할
에 대한 조영식의 관심은 국제사회에서 핵무기와 같은 대량살상무
기들의 지속적으로 개발되는 속에서 인류사회의 존재 자체에 대한
절멸의 위기의식 속에서 본격화 된 것이다. 그는 이러한 인류사회
의 위기상황에 대하여 인류지성의 모임체라고 할 수 있는 세계대학
총장회의 총회를 통해 전파하고 해결책의 하나로서 인류 평화기구
로서 유엔의 강화론을 제시했던 것이다. 그는 먼저 이 세계대학총
장회의 1981년 제6차 코스타리카 총회를 통해 세계평화의 날과 세
계평화의 해 지정에 대하여 결의, 유엔 총회에서 통과시키는데 주
도적인 역할을 수행하였고 이어서 1984년 제7차 세계대학총장회
총회에서 팩스 유엔을 통한 세계평화라는 비전을 제시한 것이다.

그는 누구나 인정할 수 있는 비전가이면서도 항상 현실에 기초하
고 있었기 때문에 당시에 돌고 있었던 유엔 무용론 내지 폐지론을
반대하는 대신에 기존의 유엔을 강화하기 위한 개혁의 방향을 제시
하는 입장을 취하였다. 이와 동시에 유엔이 아무리 좋은 제도라고
할지라도 그것이 성공적이기 위해서는 그것을 운용하는 주체의 마
음가짐과 사고방식이 중요하기 때문에 강대국들이 힘의 추구하는
강국(strong power)이 아니라 약소국들에 대한 모범이 되는 대국
(great power)이 되어야 한다는 것을 강조하기도 하였다. 그의 팩스
유엔론과 관련하여 오늘날에 있어서 되돌아보면 그가 제시했던 방
향으로 유엔 내에서 많은 개혁들이 이루어졌고 또 이루어지고 있다
는 것이다. 유엔이 설립된 지 오랜 시간이 흐르면서 아직 결과가

있는 것은 아니지만 안전보장이사회 등의 이사국 등에 대한 개혁논의가 활발히 전개되어오고 있다. 유엔의 평화유지군은 유엔이 분쟁지역의 평화와 안전의 정착을 위해 점점 활발히 운용되고 있다. 뿐만 아니라 인권분야에서는 기존의 인권위원회 대신에 인권이사회가 신설됨으로써 인류사회의 인권 증진 노력을 강화할 수 있는 개선이 있었다고 할 수 있다. 안보와 인권 분야에 더하여 개발협력 분야에 있어서도 오늘날 유엔은 그 임무의 4/5를 차지할 만큼 많은 노력을 기울임으로써 아직도 가난에 어려움을 겪고 있는 개발도상 회원국 국민들의 삶의 향상을 위해 기여하고 있다.

유엔은 규범적인 측면에 있어서 조영식이 젊은 시절에 수립하였으며 또 그에 기초하여 평생 사고하고 행동에 옮겼던 보편적 민주주의론의 내용과 일맥상통하는 내용들을 그 설립 시부터 가지고 있었고 또 지난 70여년의 역사 속에서 발전시켜오고 있다. 그러나 유엔은 그러한 규범을 해석하고 적용해야 하는 회원국들의 집합체이다. 따라서 유엔은 많은 경우에 이러한 규범에 의하여 인류사회를 위해 중요한 기여를 하다가도 조영식이 세계평화의 장애물로 인식하였던 국가이익우선주의, 패권주의, 이념적 대결주의 등에 의하여 종종 무력화(無力化)되기도 하였다. 인류는 제1차 세계대전 그리고 제2차 세계대전 같은 인류사회의 엄청난 인명살상과 문명파괴를 경험한 후에는 일시적으로 국가이기주의를 반성하고 평화기구의 설립에 나섰지만 시간이 흐르면서 다시 국가이기주의로 되돌아가는 현실을 보여주고 있다. 조영식이 진단한 것처럼 유엔은 냉전을 기간을 통하여 동서 이념주의에 의해 오랫동안 제대로 기능을 발휘하지 못하다가 이 냉전이 종식되면서 다시 강화되는 모습을 보여주었었다.[41] 그러나 오늘날 국제정치에서 보여지는 강대국들 간의 대결적 모습 그리고 그 연장선 상에서 이해될 수 있는 시리아 사태 등 오늘날 세계 여러 곳에서 끊임없이 지속되는 분쟁 및 갈등들은 다시 우려를 갖지 않을 수 없게 한다. 따라서 조영식이 평생을 통하여 그토록 힘차게 주창하였던 팩스 UN이라는 비전, 즉 유엔을 통한 세계평화의 비전을 재음미하여 유엔의 원래 설립정신인 인류평화를 향해 나아가야 한다.

---

41) 조영식, "21세기의 민주주의와 Pax UN을 통한 신국제질서," p. 3.

참고문헌

라종일. "뜻과 의지 그리고 실천의 세계: 미원 조영식의 사상과 생애." 미원 조영식박사기념사업회 편. 『문화세계의 창조: 새로운 미래를 향해』. 서울: 경희대학교 출판문화원, 2014.

밝은사회운동 30년사 편찬위원회. 『밝은사회운동30년사』. 서울: 한다문화사, 2007.

서창록. 『국제기구론』. 서울: 다산출판사, 2004.

송병록. "PAX UN론." 『오토피아』. 제14권 1호 (1999년 겨울).

조영식. 미원전집편집위원회 편저. 『문화세계의 창조』. 서울: 경희대학교 출판문화원, 2014.

_____. 『문화세계의 창조: 민주주의의 나아갈 길』. 대구: 문성당, 1951.

_____. 『민주주의자유론: 자유정체의 추구』. 서울: 한일공인사, 1948.

_____. "21세기의 민주주의와 PAX UN을 통한 신국제질서." 『밝은사회연구』. Vol.15, No.1 (1993).

_____. 『아름답고 풍요하고 보람있는 사회』. 제1권. 서울: 경희대학교 출판국, 2003.

조한승. "유엔 개혁의 주요 쟁점과 도전고제." 박흥순·조한승·정우탁 엮음. 『유엔과 세계평화』. 서울: 도서출판 오름, 2013.

하영애. 『조영식과 평화운동: 유엔세계평화의 날 제정의 원류를 찾아서』. 파주: 한국학술정보, 2015.

Amnéus, Diana. "The Coining and Evolution of Responsibility to Protect: the Protection Responsibility of the State." Gentian Zyberi, ed. *An Institutional Approach to the Responsibility to Protect*. Cambridge: Cambridge University Press, 2013.

Choue, Young Seek. *Toward the Global Common Society Vol. II.* Seoul: Kyung Hee University Press, 2001.

de Cuellar, Javier Perez. "Dr. Young Seek Choue, Peace Pilgrim." in The Publication Committee of Global Leader with Great Vision. *Global Leader with Great Vision: 100 Essays on Dr. Young Seek Choue*. Seoul: Kyohaksa, 1996.

Jolly, Richard. "Underestimated Influence: UN Contributions to Development Ideas, Leadership, Influence, and Impact." in Bruce Curri-Alder, Ravi Kanbur, David M. Malone, & Rohinton Medhora, eds. *International Development: Ideas, Experience, & Prospects*. Oxford: Oxford University Press, 2014.

Kant, Immanuel. "Perpetual Peace: A Philosophical Sketch." in Hans Reiss, ed. *Kant: Political Writings*. Cambridge: Cambridge University Press, 1996.

Ramcharan, Bertrand G. *The UN Human Rights Council*. New York: Routledge, 2011.

Weiss, Thomas G., David P. Forsythe, and Roger A. Coate. *The United Nations and Changing World Politics*. Boulder, CO: Westview Press, 2001.

United Nations. http://www.un.org/en/ga/search/view_ doc.asp?symbol=A/55/305 (검색일: 2016년 11월 24일).
http://www.un.org/en/peacekeeping/resources/ statistics/factsheet.shtml (검색일: 2016년 11월 23일).

제5장

한반도 평화통일과 미래한국

김 소 중

Ⅰ. 서론

세계지도를 펼쳐보면 한반도는 주위 미-중-러-일 4국에 파묻혀 잘 보이지도 않는다. 그 정도로 작은 남북한의 한반도다.

2016년 지금 주변국은 자국에게 이익이 되는 전략·전술을 짜고 있다. 플러스(Plus)를 향해 가고 있다. 즉, 미국 부시 행정부의 군사변환(military transformation)과 변환외교(transformation diplomacy)를 계승한 오바마 정부의 '선군정치'(先軍政治)라 할 수 있는 '아시아 태평양에서의 영향력 유지'와 '해양 전쟁에 대비'한 아시아 회귀(pivot to Asia) 또는 힘의 재균형(rebalancing of power)의 컨게이지먼트(congagement) 전략과 환태평양경제동반자협정(TPP: Trans-Pacific Partnership: 2015. 10. 12개국) 창설, 미일안보 강화, 일본의 집단자위권과 평화헌법 개정을 통한 보통국가화, 역사부정, 중국의 일대일로(一帶一路)와 아시아인프라투자은행(AIIB: Asian Infrastructure Investment Bank) 창설 및 '중화민족의 위대한 부흥'(中華民族的偉大復興), 중러 협력, 중국의 북한에 대한 제재 참여 속에서도 전통적인 유대관계 회복조짐, 러시아의 '신동방정책' 강화 등이 활발하게 진행되고 있다.

이런 주변 상황 속에서 한국 정부는 북한의 핵과 미사일에 대처한다는 명분으로 2016. 7. 8. 미국이 바라는 사드(THAAD·고고도 미사일방어체계)의 한국배치를 결정함으로써 배치지점의 성주군은 물론 국내의 찬반여론이 들끓고, 러시아와 함께 중국은 극렬한 반대 입장을 보이고 있다. 긴장된 남북관계를 빌미로 북미관계, 한중관계, 중미관계의 악화로 치닫고, 나아가 북중러와 한미일의 대결 구도로 나가는 형국이다. 사드 도입으로 남북긴장 국면이 수그러드는 게 아니라 오히려 증폭되고, 한반도를 둘러싼 대결기운이 치솟아 한반도가 '화약고'(火藥庫)로 변해가는 양상이 전개되고 있다. 한국은 마이너스(minus)를 향해 가고 있다.

한반도를 보니 당(唐)의 시인 백낙천(白樂天: 772-846)이 읊은 시(詩)의 한 구절인 "달팽이 뿔 위에서 무얼 다투는가?"(蝸牛角上爭何事)가 생각난다.

남북한은 '달팽이 뿔'처럼 잘 보이지도 않는 매우 작은 한반도 위에서 반 토막 난채 힘을 모으기는커녕 오히려 서로 힘과 용기를 뽐내며 71년간 적대시하고 싸우느라 국력을 최대한 고갈시키고, 상대방 탓을 하며, 주변국에는 내편에 서달라고 손 벌리고 다닌다. 통일과 비핵화에 대한 주변국의 도움과 지지는 필요한 것이지만 필요이상으로 요구하는 것은 주변국을 피로하게 만들고 세계의 웃음을 사며, 그들에게 여러 면에서 이용될 뿐만 아니라 한민족·한국 역사에 자존심·국격의 상실과 해악을 초래하고 있다는 것이다. 우리가 운전석에 앉고 주변국을 조수석에 앉혀 그들의 도움도 받아가며 주도적으로 남북관계를 개척해나갔다면 이런 일은 벌어지지 않았을 텐데 주변국에 운전석을 내주고 우리가 조수석에 타고 있다. 1905년 대한제국의 외교권을 일본에 내주었듯이 이젠 한국의 전시작전통제권은 미국에 내주고, 대북 외교권은 중국에 내주고 있다.

임진왜란 때 이순신 장군이 몸을 던져 구한 나라가 바른 정치로 힘을 기르지 않고 있다가 300년 뒤 1910년엔 식민지가 되고 꽃다운 소녀를 위안부 만들더니 1945년엔 남의 힘으로 겨우 광복된 후에는 곧 이어 남의 힘으로 분단되어 참혹한 전쟁까지 치루고, 이것도 부족하여 아직도 서로 적으로 보고 대결하는데 골몰하고 상대방 탓이나 하며 조건을 내걸고 쉽사리 가까이 하지 않고 있다. 작은 것에는 매우 밝으나 큰 것은 못 보고, 사소한 것에 말꼬리 잡느라 신뢰를 키울 기회는 잡지 못했으며, 이웃의 눈치나 살피며 분단을 지속하고 있는 후손을 이순신 장군이 본다면 과연 잘 하고 있다고 칭찬할까? 모든 방법·수단·정책·전략·전술을 총동원하여 주도적인 자세로 경제교류와 각종 소통으로 관계를 개선하고, 신뢰를 쌓으며, 이를 바탕으로 북한을 변화시켜 평화통일과 민족번영으로 나가야 할 때에 '제로섬 게임'(zero-sum game)과 '포용력 결핍'으로 대립하면서 국력을 최대한 고갈시키고 국운을 기울게 하는 후손을 잘하고 있다고 말하진 않을 것이다.

그나마 2000년 김대중-김정일의 <6·15선언>으로 50년만에 처음

3·8선이 뚫리고 남북 사이에 긴장이 완화되었으며, 고위급 회담을 위한 빈번한 왕래와 금강산과 개성 관광, 경의선 도로와 철로 연결, 경협과 인도적 지원, 대북투자, 해외교포의 적극적 참여가 활발하게 이루어졌으며, 주변국 특히 중국과 세계의 관심과 찬사를 받은 바 있다. 이 흐름은 노무현 정부의 <10·4선언>으로 이어졌으나 '퍼주기다', '굴욕적인 지원이다', '끌려 다니는 노예'다, '우리도 배고픈데 무슨 여유가 있어 지원하느냐' 등의 거센 비난의 여론 속에 등장한 2008년 이명박 정부는 남북관계에서 파생된 문제점을 들어 '이를 바로잡아야 한다'며 <비핵·개방·3000> 구상을 들고 나와 우선 비핵에 집중하면서 이전 두 정부의 남북선언을 거의 무효화시켰고, 2008년 금강산 관광객 박왕자 피살사건(7. 11)을 계기로 금강산 관광 취소, 개성 관광 취소(2008. 11), 이에 따른 6자회담 중단(2008. 12), 2010년 천안함 폭침(3. 26)의 야기와 이에 대응한 개성공단 이외의 모든 대북경협·투자와 인도적 지원 및 인적교류 전면 금지의 <5·24조치>로 나갔다. 이에 반발한 북한은 연평도 포격(2010. 11. 23), 한미연합훈련에 대항한 계속된 핵무기 개발, 단거리·장거리 미사일 발사 등 도발을 자행하여 한반도는 이명박 정부 출범 이후 3년 사이에 2000년대 이전의 대치와 냉전의 시대로 돌아갔다.

이에 2013년 2월 출범한 박근혜 정부는 이명박 정부의 대북기조인 <5·24조치>와 <비핵·개방·3000> 구상을 그대로 유지하면서 "핵을 머리에 이고 살 수는 없다"(2013. 3. 19)는 의지로 비핵화를 위한 대화를 제의하고, 비핵화에 따른 여러 가지 이익이 북한에 돌아갈 것이란 점을 강조했다. 그러면서 튼튼한 안보를 바탕으로 남북 간 신뢰부터 형성해서 남북관계 발전, 한반도 평화정착, 통일기반을 구축하자는 소위 <한반도 신뢰프로세스>(2012. 2. 28)를 제기하고, 북한의 낙후한 민생인프라 구축, 남북 이산가족 문제 해결, 남북 주민 간 동질성을 회복하자는 <드레스덴선언>(Dresden Declaration: 2014. 3. 28)을 발표히고,, 미국을 포함한 동북아에 신뢰외교를 통해 신뢰의 인프라를 구축하여 높은 수준의 협력을 이끌어 내자는 <동북아평화협력구상>(2013. 4. 24), 유라시아 대륙을 하나의 경제공동체로 묶고 북한에 개방을 유도해 한반도의 통일과 평화를 구축하자는 <유라시아 이니셔티브>(Eurasia Initiative: 2013. 10. 18), 통일에 관심을 불러일으키려는 <통일대박론>(2014. 1. 22), 이를 뒷받침하는 반관반민의 <통일준비위원회>(2014. 7. 15) 출범 등 매우 의욕적인 태도를 보였다. 하지만 아쉽게도 북한과의 사전협의 없는 일방적인 제안과 선비핵의 요구는 경제와 핵의 병진노선을 추진하면서 북미수교와 평화협정 체결을 통한 체제안정을 갈망하는 북한의 국가목표와는 맞지 않는데다 가난한 자의 자존심을 건드린 격이 되어 핵개발을 멈추지 않았고, 제3차 핵실험(2013. 2. 12)과 DMZ 지뢰도발(2015. 8. 4), 제4차 핵실험(2016. 1. 6)에 이어 장거리 미사일 발사(2016. 2. 7)까지 단행하자 참다못한 박근혜 정부는 2016. 2. 10. 평화통일 지향의 마지막 상징이자 정치 · 경제 · 안보의 끈인 개성공단을 전면 중단했다. 2013. 4-9. 개성공단 잠정 중단사태 후 재가동하면서 2013. 8. 17. 남한과 북한이 합의한 "개성공단 중단사태가 재발되지 않도록 하며, 어떠한 경우에도 정세의 영향을 받음이 없이 남측 인원의 안정적 통행, 북측 근로자의 정상 출근, 기업 재산의 보호 등 공단의 정상적 운영을 보장한다."[1]는 내용을 일방적으로 파기한 것이다. 이에 대한 반발로 북한

---

1) 한겨레, "정부 '개성공단, 정세 영향 없이 운영' 3년 전 합의 뒤집어"(2016. 2. 10), http: · · www.hani.co.kr · arti · politics · defense · 729778.html(검색일: 2016. 8. 30).

은 수차례에 걸친 단거리·중거리 미사일 시험발사를 단행했으며, 이에 대한 대응으로 2016. 7. 8. 한국은 주한미군의 사드 배치를 허가하자, 2016. 8. 24. 북한은 잠수함발사탄도미사일(SLBM) 발사로 맞서서 한미를 위협했다.

이런 상황에서 설상가상으로 북한을 함께 봉쇄압박하는데 협조해온 중국과 러시아가 사드배치에 큰 반발을 하고 나오면서 중국은 북한과의 그간의 냉랭한 관계를 개선하려는 조짐마저 보이고 있다. 2016. 8. 22. 중국공산당의 입장을 반영하는 관영 신화통신은 "한국의 사드배치 결정으로 지역 내 긴장이 고조되고 있는 가운데 한미을지훈련은 동북아의 안정과 평화를 저해하는 것"이라면서 "이는 북한을 더욱 공격적으로 만들고 이미 불안한 한반도 상황을 더욱 악화시킬 것"이라고 비판했다.[2] 갈수록 일이 꼬여가고 있다. 처음 의도와는 정반대의 결과가 나타나고 있는 것이다. 이제는 핵과 SLBM에 대항할 사드 도입은 물론이고 바다 속을 누비고 대항할 핵추진 잠수함을 도입하거나 만들자, 핵무기를 우리도 만들자는 여론까지 일고 있다. 이명박 정부에 이어 박근혜 정부의 대북 강경정책은 기대한 봉쇄압박효과를 보기보다는 정치·경제·안보 면에서 막대한 비용을 부담하는 역효과를 낳고 말았다. 개성공단 124개 입주기업의 피해액만도 1조 5,000억원이 되며, 관련 업체의 손실은 도미노처럼 커질 전망이다. 정신적인 타격 또한 크다. 이제 긴장과 갈등이 갈 데까지 가고 있다는 느낌이다. '이에는 이' '눈에는 눈'의 강경대응이 소용돌이 치고 있다.

그러면 이런 상황에서 무엇을 어떻게 해야 하나?

---

[2] 국민통일방송, "김정은, 공포정치 안 멈추면 체제 이탈 가속화"(2016. 8. 30), http:··www.dailynk.com·korean·read.php?catald=nk05002&num=109149(검색일: 2016. 8. 30).

조영식 박사의 평화사상에 따라 '오토피아'(Oughtopia)의 주요 내용이 될 한반도의 평화통일과 미래한국을 설계해보고자 한다.

II. 오토피아와 평화통일

조영식 박사는 물질문명으로 퇴폐에 빠진 인류사회를 재건하자면서 '세계인류가 다함께 요청하는 이상사회'이자 '문화세계'이며, '마땅히 이루어야 할 이상향'(Oughtopia)[3]을 제시했다. 이것은 토마스 모아의 이룰 수 없는 유토피아(Utopia)와는 달리 현실성이 있는 이상향을 그린 것이다. 그것은 평화롭고 행복하며 세계화된 사유방식과 보편적인 세계윤리의식을 지닌 인류공동사회를 건설하자는 것이다. 이 이상사회의 내용에는 인간의 존엄과 개인생활의 자유로운 선택이 보장되고, 개인의 도덕적 책임감이 배양되어 인류를 가족으로 보는 정신을 근본으로 삼아서 인성의 전면적인 발전에 부응하고 상호협력에 유리한 사회제도를 건립함으로써 각 국가와 민족이 상호 도와 영원한 세계평화를 유지하자는 것이 포함된다. 즉, 한마디로 말해서 '정신적으로 아름다운 사회'(Spirituakky Beautiful Society), '물질적으로 풍요로운 사회'(Materiakky Affluent Society), '인격적으로 가치있는 사회(Humanly Rewarding Society)'를 건설하자는 것이었다.[4]

위와 같은 이상사회 '오토피아'를 건설하자면 무엇보다 먼저 동북아의 '화약고'인 한반도가 평화 · 행복 · 풍요 · 자유 · 민주로 채워져

---

3) 金天一 編譯, 『重建人類社會的燈塔: 趙永植博士與GCS運動』, 서울: 慶熙大學校出版局, 341쪽.

4) 위 책, 338쪽.

야 할 것이다. 한반도를 이렇게 만들자면 우리는 어떻게 해야 하나?

조영식 박사가 꿈꾸는 '오토피아'에 따른다면, 한반도의 통일은 참혹한 살상을 초래하는 무력으로 이루어서는 안될 것이다. 평화적으로 이루어야 할 것이다. 즉, 피 흘리고 상처 주는 핵무기·미사일·사드·첨단무기·SLBM과 증오·위협·막말·봉쇄·압박·단절로 이룰 수는 없을 것이다. 사고의 전환이 필요하다. 핵·미사일의 위협하에 단지 첨단무기와 사드의 도입이나 봉쇄압박 공조 또는 대대적인 연례 한미연합훈련으로만 대응해서는 위협과 위기와 긴장이 사라질 것 같지 않다. 그 예로 북한의 핵을 막기 위해 채택한 2006년 제1차 핵실험에 대한 유엔 안보리의 1718호를 비롯해 2016년 제4차 핵실험에 대한 고강도의 안보리 2270호까지 4건의 제재 결의에 따라 유엔 회원국과 함께한 대북 봉쇄압박정책에도 불구하고 북한은 오히려 핵과 미사일을 비약적으로 고도화시켜온 것을 보아도 알 수가 있는 것이다. 즉, 봉쇄압박정책이 실패했음을 보여준다. 따라서 봉쇄압박 일변도로는 해결이 안 된다는 것이 분명해진만큼 제재만능주의 환상에서 깨어나야 한다. 또 북한 붕괴론의 허상에서도 벗어나야 한다.[5] 태영호 영국 주재 북한 대사관 공사를 비롯한 엘리트 몇 명이 탈북 귀순했다고 하여 북한 체제 붕괴의 전조라 보는 것은 지나친 생각이다.[6] 쿠바·이란·미얀마가 장기간 제재를 받았지만 체제가 무너지지 않은 것은 북한이 1990년대 '고난의 행군' 속에서도 무너지지 않고 버틴 것과 같다고 할 수 있다. 따라서 우리는 남북 민족을 살리고 우리 체제로 하나로 만들겠다는 신념에

---

5) 배명복 칼럼, "바늘에 실 가듯이," <중앙일보> 2016. 8. 30. 35면.
6) 김영희 대기자, "탈북 러시가 북한 붕괴의 전조인가," <중앙일보>, 2016. 9. 2. 35면.

근거하여 평화적인 경제교류(통상·투자)와 각종 소통(인적교류·한류)이라는 '소프트 파워'(soft power)로 얼음장벽·독재장벽을 뚫고 들어가 북한 주민의 마음을 사고, 밑에서부터 변화시키는데 착수해야 할 것이다. 신선한 민주·자유·시장경제·한류의 바람이 북한 전역에 퍼지게 만들어야 한다. 그들 스스로 북한 독재정권·세습정치·공포정치의 구태(舊態)에 염증을 느끼고 반대하고 남한의 자유·민주·시장경제체제를 선택하게끔 점진적이고 지속적인 평화적 접근방식을 채택해야 할 것이다. 그렇게 하면 긴밀해진 남북관계로 인해 허약한 북한 경제는 강력한 남한 경제에 자석처럼 끌어당겨져 통합이 될 것이며, 여기에 인적 교류가 더해지면서 심적 변화를 일으키고, 핵과 미사일이 굶주림을 면하게 해주진 않는다는 사실을 점차 깊이 느끼게 함에 따라 핵무기·미사일은 무용지물이 되고 무력화(無力化)될 것이다. 북한의 40배나 되는 우리 경제력은 북한의 핵무기·미사일의 수백·수천 배의 역량과 위력이 있다고 봐야 할 것이며, 첨단군사무기만 우리의 안보를 지키는 것이 아니라 오히려 경제력이야말로 가장 강력한 최상의 평화적 안보무기가 된다는 점을 인식해야 할 것이다. 따라서 경제교류와 각종 소통만이 한반도 평화와 평화통일의 유일한 길이요, 지름길이며, 북한을 변화시키고, 북한을 경유하여 광활한 북방으로 뻗어나가 만주-연해주-몽골-극동시베리아를 하나로 묶어 우리의 <북방협력공동체>를 형성하는 것이야말로 '고구려의 꿈'을 이루고 중국의 동북공정에 맞서는 동북아 평화협력 공동체라는 '오토피아'를 건설하게 될 것이다.

Ⅲ. 〈5·24조치〉의 폐해와 해제의 필요성

우리 정부는 중, 러가 초미의 관심을 보이고 격렬히 반대해 마지 않는 사드를 배치하기로 졸속 결정했으나 우리 국회 및 국민의 사전 공감 없이 단지 국가의 안전과 국민의 생명과 재산을 보호하기 위한 유일한 방안이라는 억지논리를 펴지만 미패권을 받아들인 것으로서 북핵 방어용으로 배치하지 않을 수 없었다고 변명했지만 이 때문에 오히려 남북관계가 더욱 긴장되고 중러까지 반발하고 나와 한중러 관계와 한반도 안정를 손상시키고 있으며, 국내 반대여론도 심한데 다 한반도 불안이 가중되고 미국에 대한 인식도 나빠져 여러모로 실 효성이 없다는 이유를 들어 철수시키는 것이 마땅하다. 그런데도 모 든 것을 희생해서라도 미국과의 신뢰관계가 가장 중요하다고 한다면 사드를 배치는 하되 이 대가로 북핵 비핵화의 노력은 하면서도 다른 한편으론 북한에 대한 봉쇄압박의 <5·24조치> 이후의 제재를 풀고 경제교류와 각종 소통을 추진하며, 이와 함께 두만강 접경지대의 중 국영토 혼춘(渾春)에 한중러북 <경제협력개발구>와 러시아 연해주의 블라디보스토크(Vladivostok)와 우수리스크(Ussuriysk)를 중심으로 한중러북 <경제협력개발구>를 개발하여 우리의 유라시아에 진입하 는 '토대'를 만들고, 북한을 안과 밖에서 변화하게끔 유도할 필요가 있다는 것이다. 이는 남북 간의 긴장과 한반도를 둘러싼 한중러북 간 의 긴장을 완화할 뿐만 아니라 남북 관계개선과 한중러북 관계발전 을 위해서 필요한 '투트랙'(Two-Track)[7] 전략이다. 그렇게 추진되면 사드를 철회할 것이라고 설득하면 될 것이다.

---

7) <중앙일보>, 2016. 9. 1. 5면.

그러므로 5년전 이명박 정부의 <5·24조치>는 사실 그간 긴장만 높이고 아무것도 얻은 것이 없으므로 해제하고 남북 교류관계를 회복하는 것이 좋다. <5·24조치>로 우리의 경제적 손실은 북한보다 4배나 많았고, 30만 명이 일자리와 자본을 잃는 피해를 입어 북한을 징계한 실효가 없었으며, 북한주민을 기아에서 건지거나 인권을 개선하지도 못했다. 이런 정책을 핵·미사일에 대항하기 위한 카드로 박근혜 정부가 계속 쓰고 있는 것은 무익한 일이며, 역사의 전진을 막는 일이다. 그러면 더욱 구체적으로 <5·24조치>의 폐해와 해제의 필요성을 분석해보고자 한다.[8]

① <5·24조치>는 북한에게 일정한 경제적·정치적 타격을 주긴 했지만 봉쇄된 북한은 독재체제를 강화시킬 빌미를 가지게 되었고, 북한의 변화를 가져올 통로를 차단해주었으며, 북한이 아니라 오히려 우리 경제뿐만 아니라 정치·안보까지도 오히려 해치고 있고, 북방으로 향해 뛰어야 할 남한을 꼼짝달싹 못하게 옭죄는 '올가미' — '족쇄'가 되어버렸다.

② <5·24조치>라는 '올가미' — '족쇄'는 북한에 들어갈 남한의 우수하고 생동적인 가치인 시장경제·창조경제·자본·기술·자유·민주·정보·한류의 유입을 단단히 틀어막아주는 역할을 하고 있어 북한체제를 근본적으로 변화시키고 북한주민의 굳어진 마음을 변화시켜 중국이 아니라 남한에

---

8) 김소중, 『광복·분단 70년과 한국의 미래』, 3·8민주의거기념사업회·대전충남4월혁명동지회, '3·8민주의거' (2015. 12. 5), 대전: 기획출판 오름, 112-123쪽 참조.

희망을 걸고 기울게 하며 남한의 시장경제와 자유민주주의 체제를 선호하게 할 기회를 막아주고 있으며, 계속 도발을 감행하는 기회를 마련해 주고 있다.

③ <5·24조치>는 북한을 경제적으로 중국에 완전히 기울게 만들었고, 통일과정과 그 이후 중국의 발언권과 지분을 크게 해주는 악재로 작용하게 만들었다. <5·24조치>로 "한국은 북한을 중국에 내줬다"고 영국의 에이단 포스터-카터는 평가(<중앙일보>, 2014. 2. 21)한 바 있다. 게다가 중국의 대북 영향력을 키워 고구려 이전의 역사는 물론이고 북한 영토까지도 자국의 역사에 편입한 동북공정(東北工程)을 음양으로 도와주고 있다.

④ <5·24조치>는 북한을 시장경제로 변화시키고 또 북한을 육지로 통과해 만주·연해주·몽골·극동시베리아 등 한반도의 40배에 달하는 광활한 북방에 하루 수백·수천·수만·수십만 대의 기차·자동차·오토바이가 달려가 이 지역을 남한의 강력한 <경제·역사·문화·한류·한글의 영향권> – <북방경제협력공동체>로 만들어 중-러를 포함하여 삼족정립(三足鼎立) 내지는 일본까지 포함하여 사족병립(四足竝立)의 당당하고 힘있는 국가로 키울 수 있는 폭발적인 에너지·개척정신·모험정신·창조정신이 흘러들어가는 것을 틀어막는 '병마개' 역할을 했다. <5·24조치>가 존재하는 한 앞으로도 계속 그럴 것이다.

⑤ <5・24조치>는 2017년 동북아평화협력시대는 물론 2017-2030년 유라시아시대를 열어 물류비용을 대폭 줄이고 동북아와 15,000km의 유라시아 전체에 우리의 경제・역사・문화・한류・한글을 직접 퍼트릴 수 있는 통로를 막아주고, 적어도 2045년 이전에는 달성해야 할 남한 주도의 평화통일을 지연시키는 역할을 하고 있다.

⑥ <5・24조치>는 2017-2030년 한반도가 미국-일본-호주-필리핀-인도네시아의 거대한 해양세력과 중국-러시아-중앙아시아-중동-유럽 등 유라시아의 광활한 대륙세력을 연결하여 세계를 진정 하나되게 하는 평화・번영의 해륙(海陸)의 가교역할・균형역할・조정역할・중심역할을 할 기회를 막아 지연시키고 있다.

⑦ <5・24조치>는 정체된 남한 경제의 재도약의 공간인 북한-북방-유라시아-해륙연결의 길을 차단하여 경제난으로 희망을 잃은 중소기업인, 불우한 주민, 미취업 110만 명의 청년들에게 육로로 몇 시간이면 도달할 광활한 활동공간・취업공간을 아예 막아주었고, 남한을 답답한・우울한・숨막히는 '섬나라'로 만들었으며, 자살(연간 15,000명)과 이혼율(세계최고)과 군인의 자살・타살(연간 80-100명) 및 성추행까지도 감소시킬 신선한 기회, 이들의 넘치는 에너지・열정・자본・기술을 쏟아부을 새로운 기회를 차단했다. 북한과 북방으로 달려갈 꿈에부푼데 어디 자살・타살・이혼・성추행 등으로 인생을 망칠

일을 할 새가 있겠는가. 북이 막고 있는 것을 뚫는 일이 우리 정치의 몫이다.

⑧ 이처럼 <5·24조치>는 통일은 고사하고 가장 중요하고 시급한 경제교류·투자의 소통조차 막아놓아 남한을 '섬'으로 만들었으며, 긴장완화가 아니라 긴장고조·스트레스만 초래하고, 국민 전체를 한없이 지치고 희망을 잃게 만들고 있다.

⑨ 우리는 한반도가 외세에 의해 분단되었다고 원망만 할 것이 아니라, 작은 기싸움·핵무기·미사일·비핵화에 얽매여 실질적이고 효과적인 긴장·갈등·분단의 해소에는 게을리 하고 있음을 자성해야 한다. 우리에게는 긴장·갈등·분단을 주도적으로 해소해야 할 막중한 책무가 있다. 숱한 독립운동가·애국선열들은 한결같이 대승적 차원에서 구원(仇怨)을 잊고 아시아평화를 바랬다. 게다가 우리가 소통을 통해 긴장·갈등·분단을 해소하자는데 지지를 표하거나 존중을 표했으면 했지 이를 막거나 무시할 주변 국가는 없다. 2015. 9. 2. 중국 시진핑 주석도 항일전승 70주년 천안문 열병식에 참석차 방문한 박근혜 대통령과의 정상회담에서 북한을 겨냥하여 UN 안보리의 대북 결의안을 거론하면서 한반도에 "긴장을 고조시키는 어떤 행동도 반대한다"며 "한국과 함께 지역 평화를 위해 노력할 것"이고, "한반도가 장래에 한민족에 의해 평화적으로 통일되는 것을 지지한다"는 중대한 발언을 했다. 한민족이 평화적으로 통일하는 것을 지지한다는

것이고, 한반도 긴장을 조성할 사드 도입을 반대한다는 의미도 내포된 것이다. 박근혜 대통령도 "한반도가 분단 70년을 맞아 조속히 평화롭게 통일되는 것이 이 지역의 평화와 번영에 기여할 것"이라며 통일을 위해 중국과 협력해 나가기로 한데에서도 알 수 있다. 따라서 중국은 북한보다 40배나 경제가 우월한 남한 주도의 한반도 평화통일을 막지 않을 것이며, 통일한국과 접경을 이루어 만주지역(동북3성)이 경제적으로 활성화되길 바랄 것이고, 통일로 한반도에 평화가 깃들어 미군이 계속 주둔한다 해도 한미동맹이 지금보다 느슨해지고 중미관계가 긴장에서 벗어나길 기대할 것이다. 미국도 시장경제와 자유민주주의 확대와 영향력 확대를 환영할 것이며, 일본도 시장경제와 자유민주주의 확대와 경제활성화 및 유라시아 물류에 큰 기대를 할 것이고, 러시아도 신동방정책의 일환으로 통일한국과의 활발한 경제교류협력에 기대감을 가질 것이다. 38선을 만들었던 미소를 비롯해 주변 4강이 한국 주도의 통일에 모두 우호적이다. 우리의 앞길을 막을 나라는 없다. 남북 소통과 통일을 주변이 반대할 이유가 없다. 따라서 우리의 큰 이익과 밝은 장래를 가로 막는 <5·24조치>를 하루 빨리 주도적으로 해제해야 한다. 즉, 박근혜 대통령이 언급한 바 있는 '고르디우스의 매듭'(the Gordian Knot)에 해당되는 <5·24조치>(금강산관광금지를 포함하여)를 끊어버려야 한다. 알렉산더 대왕이 '고르디우스의 매듭'을 단칼로 끊어버리고 아시아를 정복할 수 있었다고 했듯이 박근혜 대통령도 <5·24조치>를 북한을 압박할 '카드'로 쓸 생각 하지 말고 대승적 차원에서 미련 없이 단칼로 끊어버려야(해제해야) 북한을 끌어안고(주도하고) 북방과 유라시아로 활기차게 진출할 동력을 가지게 되며, 순리적인 통일대박도 실현할 수가 있다.

⑩ <5·24조치>는 박근혜 대통령이 주장하는 '통일 대박'의 꿈을 실현하지 못하게 만들고, <한반도 신뢰프로세스>, <드레스덴 선언>, <동북아 평화협력구상>, <유라시아 이니셔티브>를 가동하지 못하게 만들고 있다. 스스로 발목을 잡고 있다. 또한 북한이 '사과'하지 않고 '책임 있는 재발방지 조치'를 취하지 않는 한 <5·24조치>를 해제할 수 없다는 전술·정책은 유감스럽게도 세월만 덧없이 흘러가게 만들고 관계를 더 악화시켰다. 북한이 먼저 굽히든가 신뢰를 주지 않는 한 우리도 신뢰를 줄 수 없다는 '조건부'의 '기다림' 대응으로는 남북의 역사진전을 뒤처지게 하고 있다. 부진즉퇴(不進則退)다.

⑪ <5·24조치>를 고수하여 얻는 이익(원칙·명분·일관성·자존심·북한의 약화)은 없다. 우리의 손실은 위에서 열거한 것처럼 엄청나다. <5·24조치>는 이익이 아니라 손실이 너무 크다. 소탐대실(小貪大失)이다. 교각살우(矯角殺牛)다. 작은 원칙·명분(?)으로 인해 큰 실익을 잃고 있다. 완고하여 변통성이 없다. 북한을 리드할 기회를 잡지 못하고 있다. 시세의 변화에 따르지 못하고 있다. 부달시변(不達時變)이다. 그 결과는 남한을 '섬나라'로 만들었고, 북방으로 비상하는 '고구려 기상'을 펼칠 웅대한 기를 못 펴게 날려버리고 있다.

⑫ '1보 후퇴, 1000보 전진'의 전술이 필요한 때다. 겉으로 보기에 '1보 후퇴'에 해당하는 <5 · 24조치>의 해제는 남북의 소통을 가져오고, 소통에서 가장 중요한 남북 경제교류는 인적교류를 가져오게 되며, 각종 교류협력의 심화는 자연 북한의 핵무기 · 미사일을 무력화(無力化)시킬 수가 있다. 또한 GDP 40배나 되는 남한이 주도하는 시장경제 · 창조경제 · 자유 · 민주 · 평화 · 정보 · 한류의 북한 유입과 체제의 변화 유도로 인해 '1000보 전진'하는 큰 보상을 얻게 될 것이다. 이처럼 조건과 전제를 달지 않고 스스로 <5 · 24조치>를 해제하는 변화하는 모습으로 북한에 다가감으로써 천안함 폭침에 대한 '사과'와 '책임 있는 재발방지 조치'를 약속받기 위해 6년간이나 기다리는 사이 엄청난 국익을 잃는 우(愚)를 건너뛰어야 한다. 그래서 '1000보 전진'하는 이익을 달성하고 동시에 북한을 마침내 변화시켜 남한의 정치경제체제의 통합으로 향하게 해야 한다. 우리부터 변하지 않으면 우리도 망한다. 불변즉망(不變則亡)이다.

⑬ 남한 경제력은 북한의 핵 · 미사일 보다 수백 · 수천배 더 강력한 최상 · 최강의 '최첨단무기'이자 '안보무기'다. 북한의 핵 · 미사일만 무서운 것이 아니라 남한의 경제력이 훨씬 더 무서운 것이다. 북한의 핵 · 미사일에 대응하기 위한 군사적 안보 태세는 매우 중요한 것이지만 단지 안보를 최첨단무기 · 사드 도입의 군사적 대응에만 매달리는 것은 너무나 1차원적 단순 사고이며 남북긴장과 한중러 간의 긴장을 고조시키고 엄청난

혈세와 국력을 비효율적으로 쓰게 할뿐 영구적인 긴장완화와 평화의 대안이 될 수가 없다. 그러므로 남북관계 개선과 안보는 당리당략을 먼저 생각하고 임기응변에만 얽매인 정치인·정책입안자, 현실적인 국가이익은 모르고 명분·이념과 탁상공론을 일삼는 정치학자, 기득권 옹호자, 전시작전통제권을 미국에 헌납 했겠다 방위책임이 없으니 이참에 돈이나 벌자는 방산비리에 눈이 멀고 남북긴장을 바라는 일부 매국적인 군인집단의 사적인 욕구(慾求)가 아니라 새로운 변화·개척·모험을 적극 지향하는 기업인·경제인·경제학자·이산가족의 절실하고도 공적인 요구(要求)에 따라 경제교류에 의존하여 풀어가야 가장 효율적이고 신뢰를 가져오며 이익이 크다. 서독의 바이츠체커 전 대통령은 일찍이 "분단이 오래 지속될 수록 통일비용은 더욱 커진다는 것을 간과해선 안 된다."고 말했듯이 하루속히 소통하여 남북격차를 줄여나가야 한다.

따라서 사고의 전환이 요구된다. 긴장을 고조시키는 핵·미사일보다 훨씬 강력한 경제교류와 각종 소통이야말로 긴장 완화, 공동이익 증진, 통일비용 감소, 평화통일을 가져오는 '지름길'이자 '최첨단 무기'요 강력한 '안보무기'란 것을 알아야 하고, 이를 손에 쥐고 있으면서도 알지도 못하고 사용할 줄도 모르는 우둔함에서 하루빨리 벗어나야 한다.

⑭ 최근 수년간 1조원의 방산비리는 제외하고서도 첨단무기(전투기) 도입비용 19조 3,000억원, 4대강 사업 손실 42조원, 자원

외교 손실 66조원 등 127조 3,000억원(약 1,170억 달러)의 1/10인 12~13조원만 대북 경제교류(무역·투자)·인도적지 원의 소통에 치중한다면(했다면) 긴장완화·공동이익·한반도 신뢰를 주도적으로 가져오고, 자연 북한의 핵·미사일을 '적 대적인 무기'에서 '비적대적인 무기'로 전환시켜 무력화(無力 化)시킬 수가 있다. 그리고 핵·미사일을 통일 이전 6자회담 을 통해서도 폐기하기가 정 어려우면 평화통일 이후 우리의 손으로 없애면 되는 것이다.

⑮ 중국과 대만의 경제교류 예를 들어보겠다. 양안은 경제교류로 1,972억 달러(2013년)의 무역을 달성하고, 대만은 1,160억 달 러(2013년)의 막대한 흑자를 보았다. 반면, 남북교역액은 1989-2013년 25년간 총 194억 달러에 불과하니 중국-대만 한 해 무역액의 1/10도 안 된다. 논란이 많은 남한의 대북 '퍼 주기'(유무상 지원)도 보자면, 김영삼·김대중·노무현·이 명박·박근혜 정부시절 1995-2014년 20년간 '퍼주기' 총 액은 김대중의 방북성사 비용 현찰 4억 5,000만 달러를 포 함하여 35억 1,000만 달러이다. 이는 대만의 중국으로부터의 한해 무역흑자 1,160억 달러의 1/33에 불과하다. '퍼주기'는 통일을 위한 일종의 투자비용인 것이다. 통일이라는 대어를 낚기 위한 '떡밥'이요, 맑은 생명수를 끌어올리는 '마중물'인 것이다. 통일은 공짜로 이룰 수 없다. 무라야마 도미이치(村山 富市) 일본 전 총리는 2015. 10. 29. 신라호텔에서 개최된 <2015 세계평화회의>에서 "2000년 남북정상회담을 보고 한

반도에 드디어 봄이 오는구나 하며 감격헤했었다"고 말하고, 2015. 11. 11. 호주의 미하일 커비(Michael Kirby) 전 UN북한인권조사위원회 위원장도 조선호텔에서 개최된 <서울인권회의>에서 "김대중의 햇볕정책은 훌륭한 것이었다"고 말했다. 또 중국-대만은 연간 800만명(2013년. 대만의 대륙 방문 520만명, 대륙의 대만 방문 280만명)이 교류하여 긴장완화·공동이익·신뢰회복을 달성하고, '차이완경제권'(Chiwan Economic Zone)을 형성하여 한 몸을 만들었다. 즉, 경제통합을 이루었다. 반은 통일이 된 것이다. 정치통일은 천천히 하면 되는 것이다. 모든 것이 소통의 결과다. 마침내 2015. 11. 7. 시진핑(習近平) 중국 국가주석과 마잉지우(馬英九) 대만 총통이 싱가포르에서 분단이후 66년만에 역사적인 첫 정상회담을 가졌다. 중국 양안은 2000년 남북한 정상회담을 부러워하고 또 부끄러워했었다. 그간 노력한 결과 양안관계는 우리와 비교할 수 없을 정도로 크게 진전하고 남북관계는 오히려 후퇴했다. 이를 모두 북한 탓으로만 돌릴 수 있을까. 남북인적교류는 1989-2013년 25년간 총 323만 명에 불과하다, 중국-대만 한해 인적교류 800만 명의 2/5에 불과하다. 대만은 중국의 핵·미사일을 더 이상 위협으로 느끼지 않게 되었다. 중국의 핵·미사일은 '적대적인 무기'에서 '비적대적인 무기'로 전환되었다. 긴밀한 각 분야의 교류협력(소통) 상태에서 중국은 대만에 핵·미사일을 쏘거나 위협할 이유가 없어졌다. 만약 중국의 핵·미사일을 폐기하기 전에는 절대 신뢰할 수도 교류협력(소통)할 수도 없다는 '조건부' 전술·정책·원칙을 고수했다면, 또 중국의 과거 도발을 '사과'하거나 '책임 있는 재발방지 조치'를 취하지 않는 한 교류협력(소통)할 수 없다는 '원칙'(?)을 고집했다면 과연 대만 경제는 지금쯤 어떻게 되었을까? 지금 대만은 구원(舊怨)을 뛰어넘어 경제교류협력과 인적교류 등 각종 소통을 실시하여 경제가 안정·호전되고, 양안에 신뢰가 많이 쌓였으며, 대만은 외교적 고립과 경제난으로 높았던 자살률도 크게 감소했다. 중국도 양안무역이 대만 경제를 도와주게 되어 대만정권을 강화시켜주고 이로 인해 통일이 지연된다고 우려하면서 대만측의 무역흑자나 양안교역을 줄이는데 얽매였다면 지금처럼 가까워질 수가 있으며 양안관계의 긴장완화·안정·통일노선에 주도권을 장악할 수가 있었겠는가. 서독도 1969년 동방정책 이후 동독에 쏟아 부은 막대한 경협(교역·차관)과 각종 인도적 지원(960억 달러)이라는 소통이 동독의 공산정권을 강화시켜준다며 경협과 인도적 지원을 꺼려하거나 현상유지에 치중했다면 과연 동독주민의 마음을 변화시키고 주변국을 설득하여 통일을 가져올 수 있었을까. 서독은 오히려 동독과의 교류협력을 확대해나갔다. 마찬가지로 우리의 북한과의 경협은 북한의 핵·미사일 개발에 도움을 주고 독재왕조정권을 강화시켜 수명을 연장케 해준다며 이를 경계하고 엉뚱하게도 다른 분야의 사소한 교류에만 치중한다면 신뢰가 쌓이기도 어렵거니와 경협에 따른 위력적인 시장경제 속으로 북한을 녹아들게 만들지도 못할 것이다. 경제교류와 각종 소통은 박근혜 대통령이 그토록 바라는 신뢰를 가져오며, '장마당'에 맛들인 북한주민과 간부들을 시장경제로 더욱 다가서게 만들고, 시장경제와 이에 따른 개방·개혁의 거센 물결은 큰 파도와 태풍이 되어 북한의 가부장적 사이비 사회주의 독재왕조정권을 때리고 변화시킬 것이다. 경제를 통한 시장경제 발전과 이에 따른 개방·개혁을 견딜 독재왕조정권은 없어 보인다.

⑯ 따라서 남북한도 중국-대만처럼 '선경제·후정치군사'(先經濟·後政治軍事)로 나아가야 한다. 우리의 최대 강점인 경제에 무게중심을 두어야 하고, 폐쇄된 개성공단을 재가동하거나 증설하여 시장경제·창조경제가 스며들게 하며, 남북교역을 적어도 2013년의 중-북(65.45억 달러), 한-러(226억 달러), 한-대만(303억 달러), 한-베트남(281억 달러) 수준으로 조속히 끌어올려 북한주민의 생활수준과 인권개선을 실질적으로 가져오게 하고, 북한주민으로 하여금 소통·평화통일을 주도하는 선진국 남한에 서서히 기울게끔 만들며, 북한 독재왕조정권을 시장화·개방화·민주화시키고, 남한으로의 통일을 자연스럽게 달성하도록 해야 한다. 일국양제니 연합제니 연방제니 중립국이니 평화협정이니 하는 정치적인 논란거리 문제는 내세우지 말고 우선 경제교류와 각종 소통에 치중해야 하며, 그러는 가운데 자연스럽게 북한 주민이 김정은 독재왕조정권의 실체를 보고 염증을 느껴 버리게 하고, 선진적인 남한의 자유민주주의시장경제체제를 선택하도록 지속적인 노력을 펼쳐나가야 한다. 그러자면 '잃어버린 10년'이라며 반대로 나갔던 이명박 정부의 대북정책이자 실효가 없는 것으로 평

가된 <5·24조치>의 해제와 더불어 <비핵·개방·3000> 구상을 <3000·개방·비핵> 구상으로 거꾸로 바꿔 추진해야 한다. 비핵은 추진하면서도 우선 3000이라는 경제교류와 각종 소통에 치중하자는 것이다. 지금처럼 비핵화에만 매달리지 말고, 주변국에 비핵화를 위한 봉쇄압박만 호소하지도 말며, 그 힘으로 우선 3000을 위한 경제교류와 각종 소통에 치중하고, 이를 통해 개방·개혁을 유도하며, 개방과 민주화를 통해 남한체제로 통일이 되게끔 하고, 이 과정에서 자연스럽게 핵·미사일의 무력화(無力化)를 통해 비핵화로 나가야 한다. 그러면 소기의 목적을 달성하게 된다. 그러기 위해선 금강산 관광 금지를 포함하여 <5·24조치>를 조속히 해제하지 않으면 안 된다. 그리고 3000부터 시작하라. 그처럼 교류해야 우리도 살고 북한 주민도 살며, 통일의 대상인 북한 주민의 마음도 얻을 수가 있다. 북한 주민의 마음을 사면 북한 3대 봉건세습의 독재왕조정권은 끝난다.

Ⅳ. 북한소망과 남북소통

북한은 천안함 폭침을 인정하지 않았고, 사과도 없었다. 그러면서 <5·24조치>를 해제하고 금강산 관광을 재개하며 이명박 정부에 의해 휴지가 된 <7·4남북공동성명>, <6·15선언>, <10·4선언>을 계승하자고 주장하고 있다. 김일성·김정일이 서명한 합의를 이행하자는 것이다. 남북한 간의 경제교류의 소통을 이어가자는 것이고, 이를 위해 정상회담도 못할 것이 없다고 말한 바 있다. 우리는 이를 적극 수용·활용하여 핵·미사일과 경제교류를 분리하여 '투트랙'으로 나가 경제교류를 개시할 기회로 삼아야 한다.

남한 GDP의 2-4%에 불과한 경제를 어떻게든 발전시켜보고자 북한은 생산·소비·계획경제의 모든 부분에서의 실패를 인정하고 계획경제와는 질적으로 다르고 시장경제적 요소가 강한 2002년 <7·1경제관리 개선조치>를 단행하여 공기업소 책임경영을 강화하고, 외국자본과 선진기술의 유치를 위해 각종 인프라 제공은 물론, 세제 및 행정의 특혜를 주는 <경제특구>를 개설하기 시작, 1991. 12. <나진-선봉 자유경제무역지대>를 창설하여 동북아지역 국제물류의 거점으로 지역적인 관광중심과 제조기지로 탈바꿈 하고 있으며, 고속도로·철도·전력·정보통신·비행장 등이 건설되고 있다. 2015. 10. 기업은행 경제연구소 조봉현 박사는 "우리나라는 하루속히 나진항의 제2부두를 건설 개발하는 권리를 가져야 한다"는 주장과 함께 "한반도의 평화와 발전은 남북의 교류와 협력 속에서만 가능하다."고 단정했다.9) 북한은 행정체계의 개편과 각종 투자설명회 개최 등 적극적인 해외투자유치활동 노력을 기울이고 있다. 최근에는 <신의주 경제특구>, <개성 공단>, <남포 보세가공구> 창설 등 2015년까지 전역에 14개의 중앙급 경제특구와 19개의 지방급 경제개발구가 구분돼 운영이 되고 있으며, 경제특구 안에서는 자본주의 시장경제 요소가 보장된다. 게다가 배급제 붕괴로 전역에 급속한 시장화로 400여개 '장마당'이 성행하고 있으며, 대다수의 당원·간부도 이에 뛰어들어 생활비를 벌고 있다. 이제 시장경제는

---

9) 기업은행 경제연구소 수석연구위원인 조봉현 박사의 "북한 경제개발특구의 최근 현황과 전망" (2015. 10. 21), http:··blog.daum.net·yjb0802·9222(검색일: 2016. 8. 31).

바뀔 수 없는 트랜드가 된 것이다. 이어서 원산과 금강산의 관광개발, 두만강 유역의 다국적 국제자유도시 건설, 백두산 관광개발 등이 가동되고 있다. 뿐만 아니라 2013. 4. 김정은 제1비서는 남한에 경제시찰단의 일원으로 참가한 적이 있는 박봉주를 내각 총리에 임명한데에 이어 2013. 5. <경제개발구법>도 제정했다. <경제개발구법>에서 주목되는 것은 외국기업도 투자할 수 있다는 대목이다. 2014. 2. 3. 박근혜 대통령은 "북한이 스스로 변화해야겠지만, 변화할 수밖에 없는 환경을 만들어나가야 한다."며 '북한 변화·압박 국제공조론'을 펴왔다. 하지만 북한은 이미 변화를 시도하고 있는데 남한은 통일에 대한 구체적이고 실효적인 접근을 시도하고 있지 않다. 봉쇄압박하고서 실효를 기다리고 있다. 중요한 것은 '대북제재 국제공조'에 앞서 우리가 먼저 주인의식을 가지고 적극적인 대북 접근을 시도하여 위에서 말한 바와 같이 러시아의 연해주에 2025년까지 22조 루블(380조원)[10]을 쏟아 부어 여러개의 개성공단 같은 것을 만들어 극동 물류망을 가동하고자 하는 푸틴의 <신동방정책>에 보조를 같이 하여 중국·러시아·남한이 협력하면서 북한을 끌어들이면, 중국의 <일대일로>(一帶一路)와 박근혜 대통령의 <유라시아 이니셔티브>가 동해항로-북극해항로와 동해항로-유라시아육로로 만나고, 또 북경-평양-인천을 잇는 물류망을 형성하면, 육로와 서해항로가 연결되고, 이것이 <일대일로>와 만나며, 이를 통해 직접적으로 남한-북한-만주-하북성-몽골-연해주-극동시베리아의 인구 3억 명이 하나가 되는 협력공간을 만들 수 있게 된다. 그렇게 되면 북한 핵무기·미사일은 위협이 되지 않아 무력화(無力化)되며,

---

10) 이하경 논설주간, "'섬나라' 탈출 방정식 연해주에 있다", <중앙일보>, 2016. 8. 31. 35면.

북한의 변화를 빠르게 주도할 수가 있게 된다. 그럼으로써 남한은 '섬나라'에서 완전히 벗어나게 되고, 미국·일본의 해양을 이끌어 유라시아 대륙과 연결하여 해양과 육로를 이음으로써 세계를 온전히 '하나'로 만드는 동북아 지중해의 평화와 번영의 허브이자 중심축이자 주역이 된다.[11]

V. 국력낭비와 통일을 못한 이유

지난 71년간 얼마나 많은 국력·창의력·시간을 남북의 분단·분열·갈등·대치·긴장·증오에 허비를 했는가? 앞으로도 계속 그래야 하나? 현 대북 봉쇄압박도 얼마나 오래 가야 하나? 체제가 붕괴될 때까지 가야 하나? 체제가 변화할 때까지 가야 하나? 비핵화 선언을 하고 나올 때까지 가야 하나? 봉쇄압박은 북한의 항복을 받기 위한 전략인가? 쉬운 일이 아니다. 일촉즉발의 긴장만 고조되고 있다. 기싸움을 하고 있다.

남북대결에 쓰인 국력·창의력·시간을 평화통일 모색과 통일국가 건설 준비에 썼더라면 우리는 얼마나 큰 성과를 거두었을까? 그런데 아직도 통일은 요원하고, 반통일로 가고 있는 것으로 보인다. 평화통일 할 능력은 과연 있는가도 의문이다.

국민이 바라는 평화통일은 미국과 중국이 방해해서 못하는 것도 아니다. 러시아·일본이 방해해서 못하는 것도 아니다. 우리는 주변국이 자국의 이익 때문에 방해할 것이라고 지레 겁먹고 있다. 우리가 GDP면에서 좀 약하다 해도 감히 방해할 나라는 없다. 또 북

---

11) 이하경 논설주간, "'섬나라' 탈출의 방정식 연해주에 있다", <중앙일보>, 2016. 8. 31. 35면.

한이 방해해서 못하는 것도 아니다.

그럼 통일을 못하는 이유는 무엇일까?

① 남한과 북한이 '작은 이익 — 기득권·현상유지·외국의존·
이기심'에 얽매여 상호 불신과 증오로 타협과 양보가 없이 무
력에만 의존하여 평화로 얻을 '큰 이익 — 통일대박'의 길은
못 찾고 헤맨데 있다.

② 가장 큰 이유는 북한이 핵무기·미사일을 만들며 도발한데에
있는 것이 아니라 무엇보다 국력이 북한에 비해 40배나 강하
면서도 북한을 자신감을 갖고 40배 주도하질 못하고, 주변 4
강 미중러일에 지나치게 기대고 눈치나 본데다, 주변 4강을
조수석에 앉히고 한반도 운명은 우리가 운전석에 앉아 운전
한다는 강한 신념이 부족했으며, 안일하게 외국에 의존하여
주요한 것을 외국에 맡기고 북한 탓만 하며 공방(攻防)을 일
삼은데 있다 할 것이다.

VI. 통일을 하자면?

① 가장 중요한 것은 북한 주민의 마음을 사는데 있다. 그런데
그렇게 하지 못하고 있다. 핵무기·미사일 개발하고 도발한
북한 정권이 밉다고 모든 교류를 끊고, 가난한 자의 자존심을
상하게 하는 선심성 지원사업을 일방적으로 발표하거나, 봉쇄
압박을 가하여 북한 정권이 항복하고 나오거나 붕괴하기만을

기다려 공짜로 통일하려고 해서 북한 정권뿐만 아니라 북한 주민의 마음을 얻는 데도 실패했다. 마음을 얻기 위한 주도적인 경제교류와 상호이익이 되는 각종 소통의 기회를 차버렸다. 개성공단 마저도 버렸다.

② 통일은 핵무기·미사일로 할 수 없다. 사드·첨단무기·SLBM과 방산비리·군의기강해이로도 할 수 없다. 위협·증오·불신·봉쇄·압박·유혈로도 할 수 없다.

③ 핵무기·미사일로 위협하는 북한을 탓하기 전에 먼저 이 지경에 이르도록 미리 예상·분석·대처·막는데 태만하고 안일하게 미국에 의존하여 붕괴만을 기다리며, 무시·낙관한 우리 자신부터 탓하고 자성해야 한다고 본다. 그래야 길이 보인다.

④ 북한 주민의 마음을 사면 낙후한 북한 독재왕조정권은 끝장난다. 통일이 된다. 원수를 만들고 파괴를 가져오는 대결·전쟁이 아니라 평화 속에 통일된다. 싸우지 않고 이기는 것이 최상의 병법(兵法)이다. 그러자면 감정적이고 비전과 실효는 없이 그저 무력대응만 할 줄 아는 정치인·지식인·군은 비전·전략·전술·유연성·배려·관용·포용·덕성을 세우거나 길러야 하고, 실효에 힘쓰는 경제인·실향민·이산가족의 의견을 존중해서 대북정책에 반영해야 한다.

Ⅶ. 현인들의 권고

예로부터 우리에게 유익한 현인들의 권고가 있다.

① "도략(韜略: 전략)이 없으면 백성이 망한다." (Lack of guidance a nation falls) (『성경』, 잠언 11:14)고 한 솔로몬의 말을 경청해야 한다. 통일에 대한 평화적인 비전·전략이 없이 무력대응만 하면 남북한과 한민족은 과중한 스트레스·국력낭비로 진이 빠져 쇠약해진다. 발전도 어렵다.

② 『주역』(周易)에서도 '후덕재물'(厚德載物)을 말하고 있다. 덕을 두터이 하고 만물을 포용할 것을 강조하고 있다. 경제가 40배인 남한이 북한과 경제교류하면서 협력과 인도적 지원도 하면 자연 북한주민은 남한의 우수성과 후덕한 마음을 알고 따르게 된다.

③ "민심을 얻으면 천하를 얻는다."(得民心, 得天下)(『孟子』, 離婁章句上)고 맹자는 말했다. 29,000여 명의 탈북 동포도 이의 반증이다. 예로부터 관용의 덕(德)은 반드시 후에 보상받는다!

④ "백 번 싸워 백 번 이기는 것이 최선 중의 최선이 아니고, 싸우지 않고서 적군을 굴복시키는 것이 최선 중의 최선이다."(百戰百勝, 非善之善者也. 不戰而屈人之兵, 善之善者也)(『孫子兵法』, 謀攻篇)라고 손자는 말했다. 무력을 쓰지 않고 평화적인 승리를

하라는 것이다. 군은 전쟁을 하라고 있는 것이 아니라 전쟁을 막는데 있는 것이다.

⑤ "사람이 먼 일을 생각지 않으면 반드시 가까운 날에 근심이 있게 된다."(人無遠慮, 必有近憂)(『論語』, 衛靈公篇) "군자는 자신에게 책임을 묻고, 소인은 남에게 책임을 묻는다."(君子求諸己, 小人求諸人)(『論語』, 衛靈公篇) "인을 이룸에는 나로부터 시작되는 것이지 어찌 남으로부터 시작되어야 하겠느냐."(爲仁由己而由人乎哉)(『論語』, 顔淵篇) "내가 원치 않는 바를 남에게 시키지 말라."(己所不欲, 勿施於人)(『論語』, 顔淵篇)고 공자는 말했다. 우리의 모습을 보고 2500년 전에 이미 말한 것이다.

⑥ "빼앗으려면 반드시 먼저 주어야 한다."(將欲奪之必固與之). "부드럽고 약한 것이 단단하고 강한 것을 이긴다."(柔弱勝剛強)(『道德經』, 36章). "가장 좋은 것은 물과 같다."(上善若水)(『道德經』, 8章).라고 노자는 강한 대응만이 최고인줄 아는 우리에게 현대문화에 맞는 양보와 부드러움의 힘을 일깨워주고 있다.

⑦ "사람이 먼 일을 생각지 않으면 큰일을 이루기 어렵다."(人無遠慮, 難成大業)며 안중근 의사는 여순 감옥에서 대한의 장래를 걱정하면서 멀리 보라고 했다. 안중근 의사의 소망은 아직도 이뤄지지 않았다.

⑧ "정치에는 때를 아는 것이 귀하고, 일을 하는 데는 실효에 힘써야 한다."(政貴知時, 事要務實)(『만언봉사萬言封事』, 1574, 1)고 선조(宣祖)에게 올린 대학자 율곡(栗谷)의 글도 참고해야 한다. 남북관계에서 타개해야할 때를 알아야 하고 실효를 거둘 줄 알아야 한다. 지금이 바로 그 때다.

⑨ "용서야말로 화해로 이르게 하는 문"이라며 "남북 모두 서로 용서하고 하나 된 한반도를 위해 노력하라."고 명동성당에서 기도한 프란치스코 교황의 가르침(2015. 8. 18)에도 귀를 기우려야 한다. 증오를 버리고 이해·용서·화해하는 용기가 있어야 둘 다 산다는 길을 가르치고 있다.

⑩ "'눈에는 눈'식의 보복이 아니라 상위국가인 한국은 주도적인 외교로서 한국의 도움을 절실하게 필요로 하는 최빈국 북한과 악수하여 엄청난 기회를 잡아야 한다."(<중앙일보>, 2015. 8. 31. 29면)고 주장한 영국의 에이단 포스터-카터(영국 리즈대 명예선임연구원)의 한국의 미래를 위한 말도 귀담아 들어야 한다.

이들 현인의 말에 기초하여 넉넉한 마음을 가지고 통일을 준비해야 한다. 모두가 우리 한민족을 위한 말이다.

그러나 우리는 이들 현인의 귀한 '권고'를 듣지 않고 있다.
오직 '이에는 이', '눈에는 눈'으로 대응하고 있을 뿐이다.
왜 그럴까? 멀리 내다보는 시야가 없기 때문이라 본다.

Ⅷ. 통일과 미래 이상향

2015년 세계 GDP 11위인 우리는 '산업화'와 '민주화'라는 두 산
은 넘었지만 '포용력강화'라는 나머지 산은 아직 넘지 못한 상태다.
그간 치열한 산업화의 경쟁속에 사느라 잃어버린 덕목(德目)이다.
이 산을 넘어야 비로소 소통-통일-대국으로 발전할 수가 있다. 그
이상도 달성할 수 있다.

따라서 광복·분단의 71년 고희(古稀)를 넘긴 우리는 자신이 있는
강력한 경제를 앞세워 남북소통-한민족통합·통일-분단해소-한민족부
흥을 향해 나가야 한다. 많이 늦었지만 더 늦기 전에 남북한과 한민
족의 '밝은 미래'(북한경유·북방진출·평화통일·유라시아시대·해
륙실크로드시대)를 조속히 개척하기 위해서는 쉽지 않은 통일에 앞
서 먼저 쉬운 경제교류·소통(퍼주기가 아니라)에 우선해야 한다.

그럼 '오토피아'로 가기 위한 전단계로서 통일에 대해 구체적으
로 생각해보자.

통일은 우리의 '최저목표'로서 '최고목표' 달성 위한 기초다

① <통일원칙>: 남북통일은 전쟁·대결·갈등·긴장·증오 없이
'평화'적으로 이뤄야 한다.

그러자면 핵·미사일·SLBM·사드·첨단무기·군사의 대결로
파괴·살상·위협·봉쇄·압박을 해서 통일하려는 것이 아니라 북한
경제와 북핵·미사일보다 수십배·수천배 강력한 우리의 '경제'를
앞세운 각 분야의 장기 '소통'으로 남북지역을 모두 이롭게 하면서

신뢰를 쌓아서 북주민부터 스스로 남한쪽으로 자발적인 평화통일을 원하게끔 해야 한다. 이런 심화과정에서 북한의 핵무기·미사일은 점차 무력화(無力化)되고 무용지물無用之物이 된다. 남북은 무력대결(武力對決)로부터 해방된다. 그러므로 경제·소통으로 무력을 대체해야 한다. 평화·교류·협력·소통·유연(柔軟)은 이 시대의 요구다!

② <통일주도>: 남북통일은 자유·민주·산업화를 이루고 포용력을 키운, 국력이 40배나 강한 남한이 '주도'하고, '모델'이 되어, '자유민주시장경제체제국가'로 통일해야 한다. 하지만 북한의 우수한 분야는 골라서 참고해야 한다.

그러자면 무엇보다 먼저 북한과 경제교역·경협을 앞세운 각종 소통으로 북주민 기근을 해소하여 인권을 개선해주고, 부유해진 북주민으로 하여금 남한을 마음으로 선호하고 남한체제에 기울게 하는데 최선을 다해야 한다. "민심을 얻는 자는 천하를 얻는다."(得民心者, 得天下)고 사마의司馬懿는 말한 바 있다. 또한 주변 4강 미중러일을 조수석에 앉히고, 한반도 운명은 어디까지나 우리가 운전한다는 강한 신념으로 나가면 우리의 주도적인 입장에 반대할 나라도 명분도 없다. 4강은 우리의 주도를 지지하고 존중하게 된다.

③ <통일의 비전·전략·전술과 변화>: 남북통일은 비전·전략·전술을 세우고 경제력이 강한 남한이 북한을 이끌어 변화시키면서 달성해야 한다.

<통일비전>

ⓐ 2017-2030년 북한을 경제(교역·투자)와 각종 소통을 통해 경유하여 변화시키며 힘을 모아 한반도 40배에 달하는 만주·연해주·몽골·극동시베리아에 '고조선-고구려의 꿈'을 뛰어넘는 <북방협력공동체>(경제·역사·문화·한글·한류 중심)를 형성, 동북아 4족병립(四足竝立: 한중러일)의 시대를 개척해야 한다. 따라서 일본·영국처럼 71년간 지낸 '섬나라'에서 조속히 탈피하는 것이 급선무다. 중국 시진핑, 러시아 푸틴, 일본 아베, 미국 오바마가 국력·군사력·영향력을 신장하고 있는 이때 남북한은 힘을 모아도, 북방으로 나가 역량을 키워도 부족한 판에 작은 달팽이 뿔 위에서 66년간 서로 최첨단무기를 휘두르며 무지·만용을 자랑하고 대결하여 막대한 국력·창의력·시간·군사력을 헛되이 소진하여 세계의 웃음을 사고, 스스로 유일한 생명선인 북방진출로를 차단하고 있다. 하루빨리 육로로 북한을 경유하고 변화시켜 광활한 북방으로 진출해야 한다. 급선무다. 대부분의 스트레스·답답증·우울증·갈등·가정폭력·사회폭력·군대폭력·성추행·방산비리·기강해이·경기침체·실업·꿈의상실·자살·정신질환·이혼 등을 해소하는 길이요, 통일의 지름길이다.

→ ⓑ 유럽까지 고조선-고구려의 꿈을 봉황의 날개처럼 펼치는 유라시아시대 개척하고, 이 과정에서 적어도 광복·분단 100주년이 되는 2045년까지는 자연스럽게 평화통일을 달성하여 우리의 '최저목표'를 이룬다.

→ ⓒ 역시 2030-2100년 해륙(海陸: 미국·일본·호주·필리핀·인도네시아의 해양~유라시아의 대륙) 실크로드시대를 개척, 세계를 진정 평화로 '하나'되게 한다. 한국이 중심가교 역할을 해야 하고. 그리고 평등·공평·복지와 관용·포용·박애의 대동사회(大同社會) 이루는 문화대국을 건설한다.

<통일전략과 미래>

이런 비전하에 Ⓐ 적어도 광복·분단 100주년인 2045년까지는 통일을 포함하여 세계 6강(중국·미국·일본·인도·독일·통일한국)에 진입한다. 동시에 환웅·단군·동학의 홍익인간(弘益人間)·이화세계(理化世界)·인내천(人乃天) 사상을 기반으로 한 자유·민주·시장경제·평등·공평·박애·관용·포용·유연·평화의 국가 건설이념을 확고히 건립·추진하고, 세계인류문화발전에 공헌하면서 고조선 이래 품어왔던 <한민족의 위대한 부흥>(경제·정치·외교·사상·과학기술·문화예술·국방·한글·한류의 발전)이란 '꿈' ― '한국몽'(韓國夢)을 실현한다. 이것이 우리의 '최저목표'다.

Ⓑ 이후 55년 발전을 계속하여 2100년에는 3강(중국·미국·통일한국)의 문화대국에 진입하고, 세계의 평화·번영·문화를 중추적으로 담당한다는 목표를 달성한다. 이것이 우리의 '최고목표'다. 이후에도 계속 '한국몽'을 발전시켜간다.

<통일전술>

따라서 '최고목표'를 실현하기 위해서는 먼저 '최저목표'를 달성해야 하고, '최저목표'를 달성하기 위해서는 먼저 평화적인 경제(교역·투자)·소통으로 북한을 경유→개방→변화→통합→통일을 해야한다. 그러기 위해선 먼저 북핵·미사일보다 수백·수천배 위력이 있는 최첨단의 '안보무기'이자 '변화무기'인 '경제'(교역·투자)를 앞세운 각종 '소통'에 주력해서 북주민의 마음을 사고, 김정은 세습 독재정권을 바꾸며, 북한의 정치·경제·사회·문화를 근본적으로 바꾸는데·변화시키는데 최선을 다해야 한다.

<통일을 위한 변화>

그러니 서로 원수가 되어 마음을 상하게 하고 실효성이 떨어지는 기존의 대결정책을 바꿔야 한다. 북한을 평화적으로 바꾸려면(변화시키려면) 중요한 것은 우리부터 유연하고 평화적인 대응으로 바뀌어야·변해야 한다는 것이다. 유연과 평화는 최상의 대북정책이요, 이 시대 최상의 국제교류정책이다.

그렇지 않고 대결·봉쇄·압박으로 일관한다면 북한 독재의 변화를 유도·촉진할 한류 등 각종 정보유입을 우리가 막아주는 꼴이 된다. 게다가 혹 북한 정권이 고립된 상태에서 우리 정부가 바라는 대로 붕괴·급변사태가 발생하기라도 하면 혼란해진 상태에서 동맹국인 중국의 군대가 가만있을 리 없다. 개입하여 영토·주민 상당부분이 자연 중국의 수중으로 넘어갈 가능성이 있다. 고구려의 재판을 경계해야 한다. 만약 그럴 경우 중국과 전쟁이라도 해야 하나?

따라서 북한을 대결·봉쇄로 움츠리게 하여 독재를 강화하게 하거나 급작스런 붕괴도 일어나게 해선 안 되고, 점차 변화하도록 핵무기보다 수백·수천배 강력한 '경제'(교역·투자)를 중심으로 한 각종 '소통'을 '주도권'을 쥐고 일관성 있게 추진하여 북한주민이 먼저 자연스럽게 남한쪽으로 평화통일을 요구하게 만드는 것이 가장 바람직하고 확실한 전략이다.

북한 김정은은 경제적인 어려움으로 인해 체제불안을 감수하면서도 경제개발구 등을 포함하여 우리와의 경제·소통을 원하고 있다. 이를 적극 활용할 것이 요구되고 있다. 기회다. 북한 경제를 쥐고 움직일 수 있다. 중국이 대만경제를 쥐고 있는 것처럼 말이다.

따라서 개성공단 재가동, 이명박의 <5·24조치> 해제, <비핵·개방·3000>을 거꾸로 한 <3000·개방·비핵>의 실시 → 북한의 핵무기·미사일 생산·실험 동결과 한미연합훈련 잠정중단·사드 철수 → 개성공단 재가동과 경제·소통의 대폭 확대 → 남북 평화협정 체결과 경제·소통의 활성화 → '고구려의 꿈'을 뛰어넘는 <북방협력공동체>를 형성하고, 국가건설이념을 새롭게 한다. → 육로로 하루에 수천·수만대의 자동차·기차가 15,000km를 달리는 <유라시아시대> 개척 → <해륙실크로드시대> 개척하여 세계를 진정 평화·번영·우수문화로 '하나'되게 한다.

Ⅸ. 결론

2016. 8. 15. 광복절 71주년 기념식에서 박근혜 대통령은 "우리 모두 힘을 합쳐 희망찬 미래로 함께 나아가자"면서 국가의 운명과 안보는 주변 강대국이 아닌 우리 스스로가 결정할 문제란 점을 역설했다. 그러나 이 말처럼 우리는 국가의 운명과 안보에 대해 주도권을 가지지 못한 것 같으며, 남북문제를 해결하는데도 결정권을 가지고 나서지 못한 감이 있다. 우리는 주변 4대국의 가운데 있으면서 너무 좌면우고(左眄右顧)한 감이 적지 않다. 이젠 조영식 박사의 '오토피아'를 목표로 국가의 운명과 안보와 한반도의 평화통일과 미래 한국에 대해 주도권을 쥐고 사드 등 최첨단 군사무력의 '하드 파워'(hard power)에만 의존하는 것이 아니라 우리의 경제와 각종 소통이라는 '소프트 파워'(soft power)에 의존하여 이를 무기로 삼아 평화지향적으로 남북한의 긴장과 대결을 해소하고, 나아가 북한의 핵·미사일도 무력화(無力化)시켜야 한다. 그러자면 대북 봉쇄·압박의 상징인 이명박 정부의 <5.24조치>(2010년)를 해제하고, <비핵·개방·3000>(2008년) 구상을 거꾸로 <3000·개방·비핵>으로 바꾸어 2017-2030년에는 폐쇄한 개성공단을 재가동하고, 이를 여러 개 만들어 시장경제·자유·민주·한류가 북한에 유입되게 하여 북한 주민의 마음을 사 북한을 밑으로부터 변화하게 만들어 봉건적 세습독재왕조체제를 바꾸게끔 하고, 남한의 체제를 따르게 하는 노력을 경주하면서 북한과 힘을 모으고 중러와 협력하여 북한을 경유하여 만주로 나가며, 당장은 두만강 유역의 중국 훈춘(渾春) 지역과 러시아 연해주(沿海州)에 한중러북 <경제협력개발

구>를 각각 만들고, 또한 북경-평양-인천을 이어 서해를 하나의 호수로 만들어 한반도 40배에 달하고 인구 3억 명에 달하는 북방에 '고조선-고구려의 꿈'을 뛰어넘는 <북방협력공동체>를 만들어서 경제·문화·한류·한글을 발전시키고, 유라시아시대를 열자는 것이다. 그리고 2030-2045년 유라시아시대를 더욱 활짝 열어가면서 북한·중국·러시아·미국·일본과 협력한다. 이런 과정을 거치면서 적어도 광복·분단 100주년이 되는 2045년까지는 자연스럽게 평화통일을 이루어 우리의 낮은 단계의 '최저목표'를 이루고, 세계 6강에 들어가도록 한다. 동시에 홍익인간(弘益人間)·인내천(人乃天) 사상을 기반으로 한 자유·민주·시장경제·평등·공평·평화의 국가건설이념을 새롭게 건립하고, 세계인류문화발전에 공헌하면서 고조선(古朝鮮) 이래 품어왔던 <한민족의 위대한 부흥>이라는 '한국몽'을 이루자는 것이다. 아울러 이 이전의 2030년부터 미일의 해양과 중러의 대륙을 연결하는 실크로드 시대를 열어 세계를 진정 '하나'로 만드는 중심가교 역할을 우리가 담당하고, 이후 55년 후인 2100년에는 이를 더욱 발전시켜 세계 3강(중국-미국-통일한국)에 들어가게 한다. 이렇게 하여 우리의 '최고목표'인 문화대국·문명대국인 '오토피아'를 이루자는 것이다. 그러므로 남북통일은 최고목표인 대동사회(大同社會) 즉 '오토피아'에 도달하기 위한 '징검다리'이다. 통일은 우리의 '최고목표'가 아니다. '최저목표'다. 하지만 통일의 '최저목표'와 '오토피아'의 '최고목표'를 이루자면 고금현인(賢人)들의 귀한 권고에 귀를 기우려야 하고, 이를 기초로 주변 4국은 조수석에 앉히고 우리가 운전석에 앉아 우리 국가의 운명과 안보를 개척하고 지킨다는 굳건한 의지를 가지고 실천해야 된다.

따라서 북한을 변화시키고 한반도의 긴장을 변화시키려면 남에게 의존하거나 탓을 하지 말고, 우리가 먼저 변해야 한다는 것이다. 그래야 길이 보인다.

뿐만 아니라 전 미군 합참 부의장 제임스 카트라이트의 지적과 같이 미국은 세계의 안전을 위해 "핵 선제사용 안 한다"는 것을 세계에 약속해야 한다. "미국을 지킬 진정한 무기는 경제력과 외교력"이기 때문이다. '핵 선제 불사용'을 천명하면 미국의 핵무기가 억지용이지 공격용이 아니란 사실을 알게 되어 미국과 동맹국들의 위험이 줄어들고, 이익은 늘어나며, 북한도 핵개발 명분이 상실될 것이라고 보고 있다.[12] 그렇지 않고 '선제공격'을 배제하지 않고 위협하면 두려움을 느낀 북한은 궁핍 속에서도 핵·미사일 개발에 열을 올리게 되고, 한반도 긴장을 고조시키게 된다는 논리다. 그러므로 한반도의 긴장을 완화하기 위해서 미국 오바마 대통령은 '핵 선제 불사용'을 천명할 필요가 있다고 본다.

그리고 우리 모두는 2016. 8. 리우 올림픽의 '스포츠 정신'에서 배워야 한다. 여자 육상 5000m에서 뒤엉켜 넘어진 두 뉴질랜드와 미국 선수가 서로 격려하며 완주하는 모습과 체조 선수인 17세 한국 이은주가 열 살 많은 북한 홍은정과 웃으며 셀카를 찍는 광경은 전 세계를 감동시켰다. 남북 선수에 대해 토마스 바흐 IOC 위원장은 "위대한 몸짓"이라고 까지 칭송했고, BBC는 "올림픽의 가장 상징적인 사진"이라고 평가했다. 왜 그랬을까?

세계는 싸우는 남북을 싫어한다. '화해의 몸짓'에 박수를 보낸다.

---

12) 제임스 카트라이트 전 미군 합참부의장, "미국 '핵 선제사용 안 한다' 세계에 약속하라", <중앙일보>, 2016. 8. 23. 29면.

세계는 동북아의 평화를 바란다. 이 평화에 미국과 중국의 책임이 크고, 남한과 북한의 책임도 크다. 특히 우리 남한의 책임이 가장 크다. 우리는 믿음을 주지 못하는 사드무기가 아니라 평화·번영·믿음을 주는 경제와 각종 소통을 무기로 삼아 평화통일에 주도적으로 나서야 한다. 그러면 중국과 러시아의 지지를 받게 될 것이다.

그리고 남북한은 리우 올림픽 선수처럼 서로 일으켜 세워주고, 함께 뛰어야 한다. 포용과 공정한 입장으로 주변국과의 관계를 바르게 질서 잡아야 한다. 그렇게 해서 공통의 이익― 미래의 통일한 국과 평화·우호·번영을 찾아야 한다. 남북과 미중러일은 박근혜 대통령의 말처럼 "모두 힘을 합쳐 희망찬 미래로 함께 나아가" 우리의 '최고목표'인 천하가 만인의 것이 되는(天下爲公) 대동사회 즉 문화대국·문명대국인 '오토피아'를 건설해야 한다.

제6장

일본에 제2 르네상스의 나무를 심고 온 조영식 박사*

황 병 곤

I. 이케다 다이사쿠(池田大作)와의 만남

지난 1995년 6월 대만(台灣) 소재 중국문화대학(中國文化大學, 1987년 경희대학교와 자매결연) 이사장이신 장경호(張鏡湖) 박사로 부터 서신을 받았던 바 그가 1995년 5월 일본에서 소카대학(創価 大學)과 자매결연을 맺고 돌아왔는데, 그 대학의 설립자이신 이케 다 다이사쿠(SGI 회장)도 조영식 박사와 같은 평화애호주의자로 국 제사회에서 많은 활동을 하고 계시는 분임을 확인하였기 때문에 조

---

* 이 원고는 일본 도쿄에서 발간된 1997년 11월 2일자 일간지 세이쿄 신문(聖教新聞, 550만부 발 간)에 게재된 기사를 요약, 정리한 것임을 밝혀둔다. 그 내용은 일본 소카대학(創価大學) 설립 자 이케다 다이사쿠 선생(SGI 회장)의 초청으로 경희대학교 설립자 조영식 박사 내외분이 1997 년 10월 29일부터 11월2일까지 동 대학을 방문하여 조영식 박사에게 드리는 명예박사학위와 사모님 오정명 여사께 드리는 최고영예장의 수상일정을 중심하여 남기고 오신 발자취를 정리 한 것이다.

영식 박사와 경희대학을 각별히 소개하였다고 하면서 두 대학 간에도 자매결연이 이루어지기를 권면 추천한다는 내용이었다. 중국문화대학의 설립자이신 장기윤(張其昀) 박사(현재 장경호 이사장의 선친)께서는 당시 중화민국 교육부장관으로 계실 때 조영식 박사를 초청하여 1957년부터 조영식 박사(경희대학교 설립자)가 다녀간 후 한중 양국 간의 교육교류가 빈번하여지자 조영식 박사의 제안과 자문을 받아 대만에 중국문화대학을 설립했다. 교육부장관에서 초대 이사장으로 이전하였기 때문에 더더욱 인과관계가 돈독했던 것이다. 그럼으로 중국문화대학의 현 이사장께서는 조영식 박사에 관해 너무나도 잘 알고 있었다.

그 후 일본 소카대학과의 교류협력을 위해 경희대학교의 박종철 교수가 1년 동안 소카대학에 관한 역사와 교육이념 등을 중심으로 한 소카대학 설립자이신 이케다 다이사쿠에 관한 자료수집과 적법성 여부를 타진하여 왔으며, 소카대학에도 경희대학교의 교육 이념을 중심으로 한 조영식 박사의 모든 저작물과 평화사상에 기여한 업적에 관한 자료를 제공하여 쌍방이 세심하게 연구하여 왔던 것이다. 진행과정에서 쌍방 간의 합의점이 무르익자 소카대학에서 먼저 초청 의사를 전달하여 왔고, 이를 조영식 박사에게 보고하여 승인을 받은 후 교류협의차 선발대로 경희대학교 전 총장 공영일 박사가 인솔하는 일행 6명이 1997년 7월 10일부터 14일 까지 5일간 소카대학을 방문하여 두 대학 간의 교류협의를 제안하는 조영식 박사의 친서를 전달하고 기본원칙을 논의한 후 돌아왔다.

II. 교류의 시작과 소카대학의 영접 준비

1997년 9월 2일에는 소카대학의 고무로(小室) 총장, 오카야스(岡安) 이사장 등 일행 6명이 경희대학교에 와서 교류협정(자매협정)을 체결하고 귀국하였다. 교류협정을 체결하는 날을 기리기 위해 이케다 회장께서는 조영식 박사께 드리는 장편의 시(詩) "새로운 천년의 여명: 경희대학교 창립자 조영식 박사께 드린다"를 친히 작성하여 발표한 신문기사를 보내왔다. 시의 내용은 조영식 박사의 일대기 중의 생애와 인류평화에 기여한 업적 소개와 제2르네상스 운동에 찬동하고 특히 과거 일본이 한국에서 식민통치를 하면서 저지른 만행에 대한 사죄를 소상히 담은 서사시이다.

그후 소카대학에서는 조영식 박사를 초청하겠다고 방문 일정을 달라고 문의하여 왔지만 조영식 박사께서는 이케다 선생이 먼저 오시라고 2차에 걸쳐 초청 서신을 전달하였다. 그러나 받아들여지지 않아 결국 조영식 박사께서 1997년 10월 29일에서 11월 2일까지 방문키로 결정하고 이를 통보하였다. 소카대학의 국제교류부에서는 이번 행사에 5,000명이 참석할 것이라고 하면서 그 준비를 위해 소카대학의 모든 사람들이 총동원되고 있다는 소식과 함께 매일 같이 국제전화를 통해 세심한 사항까지 문의하는 바람에 너무 과민한 것이 아닌가 하는 생각이 들었지만 막상 현장에 도착하여 행사 진행 과정을 보고 과연 설명한 그대로 내외 귀빈을 포함하여 5,000명이 넘는 참가자가 동원되었으며 또한 전국 SGI(創価學會) 회원 1,000만 명에게 위성 TV로 방영되는 행사라는 사실을 알고 놀라지 않을 수가 없었다.

우리 일행이 체류하는 동안 일정에 대한 협의는 매일 저녁에 여러 시간에 걸쳐 이루어졌다. 우리측 대표로 박종철 교수(과거 국회 섭외분과에서 귀빈만을 모셔왔던 경험자)와 최관호 실장(10여 년간 경희대학의 대소 국제행사의 의전담당 전문가), 그리고 소카대학의 국제부장 이하 관계자와 섭외담당자, 통역사 3명 등이 동석하여 우리가 일본에 체재하는 5일간의 일정과 시간을 수시로 협의·조정하곤 하였다.

우리가 그들에게 너무 수고가 많다고 예의를 전달하면 그들의 답변은 이구동성으로 자신들은 역사적인 두 분의 만남을 학수고대하여 왔기에 모두가 기쁨으로 동참하는 것이라면서 항상 밝은 웃음과 친절, 봉사의 자세를 굽히지 않았다.

III. 환영 예술제와 학위 및 최고영예장 수여식

11월 1일은 소카대학 제27회 학원제 겸 제13회 백조(白鳥)제의 날이었다. 당일 행사장은 이케다 기념강당이라 이름 지어진 5,000석 규모의 맘모스 건물이었다. 행사는 총 2부로 진행되었는데 제1부에서는 주로 뮤지컬 등이 약 1시간 30분 동안 공연되었다. 그 중에서도 우리 일행 모두가 가장 인상 깊었던 것은 소카대학에 재학 중인 한국인 유학생 32명과 일본 학생 60명으로 구성된 한국의 농악대 공연을 펼친 것과 이어서 그 중에서 53명의 합창단을 선발하여 조영식 박사께서 직접 작사하셨던 "평화의 노래"(한국에서 매년 열리는 세계평화의 날 기념식의 대표 지정곡)의 합창이었다. 취주악 반주에 맞추어 한국어로 '4부 합창' 하였다.

"우리는 지구마을 인류 한 가족, 서로 돕고 신뢰하여 밝음을 찾자, 영원한 평화세계 바라보며, 전쟁 없는 인류세계 함께 이루자, 이방인도 사랑하면 한 가족 되고, 한겨레도 미워하면 원수가 된다, 바로 살고 함께하면 낙토가 되고, 서로 밀고 밟고 가면 고해가 된다..."

이러한 가사를 가진 노래를 듣는 우리 일행은 모두가 눈시울을 금치 못 했으며, 노래를 부르는 한국인 유학생들은 너무나 기쁘고 감격하여 눈물을 흘리면서 힘을 다하여 이 땅 끝까지 울려 퍼져나가도록 우렁차게 불렀던 것이다. 강당에 운집한 6,000여 관중(입석자 1,000여명을 합쳐)들은 일본어로 번역된 가사를 훑어보며 로얄 박스에 앉은 조영식 박사와 이케다 회장을 바라보고 모두가 숙연한 자세로 조용히 고개를 끄덕이면서 깊이 감상하고 있었다. 필자는 그 광경을 보면서 이제 '제2의 르네상스의 나무'는 이곳 일본에 심어졌음을 엿 볼 수가 있었다.

Ⅳ. 명예박사학위 수락 답례연설

제1부의 예술제에 이어 조영식 박사에 대한 명예박사학위 수여와 사모인 오정명 여사에 수여하는 소카대학 최고영예장 수여식이 시작되었다. 단상에는 청중을 향해 좌측에 조영식 박사 내외분과 각국에서 오신 귀빈(영국 켐브리치대학, 모스크바대학, 중국의 여러 대학, 이스라엘의 히브리대학 등의 총장, 교수들과 기타 외국의 귀빈) 약 70여명이 좌석하고, 우측에는 주로 소카대학 관계 인사 등 약 60여명이 좌석하고 있었다. 일본의 공명당(이케다 명예회장이 창시한 정당) 등 국회의원 약 30명은 청중석 로얄 박스에 좌석하고

있었다. 개회선언과 더불어 한국의 애국가가 연주되고, 조영식 박사에 대한 약력 소개와 공적이 낭독되었다. "조영식 박사는 한국의 공자(孔子), 세계의 걸출한 지도자, 21세기를 여는 경세가(經世家), 천(千)의 업적을 달성한 교육자, 교육입안을 실천한 국제평화의 지도자"라고 소개하고 학위수여에 이어 오정명 여사에게 드리는 최고영예장이 수여되었다. 이어 조영식 박사의 답례 연설이 아래의 요지를 중심으로 시작되었다.

그곳에 모인 6,000여명의 뜨거운 박수 소리를 들으며 일어선 조영식 박사는, 일순간 조용해지는 청중들을 향해 다음과 같은 감사의 인사를 30여분에 걸쳐 하셨다. 조영식 박사는 우선 소카대학 설립자이신 이케다 회장과 그 외 모든 관계자들의 열렬한 환영에 진심으로 감사와 존경을 표하고, 자신과 부인에게 수여된 명예박사학위와 최고영예장에 대해 감사인사를 하면서 서두를 시작하였다. 그는 이케다 회장의 그간의 활동 업적과 방문단을 환영해 준 여러분들의 모습에서 21세기를 열어가는 꿈과 희망을 엿 볼 수 있었으며, 환영가(歌)에서 소카대학의 한국인 유학생들과 일본 학생들이 하나가 되어 불러준 '아리랑'과 조영식 박사가 작사한 '평화의 노래'를 들으면서 비로소 한일 양국은 두 개가 아닌 하나이며 이들 두 나라가 서로 협력하여 새로운 세계를 창조해 나갈 것을 기대한다고 하였다.

조영식 박사는 자신이 그동안 제창하였던 평화롭고 인간중심의 인류사회 재건에 대한 소신과 그 뜻을 같이하는 이케다 회장을 만나게 되어 매우 반갑다고 하면서 본질적으로 자신의 생각과 이케다 회장은 그 입장을 같이하고 있음을 인정하셨다. 이어서 앞으로 다가올 미래에 대해 21세기는 그 비중이 유럽과 미국 등을 거쳐 환태평양 시대가 도래 하였는데, 그 중심지는 한중일의 세 나라가 될 것이라고 하시면서 한일 양국은 그 관계를 더욱 긴밀히 하여야 한다고 힘주어 말씀하셨다. 또한 이를 위해서 경희대학교와 소카대학은 손을 잡고 제2의 르네상스 운동을 통해 새로운 미래를 열어 나가는데 앞장서고, 이러한 협력을 바탕으로 인간중심의 세계를 창조하여 전쟁과 미움 등이 없는 평화롭고 자유로운 '지구공동사회'를 구축하자고 호소하였다.

V. 이케다 회장의 축사

조영식 박사에 이어 단상에 들어선 소카대학의 이케다 회장은 먼저 조영식 박사 내외분의 명예박사학위와 최고영예장 수여를 진심으로 축하하였다. 그는 서두에서 이전에 영국에서 토인비 박사와 인류의 미래에 대해 토론하였던 것을 회상하면서 경희대학교와의 자매결연은 21세기를 바라보며 일본과 한국 양국의 우호증진을 위한 발판이 마련된 획기적인 일이며, 이것은 참다운 세계시민의 연대로서 먼 훗날 역사의 한 부분을 장식하게 될 것이라는 요지의 말씀을 하셨다. 또한 그는 교육권은 입법, 사법, 행정의 三권과 더불어 비등한 위치를 확보해야 하며, 이를 위한 국가 간의 교류는 '지구협동사회'를 건설하기 위한 밑거름이 될 것이라고 하면서, 이러한 의미에서 조영식 박사께서 UN에 제안하여 제정 공포된 '세계평화의 날'과 '세계평화의 해'에 대해 높은 가치를 부여하지 않을 수 없다고 강조하였다.

이케다 회장은 6,000여명의 관중을 향해 그동안(과거 36년간) 일본이 한국에 무력적, 정신적으로 너무나 커다란 만행을 저질렀음을 개탄하면서 진심으로 '대은(大恩)의 나라'에 사죄한다고 하였다. 그는 조영식 박사의 그간의 행적을 상세히 서술하면서 극찬과 존경의 표시를 마다하지 않았으며 극진한 존경과 경의의 자세를 취함으로, 박수갈채를 받았다.

이케다 회장은 조영식 박사께서 일제치하 시절 항일 구국투쟁을 전개하다 투옥되었던 일을 언급하면서, 그러한 와중에서도 그 뜻을 굽히지 않았고 옥중에서 저술한 '문화세계의 창조'라는 저서를 통해 문화세계창조의 이념을 정립하였고, 약관의 나이 29세에 '민주주의 자유론'(民主主義自由論) 저서를 썼고, 대학을 설립하여 한반도의 민중들에게 민주주의와 평화의 횃불을 높이 들고, 동북아를 중심한 전 세계인류를 위한 지구공동사회 즉 밝은사회운동(GCS International)을 시작하였다고 강조하시면서 그가 보는 조영식 박사의 모습은 당시 일본의 대학자 '도다 조세이(戶田城聖)' 선생이 내세웠던 '지구 민족주의'의 비전과 그 뜻을 함께하는 것으로서 조영식 박사께 진심어린 경의와 존경심을 표한다고 하였다. 또한 그는 '대해(大海) 속에서 배를 움직이는 것은 승객이 아니라 선장이다'라는 조영식 박사의 지언(至言)처럼 조영식 박사는 개교하자마자 교직원과 학생들을 농촌봉사활동에 참여시켰는데, 이것은 '문맹퇴치'와 더불어 조림녹화(造林綠化) 등의 국토개발에서도 성과를 거두게 하였던 것으로 생각된다면서 아울러 암울하던 식민통치시절, 모든 권력과 부귀를 뒤로 한 채 오로지 천부적 인간중심의 존엄성만을 주장하셨던 조영식 박사의 정신을 자신도 본받고 싶다고 하였다. 또한 경희대학교와 더불어 설립되었던 경희의료원이 한국에서 소외된 사람들을 위해 헌신적으로 진료해오고 있을 뿐만 아니라 근 20여 년을 지속하여 재일원폭피해자들에 대한 무료진료를 해 온데 대해 대단히 높은 평가를 한다고 하였다.

이어 이케다 회장은 세종대왕의 한글창제 업적을 언급하고 세종 대왕이 민중을 위했던 마음과 조영식 박사가 학생들을 사랑하는 마음을 견주어보아도 전혀 손색이 없다고 역설하기도 하였다. 그는 인도의 '타고르'가 한반도를 위해 지었던 시(詩) '동방의 등불' 을 인용하면서 조영식 박사를 참다운 '휴머니즘의 등불'이라고 극찬하 였고, 조영식 박사는 현대를 물질적인 풍요로움 속에서 정신적 빈 곤함을 느끼며 과학기술의 발전과 물질적 풍요에도 불구하고 인간 성은 소외되고 유린당하는 인권문제 즉 천부적 인간복권을 되찾아 야 한다고 주장하시는 이른바 '제2의 르네상스'에 대한 주장에 전 폭적인 신뢰와 지지를 강조하였다. 마지막으로 이케다 회장은 형님 인 경희대학과 동생인 소카대학이 함께 손잡고 인간주의의 태양으 로 동양을 밝히고, '생명존엄의 황금 세기를 이루기 위해 다 같이 노력하자'고 외치면서 축사를 마쳤다.

VI. 이케다 회장과 조영식 박사와의 대담

2부 행사에 이어 귀빈 접견실로 자리를 옮겼다. 소카대학 이사장, 총장, 기관장 등 20여명과 우리 일행 8명이 동석한 자리에서 마이 크를 놓고 두 분의 대담이 시작 되었다(대담 내용은 도착했을 때부 터 만찬장에서까지의 내용을 요약한 것이다.)

이케다 "형님의 대학인 경희대학의 일본 방문을 환영하고 경희
　　　　대학으로부터 많은 것을 배우기를 원합니다."
조영식 "이케다 선생의 미래세계를 위한 업적을 잘 알고 있습니다."
이케다 "오늘의 만남은 한일 양국의 민중과 민중들의 우호를 위
　　　　한 역사적인 첫 걸음으로 남을 것이며, 조영식 박사를 만
　　　　나게 되어 대단히 기쁩니다. 본인도 한 대학의 창립자로
　　　　서 경희대학의 창립과 그 발전에 기여한 조 박사의 노고
　　　　를 알 수 있을 것 같습니다."

조영식 "이케다 선생의 '새로운 천년의 여명(黎明)'이라는 장편
　　　　의 시를 받고 너무나 감개무량 했습니다. 특히 한일양국
　　　　은 '백년의 지기' 뿐만 아니라 '천년의 지기'를 목표로
　　　　향해 가자는 말씀에 가일층 감격하였습니다. 이케다 선생
　　　　내외분께서 지난달 '타고르' 평화상을 수상하신 것을 축
　　　　하드리며 그간의 부인의 내조가 얼마나 크셨는지도 알것
　　　　같습니다.
이케다 부인 "제 남편은 언제나 오늘의 일을 내일로 미루지 않는
　　　　성격으로 지금까지 살아왔습니다."
조영식 "이번에 소카대학을 중심한 소카학원을 방문하고 참된
　　　　교육이 이루어 지고 있는 것을 확인하였습니다."
이케다 "조영식 박사의 방문을 학생들도 모두 환영하고 감격스러워
　　　　하였습니다. 방문 하여주신 데 대해 재삼 감사드립니다."

이케다 "조영식 박사의 대학 창립 계기가 궁금합니다."

조영식 "처음에는 정치인이 되려고 하였으나 당시의 군사정권의
　　　　모습을 보고 내가 정치인이 되기보다는 나라를 잘 이끌
　　　　어나갈 인재를 양성하자는 마음으로 교육계에 투신하게
　　　　되었습니다. 다시 말하여 나의 소신은 '교육으로 새로운
　　　　사회를 재건'하려는 데 뜻을 두었는데 지금도 변함이 없
　　　　습니다. 그러나 국내정치 파동 직후 정치적인 요청을 거
　　　　절해 폐교의 위기까지 이르렀었지만, 학생과 교직원 모두
　　　　가 한 마음으로 대학을 지킨 결과 정부의 양보를 받아내
　　　　어 대학이 존속하게 되었습니다."

이케다 "한국의 눈부신 경제발전의 요인은 무엇입니까?"
황병곤(밝은사회연구소장) "조영식 박사께서 1965년에 저술 하
　　　　신 '우리도 잘 살 수 있다'라는 저서 후반에 '잘살기운동
　　　　을 제창'한 것이 간접적인 원인이 되었습니다. 박정희 대
　　　　통령도 이 저서를 3회 읽고, 경희대에서 시작 한 '잘살기
　　　　운동' 활동 기록물을 보시고(친필 격려지시 싸인) 후에
　　　　직접 조영식 박사를 청와대로 불러 자문을 구한 후 1974
　　　　년 새마을운동을 시작하였다.

이케다 "조영식 박사가 북한으로부터 월남해 온데 대해 자세히
　　　　이야기를 듣고 싶습니다."
조영식 "1947년에 먼저 월남하였고, 이때에도 아버지의 인생에 대
　　　　한 가르침이 내 인생을 좌우하였습니다. 당시 아버지에게
　　　　월남할 것을 상의하고나서 자유를 찾아 남하하셨습니다.

그때에는 나침반 하나만을 의지한 채 어린 두 아들을 데리고 38선을 넘었고, 이때에 세 군데에 '자유를 찾아서'라고 돌에 새긴 것이 기억납니다. 내 아내는 임신중이였기에 나중에 어머니와 함께 내려왔고 여러 번의 우여곡절 끝에 겨우 아내와 상봉 할 수 있었습니다."

이케다 "당시 어려운 환경에서 성공하기까지 마음자세를 어디에 초점을 두었었는지 듣고 싶습니다."

조영식 "나의 부친은 평안북도에서 광산을 일구어 사회적으로 성공을 이루셨던 분이었지만 한편으로는 어려움을 많이 겪으면서 살아오셨습니다. 부친께서는 내가 십대였을 때 부자 함께 손수 돌탑을 쌓은 적이 있었는데 그 때 쌓아 놓은 돌탑을 '생각하는 탑'이라는 이름을 지으시고 '실패는 성공의 어머니다. 실패를 두려워하지 말고 이것을 발판 삼으라'는 말씀을 해주곤 하셨던 일이 기억에 남습니다. 나는 항상 행동 기준을 삼정행(三正行)이라 부르는 것에 그 초점을 맞추고 살아가고 있습니다. 삼정행이란 정지(正知, 바르게 알고), 정판(正判, 올바로 판단)하며, 정행(正行, 바르게 행동)한다는 뜻으로 이 세 가지가 올바르게 완성된다면 불가능한 일은 없을 것이라 생각합니다. 이러한 사상은 아버지의 교훈에서부터 비롯되었습니다."

이케다 "참으로 좋은 말씀으로 나도 이것을 여러 일본인들에게 전하고 싶습니다."

이케다 "황 소장은 조영식 박사에게 꾸중들은 일은 없었습니까?"

황병곤 "지금까지 40년간 따라 다니며 살아왔지만 한 번도 꾸중을 들은 적이 없습니다. 조영식 박사는 '평화는 개선(凱旋)보다 귀하다'고 말씀하신대로 항상 덕을 중시해 오신 분으로 대학을 운영하시면서 학생을 사랑하는 모습을 보여주셨습니다.

홍승주(경희여고교장) "경희가족들은 조영식 박사를 '무에서 유를 창조하는 분'이라고 부르며 존경하고 있습니다. 조영식 박사는 생명까지도 학생들과 교육을 위해 바치기를 마다하지 않으시는 분으로 나도 여러 차례 그러한 모습을 직접 목격하였습니다. 민둥산이었던 경희대 대지에 손수 나무를 심으셨고, 학원 내 도처에 직접 목련화를 심으셨는데 우리 학교의 곳곳에 아직도 교내 여러 곳에 목련화(校花)가 피고 있습니다.

홍승주 "이케다 선생님의 저서인 '21세기의 대화'와 '인간혁명' 등을 읽어 보았는데 이것은 조영식 박사의 철학과 매우 유사하게 생각됩니다."

이케다 "조영식 박사의 부인 오정명 여사도 그간 조영식 박사를 보필하기 위해 많은 노고가 있었다고 들었으며, 그때 상처가 아직도 남아있다고 들었습니다."

오정명 "부끄럽게 생각합니다. 대학 설립초기 교직원 월급이 부족해 내가 가지고 있던 결혼 패물들을 저당 잡히려 하였

지만 전당포 주인이 진짜인지 가짜인지 분별할 수가 없
다고 받아주지를 않아 너무 슬픈 마음으로 돌아오던 중
눈물로 앞이 보이지 않아 전봇대에 부딪쳤고 그 상처가
지금도 이마에 남아있습니다."

이케다 "참으로 아름다운 마음을 느끼게 됩니다."

조영식 "지금은 도덕이 무너져 어느 대학도 사막과 같이 된 상태이
　　　 지만 이케다 선생은 이것을 극복하고 훌륭한 청년들을 많
　　　 이 육성하고 있는데 어떻게 이것이 가능하셨습니까?"

이케다 "칭찬해 주셔서 감사합니다. 나는 그리스 철학자의 명언
　　　 인 '간난(艱難)보다 더한 교육은 없다'라는 말을 가슴에
　　　 품고, 수고하면 그 만큼 크고 위대한 인간이 탄생될 것이
　　　 라는 일념으로 지금까지 교육에 전념하였습니다. 또한
　　　 '파도는 장애를 만날 때마다 그 완고(頑固)함의 도를 더
　　　 한다'라는 말을 나의 모토로 삼고 어떠한 장애가 있더라
　　　 도 그것을 피하지 말고 전력으로 부딪혀서 이겨나가야
　　　 된다는 마음으로 살아왔습니다. 나는 이러한 생각을 바탕
　　　 으로 많은 준비 끝에 여러 기관을 설립하였습니다. 그러
　　　 나 이러한 발전과 더불어 이를 방해하려는 세력들이 어
　　　 려움을 주기도 하였지만 나는 이미 모든 것을 달관하고
　　　 감사하면서 살아오고 있습니다.

조영식 "나도 이케다 선생의 말씀에 동의합니다. 나도 많은 어려
　　　 운 일들이 있었지만 내가 하고자 하는 일들이 나를 위해서
　　　 해 온 것은 아닙니다. 그러므로 언제나 마음은 만족하고

있습니다. 이제 21세기는 본격적인 변화의 시대로서 인간성이 파괴된 어처구니없는 세기가 될 위험이 있습니다. 과학기술로 인간의 수명연장도 가능하게 되고, IQ(지능지수)를 높일 수도 있습니다. 그러나 인간성은 '사이보그'나 본능대로 살아가는 원인(猿人)이 될 가능성도 있습니다. 인간성의 파괴를 막기 위해 역사의 흐름을 바꾸어야할 시기라고 봅니다."

이케다 "예전 에도시대(江戸時代) 국학자(國學者)였던 '가모노 마부치(賀茂眞淵)'와 '모토오리 노리나가(本居宣長)'의 만남으로 인해 명치유신(明治維新)이라는 시대변혁운동이 일어났습니다. 일을 소개하면서 나도 당시의 '모토오리'와 같은 기분으로 이 자리에 왔다. 또한 우리 일본의 선조들과 조선의 통신사가 만났던 것을 되새기게 됩니다. 그 때에 한국의 홍세태(洪世泰) 통신사와 일본의 '히도미 가쿠잔(人見鶴山)'이 만나 아름다운 우정을 만들었던 것처럼 나도 그와 같은 마음으로 조영식 박사와의 만남을 진지하게 받아들이고 있으며 이러한 우정은 변하지 않을 것입니다. 아울러 일본이 메이지유신 이후 한국에 취했던 오만하고 무례한 태도에 대해 다시 한 번 사과드립니다."

조영식 "지금의 말씀 평생 잊지 않겠으며 이제 양국의 뼈아픈 과거사는 잊어버리고 미래지향적으로 나아 갑시다. 선생의 주장인 '인간 혁명'과 나의 '인간중심주의'는 동일한 사상이라고 생각합니다. 나는 서양과 동양의 시각적 차이를 설명한다면 서양은 사물을 분화(分化)하여 보지만, 동양에서는 거시적인 안목으로 사물을 봅니다. 이 세상에 존재하는 모든 사물들은 그 유기성을 지니면서 서로 관계되어 있으므로 그 본질은 동양적인 안목으로 보아야 올바를 것입니다. 지금도 현 시점을 살펴 볼 때 영구평화를 위해서는 가치관의 기준과 마음을 바꾸어야만 인류를 위한 문화주의, 인간주의, 보편적인 민주주의로 나아갈 수 있습니다. 더욱이 유럽이 오래전부터 통합의 움직임을 보여 현재 EC와 EEC를 거처 EU라는 유럽공동체를 형성시켰듯이 앞으로의 세계는 '배타적인 국가주의'가 아닌 '공생'을 위한 '지역적 국가주의'를 향해가야 합니다. 이것을 위해 특히 동북아의 한중일 3국은 그 관계를 더욱 가까이 하여 지역공동체를 만들어 나가야 합니다. 이것은 훗날 전쟁 없는 하나의 세계 확립을 위해 필요한 것이며, 21세기의 평화로운 '세계시민사회' 건설을 위해서는 우선 'Pax UN(유엔에 의한 평화)'이 그 기반이 되어야 합니다. 나는 이미 1989년 이러한 사상을 소련에 가서 4백여 명의 지도자들 앞에서 '제3 민주혁명과 신 세계질서'라는 제목으로 강연한 바 이 원고를 러시아어로 번역하여 35만부를 인쇄하여 전국 소련 지도자들에게 배포하였다고 원고 말이에(러시아어로 35만부 인쇄) 기록한 그 원본을 (1부) 전해 받아서 보관하고 있습니다.[1]

---

[1] 이 강연은 소련에서 일어났던 '개혁개방운동' 즉 '페레스트로이카'와 '그라스노스트'에도 영향을 미쳤던 것으로 알고 있다.

이케다 "문화대은(大恩)의 나라인 한국을 존경합니다. 창가학원이 세워진 다마가와(玉川이 多摩川로 개명)'라는 지명도 한국에서 유래되었다는 것을 알고 있습니다. 일본과 한반도는 그 인연이 깊음을 다시 한 번 강조하고 싶습니다.

이상으로 약 2시간에 걸친 대담은 막을 내렸고 조영식 박사께서 이번에는 이케다 선생께서 한국에 방문해 달라고 요청하고, 방명록에 "천년의 지기와 21세기를 재건합시다"라고 서명한 후 회담장을 나섰다.

Ⅶ. 기념식수: 제2 르네상스의 나무를 심다

모든 행사가 끝나고 기념식수 시간이 돌아왔다. 5년생 정도의 벚꽃나무 한그루를 이케다 회장과 심은 후 조영식 박사는 그 나무에 이름을 붙여도 되겠는가를 물으신 후 그 나무를 가리켜서 '르네상스'의 나무라고 명명하자 주변에 운집했던 교직원, 학생들이 일제히 박수로 답례하였다.

제2부

이케다 다이사쿠의
평화사상과 계승

이케다 다이사쿠의 평화사상의
배경과 평화실현 방법[*]

박 상 필

Ⅰ. 서론

만물의 영장(靈長)이라고 하는 인간은 합리성이 그 곳에서 발원하는 이성을 가진 존재이다. 칸트(Immanuel Kant)의 지적처럼, 인간은 욕망과 의무 사이에 일정한 긴장을 갖는 존재로서, 사회의 공리(公理)와 선한 의지에 따라 행동하는 윤리적 동기를 가지고 있다(Stevenson and Haberman 2006, 238-242). 그러나 인간의 이기성은 부정할 수 없을 뿐만 아니라, 다른 동물보다 약하다고 단정하기도 어렵다. 하루도 그르지 않고 뉴스에 등장하는 각종 살인사건과 지금 이 순간에도 계속되고 있는 잔인한 전쟁은 인간의 근원적인

---

* 『일본연구논총』제45호(2017년 6월, pp.55-90)에 게재된 논문을 수정・보완한 것임.

이기적 속성을 잘 말해준다. 대체로 현대적 산물이라고 할 수 있는 평화연구는 이런 인간의 속성과 폭력의 현실에 대응하기 위한 것이다.[1] 물론 여기서 말하려는 평화는 전쟁이 없는 소극적인 평화(negative peace)가 아니다. 전쟁이 인간의 이성을 말살시키는 비참한 상태를 초래하는 것은 사실이지만, 그렇다고 인간이 궁극적으로 지향하는 평화가 전쟁이 없는 상태라고 해서 이루어지는 것은 아니기 때문이다. 사실 전쟁의 부재는 평화를 구축하기 위한 최소한의 조건일 뿐이다. 여기서 논의하려고 하는 평화는 무력을 사용하는 전쟁이나 분쟁의 부재를 넘어 인간다운 삶을 보장하는 다양한 조건이 갖추어지는 적극적 평화(positive peace)를 말한다.

평화연구의 대상은 실로 다양하다. 이기성과 폭력성이 내재한 인간 마음부터 시작하여 인권을 탄압하는 국가의 법과 권력, 나아가 현실주의(realism)에 기초하는 국제사회의 구조 등이 평화연구의 대상이 될 수 있다. 그런가 하면, 갈퉁처럼 직접적 폭력의 배후에 있는 구조적 폭력, 나아가 궁극적으로 문화적 폭력을 간파하고 치유할 것을 주장하는 학자도 있다(Galtung 2000, 17-31). 다른 한편으로는 평화지도자나 사상가에 대한 연구도 많다. 가장 대표적인 것이 칸트, 간디(Mohandas Gandhi), 킹(Martin Luther King), 만델라(Nelson Mandela), 고르바초프(Mikhail Gorbachev) 등에 대한 연구라고 할 수 있다. 최근에 와서는 종교지도자의 평화사상에 대한 연구도 많이 진행되었다. 석가나 예수를 비롯한, 성인적 경지의 사상가는 말할 것도 없고, 한국에서도 함석헌이나 문선명 등 종교지

---

[1] 우리가 흔히 갈퉁(Johan Galtung)을 현대 평화학의 창시자라고 하듯이, 평화에 대한 체계적 연구는 그야말로 근래에 일어난 것이다.

도자의 평화사상에 대한 연구가 있다(김영호 2016; 문선명 2009; 씨알사상연구회 2007). 실제로 평화사상가나 운동가라고 하더라도 어떤 종교적 교의나 사상에 기대어 있다는 점에서, 종교와 평화연구는 밀접하게 연관되어 있다.

그런데 우리 시대의 종교지도자이자 평화사상가로서 제대로 연구되지 않은 사람이 있다. 일본인으로서 SGI(Soka Gakai International)의 회장이자 소카대학(創價大學)의 설립자인 이케다 다이사쿠(池田大作)이다. 종교지도자나 교육가를 넘어 평화사상가로서 이케다에 대한 연구가 왜 필요한가는 몇몇 지도자나 연구자가 평화사상가로서의 그의 면모에 대한 평가를 보면 잘 알 수 있다. 남아프리카공화국의 대통령이었던 만델라는 1990년 일본을 방문하여 이케다를 만난 이후, "지난 20년 동안 이케다가 이룩한 업적과 어깨를 나란히 할 수 있는 사람은 역사상 찾아보기 어렵다"고 극찬하였다. 그리고 1990년 이후 이케다를 몇 번 만난 소련의 서기장 고르바초프는 "이케다는 휴머니즘 가치관과 이상을 고양하여 인류에게 커다란 공헌을 했다. 나는 그에게 깊은 경외심을 가지고 있다"고 말하였다(前原政之 2007, 198-199). 인도문화국제아카데미 이사장인 찬드라(Rokesh Chandra)는 "(이케다가) 연주하는 평화의 찬가는 또렷하고 분명하게 사람들의 눈을 끌고, 사람들의 꿈을 끌어당기고, 사람들의 생각 속을 드나든다"라고 말하며, 그의 평화적 실천을 높이 평가하였다(Ikeda and Chandra 2016, 14). 마틴 루터 킹의 모교이자, 기독교 침례교 계통의 흑인 주류 대학인 미국의 모어하우스 대학(Morehouse College)의 킹 국제채플(The Martin Luther King Jr. International Chapel)은 2001년부터 세계 각국에서 '간디·킹·

이케다 평화전시회'를 개최하고 있다. 이 채플의 카터(Edward Carter) 소장은 간디와 킹의 평화업적이 풍화되어 없어지지 않고 살려내기 위해서라도, 이들의 사상과 함께 이케다의 평화사상을 알리는 것이 필요하다고 역설하였다(前原政之 2007, 200-201).

모든 연구는 결국 해석적이다(Denzin and Lincoin 2005, 22). 연구자는 자신의 관심을 끄는 세상을 마주하여 자신이 선택한 방식으로 일정한 의미를 발견하기 위해 연구를 진행한다. 학문의 세계에서 아직 발견되지 않았던 미지의 원시림을 찾아가는 탐험가가 되는 것은 필요하고도 중요하다. 필자는 시민사회의 공공성 연구자로서 평화 연구에 지대한 관심을 가지고 이케다와 관련된 일련의 자료를 접하곤 하였다. 이러한 과정에서 도대체 이케다는 누구이고, 그의 평화사상의 핵심은 무엇인가가 궁금하지 않을 수 없다. 물론 이케다의 평화사상에 대한 연구가 전무한 것은 아니다. 하지만 최근에 와서야, 그것도 아주 제한적인 연구가 진행되었다. 얼반(Olivier Urbain)은 이케다의 평화철학을 내적 변혁(inner transformation), 대화, 세계시민정신 등 3개 기본 개념을 가지고 분석한 바 있다 (Urbain 2010). 한국에서도 임정근·미우라(2016)가 2015년 이케다의 평화제언을 SDG(sustainable development goals)와 관련하여 분석한 바 있고, 하영애(2016)는 이케다와 조영식의 평화사상을 비교적 관점에서 연구한 바 있다.

그렇다면 이케다의 평화사상을 어떻게 접근할 것인가. 이 문제는 결코 간단하지 않다. 그는 1960년 일본 창가학회의 회장이 된 이후, 반세기가 넘는 기간 동안 광범위한 평화활동을 해왔다. 그는 영국의 역사학자 토인비(Arnold Toynbee), 로마클럽 초대회장 페체이

(Aurelio Peccei), 평화학자 갈퉁(Johan Galtung) 등을 비롯하여 수많은 지식인, 그리고 중국의 총리 저우언라이(周恩來), 소련의 서기장 고르바초프, 남아프리카공화국의 대통령 만델라, 미국의 국무장관 키신저(Henry Kissinger) 등 수많은 정치지도자, 나아가 미국의 흑인인권운동가 로자 파크스(Rosa Parks), 케냐의 여성평화운동가 왕가리 마타이(Wangari Muta Maathai) 등 많은 평화운동가를 만나고 또 대담을 해왔다. 한국에서도 조영식 경희대 총장, 이수성 서울대 총장, 조문부 제주대 총장 등과 대담하였다. 대담집은 세계의 많은 언어로 번역되어 출판되었다. 그리고 미국의 하버드 대학, 영국의 옥스퍼드 대학, 중국의 베이징 대학, 소련의 모스크바 대학 등에서 평화에 대해 강연을 하였다.

물론 세계 각국 지역사회에서의 SGI의 공익활동, 유엔(UN)에 등록된 NGO(nongovernmental organization)로서 유엔 기관을 통한 각종 평화세미나와 전시회 개최, 세계 192개국에 걸쳐 네트워크를 구성하고 있는 SGI의 선(善)의 연대 등도 무시할 수 없다. 따라서 이 모든 것을 연구대상으로 할 수는 없기 때문에 일정하게 연구범위를 제한하지 않을 수 없다. 이케다는 1960년 일본의 제3대 창가학회 회장이 되고 나서 15년 후인 1975년 1월 26일, 미국의 괌에서 세계 51개 국의 회원 대표가 모여 니치렌(日蓮) 불법(佛法)의 세계조직인 SGI를 창립하였다. 그리고 그로부터 8년이 지난 1983년부터 매년 1월 26일에 SGI 창립기념으로 세계를 향해 평화제언을 하고 있다. "1·26 SGI의 날 기념제언"이라고 명명된 이 평화제언은 2017년 현재 35회에 이르고 있다. 물론 기념제언이라고 하지만, 사실 몇 쪽짜리 선언서나 제안서가 아니다. 하나의 제언이 하나의 논문이나 소책자에 이를 정도이다.

본 연구는 이케다의 평화 관련 저서, 연설, 대담, 행동 중에서 평화제언에 한정하여 연구를 진행하기로 한다. 35회에 이르는 평화제언의 전체 자료는 800쪽을 넘는다. 따라서 연구범위를 이케다의 평화제언에 한정하더라도 여전히 문제가 남는다. 사실 전체 내용을 체계적으로 요약하는 것조차 쉽지 않다. 본 연구에서는 적극적 평화의 개념틀(conceptual framework)을 구성한 다음, 이케다의 평화제언에서 개념틀의 구성요소가 평화사상의 배경과 평화실현의 방법과 어느 정도 연결되는지 파악하고자 한다. 이에 앞서 평화제언에 등장하는 적극적 평화, 평화사상의 배경, 평화실현의 방법 등 각 개념틀의 주요 구성요소의 등장 빈도도 알아볼 것이다. 이러한 연구를 통해 우리는 그의 평화사상의 배경과 평화실현 방법의 주요 내용이 무엇인지 파악할 수 있을 것이다. 이러한 연구는 앞으로 이케다의 평화제언, 나아가 그의 평화사상에 대한 다양한 미시적 연구에 일정한 토대를 형성할 수 있을 것으로 생각된다.

본 연구가 설정한 연구목적을 달성하기 위한 대표적인 방법에는 네트워크 텍스트 분석(network text analysis)과 언어 네트워크 분석(semantic network analysis)이 있다. 이 방법은 사회언어적 접근법으로서 담론 내 개념 간 관계를 분석하는 일종의 담론분석(discourse analysis)에 해당한다. 1990년대부터 영어권에서는 이러한 분석을 가능케 하는 여러 프로그램이 개발되었다. 한국에서는 2000년대에 들어와서 기존의 영어권 프로그램을 변형한 프로그램이 사용되기 시작하였다. 가장 대표적인 것이 박한우가 레이데스도르프(Loet Leydesdorff)와 공동 개발한 KrKwic(Korean Key Word in Context)이다. 이 프로그램을 이용하면 개념의 등장 빈도뿐만 아니라, 특정 개념들 간의 연계정도를 알 수 있다. 그리고 이것을 NetDraw와 같은 프로그램과 연계시키면 개념의 공출현빈도의 메트릭스를 이미지화 할 수 있다(박한우·Leydesdorff 2004). 최근에는 KrKwic 외에 한글판 Netminer나 Textom도 개발되어 비슷한 분석이 가능하게 되었다.

박한우와 레이데스도르프는 이 프로그램을 개발하면서 이전의 전통적인 방식의 언어연관 내용분석이 임의성, 조잡성, 시간소요, 외적 타당성의 제한, 연구자 이데올로기의 침투 등과 같은 문제가 있다는 대노스키(James Danowski)의 지적을 인용하고 있다(Danowski 1993; 박한우·Leydesdorft 2004, 1377에 인용). 그리고 새로 개발한 프로그램이 이러한 전통적인 문제를 해결해 줄 것이라고 하였다. 그러나 컴퓨터 프로그램을 활용하는 사회언어적 접근 방법은 방법론상으로 상당한 불안요소를 내포하고 있다.

일단 이 방법은 주로 논문이나 신문기사의 제목 또는 키워드를 통해 언어 간 연관을 분석하는 귀납적 접근법을 사용하고 있다. 본문을 대상으로 귀납적으로 접근하기에는 너무나 복잡하고 개념 간 위계구분도 간단하지 않다. 문헌의 본문 전체를 대상으로 연구하기 위해서는 연역적으로 먼저 분석틀을 만들고 이 프로그램을 적용해야 한다. 그런데 연역적으로 분석틀을 만들게 되면 개념 간의 위계를 설정해야 한다. 차원, 지표, 하위개념 순으로 개념의 위계를 정하고 각 개념의 개념틀을 형성하게 된다. 이렇게 할 경우에는 개념틀 구성의 원칙 중의 하나인 배타성(exclusiveness)의 원칙 때문에 개념의 중복 배치가 불가능하다. 그러나 실제로는 문헌의 본문에서 어떤 개념이 다양한 의미로 사용된다. 또한 컴퓨터 프로그램은 본문에 나오는 여러 단어 중 동음이어(同音異語)의 구분이 불가능하다는 문제가 있다. 나아가 개념 간의 관계는 긍정과 부정 양면으로 연결되기도 하고, 같은 용어가 한 문장에서 반복으로 나오기도 하는데, 단지 언어 등장 횟수에 의존하여 기계적으로 해석하는 컴퓨터 프로그램은 또 다른 한계를 노정하게 된다.

본 연구에서는 이러한 컴퓨터 프로그램의 문제를 단순히 연구의 시간적 효율성으로 상하기 어렵다고 보고, 흔글에서 키워드로써 문헌을 읽는 전통적인 기법을 사용하여 평화 개념틀의 주요 개념을 가지고, 그 주위에 평화사상 배경 및 평화실현 방법의 하위개념들이 어느 정도로 연결되어 있는가를 양적으로 파악하고자 한다. 이때 검색범위는 여러 가지 수준이 있지만, 여기서는 연관성의 정도와 연구 시간을 고려하여 어떤 지표를 지칭하는 하위개념이 위치한 문장과 앞뒤의 문장을 포함하여 3개 문장으로 제한하기로 하였다.[2][3]

---

2) 검색범위를 3개 문장으로 한 것은 1개 문장으로 할 경우 시간이 절약되지만, 개념연결을 파악하는 데 한계가 있고, 1개 문단으로 하는 경우 광범위한 연결을 파악할 수 있지만, 연결강도가 미약하고 많은 시간이 소요된다는 단점이 있어 그 중간으로 한 것이다.

3) 전후 문장에서 내용 자체가 전환될 경우에는 앞 혹은 뒤 문장을 검색범위에서 제외하였다. 그리고 3개 문장 이내에 관련 내용이 복수로 나올 경우, 같은 지표 내에서는 1회만, 다른 지표 관련 내용이 복수로 나올 경우에는 복수로 계산하였다. 또한 동일한 검색어가 같은 문장이나 다음 문장에서 반복될 경우에는 1회만 나온 것으로 계산하였다.

II. 이케다의 평화사상

1. 이케다의 생애와 평화사상[4)]

이케다는 1928년 1월 2일, 일본 도쿄 오타구(大田區) 오모리(大森)에서 12자녀 중 7남으로 태어났다. 셋째 형이 양자로 가고 다섯째 형이 태어나자마자 사망하여, 남자 중에서는 5남이자 막내였다. 두 살 때 하네다(羽田)에서 가까운 히가시코지야(東糀谷)로 이사하여 여기서 성장하였다. 이케다 가문은 에도시대부터 김양식업을 하는 부유한 집안이었으나, 1923년 간토(關東) 대지진으로 인한 해저 침하, 그리고 이어진 아버지의 질병으로 가세가 기울었다. 초등학교(그 당시 소학교) 고학년 시절부터 새벽에 일어나 집안일을 돕고, 새벽과 저녁에 신문을 돌리는 일을 해야 할 정도로 가난을 겪었다.

그가 마주한 가난은 전쟁으로 인해 더욱 극한적 상황으로 치달았다. 1931년 만주사변에 이어 1937년 중일전쟁이 일어나자 큰형이 출정했고, 1941년 태평양전쟁이 일어나 형들이 모두 전쟁에 끌려나갔다. 전쟁 막바지 미군공습이 시작되자 소개(疏開)를 당하고 집과 가게도구가 모두 불타 오갈 데 없는 난민과 같은 상황을 경험하였다. 특히 존경했던 큰형이 미얀마에서 전사함에 따라 감수성이 예민한 나이에 가정의 우울한 분위기, 특히 어머니의 고통을 가까이서 목격하였다.

가난과 전쟁 외에 어린 시절 그가 겪었던 또 다른 고통은 질병에 의한 것이었다. 그는 소학교 입학 전부터 폐렴을 앓아 생사를 넘나

---

4) 아래 이케다의 생애는 前原政之의 저서 『이케다 다이사쿠: 행동과 궤적』. (2007)을 참조하였다.

드는 경우가 많았는데, 이러한 병고는 어린 시절 내내 그를 괴롭혔다. 결핵은 계속 심각해져서 이미 10대에 학업과 직업을 그만두고 요양을 해야 할 정도로 악화되었다. 결핵은 그 당시로서는 별다른 치료약이 없었기 때문에 점점 심해져서 결핵 말기로 치달았다.

어린 시절 그의 유일한 취미와 희망은 독서였다. 10대 청소년 시절에 고서점에서 책을 구입하여 이미 몽테뉴, 루소, 다윈, 휘트먼, 단테, 괴테, 바쿠닌, 루쉰, 파스칼, 밀턴, 에머슨, 막스 베버, 플라톤 등 세계적인 철학자와 문학가들의 책을 접할 정도로 그는 독서에 몰두하였다. 이러한 청소년시절의 독서는 이후 그의 세계관과 리더십에도 커다란 영향을 미치게 된다.

그의 생애의 전환점은 19세 때인 1947년 도다 조세이(戸田城聖)와의 만남에서 이루어졌다. 그 당시 니치렌 불법의 종문(宗門)인 일련정종(日蓮正宗)의 재가신도단체인 창가학회를 이끌고 있던 도다는, 일본의 군국주의가 추진하던 전쟁에 반대한 죄목으로 그의 스승 마키구치 쓰네사부로(牧口常三郎)와 함께 투옥된 지식인으로서, 인간존엄과 전쟁반대에 분명한 철학을 가지고 있었다. 그는 독서모임의 친구를 따라 창가학회의 좌담회에 참석했는데, 도다의 인간관과 사상에 매료되었다. 이후 1년이 지나 도다가 경영하는 출판사에 근무하게 되었고, 가족의 반대를 무릅쓰고 창가학회의 일원으로서 니치렌 불법에 입문하였다. 전후 대기업이 출판사업을 장악하여 소규모 출판업이 쇠퇴함에 따라 도다의 사업이 실패하였지만, 그는 월급도 받지 못하는 빈곤, 결핵으로 인한 병고 속에서도 스승 도다를 떠나지 않았다.

1951년 창가학회 제2대 회장에 취임한 도다를 도와 그의 염원이던 75만 세대의 회원확대에 핵심역할을 하였고, 1958년 도다가 서거한 후, 1960년 창가학회 제3대 회장에 취임하여 일본에서 불과 몇 년 만에 수백만 명의 회원을 가진 조직을 형성하였다. 1960년 미국방문을 시작으로 하여 해외순방을 통해 세계 각국에 조직을 확대하였고, 1975년에 51개국 회원대표가 참여한 국제창가학회(SGI)의 회장이 되었다. 이케다는 SGI 회장이 된 이후 수많은 지도자, 학자, 문화·예술가, 과학자 등과 평화에 대해 논의하였다.

이케다의 평화사상은 한 마디로 말하면, 모든 생명 속에 내재된 무한한 가능성과 존엄에 대한 믿음이라고 할 수 있다(한국SGI 2011, 9). 이것은 불교, 그 중에서도 법화경(法華經)의 핵심내용이 기도 하다. 그리고 그 스스로 어린 시절 전쟁을 겪고 가난과 병고 속에서 고난을 헤쳐 나오는 과정에서 직접 경험한 것이기도 하다. 또한 감수성이 예민한 청소년 시절에 수많은 고전을 접하면서 위대한 사상가로부터 배우고 익힌 것이기도 하다. 나아가 스승 도다의 슬하에서 수많은 역경을 마주하여 한 번도 물러서지 않고 도전하여 승리했던 젊은 시절 인생승리의 교훈이기도 하다. 그가 전쟁에 반대하며 인간주의를 외치고, 수많은 사람들과 대화를 통해 연대를 넓히며, 평화의 교육과 문화 구축에 일생을 바친 것 것도 이러한 인생역정과 평화사상에 근거한 것이었다.

2. 평화제언의 배경과 연혁5)

이케다는 1972년 영국의 역사학자 토인비와의 대담을 비롯하여

---

5) 아래 이케다의 평화활동은 한국 SGI에서 제공하는 팜플렛과 복사자료를 참조하였다.

세계의 수많은 지도자 및 지식인들과 대담하였는데, 2016년 말 현재, 토인비와의 대담집 『21세기를 여는 대화』를 비롯하여 75권이 출판·번역되었다. 그리고 그는 1974년 미국 UCLA에서의 강연 <21세기를 위한 제언>을 비롯하여 32개 대학에서 초청을 받아 강연을 하였다. 또한 1975년 소련의 모스크바대학으로부터 명예박사학위를 받은 이후 세계 368개 대학으로부터 명예박사 혹은 명예교수 칭호를 수여받았다. 그리고 1978년 남미의 도미니카공화국으로 '건국의 아버지 훈장'을 받은 이후 세계 23개국으로부터 각종 훈장을 수여받았다. 한국에서는 1998년 경희대학교가 그에게 명예박사학위를 수여한 것을 비롯하여, 2016년 말 현재 18개 대학이 명예박사 혹은 명예교수 칭호를 수여하였다. 그리고 전국 259개 시·군 및 단체가 그에게 감사패, 현창, 명예시민증 등을 수여하였고, 2009년에는 한국정부가 화관문화훈장을 수여하였다. 이러한 대담, 강연, 학위 수여, 감사패 수여 등의 핵심주제나 이유는 단연 세계평화 또는 한일우호에 대한 그의 기여 때문이다.

이케다의 스승이었던 도다는 서거 전해인 1957년 약 5천 명 일본 창가학회 청년부가 모인 장소에서 원수폭 금지선언을 하였다. 이러한 스승의 유지를 받들어 이케다는 1967년 일본 SGI 대학부 총회에서 미군의 북베트남 폭격 중지와 평화유지회의의 개최를 제안하였다. 이후 1968년 핵무기 제조·실험·사용 금지 및 핵무기 폐기, 중일 국교정상화 및 정상회의 개최, 1972년 무기 보유 및 교전권 제한, 1973년 교육 유엔의 설치 및 평화교육의 강화, 1974년 핵무기 절멸 및 유엔 역할 강화, 1975년 핵의 평화적 이용, 1978년 유엔 평화자료관 설치, 환경 유엔 설치 및 세계 남북 간 균형, 1982

년 유엔 평화유지 기능의 강화 등에 대한 제언을 하였다. 그리고 1974년 미국 UCLA 이후 모스크바대학(1975년), 베이징대학(1980년), 과달라하라대학(멕시코, 1981년), 소피아대학(불가리아, 1981년), 부쿠레슈티대학(루마니아, 1983년) 등에서 각종 평화와 관련 강연을 통해 평화와 관련된 각종 제언을 하였다.

이러한 일련의 활동을 거친 후, SGI는 1983년 유엔의 경제사회이사회(ECOSCO)에 협의적 지위를 획득하였는데, 이케다는 1983년 1월 26일 SGI의 날 기념일부터 시작하여 불교의 인간주의에 기초하여 세계평화에 대한 제언을 해오고 있다. 이것은 유엔을 비롯하여 세계의 각 정부, NGO, 개인 등의 역할을 촉구하기 위한 것이었다. 또한 앞으로 SGI가 세계 각국에서, 또는 세계적 연대를 통해 평화운동을 전개하는 데 있어서 방향을 설정하고 철학적 구심점을 형성하기 위한 것이기도 하다. 실제로 SGI는 세계 각국에서 세계평화를 구축하기 위한 인적 교류, 출판, 전시회, 세미나, 구호활동 등을 하였고, 1997년에는 1,300만 명이 참여한 핵폐기 서명 명부를 유엔에 제출하기도 하였다.

이케다는 1983년 제1회 평화제언, "평화와 군축을 위한 새로운 제언" 이후, 2017년 현재까지 35회에 걸쳐 세계평화를 구축하기 위한 각종 제언을 해오고 있다. 각 제언의 제목을 정리하면 아래 <표 1>과 같다.

<표 1> 이케다의 평화제언 일람

번호	제목	년도
1	평화와 군축을 위한 새로운 제언	1983
2	'전쟁 없는 세계'로 가는 광대한 흐름을	1984

3	평화의 물결을 세계로, 세기로	1985
4	항구평화를 위한 대화의 대도(大道)	1986
5	민중의 세기에 평화의 광채	1987
6	평화의 고동(鼓動), 문화의 무지개	1988
7	새로운 글로빌리즘의 여명(黎明)	1989
8	희망의 세기로 민주의 개가(凱歌)	1990
9	위대한 인간세기의 여명	1991
10	희망과 공생의 르네상스	1992
11	신세기로 휴머니티의 깃발을	1993
12	인류사의 아침, 세계정신의 대광(大光)	1994
13	부전(不戰)의 세기를 향한 인간공화의 조류	1995
14	제3의 천년을 향한 세계시민의 도전	1996
15	지구문명을 향한 새로운 지평	1997
16	만년의 원정(遠征): 카오스에서 코스모스로	1998
17	평화의 개가: 우주관의 부흥	1999
18	평화의 문화, 대화의 대륜(大輪)	2000
19	생명의 세기를 향한 크나큰 조류	2001
20	인간주의: 지구문명의 여명	2002
21	시대정신의 물결, 세계정신의 빛	2003
22	평화의 문화를 민중의 손으로	2004
23	세기의 하늘에 인간주의의 깃발	2005
24	신민중의 시대로 평화의 대도를	2006
25	생명의 변혁, 지구평화로 가는 이정표	2007
26	평화의 천지, 인간의 개가	2008
27	인도적 경쟁을 위한 새로운 조류	2009
28	새로운 가치창조의 시대로	2010
29	울려 퍼져라! 창조적 생명의 개가	2011
30	생명 존엄의 연대가 빛나는 세기를	2012
31	2030년을 향해 평화와 공생의 큰 조류를	2013
32	지구혁명을 향해 가치창조의 만파를	2014
33	인도주의 세기를 향한 굳은 연대	2015
34	만인 존엄이 평화를 향한 위대한 길	2016
35	희망을 여는 새벽종 청년의 연대	2017

III. 연구의 분석틀

1. 적극적 평화의 의미

사전적 의미로 평화는 전쟁이나 분쟁 또는 일체의 갈등이 없는 평온함을 의미한다. 이렇게 본다면 평화는 무력을 사용하는 전쟁이나 분쟁이 없다는 전제에서 성립할 수 있다. 그러나 평온이라는 것이 무엇인가에 대해서는 개인·시대·국가, 그리고 각 학문영역마다 해석이 다르다. 예를 들어, 근대 자본주의가 시작된 서양에서는 주로 좁은 의미로 전쟁이나 분쟁이 없는 상태에 초점을 둔다. 이에 반해 동양에서는 넓은 의미로 인간과 인간, 인간과 자연과의 조화에 초점을 둔다. 같은 서양에서도 상대적으로 미국이 전쟁 부재와 같은 소극적 의미를 강조한다면, 복지국가가 발달한 유럽에서는 사회적 정의를 강조하기 때문에 적극적 의미를 중시한다(박상필 2016). 학문에 따라서도 차이가 있다. 정치학, 특히 국제정치학에서 힘의 균형에 의해 전쟁이 없는 소극적 의미에 초점을 둔다면, 철학이나 종교학과 같은 인문학에서는 내면의 평화까지 나아간다고 볼 수 있다.

17세기 근대 국민국가의 형성 이후 국제정치에서는 주로 소극적 평화에 초점을 두었다. 20세기 초반에 인간이성을 말살시킨 두 차례의 세계대전 이후, 1945년에 설립된 유엔도 기본적으로는 전쟁이 없는 소극적 평화에 기초한 것이었다. 물론 오늘날 유엔은 전쟁방지뿐만 아니라 기아해결, 난민구호, 질병예방 및 치료, 지구환경, 소수자의 권리, 문화적 권리 등 적극적 의미의 평화에도 힘쓰고 있다. 제2차 세계대전 이후, 소극적 평화에서 적극적 평화로 관심이 이동한 것은 여러 가지 이유가 있다. 예를 들어, 세계대전이 끝나고 이를 복구하기 위한 과정에서 1950년대와 1960년대 경이적인 경제성장으로 인한 소득의 증대, 1970년 이후 근대문명의 체계적 합리성(systematic rationalism)과 기술관료의 지배에 대한 저항으로 일어난 신사회운동(new social movement)의 등장, 1980년대 이후 신사회운동의 일환으로 인권·평화·환경·복지·여성·문화·국제협력 등 생활세계의 다양한 개인적 욕구를 중시하는 생활정치(life politics)의 활성화 등이 적극적 평화에 대한 관심을 증대시켰다. 여기서 적극적 평화는 "무력을 사용하는 전쟁이나 분쟁이 없을 뿐만 아니라, 자유·인권·복지·환경 등에 대한 보장을 통해 누리는 안락한 삶"으로 규정한다.

2. 분석틀의 구성

본 연구는 연역적으로 분석틀을 구성한 다음, 그것에 맞추어 분석을 진행하기 때문에 이를 위해서는 앞서 정의한 적극적 평화의 개념정의에 따라 평화의 개념틀을 형성해야 한다. 개념틀이란 개념을 구성하는 요소와 이들 간의 관계를 말한다(박상필 2014, 14). 여기서 개념을 구성하는 요소를 개발하는 것이 중요하고도 어려운 과정이다. 개념의 구성요소를 개발한다는 것은 양적 연구에서는 개념을 측정할 지표(indicator)를 개발하는 것이다. 엄격한 의미에서 보면, 지표는 개량적으로 측정 가능한 개념이라고 할 수 있지만, 실제로 사회과학에서는 경험적 자료로 전환할 수 있는 개념으로 세분화하는 것이 쉽지 않다. 따라서 사회과학에서는 개념의 구성요소를 지표와 비슷한 의미로 교환하여 사용하기도 한다.

평화지수(peace index)와 관련해서 한국에서는 한반도 평화지수 HRI(Hyundai Research Institute)와 KPOI(Korea Peace Index), 세계평화지수 GPI(Global Peace Index)와 WPI(World Peace Index) 등 크게 4가지 지수가 개발되어 활용되고 있다. 현대경제연구원의 통일경제센터가 개발한 HRI와 한양대학교의 아태평화연구센터가 개발한 KOPI는 주로 남북관계를 대상으로 하고 있다(홍순직·이용화 2012; 이성우 외 2009). 그리고 제주평화연구원이 개발한 GPI 는 국내외 분쟁, 사회적 안전, 군사화 등 3개 영역에서 총 24개의 지표를 개발하였다. 여기서도 적극적 평화라는 용어를 사용하고 있지만, 전쟁이나 분쟁과 관련된 부분에 치중하고 있으며, 각국의 통계자료에 근거하여 국가 간 비교가 주요 목적이다(이성우 2009, 22-28). 세계평화포럼이 개발한 WPI는 정치, 군사·외교, 사회·경제 등 3개 영역에서 각 영역당 3개씩 9개 지표, 그리고 9개 지표에서 22개 하위지표를 개발하였다. 여기서도 역시 평화를 연속적 관점에서 바라보고 적극적 평화의 요소를 고려하였으나, 주로 정치, 군사·외교에 치중하고 있다. GPI와 마찬가지로 통계자료에 근거하여 국가 간 비교가 주요 목적이다(설동훈 외 2015, 11-30).

평화의 지표 개발은 델파이(delphi)나 명목집단방법(NGM: nominal group method)과 같이 일정한 개념의 항목을 개발하여, 이를 우편이나 토론을 통해 점차적으로 관련 항목을 줄여가는 체계적 개발방법이 있다. 그러나 실제로 사회과학을 연구하는 많은 학자들도 지표개발의 전문가가 아니며, 더구나 평화학이라고 하는 하나의 분과학문에서 그러한 전문가 그룹을 형성하는 것

자체가 쉽지 않다. 이러한 문제를 해결하기 위해 여기서는 박상필 (2016)이 개발한 적극적 평화의 개념틀을 수정하여 사용하기로 한다. 박상필은 아래 <표 2>에서 보는 바와 같이, 적극적 평화의 개념틀을 구성하는 과정에서 이를 6개 차원으로 나누고, 총 18개 지표를 개발하였다. 박상필은 이러한 분석틀을 가지고 설문지를 구성하여 전국 739명의 한국SGI 회원을 대상으로 서베이를 실시한 적이 있다(박상필 2016).

<표 2> 적극적 평화의 차원과 지표

차원	지표	차원	지표
폭력혐오	전쟁/테러 반대	사회적 평등	불평등 개선
	평화적 문제 해결		빈부격차 축소
	타협적 갈등조정		약자 지원
정치적 자유·안정	인권보장	환경보호	자연과의 공존
	권력분산 및 감시		
	비판의 자유		지구온난화 대처
	정치적 안정		
공동체정신	이웃에 대한 관심	세계시민정신	탈민족주의
	종교적 관용		국제개발협력
	소수자 보호		선린관계 구축

출처: 박상필(2016)

18개 지표 및 이와 관련된 하위 개념을 이케다의 기념제언에 적용하여 전부 검색하기에는 너무 많으므로 전체를 10개 정도의 지표로 통합하려고 한다. 이러한 축소·통합 작업을 위해 우선 평화를 정치적·사회적·개인적 관계로 분류하였다. 우리가 적극적 의미의 평화를 논의할 때, 이것은 공동체 내에서 정치적으로 규정하는 관계, 사회적인 행위로 나타나는 관계, 개인이 타자와 갖는 관계 등으로 나눌 수 있을 것이다. 또한 평화가 타자와 함께 살아가는 공동체에서 인간이 지향하는 바람직한 가치이자 일종의 윤리라는 점에서 이들 정치적·사회적·개인적 관계를 각각 정치윤리, 사회윤리, 타자윤리라고도 명명할 수 있을 것이다.6)

이처럼 적극적 평화를 정치윤리, 사회윤리, 타자윤리 등 3개 차원으로 나누어 앞서 박상필의 적극적 평화의 개념틀을 재구성하면, 아래 <표 3>과 같다.7) 소수자 보호(소수자 권리 부분)는 인권보장에 통합하였다. 권력분산 및 감시, 비판의 자유, 정치적 안정 등 3개 지표를 정치적 자유·안정으로 통합하였다. 그리고 빈부격차 축소는 불평등 개선에 통합하였다. 전쟁·테러 반대는 개념의 범위를 넓혀 전쟁·폭력 반대로 용어를 바꾸고, 평화적 문제 해결과 타협적 갈등 조정을 통합하여 평화적 갈등 해결로 명명하였다. 이웃에 대한 관심에서는 이웃 국가도 포함시켰다. 소수자 보호와 빈부격차 축소(빈자 지원 부분)는 약자 지원에 통합하였다.

<표 3> 적극적 평화 3개 차원의 지표와 관련 개념

차원	지표	관련 개념
정치 윤리	인권보장	인권, 인권협약, 인권교육, 인도주의, 인간존엄, 약자(여성, 장애인, 노인/고령자, 아동/어린이) 권리, 소수자 권리, 차별반대
	정치적 자유·안정	자유, 민주, 정치적 안정/대화/질서/화해, 정당 활성화/협력, 권력 분산/감시/견제/비판, 투명성, 개인권리, 자치, 자치권력, 개인적 자유/덕성
	불평등 개선	(불)평등, 빈부격차 축소, 소득불균형 해소, 복지, (재)분배, 차별 개선

---

6) 윤리철학자인 리쾨르(Paul Ricoeur)에 의하면, 윤리는 바람직한 삶을 향한 신념에서 나오는데, 이것은 타자와 대면하는 공동체를 가정하였다(윤성우 2004, 227-228). 이런 점에서 평화의 정치적, 사회적, 개인적 관계는 윤리라는 개념으로 대체할 수 있을 것이다.

7) 여기서 타자는 타인(他人)뿐만 아니라 자연을 포함한 개념이다.

사회 윤리	전쟁·폭력 반대	전쟁 반대, 테러 반대, 폭력 근절, 군축, 핵무기 외
	평화적 갈등 해결	합의, 협상, 타협, 양보, 관용, 협력, 배려, 갈등조정, 다양성 인정, 다원주의
	이웃에 대한 관심	이웃, 지역(사회), 공동체, 이웃 국가
	종교적 관용	종교적 관용, 종교적 다원주의(다양성), 종교 간 대화
타자 윤리	약자 지원	약자, 약자(여성, 장애인, 노인, 아동/어린이) 지원, 난민구호, 소수자 보호, 빈자 지원, 자원봉사, 기부
	환경보호	자연, 환경, 생태, 지구환경, 온난화, 오존
	세계시민정신	탈민족주의, 지구민족주의, 세계주의(글로벌리즘), 글로벌 거버넌스, 세계시민, 국제협력, 국제개발, 국제원조, ODA

이러한 분류에 대해서는 논쟁의 여지가 많다. 예를 들어, 빈부격차 축소를 정치적 윤리로 보면서, 약자 지원을 타자윤리로 볼 수 있는가의 문제이다. 그리고 전쟁·폭력 반대에서 군축은 정치윤리에 가까운 측면이 있다.[8] 사실 개념의 위계를 정하고 하위 개념을 설정하는 것은 매우 복잡하고 그 자체로서 논쟁의 여지를 담고 있다. 이러한 문제를 해결하고자 상호주관성(inter-subjectivity)에 근거하여 이 분야 전문가의 의견을 듣는 과정을 거쳤다. 그럼에도 필자의 일정한 주관이 개입되어 있음을 부인하기 어렵다. 3개 차원의 10개 지표를 검색하기 위해 필요한 각 지표와 관련된 하위 개념의 추출 또한 결코 쉬운 작업이 아니다. 이를 해결하기 위해 이케다의 기념제언을 개괄적으로 독해하고 지표와 관련된 개념을 추출한 다음, 한국 SGI의 직원과 이케다 연구자의 의견을 듣는 과정을 거쳤다. 여기서 개념의 중복 문제는 문장의 맥락에 따라 파악하여 지표

---

8) 처음에 정치·폭력 반대에서 '군축'을 분리하고 정치윤리에 소속시켜 11개 지표로 분석을 시도하였다. 그러나 실제로 자료에서 양자를 구분하기가 쉽지 않았다. 특히 핵무기 관련 내용에서 핵무기에 대한 반대나 폐기를 정치윤리에 소속시킬 것인가, 사회윤리에 소속시킬 것인가 명확하지 않아 양자를 '정치·폭력 반대'로 통합하여 사회윤리에 소속시켜 분석하였다.

를 결정하고 그 지표와 관련하여 분석할 것이다.

이러한 적극적 평화의 개념틀에 근거하여 개념틀의 구성요소와 이케다의 평화사상 배경 및 평화실현 방법을 연결하기 위해서는 평화사상 배경 및 평화실현 방법의 개념틀도 구성해야 한다. 먼저 이케다의 평화사상의 배경에 대해서는 앞서 살펴본 이케다의 생애와 평화사상에 기초하여 가난·전쟁·병고의 경험, 스승의 지도와 유훈, 불교사상 등 3개 지표로 구성하였다. 그리고 평화실현의 방법에 대해서도 앞서 살펴본 이케다의 평화사상과 평화제언의 내용에 근거하여 개인의 노력, 시민사회/NGO의 활동, 국가의 역할, 유엔의 역할 등 4개 지표를 정하였다. 각 지표 혹은 기본 개념을 검색하기 위해 이케다의 기념제언을 여러 차례 개괄적으로 독서한 다음, 이 분야 학자들의 의견을 듣는 과정을 거쳐 아래 <표 4>와 같이 관련 하위개념을 정리하였다.

<표 4> 평화사상 배경 및 평화실현 방법의 지표 및 관련 개념

구분	지표	관련 개념
평화사상의 배경	가난·전쟁·병고의 경험	가난한 어린 시절, 전쟁/폭력의 경험, 가족의 전사, 심각한 병고
	스승의 지도와 유훈	도다, 마키구치
	불교사상	불교/불법(佛法), 니치렌(日蓮), 법화경(法華經)
평화실현의 방법	개인의 노력	개인(한 사람), 인간혁명, (개인 간) 대화
	시민사회/NGO의 활동	시민사회, 시민운동, NGO, (자원)봉사, 사회적 자본
	국가의 역할	국가역할, 공공정책, 정상회의/회담/대화
	유엔의 역할	유엔, 안전보장이사회, 유엔개발계획(UNDP), 유엔환경계획(UNEP), 유엔난민고등판무관(UNHCR), 유네스코(UNESCO), 유엔아동기금(UNICEF), 평화유지군(PKO)

Ⅳ. 이케다의 평화제언 분석

1. 평화 개념틀의 구성요소의 등장 빈도

1) 정치윤리

여기서는 앞서 <표 3>에서 설정한 적극적 평화의 개념틀의 지표와 관련 개념을 가지고 3개 차원의 등장 횟수를 분석하고자 한다. 첫째, 정치윤리 중에서는 인권보장(1059회)과 관련된 용어 등장이 가장 많았다. 인권보장 중에서는 인도주의(189회), 약자의 권리(134회), 차별 반대(88회) 등이 많이 등장하였고, 개인 권리나 존엄(14회)에 대해서는 약간 등장하였다. 둘째, 정치적 자유 및 안정(452회)에서는 자유(194회)와 민주(163회)가 가장 많았다. 그리고 자치는 3회밖에 등장하지 않았지만, 자치권력(empowerment)(41회)은 많이 등장하는 편이었다. 그 외에 정치적 안정·질서·화해 등 정치적 안정과 관련해서도 일정하게 등장하였다(23회). 권력에 대한 비판이나 감시(22회), 개인의 자유나 덕성(16회)도 어느 정도는 등장하는 편이었다. 셋째, 불평등 개선(105회)에 대해서는 상대적으로 적게 등장하는 편이었는데, 그 중 평등(75회)이 다수를 차지하였다. 평등 중에서 양성평등 또는 남녀평등이 24회 등장하였다. 복지(14회)는 어느 정도 등장하였으나, (재)분배, 빈부격차, 소득격차 등에 대해서는 각각 서너 번 등장하는 정도에 그쳤다. 이상 내용을 정리하면, 아래 <그림 1>과 같다.

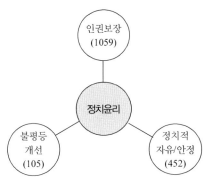

인권보장
(1059)

정치윤리

불평등
개선
(105)

정치적
자유/안정
(452)

<그림 1> 정치윤리 관련 용어의 등장 횟수

2) 사회윤리

사회윤리를 구성하는 4개 지표 중에서는, 첫 번째 전쟁·폭력 반대가 가장 많았다. 핵무기(1935회), 전쟁·폭력(1804회), 군사·군축(822), 무기(369회)까지 합쳐서 4930회 등장하였다. 이 중에서 핵무기 관련 용어가 가장 많이 등장하였다. 핵무기 용어 하나만으로도 792회나 등장하였다.[9] 이것은 이케다가 평화 중에서 전쟁과 폭력을 가장 증오하고 있음을 보여주고, 특히 그 중에서 핵무기의 사용이나 개발에 대해 반대하고 있음을 말해준다. 둘째, 평화적 갈등해결(776회)에서는 협력(327회)이 가장 많이 등장하였고, 그 다음으로 합의(199회), 다양성 인정(102회), 관용(84회) 순이었다. 양보나 갈등조정에 대해서는 서너 번만 등장하였다. 셋째, 이웃에 대한 관심(602회)에서는 지역(501회)이 가장 많이 등장하였고, 그 다음

---

9) <전쟁·폭력 반대> 중에서 군축(780회)과 관련된 용어 등장도 많았다. (핵)군축(421회)을 비롯하여, (핵)무기 폐기(384회), 핵억지(36회), (핵)비확산(33회), (핵)비무장(31회), 군비 축소(20회) 등의 순으로 등장하였다. 그리고 NPT(Nuclear Nonproliferation Treaty, 핵확산금지조약)(106회), CTBT(Comprehensive TestBan Treaty, 포괄적핵실험금지조약)(48회)도 많이 등장하였다.

으로 공동체(45회), 이웃(43회) 등이 어느 정도 등장하였다. 넷째, 종교적 관용(97회)은 그리 많이 나오지 않았다. 종교의 중요성이나 역할에 대해서는 많지만, 실제로 종교적 관용과 관련된 종교적 관용(57), 종교 간 대화(22회), 종교적 다양성 인정(18) 등은 그리 많지 않았다. 이상 내용을 정리하면, 아래 <그림 2>와 같다.

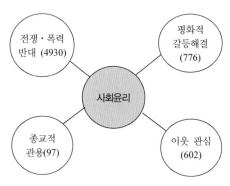

〈그림 2〉 사회윤리 관련 용어의 등장 횟수

3) 타자윤리

타자윤리를 구성하는 3개 지표 중에서는 첫째, 약자 지원(96회)에 대해서는 그리 많이 언급되지 않았다. 실제로 약자(11회)라는 용어 자체가 그리 많이 등장하지 않았다. 사회적 약자(여성, 장애인, 아동/어린이, 노인/고령자) 지원(71회)에서는 아동/어린이 지원(49회)이 가장 많았다. 장애인과 고령자에 대한 지원에 대한 언급은 소수에 불과하였고, 소수자 보호에 대해서도 1회밖에 언급되지 않았다. (자원)봉사(11회)나 기부(2회)도 많이 등장하지 않았다. 둘째, 환경보호(690회)는 많이 언급되었다. 환경/자연(586회)이라는 용어가 가장 많이 등장하였고, 지구온난화(55회)도 많이 등장하는 편이었다. 셋째, 세계시민정신(428회)에서는 세계시민(137)이 가장 많이 등장하였고, 세계주의(112회)나 지구사회(85회)도 많았다. 그 외에도 국제원조(44회), 국제협력(34회) 등이 등장하였다. 지구민족주의, 글로벌 거버넌스 등도 10여 회 등장하였다. 이상 내용을 정리하면, 아래 <그림 3>과 같다.

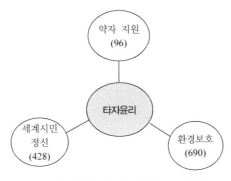

〈그림 3〉 타자윤리 관련 용어의 등장 횟수

3. 평화사상 배경 및 평화실현 방법의 구성요소의 등장 빈도

1) 평화사상의 배경

여기서는 이케다의 평화사상 배경의 구성요소의 등장 횟수를 살펴보려고 한다. 이케다의 평화사상의 배경으로서 첫째, 가난·전쟁·병고의 경험은 많이 등장하지 않았다. 실제로 이케다는 평화제언에서 (청)소년(72회)이나 가난(18회)에 대해서는 어느 정도 언급하고 있으나, 그가 겪은 어린 시절의 가난에 대해서는 1회만 언급하였다. 그리고 전쟁과 폭력의 경험에 대해서도 전쟁(568회)에 대해 무수하게 언급하면서도, 그가 직접 겪은 전쟁의 비참함에 대해서는 7회밖에 등장하지 않았다. 가족의 전사의 경우에도 가족/가정(92회)에 대한 언급 중 자신의 가족의 전사에 대해서는 1회만 등장하였다. 어린 시절 겪었던 심각한 질병에 대해서는 건강(31회), 질병(7회) 등의 언급에도 불구하고, 자신의 병고에 대한 언급은 없었다. 가난·전쟁·병고의 경험은 전체적으로 9회밖에 등장하지 않았다. 이런 점에서 마에하라(前原政之)가 이케다의 생애에서 언급한 어린 시절의 고난에 대한 내용과는 차이를 보여주었다.

둘째, 스승의 지도와 유훈에서는 그의 스승이었던 도다(153회)와 도다의 스승이었던 마키구치(97회)가 250회 등장하였다. 이중에서 도다는 153회 중 126회가 평화와 관련하여 언급되었다. 특히 핵무기의 폐기, 전쟁의 비참, 군국주의의 문제 등과 관련된 내용이 많았다. 마키구치는 97회 중 61회가 평화와 관련된 내용이었다. 특히 인도주의, 이타주의, 선(善)의 연대 등과 관련된 내용이 많았다. 평화와 관련된 스승의 지도 및 유훈은 전체적으로 187회 등장하였다.

셋째, 불교사상과 관련해서는 불교의 인간존엄, 연기론, 이타주의, 보살도 등을 통해 평화를 관련짓는 내용이 179회 등장하였다. 그리고 니치렌(日蓮)과 관련해서는 자비, 인간존엄 등과 관련하여 14회 등장하였다. 또한 법화경에 대해서는 만인평등, 보살도 등과 관련하여 13회 등장하였다. 평화와 관련된 불교사상은 전체적으로 206회 등장하였다.

이케다의 평화사상의 배경으로 설정한 3개 지표에 대한 내용은 총 402회 등장하였다. 그 중에서 불교사상(206회)과 스승의 지도 및 유훈(187회)이 많았고, 어린 시절 겪은 가난·전쟁·병고의 경험(9회)에 대한 내용은 매우 적었다. 이상 내용을 정리하면 아래 <그림 4>와 같다.

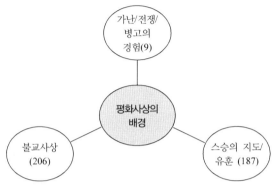

<그림 4> 평화사상 배경 관련 용어의 등장 횟수

2) 평화실현의 방법

여기서는 이케다가 제시하는 평화실현 방법의 구성요소의 등장 횟수를 살펴보려고 한다. 평화실현의 방법을 구성하는 4개 지표 중에서 첫째, 개인의 노력에 대해서는 개인의 자각, 자율적 개인, 강인한 개인, 한 사람의 힘·가능성·변혁 등과 관련하여 64회 등장하였다. 그리고 인간혁명도 22회 정도 등장하여, 생명 차원의 자각과 개인의 자각을 사회로 확대하는 것을 강조하였다. 개인 간 대화나 협력은 4회 정도만 등장하였다. 개인의 노력에 대해서는 전체적으로 90회 등장하였다.

둘째, 시민사회/NGO의 활동에서는 시민사회가 64회에 걸쳐 유엔과의 협력, 시민사회의 대표, 인권 및 평화 교육 등과 연계하여 언급되었다. NGO는 137회에 걸쳐 평화문화의 구축, 시민운동, 인권교육, 유엔과의 협력, 유엔의 개혁, 국제연대 등과 관련하여 언급되었다. 그 외에 사회적 자본(4회), 자원봉사(3회), 시민운동(2회) 등은 적게 언급되었다. 시민사회/NGO의 활동에서는 전체적으로 210회 언급되었다.

셋째, 국가의 역할에 대해서는 전체적으로 국가가 531회 언급되었지만, 오히려 국가권력의 문제, 군국주의, 국가이기주의, 국가의 체제유지 성격 등을 비판하면서 국가권력을 제한하거나 초국가적 시스템이 필요하다고 역설하는 경우가 많았다. 평화를 위한 국가의 역할만 계산하면 24회, 다양한 공공정책을 통한 평화구축은 14회 정도만 언급되었다. 그 대신 국가정상들이 서로 대화하고 협력하는 정상회의/회담(125회)이 많이 언급되었다. 국가의 역할에 대해서는 전체적으로 163회 언급되었다.

넷째, 유엔의 역할과 관련해서는 언급이 많았다. 유엔에 대한 언급 1782회 중에서 유엔 역할(1553회)(UNDP, UNEP, UNHCR, UNESCO, UNICEF 포함), 안전보장이사회의 역할(82회), PKO의 역할(8회) 등 총 1643회 언급되었다. 물론 이 중에는 유엔 개혁(80회), 안전보장이사회 개혁(14회) 등 조직 개혁에 대한 내용도 있었다.

이케다의 평화실현의 방법으로 설정한 4개 지표에 대한 내용은 총 2106회 등장하였다. 그 중에서 유엔의 역할(1643회)에 대한 내용이 단연 많았다. 그 다음으로 시민사회/NGO의 활동(210회)과 국가의 역할(163회)을 강조하였고, 개인의 노력(90회)에 대한 언급은 상대적으로 적었다. 이상 내용을 정리하면, 아래 <그림 5>와 같다.

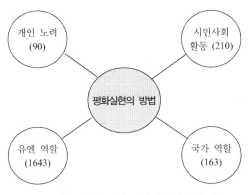

<그림 5> 평화실현 방법 관련 용어의 등장 횟수

4. 평화 개념틀과 평화사상 배경 및 평화실현 방법과의 관계

1) 평화사상 배경과의 연결

여기서는 이케다의 평화사상의 배경을 알아보기 위해, 앞서 설정한 평화 개념틀의 각 지표가 평화사상 배경의 3개 지표와 어느 정도로 연결되는가를 살펴볼 것이다. 평화사상의 배경에서 3개 지표를 검색할 키워드로 가난·전쟁·병고의 경험에서는 어린 시절, 가난, 전쟁, 폭력, 가족, 전사, 질병, 병고 등 8개, 스승의 지도와 유훈에서는 도다, 마키구치 등 2개, 불교사상에서는 불교/불법, 니치렌, 법화경 등 3개를 설정하였다. 평화 개념틀의 3개 차원인 정치윤리, 사회윤리, 타자윤리를 차례로 살펴보기로 하자.

① 정치윤리적 측면

정치윤리를 구성하는 3개 지표 중, 먼저 인권보장의 측면에서는 이케다의 평화사상이 주로 불교사상(61회)에서 많이 유래하였다.

불교사상의 내용에서는 자비, 인간존엄, 이타주의 등이 다양하게 등장하였다. 그 다음으로는 스승의 지도 및 유훈과는 29회 연결되어 있었다. 도다와 마키구치 두 스승 중에서 인권보장에서는 간접적 스승이라고 할 수 있는 마키구치와의 연결(24회)이 직접적 스승인 도다(5회)보다 높았다. 이것은 주로 마키구치의 '인도적 경쟁,' '인도주의'에 대한 언급이 많기 때문이었다. 개인적인 가난·전쟁·병고의 경험과의 연결은 1회에 그쳤다. 인권보장에서는 모두 합쳐 91회에 걸쳐 평화사상의 배경과 연계되어 있었다.

정치적 자유·안정의 측면에서는 전반적으로 연결 정도가 적었다. 개인적인 가난·전쟁·병고의 경험(3회), 스승의 지도와 유훈(3회), 불교사상(2회) 등이었다. 정치적 자유·안정에서는 모두 합쳐 8회였다.

불평등 개선에 대해서는 개인적인 가난·전쟁·병고의 경험과는 연결되는 것이 없었고, 스승의 지도 및 유훈도 2회에 그쳤다. 반면에서 불교사상과는 17회 연결되었다. 즉, 불교의 각종 교학이나 본질을 인용하면서 평등이나 불평등 개선을 말하고 있었다. 불평등 개선에서는 모두 합쳐 19회였다.

이상 내용을 정리하면 아래 <표 5>와 같다. 아래 표에서 보는 바와 같이, 정치윤리적 측면에서 이케다의 평화사상 배경은 총 118회 연결되어 있었다. 그리고 그 중에서 대부분은 인권보장(91회)에 관한 것이었고, 인권보장 중에서는 대부분 불교사상(61회)과 연계되어 있었다. 나머지 지표와 관련된 평화사상의 배경은 적게 등장하였다.

정치윤리 지표	평화사상의 배경 지표	연결 횟수	합계
인권보장	가난·전쟁·병고의 경험	1	91
	스승의 지도와 유훈	29	
	불교사상	61	
정치적 자유·안정	가난·전쟁·병고의 경험	3	8
	스승의 지도와 유훈	3	
	불교사상	2	
불평등 개선	가난·전쟁·병고의 경험	0	19
	스승의 지도와 유훈	2	
	불교사상	17	
계			118

② 사회윤리적 측면

사회윤리를 구성하는 4개 지표 중, 먼저 전쟁·폭력 반대의 측면에서는 대부분 스승의 지도와 유훈(100회)에서 유래하였다. 가난·전쟁·병고의 경험(3회) 및 불교사상(12회)에서 유래하는 것은 소수였다. 스승 중에서도 여기서는 도다(78회)가 마키구치(22회)보다 압도적으로 많았다. 특히 도다의 인용 중에서도 핵무기의 반대에 대한 내용이 많았다. 전쟁·폭력 반대에서는 모두 합쳐 115회에 걸쳐 그의 평화사상의 배경과 연계되어 있었다.

평화적 갈등 해결의 측면에서 연결된 것은 전체적으로 많지 않은데, 불교사상에서 18회 유래하였고, 스승의 지도와 유훈에서 10회 유래하였다. 어린 시절 가난·전쟁·병고의 경험은 1회에 불과하였다. 평화적 갈등 해결에서는 모두 합쳐 29회였다.

이웃에 대한 관심의 측면에서는 불교사상(43회)에서 다수 유래하였고, 스승의 지도와 유훈에서도 27회 유래하였다. 그러나 여기서도 어린 시절 가난·전쟁·병고의 경험은 3회에 그쳤다. 이웃에 대한 관심에서는 모두 합쳐 73회였다.

종교적 관용의 측면에서는 전체적으로 6회에 그칠 정도로 적게 언급되었다. 스승의 지도와 유훈, 불교사상에서 각각 3회씩 유래하였고, 어린 시절 가난·전쟁·병고의 경험과 연결된 것은 없었다.

이상 내용을 정리하면, 아래 <표 6>과 같다. 아래 표에 나타난 바와 같이, 사회윤리적 측면에서 이케다의 평화사상 배경은 총 223회 연결되었다. 그리고 그 중에서 절반 정도가 전쟁·폭력 반대 (115회)에 관한 것이었고, 전쟁·폭력 반대 중에서는 스승의 지도와 유훈(100회)과 연결된 것이 대부분이었다.

<표 6> 사회윤리적 측면의 평화사상의 배경

사회윤리 지표	평화사상의 배경 지표	연결 횟수	합계
전쟁·폭력 반대	가난·전쟁·병고의 경험	3	115
	스승의 지도와 유훈	100	
	불교사상	12	
평화적 갈등해결	가난·전쟁·병고의 경험	1	29
	스승의 지도와 유훈	10	
	불교사상	18	
이웃에 대한 관심	가난·전쟁·병고의 경험	3	73
	스승의 지도와 유훈	27	
	불교사상	43	
종교적 관용	가난·전쟁·병고의 경험	0	6
	스승의 지도와 유훈	3	
	불교사상	3	
계			223

③ 타자윤리적 측면

타자윤리를 구성하는 3개 지표 중, 먼저 약자 지원의 측면에서는 전체가 19회로 적은 편이었고, 그 중의 다수는 불교사상(10회)에서

유래하는 것이었다. 그리고 스승의 지도와 유훈이 8회였고, 가난·
전쟁·병고의 경험은 1회로써 매우 적었다.

환경보호의 측면에서도 전체가 10회로써 매우 적었다. 그리고 10
회 모두 불교사상과 연결되었다.

세계시민정신의 측면에서는 전체로 25회였는데, 대부분이 스승의
지도와 유훈(23회)에서 유래하는 것이었다. 특히 세계로 나아가고
지구적 차원에서 사고하도록 지도한 도다의 인용 내용이 많았다.
나머지 불교사상과 연결된 것이 2회였고, 어린 시절 가난·전쟁·
병고의 경험과 연결된 것은 없었다.

이상 내용을 정리하면 아래 <표 7>과 같다. 아래 표에서 볼 수
있듯이, 타자윤리적 측면에서 이케다의 평화사상 배경은 총 54회로
써 연결 정도가 적었다. 그 중에서는 세계시민정신(25회)과 관련된
평화사상의 배경 등장 횟수가 가장 많았고, 나머지 약자 지원(19
회), 환경보호(10회) 순이었다.

<표 7> 타자윤리적 측면의 평화사상의 배경

타자윤리 지표	평화사상의 배경 지표	연결 횟수	합계
약자 지원	가난·전쟁·병고의 경험	1	19
	스승의 지도와 유훈	8	
	불교사상	10	
환경보호	가난·전쟁·병고의 경험	0	10
	스승의 지도와 유훈	0	
	불교사상	10	
세계시민정신	가난·전쟁·병고의 경험	0	25
	스승의 지도와 유훈	23	
	불교사상	2	
계			54

2) 평화실현 방법과의 연결

여기서는 이케다가 어떠한 평화실현 방법을 강조하고 있는지 알아보기 위해, 앞서 설정한 평화 개념틀의 각 지표와 평화실현 방법의 4개 지표와의 연결정도를 살펴볼 것이다. 평화실현 방법에서 4개 지표를 검색할 키워드로 개인의 노력에서는 개인, 한 사람, 인간혁명, 개인 간 대화 등 4개, 시민사회/NGO의 활동에서는 시민사회, 시민운동, NGO, 자원봉사, 사회적 자본 등 5개, 국가의 역할에서는 국가(역할), (공공)정책, 정상회의/회담/대화 등 3개, 유엔의 역할에서는 유엔(UN), 안전보장이사회, 유엔개발계획(UNDP), 유엔환경계획(UNEP), 유엔난민고등판무관(UNHCR), 유네스코(UNESCO), 유엔아동기금(UNICEF), 평화유지군(PKO) 등 8개를 설정하였다. 평화 개념틀의 3개 차원인 정치윤리, 사회윤리, 타자윤리를 차례로 살펴보기로 하자.

① 정치윤리적 측면

정치윤리를 구성하는 3개 지표 중, 먼저 인권보장의 측면에서는 평화실현의 방법으로서 유엔의 역할(203회)과 연결된 것이 가장 많았다. 그 중에서도 대부분은 유엔의 직접적인 역할과 관련된 것이었고, 유엔개발계획(UNDP), 유엔환경계획(UNEP), 유엔난민고등판무관(UNHCR), 유네스코(UNESCO), 유엔아동기금(UNICEF), 유엔평화유지군(PKO) 등과 관련된 것은 소수에 불과하였다. 그 다음으로는 시민사회와 NGO의 활동이 62회 인권보장의 실현 방법으로 연결되었다. 여기서도 대부분은 시민사회와 NGO와 연결된 것이고, 자원봉사나 사회적 자본이 인권보장과 연결되는 것은 없었다. 그 다음으로 개인의 노력이 38회 인권보장 실현 방법으로 연결되었고, 국가의 역할은 16회로써 적은 편이었다. 인권보장에서는 4개 지표가 모두 합쳐 319회 평화실현 방법으로 연결되어 있었다.

정치적 자유·안정의 측면에서는 전체가 7회로써 매우 적었다. 시민사회/NGO의 활동을 정치적 자유·안정을 실현하는 것으로 등장하는 경우는 없었다.

불평등 개선에 대해서도 전체가 13회로써 적었다. 그 중에서 대부분은 유엔의 역할(12회)이 차지하였고, 개인의 노력이나 시민사회/NGO의 활동을 불평등 개선을 실현하는 방법으로 연결된 경우는 등장하지 않았다.

이상 내용을 정리하면 아래 <표 8>과 같다. 아래 표에서 보는 바와 같이, 정치윤리적 측면에서 이케다의 평화실현 방법은 총 339회 연결되어 있었다. 그리고 그 중에서 대부분은 인권보장(319회)과 관련된 것이었고, 인권보장에서는 유엔의 역할(203회)을 가장 강조하였다. 나머지 지표와 관련된 평화 실현 방법은 적게 등장하였다.

<표 8> 정치윤리적 측면의 평화실현의 방법

정치윤리 지표	평화실현의 방법 지표	연결 횟수	합계
인권보장	개인의 노력	38	319
	시민사회/NGO의 활동	62	
	국가의 역할	16	
	유엔의 역할	203	
정치적 자유·안정	개인의 노력	3	7
	시민사회/NGO의 활동	0	
	국가의 역할	2	
	유엔의 역할	2	
불평등 개선	개인의 노력	0	13
	시민사회/NGO의 활동	0	
	국가의 역할	1	
	유엔의 역할	12	
계			339

② 사회윤리적 측면

사회윤리를 구성하는 4개 지표 중, 먼저 전쟁·폭력 반대(527회)의 측면에서는 평화실현 방법의 등장 횟수가 매우 많았다. 이 중에서 유엔의 역할(345회)이 다수를 차지하였다. 유엔의 역할 중에서는 군축, 분쟁해결, 핵무기 해결 등과 관련된 것이 많았다. 나머지는 시민사회/NGO의 활동(86회), 국가의 역할(64회), 개인의 노력(32회) 순으로 전쟁·폭력 반대에 관한 평화실현 방법으로 등장하였다. 시민사회/NGO의 활동에서는 자원봉사나 사회적 자본과 연결된 경우는 없었다. 국가의 역할(64회)에서는 정상회담(51회)의 중요성을 강조한 것이 대부분이었다. 특히 국가 간 정상회담을 통한 군축의 실행에 대한 내용이 많았다.

평화적 갈등 해결의 측면에서 평화실현 방법이 등장한 것은 59회로 비교적 적었다. 그 중에서 대부분은 유엔의 역할(43회)을 강조하였다. 그 다음은 국가의 역할(11회)이었다. 개인의 노력(4회)과 시민사회/NGO의 활동(1회)이 평화적 갈등 해결의 실현 방법으로 등장하는 것은 매우 적었다.

이웃에 대한 관심의 측면에서는 131회로써 비교적 많은 편이었다. 여기서는 유엔의 역할(48회)뿐만 아니라, 개인의 노력(47회)도 중요한 평화실현 방법으로 보았다. 나머지 국가의 역할(24회), 시민사회/NGO의 활동(12회) 순이었다. 국가의 역할 중에서는 정상회담(21회)을 주로 이웃(국가)에 대한 관심의 실현 방법으로 언급하였다.

종교적 관용의 측면에서는 평화실현 방법으로 등장하는 항목은 전체적으로 2회로써 매우 적었다.

이상 내용을 정리하면, 아래 <표 9>와 같다. 표에 나타난 바와 같이, 사회윤리적 측면에서 이케다가 강조하는 평화실현의 방법은 총

719회로 매우 많이 등장하였다. 그리고 그 중에서 다수가 전쟁·폭력 반대(527회)에 관한 것이었고, 전쟁·폭력 반대에서는 유엔의 역할 (345회)을 가장 강조하였다.

<표 9> 사회윤리적 측면의 평화실현의 방법

사회윤리 지표	평화실현의 방법 지표	연결 횟수	합계
전쟁·폭력 반대	개인의 노력	32	527
	시민사회/NGO의 활동	86	
	국가의 역할	64	
	유엔의 역할	345	
평화적 갈등해결	개인의 노력	4	59
	시민사회/NGO의 활동	1	
	국가의 역할	11	
	유엔의 역할	43	
이웃에 대한 관심	개인의 노력	47	131
	시민사회/NGO의 활동	12	
	국가의 역할	24	
	유엔의 역할	48	
종교적 관용	개인의 노력	0	2
	시민사회/NGO의 활동	0	
	국가의 역할	1	
	유엔의 역할	1	
계			719

③ 타자윤리적 측면

타자윤리를 구성하는 3개 지표 중, 먼저 약자 지원의 측면에서 이케다가 강조하는 평화실현 방법은 전체적으로 158회 등장하였다. 이 중에서 유엔의 역할(105회)이 대부분을 차지하였다. 유엔의 역 할에서는 유엔이 난민구호와 관련하여 자기역할을 하는 것을 많이 강조하였고, 그 외에 어린이와 여성에 대한 지원과 관련된 것도 어느 정도 있었다. 그 다음으로 국가의 역할(23회), 시민사회/NGO의 활동(16회), 개인의 노력(14회) 순으로 약자 지원을 위한 평화실현 방법으로 등장하였다. 국가의 역할(23회) 중에서는 특히 정상회담 (18회)을 통한 난민의 보호에 대한 내용이 대부분이었다.

환경보호의 측면에서도 전체적으로 151회로써 비교적 많은 편이었다. 여기서도 유엔의 역할(107회)이 대부분을 차지하였다. 유엔의 역할 중에서는 글로벌 제도 형성이나 거버넌스에 대한 내용이 절반 정도 차지하였다. 그 다음으로 시민사회/NGO의 활동(17회), 국가의 역할(17회), 개인의 노력(10회) 순으로 환경보호에 관한 평화실현 방법으로 등장하였다. 국가의 역할(17회) 중에서는 국가 간 정상회담(13회)의 중요성을 강조하였다.

세계시민정신의 측면에서는 전체적으로 343회로써 많이 언급되었다. 이 중에서 유엔의 역할(143회)과 시민사회/NGO의 활동(111회)이 세계시민정신 측면의 평화실현 방법으로 주로 등장하였다. 유엔의 역할에서는 유엔의 직접적인 역할과 관계되어 언급되었고, 유엔개발계획(UNDP), 유엔환경계획(UNEP), 유엔난민고등판무관 (UNHCR), 유네스코(UNESCO), 유엔아동기금(UNICEF), 유엔평화유지군(PKO) 등과 관련된 것은 소수에 불과하였다. 시민사회/NGO의 활동에서는 시민사회/NGO(111회)가 전부였고, 나머지 자원봉사나 사회적 자본과 연결된 것은 없었다. 그 외에도 세계시민정신에서 개인의 노력(64회)을 평화실현 방법으로 보는 것도 적지 않게 등장하였다. 세계적 문제에 대한 한 사람의 노력, 나아가 개인의 변혁이 중요하다고 강조하였다. 국가의 역할(25회)을 세계시민정신을 실현하는 방법으로 보는 것은 적게 등장하는 편이었다.

이상 내용을 정리하면, 아래 <표 10>과 같다. 아래 표에서 볼 수 있듯이, 타자윤리적 측면에서 이케다가 강조하는 평화실현 방법은 총 652회로써 많이 등장하였다. 그 중에서 세계시민정신(343회)과 관련된 것이 다수를 차지하였고, 그 다음에 약자 지원(158회), 환경보호(151회) 순으로 평화실현 방법이 등장하였다. 그리고 이들을 실현하는 방법으로서는 유엔의 역할을 가장 강조하였다.

<표 10> 타자윤리적 측면의 평화실현의 방법

타자윤리 지표	평화실현의 방법 지표	연결 횟수	합계
약자 지원	개인의 노력	14	158
	시민사회/NGO의 활동	16	
	국가의 역할	23	
	유엔의 역할	105	
환경보호	개인의 노력	10	151
	시민사회/NGO의 활동	17	
	국가의 역할	17	
	유엔의 역할	107	
세계시민정신	개인의 노력	64	343
	시민사회/NGO의 활동	111	
	국가의 역할	25	
	유엔의 역할	143	
계			652

V. 결론: 요약 및 함의

이케다는 1983년 이후 35회에 걸친 평화제언에서 (적극적) 평화에 대해 총 9235회 언급하였다. 이 중에서 사회윤리적 측면이 6405회로써 가장 많았고, 그 다음으로 정치윤리(1616회), 타자윤리(1214회) 순이었다. 사회윤리에서는 특히 전쟁·폭력의 반대(4930회)에 대한 언급이 가장 많았다. 이러한 결과는 이케다가 전쟁과 폭력의 조건을 제거하고 발생을 미연에 방지하는 것을 평화의 일차적 과제로 두고 있음을 시사한다. 특히 그는 핵무기와 같은 대량살상 무기의 사용 금지를 강조하였다. 정치윤리에서는 인권보장(1059회)에 대한 언급이 다수를 차지하였고, 타자윤리에서는 환경보호(690회)에 대해 가장 많이 언급하였다. 이를 정리하면, 아래 <표 11>과 같다.

<표 11> 이케다의 평화사상의 3개 차원 간 등장 횟수 비교

구분	주요 지표	연결 횟수	합계
정치윤리	인권보장	1059	1616
	정치적 자유·안정	452	
	불평등 개선	105	
사회윤리	전쟁·폭력 반대	4930	6405
	평화적 갈등 해결	776	
	이웃(국가)에 대한 관심	602	
	종교적 관용	97	
타자윤리	약자 지원	96	1214
	환경보호	690	
	세계시민정신	428	
계			9235

이상 살펴본 평화의 3개 차원이 이케다의 평화사상 배경과의 연결 정도를 종합하면, 아래 <표 12>와 같다. 아래 표에서 보는 바와 같이, 정치윤리적 측면(118회)에서는 그의 평화사상의 배경이 대부분 불교사상(80회)과 연계되어 있었고, 사회윤리적 측면(223회)에서는 스승의 지도 및 유훈(140회)과 연계된 것이 다수를 차지하였지만, 불교사상(76회)과 연계된 것도 적지 않았다. 또한 타자윤리적 측면(54회)은 전반적으로 적었지만, 그 중에서도 다수가 스승의 지도 및 유

훈(31회)과 연계되어 있었다. 앞서 지적한 것처럼, 전반적으로 평화사상의 배경으로서 가난·전쟁·병고의 경험과 연계된 것은 적었다.

<표 12> 이케다의 평화사상 배경의 구성 요소 간 비교

구분	주요 지표	연결 횟수	합계
정치윤리	가난 전 쟁·병고의 경험	4	118
	스승의 지도와 유훈	34	
	불교사상	80	
사회윤리	전쟁·가난·병고의 경험	7	223
	스승의 지도와 유훈	140	
	불교사상	76	
타자윤리	전쟁·가난·병고의 경험	1	54
	스승의 지도와 유훈	31	
	불교사상	22	
계			395

다음으로 평화의 3개 차원을 평화실현 방법과의 연결정도를 종합하면, 아래 <표 13>과 같다. 아래 표에서는 보는 바와 같이, 정치윤리적 측면(339회)에서는 평화실현의 방법으로서 대부분 유엔의 역할(217회)을 강조하였다. 사회윤리적 측면(719회)에서도 유엔의 역할(437회)과 연계된 것이 다수를 차지하였지만, 시민사회/NGO의 활동(100회), 국가의 역할(99회), 개인의 노력(83회)도 평화실현의 방법으로서 적지 않게 등장하였다. 타자윤리적 측면(652회)에서도 유엔의 역할(355회)과 연계된 것이 다수를 차지하였다. 그리고 시민사회/NGO의 활동(144회)도 평화실현 방법으로서 적지 않게 언급되었다.

<표 13> 이케다의 평화실현 방법의 구성 요소 간 비교

구분	주요 지표	연결 횟수	합계
정치윤리	개인의 노력	41	339
	시민사회/NGO의 활동	62	
	국가의 역할	19	
	유엔의 역할	217	
사회윤리	개인의 노력	83	719
	시민사회/NGO의 활동	99	
	국가의 역할	100	
	유엔의 역할	437	
타자윤리	개인의 노력	88	652
	시민사회/NGO의 활동	144	
	국가의 역할	65	
	유엔의 역할	355	
계			1710

지금까지 살펴본 것처럼, 이케다는 35년 동안 일관되게 평화를 염원하면서 특히 전쟁을 반대하고 유엔의 역할을 강조하였다. 한 사람의 평화사상가나 평화운동가가 일생 동안 줄기차게 평화를 위해 활동한다는 것은 결코 쉬운 일이 아니다. 인도의 독립운동가였던 간디나 남아프리카공화국의 대통령이었던 만델라의 예에서 볼 수 있는 것처럼, 그것은 단지 평화에 대한 지식의 축적이나 학문적 깊이를 가지고 있다고 해서 되는 것이 아니다. 이것은 평화에 대한 염원이 자신의 가치관이나 세계관에 근원적으로 배태되어 있어야만 가능한 것이다. 이케다의 경우에는 어린 시절부터 겪었던 전쟁, 그리고 청소년 시절 고전의 독서, 나아가 불교에의 귀의와 스승 도다와의 만남, SGI를 통한 세계적인 활동과 연대 등이 영향을 미친 것으로 생각된다. 특히 전쟁과 폭력에 반대하는 것은 그의 스승이었

던 도다의 영향이 컸다. 이러한 이케다의 평화사상은 일본에서 자민당과 연립정권을 구성하고 있는 공명당의 역할을 시사하는 것으로서, 재무장을 위한 논리로 사용하는 아베('安倍晋三)의 적극적 평화주의와 차이를 드러낸다.[10]

인간사회의 소중한 가치이자 윤리인 평화는 모든 사람이 지향하고 염원하는 것이다. 그럼에도 우리는 사회와 국가를 구성하고 살아가면서 무수한 갈등을 겪고 분쟁을 경험하게 된다. 심지어 인간 이성을 말살시키는 잔혹한 전쟁이 쉼 없이 인류역사와 함께 해왔다. 이런 점에서 우리는 평화에 대해 새롭게 생각하고 그것을 실현할 수 있는 방법을 진지하게 모색할 필요가 있다. 이때 위대한 평화사상가에 대한 고찰을 통해 그러한 해답을 얻을 수도 있다. 우리는 이케다라는 평화사상가를 통해 평화의 중요성에 대해 다시 한번 새겨볼 수 있다. 이케다가 아직 현존하는 인물로서 그의 평화사상에 대해 제대로 조명되지 못한 측면이 있는데, 앞으로 추가적인 연구가 필요해 보인다. 다른 평화사상가, 나아가 다른 종교의 평화사상가와 비교적인 측면에서도 고찰할 필요가 있을 것이다. 한 인간을 안다는 것은 인간실존을 이해하는 지름길이기도 하다. 더구나 위대한 한 평화사상가를 이해한다는 것은 인간사회의 평화를 구현하는 방법을 찾는 유효한 길이기도 하다.

---

10) 창가학회가 공명당을 지지하기는 하지만, 공명당은 정당으로서 자기 기능을 하기 때문에 창가학회의 이념이 공명당에 그대로 투입되기는 어렵다. 특히 다수의 의석을 가진 자민당과의 협의에서 공명당이 여당 내에서 행사할 수 있는 힘은 한계가 있다. 그럼에도 이케다의 사상은 자민당과 공명당의 연정에서 최대한 평화를 중시하는 쪽으로 영향을 미치고 있다고 볼 수 있다. 이에 대해서는 佐藤優(2014) 참조.

참고문헌

김영호. 2016. 『함석헌 사상 깊이 읽기 1-3』. 한길사.

문선명. 2009. 『평화를 사랑하는 세계인으로』.

박상필. 2014. 『한국 시민운동역량 측정』. 조명출판사.

_____. 2016. "종교단체 회원의 평화감수성에 대한 실증적 연구." 『종교연구』, 76(3): 91-124.

박한우・Loet Leydesdorft. 2004. "한국어의 내용분석을 위한 KrKwic 프로그램의 이해와 적용." *Journal of Korean Data Analysis Society*. 6(5): 1377-1387.

설동훈 외. 2015. 『세계평화지수』. 세계평화포럼.

씨알사상연구회(편). 2007. 『씨올 생명평화』. 한길사.

윤성우. 2004. 『폴 리쾨르의 철학』. 철학과현실사.

이성우. 2009. "세계평화지수 연구의 필요와 방법론 논의." 『세계평화지수 연구』, 17-60. 오름.

이성우 외. 2009. 『세계평화지수 연구』. 오름.

임정근・미우라히로키. 2016. "이케다 다이사쿠의 평화이론 개발: 지속가능한 개발을 위한 이론적 함의." 『인문사회21』, 7(4): 267-94.

하영애. 2016. 『조영식과 이케다 다이사쿠의 교육사상과 실천』. 한국학술정보.

한국SGI(편). 2011. 『평화의 행동: 이케다 SGI 회장의 평화의 발자취』.

홍순직・이용화. 2012. "HRI 한반도 평화지수." 『통일경제』, 제104호: 97-107.

佐藤優. 2014. 『創價學會と平和主義』. 朝日新聞出版.

前原政之 저・박인용 역. 2007. 『이케다 다이사쿠: 행동과 궤적』. 중앙일보사.

Danowski, J. 1993. "Network Analysis of Message Content." G. Barnett and W. Richards(eds.). *Progress in Communication Sciences*, 197-222. Norwood (NJ): Ablex.

Denzin, N.K. and Y.S. Lincoln. 2005. *The SAGE Handbook of Qualitative Research(3rd Ed.)*. Thousand Oaks, CA: SAGE Publication.

Galtung, Johan 저·강종일 외 역. 2000. 『평화적 수단에 의한 평화』. 들녘.

Ikeda, Daisaku and Lokesh Chandra 저·화광신문사 역. 2016. 『동양철학을 말한다』. 중앙일보 플러스.

Stevenson, Leslie and Haberman, David 저·박중서 역. 2006. 『인간의 본성에 관한 10가지 이론』. 갈라파고스

Urbain, Olivier. 2010. *Daisaku Ikeda's Philosophy of Peace*. New York: I. B. Tauris.

이케다 다이사쿠
평화교육에 대한 고찰

유 재 영

Ⅰ. 서론

전 세계에서 유일하게 한 민족끼리 총을 겨누며 73년간 휴전 상태를 맺고 있는 대한민국은 평화에 대한 열망이 가장 크다. 하지만 평화에 대한 간절한 소망이 있다고 해도 한반도에 평화를 정착시키는 것이 결코 쉽지 않음을 우리는 그 긴 분단의 역사를 통해 알 수 있다. 그러나 최근 미디어로 접하는 남한과 북한의 평화를 향한 일련의 사건을 보면서 우리는 평화에 대한 '희망'이 현실이 되기를 바라는 간절함으로 가슴 한 구석에서 더 확고히 자리 잡기 시작했다.

북한은 미국과 최근까지도 핵을 서로 겨누고 전쟁대비 상태에 있었으며 이에 대해 강대국인 미국은 북한을 향해 UN안보리 이사회의 동의를 얻어 경제적, 정치적 제재를 가해왔다. 미국이 이러한 조치를 취한 이면에는 지금까지 인류가 평화를 위해 동원했던 소극적 평화(negative peace), 즉 Pax적 평화관[1]이 자리 잡고 있기 때문이다. 비폭력 정치학의 창시자 글렌 페이지(1993)는 '폭력을 용인하는(violence-accepting)' 분위기는 지금도 세계 곳곳에서 삶의 불가피한 일부분으로 받아들여지고 있다고 지적한다. 하지만 문재인 정부 출범 이후 적극적 평화(positive peace)[2]관으로 평화관의 패러다임이 획기적으로 바뀌면서 평화협정을 조약했다. 그러나 지금까지의 많은 평화협정을 국가 간에 맺었다고 해도 무력충돌의 역사를 세계는 경험했고 북한이 협약을 깨고 과거의 패턴을 반복할 것이라고 우려하고 있으며 이러한 이유로 아인슈타인은 '정치'가 '물리학'보다 어렵다고 이야기 한 바 있다. 대한민국이 소극적 평화와 적극적 평화를 선택해야 하는 중대한 갈림길에서 우리가 진지하게 생각해 보아야 할 것은 인류 DNA 속에서 습관적으로 사용해 왔던 '폭력'을 꺼내서 사용할 것인지 아니면 과거 간디와 마틴 루터 킹이 자신들의 목숨을 걸고 지키려 했던 '비폭력'의 철학과 방법을 선택할 것인지 중요한 기로에 서 있다는 것이다.

인간이 평화에 대해서 어떤 가치관과 철학을 갖느냐에 따라 자신이 살고 있는 지역과 사회, 국가뿐만 아니라 세계의 지형이 변화할 수 있다는 것을 우리는 이미 수많은 직·간접경험을 통해 잘 알고 있다.

현재 한반도에 펼쳐지고 있는 비폭력을 지향하는 평화의 흐름 속에 전 세계의 평화를 정착시키는데 있어 큰 역할을 해온 창가학회

---

1) 무법적 국가를 제압한다는 '정당한 이유'가 있으면 핵무기의 보유와 그것의 '평화적'사용은 정당화 될 수 있다는 것.

2) 국제적 이해가 국가 간의 관계를 더 평화롭게 만들 수 있고, 또 사회 제도나 관습 또는 사람들의 의식 등이 폭력을 용인하거나 정당화시키는 모든 폭력을 제거하는 형태의 평화.

명예회장 이케다 박사에 대해 조명해 보고자 한다. 세계적으로 이케다 박사에 대한 연구[3]는 다양한 분야에 걸쳐 진행되고 있는데, 본 논문에서는 이케다 박사가 가지는 평화교육 철학과 이념, 평화교육의 실천방법, 세계 평화 구축을 위한 노력 등을 재조명해 평화교육 사상이 나아가야할 방향을 모색하고자 한다. 이케다 박사가 가지는 평화교육 사상을 연구하기 위해 저서, 대담집, 제언 등의 2차 자료를 수집하여 활용하는 질적 연구 방법을 사용하였다.

II. 평화와 평화교육의 의미

1. 평화를 바라보는 관점

고병헌(2006)은 평화를 접근하는 방식에 따라 '소극적 평화와 적극적 평화'로 구분하였다.

1) 소극적 평화

인류 역사상 가장 전통적이면서 국제 정치에서 가장 일반적으로 통용되는 평화관(觀)이며, '팍스(Pax)'적 평화관이다. 팍스는 정치적으로는 전쟁을 막기 위하여 정치적 지배체제를 공고하게 한다는 뜻

---

3) 이케다 박사의 교육비전과 철학을 연구하는 Miller(2002)와 Urbain(2010), 창가교육 근원과 이론과 타 교육사상을 비교(Ikeda & Gu(2009a), Ikeda & Gu(2009b), Jim, Hickman & Ikeda(2014), Takao(2008), 평화교육, 환경교육, 인권교육, 지속가능한 개발 교육, 사회적 정의 교육 (Jason & Urbain(2013), Ikeda(2001, 2005, 2010), Soka Eudcation Student Research Project(2005, 2006, 2007), 조영식ㆍ이케다 박사의 평화연구를 진행하는 하영애(2015), 베이징대학교 포함하여 중화문화권 40개 대학에서 이케다 박사 연구소(中國文化大學 池田大作硏究中心 심포지엄 팜플렛, 2016) 발족.

이며, 군사적으로는 군사력을 동원한 무력 평정을 의미한다. 라틴어 팍스에 해당하는 희랍어 '에이레네(eirene)'는 민족 혹은 국가간 (당시 고대희랍 세계에서는 폴리스 상호 간) 전쟁 상태에서 일시적으로 벗어난 평온(平穩)한 시기를 의미한다. 이처럼 '갈등, 전쟁 혹은 (무장된) 폭력의 부재'를 뜻하는 평화를 흔히 '소극적 평화'라고 한다. 전쟁을 멈춘 상태 혹은 전쟁과 전쟁 사이의 휴지기(休止基)를 평화로 보는 '소극적 평화관'은 언뜻 보아 그 이론적 근거와 설득력이 약해 보이지만, 국제정치나 국제관계에서 지금도 여전히 상당한 영향력을 발휘하고 있다.

2) 적극적 평화

적극적 평화관은 Galtung(1990)이 주장한 개념으로 기존의 평화교육 내용이 개인의 의식개조 차원만 강조하여 자칫 현상 유지를 위한 교육으로 흐를 소지가 있다고 비판하면서 나온 평화관이다. Galtung은 '사회적으로 존재하는 구조적 폭력(structural violence)'을 제거할 때 비로소 진정한 의미의 평화가 가능하다고 보고 이러한 차원의 평화를 '적극적 평화'라고 불렀다. 적극적 평화관은 평화의 성격을 구명할 뿐만 아니라 평화를 저해하는 핵심적인 요소인 '폭력'의 문제까지 우리의 인식을 이끌었다는데 그 의미가 있다. Galtung이 이끄는 '비판적 평화 연구'는 폭력을 전쟁이나 테러와 같은 물리적 폭력(직접적 폭력)과, 성차별이나 인종 차별 등과 같은 구조적 폭력(간접적 폭력)으로 나누어 설명하고 있는데, 최근에는 '문화적 폭력(cultural violence)'이라는 개념을 새롭게 덧붙였다. '문화적 폭력'은 사회의 지식층이 잘못된 사회구조와 체제를 재생산 혹은 확대 재생산이나 유지하는데 도움을 주는 행위로 적극적 평화관의 입장에서 이러한 문화적 폭력은 해결해야 할 대상이 된다.

2. 평화교육의 의미

교육이 인간 행동의 변화를 유도하는 것이라면 평화교육은 평화를 구축하는 교육적 수단이나 방법을 의미한다. 교육적 수단이나 방법을 통해서 교육을 해야만 평화가 인류의 기본적 가치라는 신념을 강화시키고, 비폭력 정신을 만들어 낼 뿐만 아니라, 국내적·지역적·세계적 차원에서 책임감과 참여의식을 형성할 수 있다 (Symonides & Singh, 2002).

Hicks(1993)는 평화교육을 함에 있어 지식의 전달은 인식의 전환과 비판적 분석을 위해서 필수적 요소이지만, 학습자들이 올바른 인식을 수립하고 나아가 바람직한 태도를 형성하여 그것을 구체적으로 실천에 옮길 수 있으려면 서로 유기적으로 연결되도록 인도하는 교육이 필요하다고 하였다. 한편 홍순정(1999)은 좀 더 세부적으로 들어가 평화교육이 평화교육이라는 커다란 우산 아래 타인과의 갈등 해결, 다양한 문화에 대한 이해와 비폭력 환경조성, 개인적·사회적·국가적·세계적 차원의 평화 실천적 개념의 필요성을 강조했다.

이러한 측면에서 볼 때 전 세계 평화 정착을 위해 가져야 하는 평화관은 적극적 평화이어야 하며, 평화교육을 통해 우리는 미시적으로는 자신의 편견과 아집을 깨고, 거시적으로는 사회적 관습과 인식, 즉 구조적 폭력을 극복하여 나아가 세계평화에 기여하는 교육을 우리는 평화교육이라 생각할 수 있을 것이다.

Ⅲ. 이케다 다이사쿠의 평화교육 사상의 형성 배경

이케다 박사는 1928년 1월 2일 도쿄 오타구(大田區) 오모리에서 태어나 차가운 바다에서 김을 채취하며 성장했다. 초등학교 시절에는 병약한 어머니를 도와 신문배달을 하고, 초등학교를 졸업한 후에는 가난한 집안 살림을 돕고자 니카다 철공소(新潟鐵工所)에 입사해 선박 엔진 부품에 필요한 나사를 자르거나, 철판에 구멍을 뚫는 가공 작업을 했다. 종전과 함께 이케다 박사는 전쟁을 정당화하기 위해 받았던 선민사상(選民思想) 교육이 잘못되었다는 것을 알게 되었고, 전쟁 참전으로 인한 친형의 죽음, 미국 전투기에 떨어지는 소이탄을 피하기 위해 필사적으로 도망치는 부모님과 자신을 보면서 평화에 대한 소중함을 온몸으로 경험했다.

도다 조세이라는 스승과의 운명적인 만남과 창가학회의 입회는 이케다 박사의 인생을 대 전환되는 계기를 제공한다. 스승인 도다 조세이는 수학에 조예가 깊어 시습학관(時習學館)이라는 학원을 운영하여, 전전(戰前)의 '추리식지도산술'의 책을 펴내 당시 백만부의 베스트셀러를 출판할 정도의 실력을 갖추고 있었던 교육자였다. 이케다 박사는 스승 도다 조세이에게 일대일[4]의 개인수업을 약 10년에 걸쳐 사사(師事) 받았다. 스승인 도다가 이케다 박사에게 행한 교육법은 문답법과 글쓰기 였으며, 독서를 통한 교육은 책의 내용을 묻는 것에서 그치는 것이 아니라 제자가 학습한 내용을 사색하게 하고 자유자재로 응용하여 활용할 수 있도록 하는 훈도의 시간을 가졌다.

---

4) 국어사전에서 일대일은 "한 사람이 한 사람을 상대함으로"으로 정의하고 있다(정운길, 2001).

현재의 이케다 박사가 비폭력 평화사상을 가지게 된 결정적인 이유는 도다조세이가 가장 심혈을 기울여 훈도한 니치렌[5] 대성인의 생명철학인 어서[6]강의를 현대사상(現代史上)과 대비하여 가르쳤기 때문이다. 강의는 현대 사상을 이끌어 갈 수 있는 니치렌 대성인 생명철학의 위대함을 이케다 박사에게 납득시켰고 사제관계의 유대를 강화했을 뿐만 아니라 사물의 본질을 볼 수 있는 눈을 키우고, 풍요로운 삶을 살아가기 위해 필요한 '내적 동기'의 강화를 가져왔다.

교육이 인간의 가능성, 잠재성을 끄집어낸다는 일반적인 관점에서 이케다 박사가 도다로부터 받은 개인수업은 지금의 공교육 체제에서는 실행하기 힘들지만 17세기 - 18세기의 교육사상을 정립했던 로크의 주장과 일맥상통한다. 왜냐하면 덕성과 풍부한 학식을 갖춘 개인교사만이 부모를 대신하여 학생에게 맞는 학습이나 사회경험, 도덕훈련을 실천할 수 있다고 주장했기 때문이다(고려대학교 교육사철학연구모임, 2009). 이러한 측면에서 볼 때 스승 도다 조세이에서 이케다 박사에게 전해진 교육은 로크가 주장한 '진정한 교육(True Education)'에 해당된다.

---

5) 1222년 2월 16일 탄생하여 석가모니의 불법을 연구하여 즉신성불(即身成佛)의 구극의 법이 남묘호렌게교(南無妙法蓮華經)임을 밝혔고, 이 법이 인간 생명이 본래 지니고 있는 생명력을 무한대로 이끌어 내는 법리를 갖추고 있다고 설했다. 니치렌 대성인은 근본 존경의 대상인 어본존을 문자 만다라의 형태로 도현하였으며 이는 행복을 향한 근본의 살아 있는 철학을 민중을 위해 남기는 행위로 불교계에 혁명적인 위업을 달성하고 1282년 생애를 마감(이케다 다이사쿠, 1999).

6) 니치렌 대성인이 직접 저술한 불법(佛法) 철리(哲理)에 관한 논문형식의 자료, 문하들과 주고받은 편지를 구성한 책자로 1952년 창가학회에 의해 완성.

Ⅳ. 이케다 다이사쿠의 평화교육 사상과 행동

1. 니치렌 대성인의 생명철학을 바탕으로 한 평화교육의 이론적 접근

이케다 박사가 지향하는 세계 평화정착에 있어 가장 중요한 것은 '인간의 마음속에 평화의 요새를 건설하는 것'이다. 이것은 과거 공자가 인간이면 누구나 가지고 태어난 욕심을 예(禮)7)라고 하는 규범의 틀로써 인간 자신이 인간의 행동을 컨트롤하는 것이고, 소련의 고르바초프 대통령이 주장하는 정치가의 내면에 '도덕'과 '윤리'라는 가치판단의 준거를 세워 정치적 판단을 함에 있어, '도덕'과 '윤리'의 가치가 정치적 판단에 영향을 미치는 것이다. 이케다 박사는 노르웨이의 평화학자 갈퉁(Galtung)과의 대담에서 평화정착을 위해서는 인간이라면 누구나 가지고 있는 폭력성을 어떻게 관리할 것인가에 대해 니치렌 대성인의 생명철학을 바탕으로 다음과 같은 의견을 제시했다.

"니치렌 대성인 불법에서는 인간의 생명을 십계(十界)로 분석하고 있다. 고뇌하는 세계인 '지옥계(地獄界)', 욕망이 채워지지 않는 '아귀계(餓鬼界)', 이성을 잃은 '축생계(畜生界)', 투쟁을 일삼으면서 남에게 이기려고 하는 '수라계(修羅界)', 평정(平靜)한 '인계(人界)', 욕구가 이루어져 기쁨이 충만한 '천계(天界)', 배움과 향상의 '성문계(聲聞界)', 발견과 감동과 자신의 세계에 충족하는 '연각계(緣覺界)', 이타(利他)의 '보살계(菩薩戒)', 우주와 생명의 근원을 각

---

7) 자식에 대한 어버이의 자애(父慈), 어버이에 대한 자식의 효도(子孝), 아우에 대한 형의 어짊(兄良), 형에 대한 아우의 공경(弟弟), 아내에 대한 남편의 의리(夫義), 남편에 대한 아내의 존중(父聽), 아랫사람에 대한 어른의 은혜(長惠), 어른에 대한 어린이의 유순(幼順), 백성에 대한 임금의 인애(君仁), 임금에 대한 신하의 충성(臣忠)(조무남, 2016).

지한 '불계(佛界)'는 모든 사람에게 똑같이 있고 순간순간 외부의 연(緣)에 접하면서 십계의 십계의 생명상태 중 하나가 발현된다."

"인간이 갖추고 있는 폭력에 대한 충동과 공격본능은 이 사악취(수라계)의 생명과 깊은 관계가 있어서, 그것을 어떻게 스스로 조절하여 올바른 방향으로 설정해 가느냐 하는 것이 중요하다. 극단적으로 말해 전쟁상태는 '수라계'의 생명을 애써 불러일으키려고 그 방향을 향해 국가가 문화나 정보를 지배하는 것이다. 이에 따라 국민은 국가의 목적이라는 아름다운 이름 아래 폭력을 찬양하고, '수라계'의 생명을 억제하려는 것은 오히려 기개가 없는 일이라고 생각하게 된다."

"인간의 생명에 구비된 수라계의 마음을 없애는 것은 불가능 한 것이다. 따라서 이 수라계의 생명을 맹목적으로 방치할 것이 아니라 '스포츠 경기 안의 규칙 속에 선수들이 경기 규칙을 따르게 하는 것처럼' 사람들의 마음을 이 스포츠에서 말하는 규칙에 해당하는 것을 인간의 마음에 어떻게 만들어 가느냐가 중요하다"(이케다 다이사쿠·요한갈퉁, 1997).

이케다 박사는 21세기 들어오면서 가장 크게 몸집을 키워온 '화폐애(愛)'(20세기의 전쟁은 강대국의 경제적 이익을 위해 약소국을 침략하는 형태로 이루어져 왔기 때문)를 어떻게 바라보고 관리해 갈 것인가에 대해서도 불법철학을 바탕으로 화폐를 바라보는 관점을 변화시킬 수 있다고 강조한다. 우리가 필요로 해서 만든 돈이 언제부터인가 우리 생활 전반적인 영역에 들어와 이제는 본말이 전도된 양상(사람이 돈보다 중요한 것이 아니라, 돈이 사람보다 중요하다)으로 나타나고 있다. 이러한 '화폐애'에 대한 풍조는 인간의 마음 상태가 수라계 혹은 그것과 인접한 아귀계(심한 욕망에 사로잡힌 상태)의 생명이 사회 전반적으로 나타나고 있는 것이다. 수라계가 가지는 생명의 특성이 "언제나 그 사람보다 뛰어나기를 원하고 남에게 뒤지는 것을 못 참는 것" 이기 때문에 이에 대한 사회적 처방이 필요한 시점이다.

우리가 자본주의 사회에 살면서 화폐를 부정하는 것은 결코 쉽지 않다. 따라서 화폐를 길들이는 방법밖에 없다. '화폐'나 '자본'을 '물신'으로 숭상하지 말고, 그들을 조절하고 통제하는 힘을 개인적으로 사회적으로 길러야 하는 것이다. 비유적으로 말하면 인간생명 상태의 하위영역인 수라계와 아귀계의 생명을 십계 본연의 생명 상태에 위치시키는 것이 중요하다. 이렇게 된다면 인간 생활에 나타나는 여러 가지의 위계질서 속에 금전적·경제적 가치를 다시 본연의 모습으로 돌려놓을 수 있기 때문이다.

2. 인간혁명(Human Revolution) 사상을 바탕으로 한 평화 교육의 실천적 관점

도쿄대학교 남바라 시게루 총장[8]과 로마클럽 회장 아우렐리오 펫체이 박사는 일찍이 인간의 주체적 변화를 강조하는 인간혁명의 중요성을 지적하였다. 이케다 박사(2009)가 강조하는 인간혁명 사상의 핵심은 '자기중심의 삶에서 타인에게 공헌하는 삶으로의 전환'을 강조하는 것이다. 이케다 박사는 인류가 지금까지 농업혁명, 과학혁명, 산업혁명, 그리고 정치혁명을 일으켜 '외면의 세계'를 조작하는 기술과 힘에는 비약적인 발달을 이루었지만 그러한 힘에 걸맞는 정신적인 발달을 이루지 못했기 때문에 사회적 병폐가 일어나

---

8) 총장이 주장한 인간혁명은 제 2차 산업혁명에 있어서, 제 1차 산업혁명 이후의 실패를 되풀이하지 말고 인간의 주체성을 되찾아야 하며, 만약 인간혁명이 없는 문화혁명, 정치혁명은 실패로 끝날 것이라고 이야기 했다(1947년 9월 30일 도쿄대학교 졸업식 강연 내용의 일부 발췌).

고 있다고 보고 이를 해결하기 위해 인간 내면세계의 변화를 통해 정신적 도약을 할 수 있는 인간혁명을 주장하는 것이다.

미시적 관점의 인간혁명은 '나'로부터 시작되는 생명의 변화가 타인에게 긍정적 동기부여를 촉발하는 관계로 생각해 볼 수 있다. 예를 들면, 어제까지 공부를 하지 않는 학생이 훌륭한 선배로부터 자극을 받아 오늘부터 학업에 도전하여 승리한 후, 나도 좋은 선배로서 후배들을 격려할 수 있는 사람이 되자고 하는 것도 인간혁명이며, 가족만을 생각했던 집안의 가장이 타인을 위해 사회봉사활동을 시작하는 것도 하나의 인간혁명이라고 볼 수 있다. 따라서 인간혁명을 해 나가는 데 있어 중요한 것은 자신의 에고(이기주의)를 깨고 한 발짝 앞으로 나아가는 모습이라는 점이다. 이케다 박사는 인간혁명의 중요성을 아래와 같이 강조했다.

> "'미미한 일보(一步)'를 빠뜨리면 어떠한 변혁의 시도도 사상누각이 되며 그 '미미한 일보'야 말로 모든 운동의 원점이자 '화룡점정(畵龍點睛)'이다."

이케다 박사는 인간혁명 사상의 구체적인 실천 방법으로 대승불교의 보살(菩薩)의 삶을 강조한다. 여기서 말하는 보살의 삶이란 현실사회에서 고뇌하는 사람들을 외면하지 않고 구제해 가는 모습으로 사람들을 행복하게 하고자 하는 삶의 자세를 말한다. 중요한 것은 보살의 삶을 실천하는 사람들은 외부의 강요에 의해 실천하는 것이 아닌 스스로의 맹세에 의해 행동해 가는, 자발 능동적이며 내발적인 삶의 태도를 가진다는 것이다. 이케다 박사가 인간혁명 실천방법으로 보살도의 삶을 강조하는 이유는 인간이 인간으로서 가지는 권리와 의무를 지키는 것이 정해진 규범이 있는 것이 아니라, 타인이 인간답게 생활하는 것을 위협받았을 때, 같은 인간으로서 눈감아 버릴 수 없는 '내발적 정신' 즉, 타인의 행복을 구축해 가는 속에 자신의 행복이 형성되는 인간혁명의 실천 모습이 바로 보살의 삶이기 때문이다.

인간혁명 사상이 사람들의 구성원이 속해 있는 시민사회, 지역사회, 국가차원의 가치관에 깊숙이 자리 잡을 수 있다면 지금까지 인류가 경험해 온 부족(部族)의식(자신의 국가의 이익을 중시하는)을 바꿀 수 있는 거시적 관점의 인간혁명을 가져올 수 있다고 이케다 박사는 주장한다. 인류가 인간혁명 사상을 개인적 차원이 아닌 사회적 차원에서 정착시키기 위해서는 현실사회에 존재하는 인종, 민족, 국경을 초월해 인류가 일원이라는 일점에서 출발하여 국가 간에 자국의 이익을 위해 '압력'을 행사하는 하드파워를 최소화하고, '대화'라는 소프트 파워를 최대한 활용할 때 거시적 차원의 인간혁명은 달성될 수 있다. 이케다 박사는 인류가 '대화'라는 소프트 파워를 사용하지 못하는 이유에 대해 "세계 대부분의 교육이 인류 의식이 아니라 부족(部族) 의식을 가르친 점"을 지적했다. 이러한 부족의식을 가지게 된 배경에는 모든 인간의 내면에 욕망, 분노, 어리석음이 있음을 주목하고 이를 해결하기 위한 방법으로 인간혁명을 주장하는 것이다. 공자 또한 수신재가치국평천하(修身齋家治國平天下)에서 천하를 다스리고, 나라를 다스리기 전에 중요한 것이 자신을 닦는다(修身)는 것이 가장 선행되어야 한다고 지적 한 바 있다.
이케다 박사의 인간혁명 사상은 현재 일본을 비롯한 미국, 한국,

대만, 홍콩 등의 교육기관(유치원, 초·중·고, 대학교)에서 실천하고 있는 만큼 향후 개인과 사회에 어떠한 변화를 가져올 것인지에 대해 귀추(歸趨)가 주목되고 있다.

3. 평화교육 실현을 위한 세계시민 교육

2015년 5월 인천에서 열린 세계교육포럼에서는 2030년까지 미래교육의 글로벌 교육의제로 '세계시민교육(GCED: Global Citizenship Education)'이 적시되어 향후 세계교육의 흐름 속에 '세계 시민교육'의 중요성이 강조될 것으로 보인다.

세계시민의 연원은 세계교육포럼이 교육의제로 강조하기 전인 기원전 220년으로 거슬러 올라가 그리스 철학자 디오게네스가 "나는 세계시민이다"라고 주장했던 헬레니즘 문화에서 그 뿌리를 (Nussbaum, 1996) 둔다. 이후 근대 철학에서 세계시민주의는 장자크 루소의 평화사상, 칸트의 영구평화론 등에서 토대를 형성하면서 모든 인간은 동등한 권리를 가지고 평화와 인류애, 그리고 도덕성에 대한 보편적 규범과 가치를 존중하는 원리를 품고 있는(김진희, 2017) 것으로 발전해 왔다.

이케다 박사가 주장하는 세계시민 사상은 전쟁에 대한 반대를 통해 비폭력 투쟁을 펼쳤던 창가학회의 초대 회장인 마키구치의 인도적 세계 조화9)와, 제 2대 회장인 도다 조세이가 주장했던 지구민족

---

9) 1894년의 청일전쟁은 근대 일본이 처음으로 경험한 대외전쟁 승리로 일본 내에 국가주의적인 풍조가 급속히 번졌다. 문명개화의 숨결이 국가주의의 조류에 압도당하려던 그 시기에 마키구치는 그의 저서 『인생지리학』에서 러시아와의 전쟁도 불사하겠다는 일본사회를 향해 인도적인 세계조화의 필요성을 주장했다.

주의10)에 뿌리를 둔다. 이러한 것을 볼 때 세계시민이라는 개념은
인류 역사 속에서 오랜 기간 동안 자리 잡아 왔다고 볼 수 있다.
이케다 박사의 세계시민 사상은 앵매도리(櫻梅桃李)11)관점과 도다
의 지구민족주의를 현실사회에서 적용하고 실천할 수 있는 구체적
인 방법을 아래와 같이 제시한다.

> "과거에는 자신이 살고 있는 사회에 대한 자연스러운 사랑이 국가
> 대 국가의 대립으로 휘말려들어 이용당하기 시작하면 그 사랑은
> 요망하고 간사한 광채를 띤다. 국가 간의 대립은 자신이 살고 있
> 는 사회를 사랑하는 순수한 마음을 타 국민을 증오 또는 멸시하는
> 마음으로 변질시키고, 자신과 사회가 공존하는 이념이 어느 사이
> 엔가 국가 사회를 위한 자기희생으로 변질되기 때문이다. 하지만

---

10) 당시 국제정세는 1956년 영국이 원폭실험, 미국에서는 최초의 원폭투하실험과
ICBM(Intercontinental Ballistic Missile) 탄의 실험성공, 1957년에는 소련의 핵실험과
ICBM탄의 실험이 성공하는 등 전 세계가 자국의 핵무장을 강화하고 있었던 시기
였다(이케다 다이사쿠. 1987). 이러한 시기에 도다는 차세대를 짊어지고 갈 청년들에게 "핵
또는 원자 폭탄의 실험 금지 운동이 지금 세계에서 벌어지고 있지만, 나는 그 이면에 감추어
진 중요한 사실을 강조하고 싶다. 그것은 만약 원·수폭을 사용하는 나라가 있으면, 그 나라가
어느 나라든, 그 나라가 이기든 지든, 그것을 사용한 자는 모두 사형에 처해야 한다는 점을 주
장하려는 것이다. 왜냐하면 우리 세계 민중은 생존의 권리를 가지고 있기 때문이다. 그 권리를
위협하는 것은 바로 악마이다. 그래서 우리 인간 사회에서, 예컨대 한 나라가 원자 폭탄을 사
용해 전쟁에서 이겼다 하더라고, 비록 승리자라고 하더라도 그것을 사용한 자는 모조리 사형
에 처하지 않으면 안 된다는 것을 주장"(마에하라 마사유키, 2007)을 통해 지구민족주의를 선
언했다. 지구민족주의는 편협한 내셔널리즘과 자기중심주의에서 벗어나려는 세계시민 주의와
같은 의미(이케다 다이사쿠, 1998)로 1952년 2월 청년부 연구발표회에서 처음 언급되었다. 당
시 발표한 내용은 "일국(一國)을 넘어, 한 민족을 넘어 인류라는 견지에서 한 사람과 사람이
지구민족·세계민족이라고 자각할 때, 비로소 분쟁 없는 평화로운 사회가 된다. 인간을 '주
(十)'로하고 이데올로기를 '종(從)'으로 하는 새로운 사상으로 전환해야 할 필요성을 예리하게
지적했다(이케다 다이사쿠, 2006). 도다가 지구민족주의를 주장할 당시 세계상황은 소련과 미
국이 수소폭탄과 ICBM(대륙간 탄도미사일)개발 경쟁을 하며 핵 억지론으로 전쟁을 일으키지
못하겠다고 하는 사고방식이 전 세계의 주류를 이루는 가치관이었다. 도다조세이는 당시 1957
년 9월 8일 생명 존엄의 신념을 토대로 한 원수폭 금지선언을 청년부 5만명 앞에서 발표함으
로서 민중의 국제교류, 국제 네트워크로 국가악(國家惡)을 감시하는 지구민족주의의 구체적인
방향성을 제시했다(이케다 다이사쿠, 2015).

11) 데이비드 노튼은 앵매도리를 "벚꽃, 매화, 복숭아꽃, 오얏꽃이 가지는 독자적인 미(美)의 측면
을 나타내는 것으로 이것을 교육적 관점에서 보자면 자신들과는 다른 문화, 신조, 실천에 대한
이해와 존경의 마음을 키우는 일이다. 이것은 자신에게 가장 친숙한 문화와 신조 실천이 진실
과 선을 독점한다는 사고 즉 패로키알리즘(편협성), 협소한 마음을 버리는 것을 의미합니다"라
고 주장했다(세이쿄신문, 1991).

현대 사회는 과거와 달리 전 세계적인 규모로 생활기반을 갖고 있어 자신이 사는 국토가 그대로 세계를 의미하는 시대로 변화했다. 따라서 자국을 사랑하는 애국심은 이제는 세계 전체를 '우리조국'이라고 하는 '인류애' 혹은 '세계애'로 되어야 한다. 인류애를 고취시키기 위해서는 타국에 대한 상호 이해(세계 사람들이 서로에 대해 잘 알아가는 것)로 민간 교류를 통한 상대국의 문화이해나 언론이 자신의 국가와 사이가 좋지 않은 나라의 실정을 세계에 소개함으로써 긴장을 완화시키는 방법을 제안했고 이러한 방법을 오랜 시간에 걸쳐 전 세계에 실천해 왔다"(아널드 J. 토인비·이케다 다이사쿠, 2008).

이케다 박사는 일본 내부에 문화적으로 잠재되어 있는 여성에 대한 사회 구조적 폭력(편견)을 해결하고자 1973년 일본에 소카 여자 중·고등학교를 개교한다. 그 이유는 모든 전쟁에서 여성은 위험으로부터 쉽게 노출되고 가장 큰 피해를 입기 때문이다. 하지만 생명의 잉태를 경험하고, 출산하여 자녀를 길러 내는 여성에게 생명존엄 사상을 교육시킨다면 무너지지 않는 평화를 구축할 수 있다는 확신을 이케다 박사는 굳은 신념으로 가지고 있었다.

"과거부터 여성교육은 대부분 '현모양처(賢母良妻)'를 그 이상으로 삼고 집안일만 잘하면 된다는 식의 삶의 자세를 가졌는데 인류의 비원(悲願)인 평화를 실현하기 위해서는 폭 넓은 사회적 식견과 인생에 대해서 영지를 갖고 지역과 사회를 무대로 활약하는 여성으로 자리 잡아야 합니다.(중략) 가사일도 능숙하게 처리하고, 풍부한 개성으로 문화나 정치 등 사회적인 문제에도 적극적으로 관여하며 재능을 발휘 할 수 있는 사람으로 성장해야 합니다. 즉, 무엇이든 능숙하게 소화시킬 수 있는 전인적 여성이 앞으로 지향해야 할 여성상입니다"(이케다 다이사쿠, 2008).

이후 이케다 박사는 1987년 1.26기념제언을 통해 21세기까지 세계시민교육 10년을 제안하고, 세계의 평화연구기관 등의 연구자(研究者), 전문가에게 자문을 구해 세계 시민 교육에서 배워야 할 내용을 크게 4가지 분야(환경, 개발, 평화, 인류)로 확인함과 동시에 세계시민 교육 프로그램에서 골격으로 담아야 할 세 가지 관점을 아래와 같이 제시했다.

"첫째, 인류가 맞닥뜨린 다양한 문제를 깊이 이해하고 그 원인을 사색하는 과정에서 '어떤 어려운 문제라도 인간이 일으킨 이상 반드시 해결할 수 있다'는 희망을 서로 공유하기 위한 교육이다. 둘째, 세계적 위기가 악화되기 전에 그 징후가 나타나기 쉬운데, 자신이 있는 지역에서 그 의미를 민감하게 포착해 행동을 일으키기 위한 힘을 임파워먼트[12]로 끌어내면서, 사람들과 연대해 문제를 해결하도록 촉구하는 교육이다. 셋째, 다른 사람들의 괴로움을 헤아리는 상상력과 동고의 정신을 기르면서, 자국에 이익이 되는 행동이라도 다른 나라에 악영향이나 위협을 줄 우려가 있다는 점을 늘 잊지 말고, '타국 사람들의 희생 위에 자국의 행복과 번영을 추구하지 않는다'는 점을 공통의 맹세로 서로 고양하기 위한 교육이다."

이케다 박사가 강조하는 세계시민 교육은 세계 공동체에 속해 있다는 인식과 책임감을 가지는 것으로 '세계 평화와 번영을 진심으로 고민하는 교육'이다. 세계시민 교육의 이상은 그가 설립한 모든 교육기관에 나타나 있지만, 특히 미국 소카대학의 핵심교육과정에 잘 나타난다. 예를 들어 미국소카대학은 다양한 학생 구성을 강조하고, 제 2외국어 습득과 해외연수 프로그램[13] 이수를 의무화하고

---

12) 임파워먼트(empowerment)는 사전적인 개념으로는 힘(power), 즉 능력이나 역량을 증대하는 과정이다. 역량증진, 역량강화의 개념으로 사용되는 임파워먼트는 잘 할 수 있다는 믿음이나 판단을 형성하고 자신의 능력에 대한 신념을 촉진하는 경험과 기회를 제공하는 과정(Bandura, 1982: Conger & Kanungo, 1988: 김정미, 2004).

13) http://www.soka.edu/academics/studyabroad/default.aspx.

있다(한국SGI 홍보국, 2011). 이케다 박사가 다양한 학생구성을 강조하고, 제 2외국어 습득과 해외 연수프로그램을 강조하는 것은 지금까지 인류는 자국의 이익을 우선으로 하는 세계관이 타국을 '적', '그들', 혹은 '악마'로 간주하고 공격했던 과거의 역사 패러다임을 근본적으로 개혁하기 위한 것이다. 자신과 다른 외국의 문화권에서 연수 프로그램에 참여함으로써 타국에 대한 다양한 문화, 민족 성향(기질)을 이해하고 소카대학교로 돌아왔을 때 평생 함께 할 수 있는 해외 친구를 가짐으로써 인류를 하나로 묶는 방법을 교육과정을 통해 제공하고 있는 것이다. 또한 교육과정 안에 인문학 수업14)을 강조함으로써 다양한 문화와 다양한 시각이 왜 발생하는지를 이해하고, 인간이란 무엇인가를 탐색함으로써 지구적 시야를 가질 수 있도록 하여 세계시민 양성에 주력하고 있다.

여기에 그치지 않고 이케다 박사(2016)는 1.26기념제언에서 세계시민 교육의 4가지 방향성15)과 세계시민이 가지는 세 가지 특징16)을 제시하였는데 이는 유네스코가 강조하는 세계시민 교육17)이 담아야 할 내용과 많은 부분이 교집합을 이루고 있다.

---

14) http://www.soka.edu/academics/concentrations/humanities.aspx.

15) ① 자신을 둘러싼 사회문제나 세계가 맞닥뜨린 과제의 현상을 파악하고 배움. ② 배움으로 키운 인생의 좌표축에 날마다 삶의 자세를 비추어 보며 점검. ③ 자신의 무한한 가능성을 끄집어내기 위한 임파워먼트를 키움. ④ 자신의 생활 터전인 지역에서 구체적인 행동을 시작하고 한 사람 한 사람이 주역이 되어 시대 변혁의 만파(萬波)를 일으키는 리더십을 발휘함.

16) ① 모든 생명의 상호연관성을 인식하는 지혜. ② 차이를 두려워하거나 부정하지 않는 용기: 타문화의 사람에 대한 존경과 이해 그리고 그들과의 만남을 통한 성장. ③ 자신의 주변을 초월하여 먼 곳에서 고통 받고 있는 사람들의 마음을 헤아릴 수 있는 자비심(한국 SGI 홍보국, 2011).

17) ① 글로벌 문제와 동향에 대한 지식과 이해, 보편적 가치(평화, 인권, 다양성, 정의, 민주주의, 보살핌, 차별금지 등)에 대한 존중과 지식. ② 비판적, 창의적 그리고 혁신적인 인지 능력, 문제 해결 능력과 의사결정과정. ③ 비인지적 능력 즉, 공감, 이질적 경험에 대한 수용도, 대화 능력 및 타문화 배경의 사람들과의 네트워크 능력. ④ 능동적 참여를 위한 행동 수용 능력(UNESCO, 2014).

이케다 박사가 강조하는 세계시민 교육의 특징은 우리가 사는 '생활현장'에서 문제해결의 실마리를 가진다. 현재 제도적으로 세계 어디든 여행할 수 있는 세계시민 여권은 존재하지 않지만 세계시민 교육의 흐름이 광범위하게 실현된다면 시간과 공간을 초월하는 내면적 여권을 가지게 될 것이다. 이는 세계시민이 가지는 특징인 생명의 상호 연관성, 차이의 존중, 상대국의 어려움을 외면하지 않는 동고의 마음이 자연스럽게 받아들여져 자기 나라, 자기가 사는 대륙을 먼저 생각하는 것이 아니라 '하나뿐인 지구'의 입장에서 사고하고 행동할 것이다.

비형식교육(Nonformal Education)을 통한 세계시민 교육

비형식적 교육의 성격을 띠고 있는 좌담회[18]는 이케다 박사가 세계시민을 육성하기 위해 가장 많은 신경을 쓰고 있는 모임이다. 현대 교육사회는 급속한 지식의 팽창으로 인해 교육의 장소를 학교로 제한하지 않고 마을공동체와 같은 형태로 교육의 패러다임이 전환되고 있다. 따라서 비형식적 교육을 통한 세계시민 교육은 시대의 흐름에 적합한 방향이라고 볼 수 있다.

서울대학교 교육연구소(1995)는 비형식적 교육의 정의를 인간·문화·자연의 모든 생활환경은 물론, 학교 교육에만 의지하지 않고 가정이나 사회 환경의 정화를 통하여 바람직한 교육환경 구성을 강조하고 있다. 존듀이 또한 사회생활·공동생활에 의하여 그 구성원

---

18) 두산백과는 좌담회에 대해 "어떤 주제에 대하여 몇 명이 모여서 서로 이야기를 나누는 형식의 모임으로 주제와 관련된 사람이 서로 의견을 나누는 것이 아니라, 그 이야기를 직접·간접적으로 듣거나 읽는 사람들이 그 지식과 의견을 접합으로써 이익을 얻는 과정이다"라고 정의하고 있다. 이케다 박사가 강조하는 좌담회는 현재 전 세계 192개국·지역에서 수천 만 명이 참여하여 세계시민 교육운동에 참여하고 있다.

인 인간이 서로 감화(感化)·영향을 주면서 어떠한 인간상에 까지 도달하는 과정을 비형식적 교육이라고 주장하는 것을 보면 학교를 벗어나 사회교육활동을 통해 배우는 일체의 배움을 비형식적 교육으로 간주할 수 있다. 이케다 박사는 좌담회가 가지는 성격을 아래와 같이 제시했다.

"좌담회에 참석하는 구성원은 직업도 세대도 다른 남녀노소가 고뇌에 잠긴 벗의 이야기를 듣고 모두 자신의 일로 생각하며 격려하고, 환희에 찬 이야기를 들으면 기쁨을 배가해 가는 장소이다. 좌담회 장소에서는 사회적 지위나 빈부의 격차 등은 중요한 요소가 되지 않으며, 좌담회에 참석하는 사람은 누구나 자신의 의견을 교환할 수 있어 '열린 대화(對話)의 광장'의 성격을 띤다. 사회자의 역할은 정해진 시간 안에 모임이 끝날 수 있도록 하고, 소외되는 사람이 없도록 배려하며, 당일 행사의 핵심 간부는 니치렌 불법의 생명철학과 평화사상을 근본으로 하여 현실생활에서 어떻게 이를 실천하고, 행복한 가정, 성실한 사회인으로 성장할 것인가에 대한 이야기를 주로 다룬다."

"좌담회는 현대사회에 만연해 있는 불평, 불만, 질투, 증오 그리고 푸념의 마음을 희망, 감사, 용기, 환희, 격려의 마음으로 생각을 전환하는 방법에 대한 이야기가 있다. 이러한 근본적인 인식의 변화 이면에는 자신과 똑같은 한 사람의 인간이 가질 수 있는 여러 가지 고뇌(직장 상사와의 인간관계 고민, 소극적인 삶의 태도, 병고(病苦), 취업 고민)등을 해결해 가는 모습을 통해 바로 지근거리에서 바라보면서 '저 사람도 괴로움을 피하지 않고 도전해 바꾸어 냈다. 따라서 나도 변화할 수 있다'는 '희망'의 장으로서의 역할을 좌담회가 제공하고 있는 것이다"(이케다 다이사쿠, 2006).

위 내용을 토대로 했을 때 이케다 박사가 강조하는 좌담회는 UNESCO가 세계시민교육의 지표로 강조하는 상호의존성과 상호연결성, 차이에 대한 다양성, 지역차원(국가차원, 글로벌 차원)에서 세계시민 사상을 어떻게 실천해 갈 것인가를 고민하는 장을 제공하기에 세계시민 육성의 장이 되는 것이다. 또한 세계시민의 자질에 중요한 역할을 하는 '나'의 일상세계를 체제론적 관점에서 사고할 수 있는 성찰적이고 전환적인 학습(reflective and transformative learning, 김진희·임미은 2014)을 좌담회에서 제공되고 있는 것이다. 현대 사회의 모든 문제의 근원이 대화의 단절에서 시작된다고 생각할 때 좌담회는 세계시민의 기본자질인 좋은 시민으로 성장하는 무대를 제공한다. 이케다 박사는 비형식적 교육기관인 좌담회를 통해 서로를 격려하고, 감화시킴으로써 자신이 평소 발견하지 못한 내면의 모습을 계발 할 수 있도록 함으로써 세계시민육성에 주력하고 있다.

4. 대담집 발간을 통한 평화교육

모스크바 대학교 호호로프 총장은 책(서적)을 남긴다는 것은 '인류의 역사, 문화가 담긴 귀중한 문화재'를 후대에 남기는 것이라고 이야기 했다. 이케다 박사는 세계 50여 개국의 지역을 방문하며 각국의 지도자, 문화인, 학자 등 7,000명과 만남을 갖고, 1,600회 이상의 대담[19]을 나누었다. 그 중 이케다 박사와 대담집을 발간한 학자 및 지도자 일부를 선정하여 정리한 내용은 <표 1>과 같다.

---

19) 하영애(2017), 조영식과 이케다 다이사쿠의 교류협력과 문명융합. 한국학술정보. p.25 (재인용).

<표 1> 이케다 박사와 대담집을 발간한 학자 및 지도자

인물	탄생	기본 철학(종교)	직업
이케다 다이사쿠	일본	대승불교(니치렌 대성인)	시인, 작가, 종교지도자
아놀드 토인비	영국	기독교	역사학자
고르바초프	소련(러시아)	사회주의	정치지도자
아우렐리오 페체이	이탈리아	박애주의자	로마클럽 회장
요한갈퉁	노르웨이	간디주의 - 불교	평화학자
알렉산더 세레브로프	소련(러시아)	사회주의	우주비행사
조문부	한국	기독교	대학교 총장

일반적으로 책의 서문은 저자가 책을 통해서 독자들에게 전달하고자 하는 목적과 내용, 작가의 가치관과 철학이 담겨져 있다. 이러한 관점에서 이케다 박사와 대담을 나눈 인물들과의 대담집 서문을 살펴봄으로써 후대에 독자들에게 전하고자 했던 내용을 평화교육 측면에서 확인하고자 한다.

아놀드 J. 토인비·이케다 다이사쿠의 대담집
'21세기를 여는 대화'(1986)

"일부의 인간이 다른 사람을 지배한다는 것은 바로 하나의 악이고, 과거에 전 세계적인 규모로 까지는 이루지 못 했을 지라도 상당한 규모로 정치적, 정신적 통합을 이루었을 때 너무나도 빈번하게 이러한 경험을 했다."

"나(아놀드 토인비)와 이케다 박사는 종교적, 문화적 배경의 차이에도 불구하고 대화를 통해 각자의 인생관, 목적관이 많은 부분 일치하는 것을 보고 상당히 놀라웠다. 또한 철학론·종교론을 화제에 올리면서 인간의 본성의 의식하에 심리층까지 헤치고 들어가, 거기에 어떤 시대, 어떤 장소에서도 모든 인간에게 공통이 되는 인간 본성의 요소가 있다는데 공통적인 입장을 취했다."

이케다 다이사쿠·요한갈퉁 '평화를 위한 선택'(1997)

"평화를 달성하는 일은 평화적인 수단으로 이루어져야 한다는 것을 우리는 단호히 주장한다. 그리고 평화적 수단을 반드시 찾아낼 수 있을 것이라 굳게 믿고 있으며 그 주장에는 석존과 간디의 비폭력 정신에 입각한 주장이다."

"평화를 정착시키기 위해서는 직접적인 폭력뿐만 아니라 구조적 폭력과 문화적 폭력을 해결 하는 것이 중요하다."

"불교는 '내적인 대화(자신의 생각, 선입관, 성격 등을 세밀히 조사해 다른 사람 앞에서도 드러낼 수 있는)'와 '외적인 대화(회의용 테이블에 둘러 앉아 진행하는 공동 토의 형태나 두 사람 이상의 사람들이 공유하는 카르마, 즉 업(業)의 향상시키도록 돕는 것을 통해 숙명적인 생각을 초극(超克)하려는 것)를 서로 주고 받으면서 인류의 평화를 위해 기여할 수 있다."

아우렐리오 펫체이·이케다 다이사쿠의 대담집 '21세기의 경종'(2001)

"인류가 과학적 지식과 기술적 수단의 결과로 얻은 절호의 기회를 더 이상 무시하는 것은 물론, 스스로의 운명을 개선하기 위해 크게 도움이 될 정신적인 책임을 상실하는 것은 결코 용서할 수 없는 일이다. 오늘날 중요한 문제들이 여전히 정신적·윤리적 문제라는 점, 또 이것들이 대량의 과학·기술력이나 경제적 수단으로도 해결되지 않는다는 점에서 우리는 같은 견해를 가지고 있다."

"인간 각자가 자신의 시야와 가치관을 심화시키고 자신을 내면적으로 향상시킬 때 비로소, 우리는 결코 좌절하지 않는 희망을 가지고 그 문제들을 이해하고 또 여기에 대처할 수 있을 것이다."

고르바 초프·이케다 다이사쿠의 대담집 '20세기 정신의 교훈'(2003)

동서 냉전 하, 경쟁적인 핵무기의 증강이라고 하는 최악의 사태를 초래했던 원인은 '대화'의 부재로 인한 불신과 시의(猜疑), 그리고 공포의 연쇄적 결과이다. 전쟁에는 승자와 패자도 없으며, 핵 전쟁으로 인해 인류가 파멸해 버리고 만다면 무슨 의미가 있는가? 이렇듯 소박한 상식을, 국제사회의 황금률로 고양해 가는 노력이야말로, 모든 지도자들이 걸어가야 할 길이다.

이케다 다이사쿠 · 조문부의 대담집
'희망의 세기를 향한 도전'(2004)

"우리는 과거의 역사를 진지하고 성실하게 직시하며 문화대은(大恩)의 나라 한국과 함께 21세기의 아시아, 그리고 세계 평화를 위해 행동하는 노력을 게을리 해서는 안 된다. 민중교류, 청년교류를 거듭해 가는 것이 중요하다. 그 기초가 되는 올바른 역사 인식의 확립도 급선무일 것이다. 교육의 힘으로 영원히 무너지지 않는 한 · 일 우호의 '보배의 다리'를 구축하자."

이케다 다이사쿠 · 알렉산드로 세레브로프
'우주와 지구와 인간'(2010)

"21세기를 살아가는 청년들이야말로 우주로 시야를 넓혀 지구를 응시하고 인간의 생명을 깊이 탐구해 가길 바라는데, 이것이 나와 박사의 공통된 바람이다. 우주에 눈을 뜬다는 것은 인간 자신을 안다는 것이고, 이는 지구인으로써 의식을 자각하는 것으로 연결된다. 그것은 '외적인 지구'와 '내적인 지구'를 꿰뚫는 보편적인 법칙에 다가가는 계기가 된다. 인류를 하나로 연결하는 '우주 철학'을 탐구한 우리의 대담이 특히 청년들에게 지구인, 우주시민으로서의 인류의식을 기르는데 일조하기를 바란다."

<표 1>에서 언급한 식자들과 대담을 한 이케다 박사는 자신과 탄생지역, 문화권이 다른 곳에서 교육을 받고, 종교관, 역사관이 상이한 사람들과 인류가 다루어야 할 공통된 주제를 끄집어냈다. 이는 인류가 외형적 모습(종교, 전통, 관습, 역사, 경제생활 수준 등)을 넘어서는 보편적 생각을 공통적으로 가지고 있다는 것이다. 이렇듯 대담집은 우리에게 다른 문화권을 이해 할 수 있다면 민족간의 편견과 불신을 넘어설 수 있다는 희망의 메시지를 전달하고 있다. 책(대담집)이 위대한 정신과 불가사의한 힘이 있다는 것은 힌두교도인 간디가 러스킨의 저작 『나중에 온 이 사람에게도』의 책을 통해 '물리적 힘을 대체하는 영혼의 힘'이라는 개념을 생각해 냈으

며(토마스 웨버, 2013), 기독교인 마틴루터 킹이 『마하트마 간디』, 『간디의 자서전』, 『리처드 그레이 비폭력의 힘』의 책을 통해 비폭력 사고에 대한 구체적인 영감을 얻었고(Hendrick, 1959), 그 외 많은 사례가 존재하기 때문이다. 이처럼 책은 '만남의 재 생산'을 촉발하고, 사람과 사람 사이의 삶에서 '공명(共鳴)'을 이끌어 내는(고병헌, 2006) 힘이 있다.

따라서 이케다 박사의 평화교육 정신은 대담집(책)을 통해 현재와 미래를 살아가는 사람들에게 '만남의 재생산'이 이어질 것이고, 그 사상에 후세의 사람들이 '공명'함으로써 역사 속에서 점점 그 진가를 발휘할 것이다.

5. 학술기관 설립을 통한 평화교육

사회가 민주화 될 때, 국민을 통제하고 소외시키기 힘들 때, 엘리트 집단이 선전[20]이라는 방법으로 동원되며(촘스키, 2004), 이러한 목적을 달성하기 위해서 항상 학식을 가진 지식인들이 등장해 신문과 방송, 광고와 예술 등을 장악해 왔다(촘스키, 2002). 촘스키의 이러한 주장은 지식인들이 사회문화의 저변에 흐르는 '사상'을 장악하기 위해서 일반 서민들이 인식하지 못하도록 다양한 방법을 통해 이용되어 왔다고 볼 수 있다. 이러한 맥락에서 볼 때 비폭력이 평화로운 지구를 건설하는데 좀 더 가치가 있다는 것을 알고 있으면서도 지식인들은 갈퉁 박사가 주장한 대로 자신들의 기득권 유

---

20) 주의나 주장, 사물의 존재 효능 따위를 많은 사람이 알고 이해하도록 잘 설명하여 널리 알리는 일.

지를 위해 폭력 사용을 정당화시키는 근거를 제공해 온 것이다. 이에 일반 서민들은 폭력 사용을 자연스러운 과정으로 받아들이고 사회문화 저변에 '비폭력'보다는 '폭력'이 좀 더 자신에게 이득이 된다는 것을 부지불식(不知不識) 간에 습득해 온 것이다.

이러한 역사적 흐름 속에서 이케다 박사는 1960년 창가학회 회장이 된 직후 세계평화 연구를 위한 연구소를 발족하고 1962년 동양철학 연구소를 창립함으로써 문화적 폭력을 지양하고 비폭력 사상을 전 세계에 확립하고자 출범했다. 이후 이케다 박사는 1991년 태평양 연구센터(PBRC: Pacific Basin Research Center)[21], 1996년 '도다 기념국제 평화연구소'를 창립하였다. 1962년 동양철학연구소를 창립 할 당시 이케다 박사는 연구소의 목적을 아래와 같이 언급했다.

> "동양의 사상, 철학과 관련된 학술자료를 수집하여 아시아 문화를 연구하는 기관으로 동양을 중심으로 세계의 문화와 종교, 민족성을 연구하여 인간과 인간의 상호 이해를 도모하는 밑거름으로 삼아 동양, 나아가서는 세계평화에 기여하는 것을 설립 목적으로 한다. 그 이유는 인류의 상호 이해를 도모하기 위해서는 각 나라나 민족의 문화를 연구하고 이해하는 것이 불가결하기 때문이다"(이케다 다이사쿠, 2002).

이후 동양 철학연구소는 1998년부터 '법화경과 실크로드' 전 (2006년 법화경 – '평화와 공생의 메시지' 전)을 개최해 한국을 비롯해 전 세계 16개국에서 전시회를 가졌다. 또한 인도 국제아카데미, 유럽의 과학예술아카데미, 중국의 중국 사회과학원·세계종교

---

21) http://www.pbrc.soka.edu/about_us/history.aspx.

연구소, 영국의 옥스퍼드 불교철학 연구소, 미국 하버드 대학교 종교연구소, 브라질의 철학 아카데미, 말레이시아 문명 간 대화센터와 교류하며 심포지엄을 개최 해 종교간 편견을 없애고, 상호이해 관계를 구축해 평화를 위해 협력하는 단체로 성장해 왔다. 이케다 박사는 1991년 자신이 설립한 미국 소카대학교(SUA)에 세계평화 교육의 정착을 목표로 '태평양 연구 센터(PBRC)'를 건립함으로서 동남아시아, 동아시아, 북미 및 라틴 아메리카 국가에서의 인도적 평화 개발에 관한 연구를 수행함과 동시에 '평화의 문화 비폭력' 심포지엄 등을 개최하고(화광신문사, 2014), '나 자신과 가까운 곳' 에서부터 시작하는 지역사회 세계시민 네트워크(화광신문사, 2016a)를 구축하기 위해 노력해 왔다.

마지막으로 이케다 박사는 1996년 도다 제2대 회장의 평화사상을 원점으로 활동하는 '도다 기념국제 평화연구소'를 발족해 "평화를 실현하기 위해 공리공론이 아닌 '구체적으로' 어떻게 해야 하는가"라고 고심하며, 전 세계의 식자를 초청해 국제회의를 개최하고 연구서를 발간해 학술분야와 정책분야의 양면을 중시하는 연구를 추진하고 있다. 지금까지 '도다 국제 평화 연구소'는 50회가 넘는 국제 회의와 워크숍을 준비했으며, 영문기관지 '피스앤폴리시(Peace & Policy)' 20권을 비롯해 40권이 넘는 연구서적을 발간해 (화광신문사, 2016b) 세계평화 사상 정착에 기여해 오고 있다.

이케다 박사에 의해 추진된 세계적인 비폭력 연구기관의 설립은 비폭력 문화의 전통과 자원을 조사할 수 있는 길을 열고, 비폭력에 대한 창조적 이론과 실천방안 등에 대한 연구 결과물을 도출하는데 큰 역할을 해 왔다. 또한 지구를 비폭력 삶의 터전으로 만들기 위해 무엇을 해야 할 것인가에 대한 아이디어와 정책들, 필요한 운동, 제도, 인적 요소 등의 지혜를 모아(Kool, 1990) 생명존중의 가치를 수호하는 연대를 구축해 향후 비폭력주의 시대를 만들고자 하는 인류의 열망에 보답할 것으로 판단된다.

V. 결론

고대 그리스와 공자로부터 시작되는 교육 사상과 유교 철학이 2500년이 지난 현대를 살아가는 우리들에게 영향력을 행사하는 것을 볼 때 철학과 사상이 지닌 힘을 우리는 짐작할 수 있다. 지금까지 비폭력 평화 사상의 실천자로 간디, 마틴루터 킹으로 이어지는 계보가 있지만 이케다 박사 또한 소극적 평화를 적극적 평화로 전환하고자 평화교육 사상을 이론적으로 정립하고 다양한 실천적 활동을 통해 지난 56년간 전 세계의 평화를 위해 진력해 왔다. 본 연구의 결과는 아래와 같다.

첫째, 이케다 박사의 평화교육에 관한 이론적 기반 형성은 자신의 전쟁체험이 바탕이 되지만 핵심적인 부분은 스승인 도다 조세이로부터 니치렌 대성인의 생명철학과 인간혁명 사상을 10년간에 걸쳐 사사(師事) 받음으로서 완성된 것이다. 이케다 박사가 스승인 도다 조세이를 만난 그 시기(1947년)만 하더라도 강대국이 자국의 부족한 자원과 물자를 확보하기 위해 약소국을 침략하고 식민지화시키기 위한 수단으로 폭력의 사용은 자연스러운 과정으로 받아들여졌다. 소극적 평화관이 역사의 본류(本流)일 때 도다 조세이는 젊은 이케다 박사에게 세계시민적 시각과 인간주의적 관점의 중요성을 강의하고, 어떻게 사는 것이 올바른 인생인가를 고민하게 함으로써 '내적 동기'를 강화시켜 지금의 평화교육 사상의 강력한 기반을 확립시켰다. 특히 도다 조세이로부터 받은 니치렌 대성인의 생명철학 강의는 전쟁이라는 것의 본질이 인간의 마음속에서 존재하는 십계(十界)의 생명 상태 중 수라계의 생명에서 비롯된다고 하는 근본적인 이유를 밝히고 이를 해결하기 위한 방법으로 인간혁명 사상을 강조하였다. 인간혁명 사상은 '자신 중심의 삶에서 타인에게 공헌하는 삶의 추구(자신과 타인의 행복을 함께 추구하는)'를 강조하는 것으로 이는 다시 니치렌 대성인의 생명 철학 중 평화 정착을 위해 꼭 필요한 보살계의 삶과 맥을 같이 한다. 이케다 박사가 보살계의 삶을 강조하는 이유는 타인과 공동의 행복을 추구하는 인간혁명이 가족과 지역사회, 국가를 넘어 세계로 넓혀 질 수 있다면, 이는 지금까지 인류가 추구해 온 물질을 숭상하고 자국의 이익을 중시하여 타국 침략을 정당화 해왔던 소극적 평화를 적극적 평화로 전환시킬 수 있다는 사상적 체계를 정립할 수 있기 때문이다. 따라서 니치렌 대성인의 생명철학과 인간혁명 사상은 이케다 박사의 평화교육 사상에 중요한 이론적 기반이 된다.

둘째, 이케다 박사는 지금까지 국수주의(자기민족 중심주의) 교육이 폭력 사상 형성에 영향을 미쳤으며 이를 근본적으로 해결하기 위한 방법의 하나로 교육기관 설립과 비공식적 교육기관인 좌담회를 통해 세계 시민교육을 실천해 왔다. 이케다 박사가 강조한 세계 시민 교육은 스승인 도다 조세이의 지구민족주의를 계승한 것으로 1987년과 2016년 1.26기념제언에는 세계시민의 방향성, 세계시민의 특징, 세계시민의 프로그램 구성내용 등이 포함되어 있다.

이케다 박사가 1973년에 일본에 설립한 소카 여자 중·고등학교는 사회적 약자인 여성의 인권을 교육을 통해 신장시킴으로서 사회구조적 폭력을 근본적으로 해결하기 위한 방법의 하나였다. 또한 미국 소카대학교에 해외연수 프로그램 의무 이수와 인문학 수업의 강조는 폭력 사용의 이면에 감춰진 타문화에 대한 이해를 증진하고 교육과정 속에 인류의 역사를 비폭력적인 시각에서 바라볼 수 있도록 구성함으로서 지구적 시야를 가진 학생을 육성하는데 진력해 왔다.

이케다 박사가 세계시민 육성을 위해 각고(刻苦)의 노력을 기울인 또 한 가지 방법은 비공식 교육기관(좌담회)을 통한 세계시민의 육성이다. 좌담회는 현대사회가 가진 불평, 원망, 질투의 병폐를 희망, 용기, 격려의 마음으로 전환시키는 장을 마련하고, 자신을 성찰할 수 있는 기회를 부여해 UNESCO가 세계시민 육성을 위해 강조하는 상호의존성, 상호연결성, 차이에 대한 다양성, 내가 사는 지역과 사회에서 실천할 수 있는가를 보여주는 기회를 제공하고 있다. 4차 산업혁명시대를 바라보며 학교 밖 교육을 강조하고 있는 현 시점에서 이케다 박사가 강조하는 좌담회를 통한 세계시민 교육은 시간과 함께 그 진가를 더욱 발휘해 비폭력 사상 형성에 중요한 역할을 담당해 왔다.

셋째, 대표적인 비폭력 투사인 간디와 마틴루터 킹이 러스킨과 간디의 저작물을 통해 비폭력 사상을 심화·계승한 것처럼 이케다 박사가 세계 지성인들과 발간한 대담집(책)은 '정신적 유산'을 상속하는 차원에서 의미를 가지며, 향후 평화교육에 대한 올바른 방향성과 준거를 제시하는 자료로 활용되어 더욱 빛을 발할 것이다.

넷째, 세계를 견인하는 핵심 축에 '사상'이 있음을 깊이 인식한 이케다 박사는 세계평화교육 사상의 정착을 위해 1962년 동양철학 연구소, 1991년 미국 소카대학교에 태평양 연구소(PBRC), 마지막으로 1996년 도다 국제 평화 연구소를 설립하였다. 이러한 연구기관의 설립은 전 세계의 비폭력 연구기관과 네트워크를 형성하여 비폭력 문화의 전통과 자원을 조사하였으며, 비폭력 연구자들을 지원하여 창조적 이론과 실천방안의 연구결과물을 도출해 왔다. 새롭게 발견된 비폭력 이론은 심포지엄과 워크숍의 개최 및 학술지(연구서적)발간을 통해 지식인들과 일반대중에게 전달되어 비폭력 사상 문화 확산에 크게 기여해 왔다.

참고문헌

고병헌. (2006). 『평화교육사상』. 학지사.
고려대학교 교육사철학연구모임. (2009). 『교육사상의 역사』. 서울: 집문당.
고르바 초프·이케다 다이사쿠. (2003). 『20세기 정신의 교훈』. 연합뉴스.
글렌페이지. (1993). 『비폭력과 한국정치』. 집문당.
김정미. (2004). 『여성임파워먼트 증진을 위한 인지행동 집단상담과 게슈탈트 집단 상담 비교』. 경북대학교 대학원 박사학위 논문.
김진희. (2017). 『글로벌시대의 세계시민교육』. 박영스토리.
김진희·임미은. (2014). "공정여행 수업활동에 나타난 세계시민교육의 의미 탐색." 『한국교육』, 41(3). pp. 219-239.
마에하라 마사유키. (2007). 『이케다 다이사쿠 행동과 궤적』. 중앙일보시사미디어.
서울대학교 연구소. (1995). 『교육학 용어사전』. 서울대학교.
세이쿄신문. (1991). 『세계시민과 인간교육』. 10월 17일자 신문.

아놀드 J. 토인비·이케다 다이사쿠. (1986). 『21세기를 여는 대화. 일조각.
아우렐리오 펫체이·이케다 다이사쿠. (2001). 『21세기의 경종』. 일조각.
에드윈 무어. (2009). 『그 순간 역사가 움직였다: 세계사를 수놓은 운명적 만 남 100』. 서울: 미래인.
이케다 다이사쿠. (1987). 『제 12회 1.26 기념제언』. 화광신문사.
_____. (1998). 『제 23회 1.26 기념제언』. 화광신문사.
_____. (1999). 『인간혁명의 세기로』. 중앙일보 J&P.
_____. (2002). 『신 인간혁명』 6권. 본토의 장. 화광신문사.
_____. (2006). 『신 인간혁명』 13권. 북두의 장. 화광신문사.
_____. (2008). 『신 인간혁명』 17권. 희망의 장. 화광신문사.
_____. (2009). 『미래를 바라보며』. 연합뉴스 동북아 센터.
_____. (2015). 『인간혁명』 12권. 선언의 장. 화광신문사.
_____. (2016). 『제 41회 1.26 기념제언』. 화광신문사.
이케다 다이사쿠·요한갈퉁. (1997). 『평화를 위한 선택』. 신영미디어.

이케다 다이사쿠 · 조문부. (2004). 『희망의 세기를 향한 도전』. 연합뉴스.

이케다 다이사쿠 · 알렉산드로 세레브로프. (2010). 『우주와 지구와 인간』. 조
    선뉴스 익스프레스.

정운길. (2001). 『새로 나온 국어 대사전』. 서울: 민중서관.

조무남. (2016). 『공자 교육사상』. 학지사.

촘스키. (2004). 『환상을 만드는 언론: 민주사회에서 언론은 어떻게 사고와 사
    상을 통제하나?』. 두레.

_____. (2002). 『누가 무엇으로 세상을 지배하는가』. 시대의 창.

토마스 웨버. (2013). 『제자 간디, 스승으로 죽다』. 낮은산.

하영애. (2015). 『조영식과 평화운동』. 한국학술정보.

한국SGI홍보국. (2011). 『이케다 SGI 회장의 평화의 발자취』. 비매품.

홍순정. (1999). 『평화를 사랑하는 어린이』. 학지사.

화광신문사. (2014). 10월 31일자 3면.

_____. (2016a). 4월 16일자 3면.

_____. (2016b). 7월 8일자 3면.

Bandura. (1982). "Self-efficacy mechanism in human agency." *American
    Psychologist*, 37, 122-147.

Conger, J. A. & Kanungo, R. N. (1988). "The empowerment process: Intergrating
    theory and practice." *Academy of Management Review*, 13, 471-482.

Hicks, D. (1993). 『평화교육의 이론과 실천』(고병헌 역). 도서출판 서원.

Hendrick, G. (1959). *Gandhi and Dr. Martin Luther King*. Gandhi Marg3.

Galtung, J. (1990). "Culture Violence." *Journal of Peace Research*. 27(3). 167-191.

Ikeda, D. (2001). "The Path of Community." In *For the Sake of Peace: Seven
    Paths to Global Harmony, a Buddhist Perspective*, 71-98. Santa Monica, CA:
    Middleway Press.

_____. (2005). "Foreword." In *Educating Citizens for Global Awareness*, edited by
    Nel Noddings. ix-xi. New York: Teachers College Press.

_____. (2010). "The Challenge of Global Empowerment: Education for a
    Sustainable Future." In *Soka Education: For the Happiness of the Individual*,
    35-48. Santa Monica, CA: Middleway Press.

Ikeda, D. & Gu, M. (2009a). *Humane Education: A Bridge to Peace, Part 1*.
    Institute of Oriental Philosophy.
    http://www.iop.or.jp/0919/ikeda_mingyuan.pdf.

_____. (2009b). *Humane Education, A Bridge to Peace, Part 2*. Institute of Oriental Philosophy. http://www.iop.or.jp/1020/ikeda_mingyuan.pdf.

Jason, G. & Urbain, O. (2013). "Daisaku Ikeda's Philosophy of Peace, Education Proposals, and Soka Education: Convergences and Divergences in Peace Education." *Journal of Peace Education*, 10(3), 303-322.

Jim, G, Hickman, L. & Ikeda, D. (2014). *Living as Learning: John Dewey in the 21st Century*. Cambridge, Massachusetts: Dialogue Path Press.

Kool. V. K. (1990). *Perspectives on Nonviolence*. New York: spring-verlag. 226-230.

Melissa, B.& Michio, O. (2015). "Review of Living as Learning: John Dewey in the 21st Century by Jim Garrison; Larry Hickman; Daisaku Ikeda." *Schools: Studies in Education*, 12(2), 261-270.

Miller, G. D. (2002). *Peace, Value, and Wisdom: the Educational Philosophy of Daisaku Ikeda*. Amsterdam: Rodopi.

Nussbaum, M. C. (1996). "Patriotism and cosmopolitanism." in M. C. Nussbaum & J. Cohen (Eds.), *For love of country: debating the limits of patriotism*, Boston: Beacon Press.

Symondies, J. & Singh, K. (2002). "평화의 문화 구축을 위한 시론." 하영선 (편). 『21세기 평화학』. 풀빛.

Soka Education Student Research Project(2005). "Soka Education: Present and Future." Soka Education Conference. http://www.sesrp.org/?page_id=19.

_____. (2006). "Soka Education: Leadership for Sustainable Development." Soka Education Conference. http://www.sesrp.org/?page_id=19.

_____. (2007). "Soka Education: A Dialogue between Civil Society and Education." Soka Education Conference. http://www.sesrp.org/?page_id=19.

Takao, I. (2008). "Readings from Daisaku Ikeda's Youth—Johann Heinrich Pestalozzi in the Early Development of Daisaku Ikeda's Educational Thought." *Soka Kyoiku (Soka Education)*, 1, 141-147.

UNESCO. (2014). *Global Citizenship Education: Preparing learners ofr the challenges of the twenty-first century*. Paris: UNESCO.

Urbain, O. (2010). *Daisaku Ikeda's Philosophy of Peace: Dialogue, Transformation and Global Citizenship*. London: I. B. Tauris in Association with the Toda Institute for Global Peace and Policy Research.

이케다 다이사쿠와
도쿄후지미술관

손 희 정

Ⅰ. 서론

이케다 다이사쿠는 니치렌 불법의 인간주의를 근간으로, 인재를 육성하는 교육자인 동시에 비폭력과 비핵화를 위해 행동하는 평화 운동가로서 국제사회에 잘 알려진 인물이다. 또한 계관시인이며 사진작가로서 동양철학연구소[1]와 민음[2], 그리고 도쿄후지미술관(東京富士美術館) 등을 창설한 사상·문화·예술의 전파자이다. 그는

---

1) 東洋哲學硏究所: IOP(the Institute of Oriental Philosophy) 1962년 1월 27일, 도쿄 신주쿠 병동에 설립. 같은 해 11월, 학술간행물인 『동양학 저널』발간. 1965년 12월 비영리재단이 되고 '동양 철학 연구소(IOP)'로 개칭. 1986년에, IOP는 일본 소카대 캠퍼스의 현재 위치로 옮김, 1987년 이래로 매년 이 저널의 영문판 발행. 2010년 11월 9일, IOP는 공익재단법인으로 승격. 전 세계의 대학들, 연구 기관들과 교환, 협력 및 협정 체결(동양철학연구소, http://www.totetu.org).

2) 民主音樂協會의 약칭, 1963년 창립연주회를 시작으로 1965년 사단법인이 됨.

서민의 자각과 연대에 뿌리를 둔 평화문화 구축을 위해 다각적인 노력을 일관되게 해왔다. 본 논문은 이케다 다이사쿠가 말하는 평화문화와 예술의 연대에 대한 의미와 평화문화의 실현, 그리고 그 특징에 대해 조사한 것이다. 본 논문의 구성은 식자와의 대담 및 강연내용, 그리고 저서와 인터뷰 등에서 문화3)와 예술에 대해 언급한 부분을 발췌하여 그의 문화와 예술관을 소개하고 그것이 도쿄후지미술관을 통해 어떻게 실현되고 있는가를 서술하겠다.

II. 이케다 다이사쿠의 문화와 예술관

정치와 군사적 관점에서의 냉전시대는 종식되고 산업사회가 정보화 사회로 이행되는 현 시점에서, 국제사회에는 정치적·경제적 갈등의 해소를 위해 문화교류에 대한 관심이 증대되고 있다. 여기에는 이해관계를 초월하여 지구공동체로서 핵, 민족, 종교, 온난화, 테러리즘 등 지구적인 문제들을 다양한 문화에 대한 이해와 타 문화의 가치에 대한 인정 등의 평화적 해결을 위한 노력을 필요로 한다. 또한 교통과 커뮤니케이션의 급속한 발전 등은 문화의 세계화(globalization)에 큰 기여를 하고 있다.

이와 같은 국제정세 속에 평화 실현을 위한 문화의 역할이 중대함을 인식한 이케다 다이사쿠는 1960년대부터 문화의 정통성과 다양성,

---

3) '문화'는 종교, 사상, 교육, 예술 활동, 과학 기술 등 모든 인간 활동의 성과이고 문화의 총체 즉 문화의 통합은 "문명"이다. 'culture'는 '문치', '교화'의 의미로 정신적 진보와 관련되며, 'civilization'은 서양 근대시민계급의 출현으로 자주 이용되었으며 '원시 & 야만'의 상대어로 물질적인 진보를 의미함. 프랑스에서는 '문명'(cilon)을, 독일에서는 '문화'(Kultur)를 중시함. '文化'와 '文明' 모두 '文'에서 비롯되었는데, 중국어 '無文化', '無文明'은 사람의 행실에 문화가 없고 문명적이지 않다는 것으로, 거칠고 촌스러움을 의미한다. 池田大作·顧明遠, 『平和の架け橋人間教育を語る』, 東洋哲学研究, 2012, p.126-130.

그리고 발전에 관해 각국의 정치·경제·문화계 인사들과 지속적으로 대담을 해왔다. 그는 경제력만을 내세우기 보다는 마음과 마음, 사람과 사람, 그리고 나라와 나라를 연결시킬 수 있는 문화의 힘을 강조하며 '문화입국(文化立國)'을 목표로 하는 것이 중요함을 역설한다.

또한 문화와 문화의 만남은 단순한 '덧셈'이 아닌 '곱셈'이며, 그 시너지는 새로운 '미(美)'를 창조한다고 하였는데, 그것을 바로 '예술적 승화(昇華)'라고 한다.4) 그러므로 평화 문화의 실현은 창조적인 예술과 불가분의 관계가 있다는 것이다.

다음은 이케다 다이사쿠의 문화관과 예술관에 대한 내용을 살펴보겠다.

1. 평화를 위한 문화

'culture'는 본래 미개척 상태의 황무지를 일군다는 의미로, 인간의 혼도 개척하지 않으면 황무지가 되고 만다. 그러나 일구고 경작하면 '가치'라는 결실을 맺게 되며 그것이 바로 "문화"인 것이다. 따라서 이케다 다이사쿠는 자신을 일구는 것을 잊어버리고 자기의 정신을 황무지인 채로 그냥 방치하면, 아무리 문화를 논하고 문화에 조예가 있다 해도 그것은 자신의 외면을 문화로 치장하고 있는 것에 불과하다고 한다.5)

이케다 다이사쿠는 문화가 인간의 마음 깊숙한 곳을 비추고 한 사람 한 사람의 지혜를 촉발시키면서 평화로운 방향으로, 번영하는

---

4) 이케다 다이사쿠, 「포르투갈: 영광의 500년 전(展)」, 『희망의 21세기로』40, 1999-10-17.
5) 이케다 다이사쿠, 『신인간혁명』 5권 개도(開道), 화광신문사, 2013, p.46.

방향으로, 역사를 변혁하는 힘이 있기 때문에, 문화의 가치를 되살리고 서민6) 수준에서 문화교류를 폭넓게 추진하는 일이 바로 세계 평화를 실현하는 지름길이라고 한다. 그리고 문화는 '인간을 위해', '서민을 위해' 존재하며 그 서민이 문화교류를 통해 서로 이해의 폭을 넓힌다면 견고한 평화의 토양을 일굴 수 있다고 한다. 어떠한 국가나 체제라도 그 사회를 현실에서 지탱하는 것은 서민이므로 나라와 나라 사이의 우호라 해도 결국은 한 사람 한 사람이 서로를 이해하는 데서 시작함을 피력한다.7)

또한 르네 위그의 말을 인용하여, 전쟁의 원인은 '야만적 물질주의' 이므로 평화 구축을 위해, 인간 내면의 정신성을 부흥시켜야 하며, '문화'와 '교육' 발전에 노력하겠다는 의지를 밝힌다.8) 여기서 '평화문화' 창출을 위한 교육은 단순한 지식의 전수나 기술 습득이 아닌 서민에 기반을 두고 인간이나 사회적 위기에 대처하는 '영지'와 '용기'를 배양하는 동시에, 다양한 문화를 존중하고 배우며 열린 마음을 기르는 '인간교육'을 말한다.

제2차 세계대전 중, 일본의 군국주의에 의해 투옥되어 옥사한 마키구치 쓰네사부로(牧口常三郎) 창가학회 초대 회장은 "악인(惡人)은 자기방어 본능 때문에 눈 깜짝할 사이에 타인과 도모하지만, 선

---

6) 원문은 '民衆' 으로 되어있으나 한국에서는 '民衆'의 의미가 변혁의 주체, 저항의 주체, 역사를 만들어가는 주체라는 정치적 관점이 강하여 '서민' 으로 표기함.

7) 소극적인 관용의 한계를 넘어 적극적인 공존사회를 구축하는 주체로서 서민을 포착하는 文化民際主義를 제안, 이케다 다이사쿠, 『제25회 1.26 'SGI의 날' 기념제언: 평화의 문화, 대화의 대륜』, 2000년.

8) René Huyghe(1906-1997): Louvre 미술관의 수석 큐레이터로 제2차 세계대전 중, 모나리자 등 Louvre의 소장품들을 대피시키고 보호를 담당함, 1950년 Collège de France의 Plastic Art 심리학 의장에 선출됨, 1966년 Erasmus 상 수상, 1974년 Musée Jacquemart-André의 관장이 됨, 유네스코와 국제 재판소에서 활동 등. 저서는 이케다 다이사쿠와 대화집인 *Dawn After Dark* 등. 『東京富士美術館30年史』, 東京富士美術館, 2014, p.115; 『법련』, 화광신문사, 2017-12. p.94, p.107.

인(善人)은 늘 고립되고 약해져 있다." 며 개탄했다고 한다. 그는 '교육'으로 인간의 무한한 가능성을 이끌어내어 한 사람 한 사람을 강하고 현명하게 만드는 것이 중요하며, 서민이 주체가 되어 '선(善)의 스크럼'을 강화하여 평화와 인도(人道)의 세계를 구축해야 한다고 한다.

그러므로 이케다 회장에게 있어 '평화 문화' 확대를 위한 교육은 '방관자'가 아닌 '평화의 창조자'를 만드는 교육을 의미한다.

한편 그는 문화의 다양성을 중시하는 세계시민교육의 중요성을 강조하고 평화문화의 네트워크 형성을 독려하며 '제석천(帝釋天)의 그물'9)이라는 불전의 비유를 소개하는데 그것은 다음과 같다.

> "대자연의 힘을 상징하는 제석천의 궁전에는 종횡으로 뻗은 장대한 그물이 펼쳐져 있고, 다채롭게 빛나는 수많은 보석들이 달려있다. 거기에는 어느 보석 하나가 중심이 아니라 저마다 전체의 중심이고 보석 하나하나가 서로를 비추면 그 광채가 더욱 빛나게 되어 매우 조화롭고 장엄한 세계를 창출하게 된다. 이것이 바로 '세계의 실상(實相)'이라는 것이다."

다시 말해서, 보석 하나하나가 저마다의 지역과 민족의 문화를 상징한다면, 보석에서 나오는 빛은 각 문화의 독자성을 나타낸다고 할 수 있다. 그리고 모든 보석이 서로를 비추면서 새로운 광채를 발하고 더욱 찬란한 가치를 창조하여 장엄하게 빛나는 '지구문명'을 창출한다는 것이다.

이와 같이 이케다 다이사쿠가 지향하는 "생명존엄 인간존중의

---

9) 우주의 삼라만상이 서로 관련되어 의존하면서 절묘한 조화를 이루는 모습을 묘사한 것으로 불법의 緣起觀을 나타내는 비유. 이케다 다이사쿠, 『제22회 1.26 'SGI의 날' 기념제언: 지구 문명을 향한 새로운 지평』, 1997.

평화문화 실현"은 문화의 '다양성'을 존중하며, 문화와 종교 등의 차이를 서로 인정하고, 서로 배우는 속에서 저마다의 독자성과 함께 인류의 공통적인 '보편성'을 찾아 가는 것이다.[10]

2. 연대를 위한 예술[11]

이케다 다이사쿠는 예술을 '창조적 생명의 승화(昇華)'라고 정의하고, '자기'라는 작은 세계가 '우주'라는 큰 세계와 융합하면서 만들어낸 다이내믹한 생명에 예술이 존재한다고 한다. 그리고 아리스토텔레스[12]가 말한 '카타르시스(Katharsis, 淨化)'를 '예술의 효용'이라 해석했다.

한편 종교와 예술 그리고 문화는 본래 떨어질 수 없는 관계이기 때문에, 예로부터 불교 등 역사적인 종교는 위대한 문화와 예술의 꽃을 피워 왔다. 서양의 고전예술도 종교와 깊은 관련이 있어 종교는 즉 예술이라고 할 수 있었으며, 동양의 고전예술은 '자연을 복종시키기보다 자신이 자연의 일원(一員)으로 되는 것'이었다.[13]

---

10) 이케다 다이사쿠, 「문명의 십자로에서 인간문화의 흥륭을」, 이탈리아 팔레르모대학교 기념강연, 2007-03-23.

11) 이케다 다이사쿠, 「동서(東西)에 있어서 예술과 정신성」, 『21세기 문명과 대승불교』, 화광신문사, 2011, pp.138-155.

12) Aristoteles(BC 384년-BC 322년): 고대 그리스의 철학자, 플라톤의 제자, 알렉산더 대왕의 스승.

13) 예술에 대한 개념은 동양과 서양에 다소 차이가 있다. 동양에서는 고대로부터 예(藝)와 술(術)을 분리하였는데, 전자는 군주와 귀족의 전인교육을 위한 과목인 '육예(六藝)'에서 비롯되었고 후자는 장인의 기술적 측면을 의미한다. 반면 서양에서의 예술 즉 'art'는 라틴어 'ARS'의 "조립하다", "고안하다"라는 의미에 연원을 두며, 숙련되고 실용적인 특수한 기술을 가리킨다. Aristoteles는 'art'을 '필요를 위한 기술' 과 '기분전환 및 쾌락을 위한 기술'로 이분화하였다. 독일어 'Kunst'는 "알고 있다", "할 수 있다"는 의미로, 현재는 '예술'과 함께 수공(handicraft, handwork), 기타 실용적인 기술들을 포괄하는 의미지만, 고대에는 학문, 지식, 지혜 등에 사용되었다. 먼로 C. 비어슬리 저, 이성훈·안원현 譯, 『미학사』, 이론과 실천, 1993, pp.25-26; 李澤厚·劉綱紀, 權德周·金勝心 譯, 『中國美學史』, 대한교과서주식회사, 1999, pp.130-137.

그러나 개인주의가 팽배해지던 19세기 말부터, 자유롭고 다양한 예술적 시도는 개인의 노력이나 재능에 따라 그 나름의 성과를 기대할 수는 있었지만, 인간은 자연과 우주에서 점차 멀어지고 인간과 인간의 유대마저 단절되었다. 이로 인해 고독한 예술가는 공동체적 연대의식이 약해져, 인간이 예술을 추구한 이유였던 '결합'이란 예술의 정통성을 잃게 되었다고 한다.

이러한 현상을 개선하기 위해, 이케다 다이사쿠는 동양의 불법에서 설하는 '연(緣)'14)이라는 개념을 적용하여 '결합의 힘'을 '결연(結緣)의 힘'으로 바꾸어 시시각각으로 변화하고, 영원히 약동해 가는 다이내믹한 생명의 움직임 그 자체를 '창조적 생명'이라 정의한다. 그 생명은 시간적, 공간적인 한계를 부단히 극복하여, 작은 자아(自我)로부터 큰 자아로의 초극작업(超克作業) 즉, 우주 근원의 리듬과 공명(共鳴)하며 새로운 비약과 자기혁신을 한다는 것이다.

또한 창조적 생명을 우리들의 '삶의 태도'로 비유하여 '자기완성을 향한 능동적 실천'이라고 한다. 따라서 창조적 생명을 개화(開花)하려는 노력은 인간의 내면적 변혁을 통해, '정신혁명'의 길을 열 수 있기 때문에 예술을 비롯한 인간의 모든 영위를 활성화시켜 가는 원천으로 될 수 있다고 한다.

그러므로 뛰어난 예술은 인간성의 발로이며, 인간성의 표현이고 자유와 다양성을 지니고 있기 때문에 무력이나 폭력 등 외압적인 힘으로 인간을 가두는 '야만'과는 정반대라고 한다. 결과적으로 진

---

14) "연(緣)을 맺는다"는 것의 '연'이란, 불법의 '연기(緣起)'설의 개념에 의한 것으로 '연기'설은 석존이래 불교의 중요한 개념이다. 즉 불교에서는 사회 현상이든 자연 현상이든, 무엇인가의 '연'에 의해서 '일어나게' 되며, 그 자체만으로 존재하는 것은 아무 것도 없다고 설한다. 이것은 "모든 사실이 관계성(關係性)에서 생긴다"는 것으로 시공을 초월한 다차원적(多次元的)인 사고방식이다(각주 11). 이케다 다이사쿠, 앞의 책.

정한 예술은 정치·경제·군사 등의 외적 규제를 초월하여 보다 깊은 차원에서 공명을 이루고 공감하여 우정을 맺을 수 있다는 의미에서 세계 평화를 가능하게 한다고 한다.[15]

따라서 예술가는 "무엇을 위해서인가?"라고 탐구하며 자신의 철학을 갖고 언제나 자신을 넘어선 위대한 것을 위해 온 힘을 다해야 하며, 이러한 사명감이 바로 자기를 정화하고, 예술을 정화하고, 사회를 정화하는 원천이 된다고 한다. 그리고 위대한 예술은 정성을 다해 남을 기쁘게 하고 격려하려는 애정에서 출발하는 것이지, 거만하게 잘난 체하고 유행에 좌우되어 인간의 혼을 잃은 독선적이고 이기주의에 갇힌 경직된 마음에서는 작고 빈약한 예술밖에 나오지 않는다고 한다.

그러나 예술은 본디 인간을 가장 맑고 깨끗하게 향상시키는 세계여야 하지만 현실은 반대인 경우가 너무나 많고 대부분의 현대인이 확고한 '자아'가 없기 때문에 진정한 예술도 탄생하지 않는다. 그러므로 더 높은 자기를 탐구하는 겸허함과 솔직함, 사색과 철학 그리고 기원이 필요하며 이러한 노력이 없는 예술은 비록 화려한 미사여구로 찬사를 받는다 해도 결국에는 겉치레에 지나지 않는다고 한다.[16]

결국 이러한 한계를 극복하기 위해, 다양한 인종, 문화, 전통, 환경 등에서 성장한 인간이 서로 다르다는 것을 인정하고 그 차이와

---

15) 미국은 만주사변 당시, 일본의 입장을 표명하는 설명회나 팜플렛은 무시당하거나 도리어 반감을 격화시키는 등 반일감정이 고조되어 일본을 보이콧하였다. 이런 상황 속에 미국의 Boston 미술관에서 일본의 두루마리 그림을 전시하였다. 그런데 많은 사람들이 모여들어 이 일본 그림의 아름다움을 찬탄하였다고 한다. 이 일화가 바로 정치적인 대립이나 인종 차별, 적대 감정을 초월하여 마음의 공감을 이끌어 낸 예술의 가치를 증명한다는 것이다(각주 5). 이케다 다이사쿠, 앞의 책, p.44.

16) 이케다 다이사쿠, 「음악으로 조화의 세기를 만든다: 브라질의 세계적인 작곡가 겸 피아니스트 아마랄 비에이라」, 『MIDAS』, 통권 106호(2012-12), 연합뉴스 동북아센터, 2012, pp.16-18.

경계를 초월할 수 있도록 '창조적 생명의 승화'라는 위대한 예술을 접하여 깊게 '공명' 할 수 있게 해야 한다고 한다.

그러므로 이케다 다이사쿠가 제시한 불법의 연기관은 서로의 차이를 극복하는데 중요한 사상적 근거가 된다. 즉, '자신과 타인은 불이(不二)이며 떼어 놓을 수 없다' 따라서 '타인의 행복에 진력해 가는 것도 자신의 행복을 증가시키는 것으로 통한다' 라며 이기주의를 초월한 '자애(慈愛)'의 세계를 구현하게 하는 것이다.

이것은 인간과 다른 생물 그리고 인간과 지구의 관계에도 똑같이 적용된다. 그리고 이것을 깨닫는 순간, 만물을 연결하는 '생명의 연대감'이 솟아나고 '신뢰'와 '자비', 그리고 '비폭력'의 에너지가 공명 약동하여 폭력이나 전쟁, 그리고 환경파괴 같은 '악의 에너지'가 설자리를 잃게 된다는 것이다.[17]

그런데 한 사람 한 사람이 자각해야 한다는 건 매우 큰 난제일 뿐만 아니라, 예술은 인류의 역사에서 사회적 이해나 정치적 선동 등의 수단으로 이용되었던 사례가 무수히 많았고 현재도 진행형이다. 예술적 창조물에는 인간의 숭고한 정신과 투혼도 녹아 있지만, 현실적인 비용 및 그 창조물을 수용할 공간과 보전을 위한 지속적인 투자가 필요하다. 이러한 핸디캡이 바로 예술의 숭고한 정신에 '타협' 이라는 현실을 가미하게 한다. 이런 사실은 인간 정신의 부흥을 상징하는 이탈리아 르네상스의 예술에서도[18], 나치의 선동 정책에서도 있었다.

---

17) 갈퉁박사는 공명(共鳴)의 일례로 똑같은 진동수의 음차를 두개 나란히 두고 하나를 울리면 다른 하나도 울리기 시작한다는 물리학의 'Resonance' 현상을 통해 강한 생명 에너지의 영향력을 증명했다. 이케다 다이사쿠·요한 갈퉁, 「대담: 불교와 평화」, 『법련』 1997-10, p.35.

18) 휴머니스트 군주로 알려진 Ludovico Gonzaga(1414-1478)를 비롯한 르네상스시기 예술후원자들은 자신의 모습을 로마황제의 도상으로 묘사하여 정치적인 위상을 나타내길 원했다. Starn R. & Partridge L. *Art of Power*, California Univ. Los Angeles & London, 1990, p.89.

이런 역사적 사실에도 불구하고 주목해야할 것은, 모든 예술에 대한 이케다 다이사쿠의 로망이다. 그에게 있어 진정한 예술은 영혼의 깊은 곳에서부터 시작되어 시간과 장소를 초월하며 그것의 놀라운 가치를 발견한 사람들과 마주치게 되면서 더욱 빛난다. 그리고 아름다운 예술을 보호하는 것은 인류의 위대한 유산과 평화의 빛을 보호하는 것이라고 한다.[19]

또한 인류가 구축하고 창조해 온 지구상의 모든 예술은 그 시대와 민족, 그리고 개인을 표현한 것으로 각각의 민족과 개인이 우주 생명과 만나 촉발되고 노래하는 '혼의 찬가'이며 '생명 궤적의 결정체'라고 한다. 따라서 인간의 훌륭한 예술에 의해 인류와 자연과 우주는 일체라는 연대감을 가질 수 있다고 한다.

이케다 다이사쿠의 이러한 신념은 1961년 10월 동독과 서독이 긴장 속에 대치하던 베를린(Berlin)의 브란덴부르크(Brandenburg) 문 앞에서 "30년 후에는 이 베를린 장벽이 반드시 무너질 것이다!"라며 "평화문화의 조류를 일으키리라!" 결의했다는 일화에서도 잘 나타난다. 즉, 그에게 있어, 문화와 예술이란 서민에게 친근하고 사랑 받아야 비로소 그 의미가 있으며 서민을 도외시한 예술과 문화는 공허한 빈 껍데기에 불과하다. 그리고 위대한 '문화의 꽃', '예술의 꽃'이 피어날 때가 바로 위대한 인간 정신이 승리한 것'이라 확신하고 있다.[20]

위에서 알 수 있듯이, 이케다 다이사쿠에게 있어 예술은 삶의 기쁨을 노래하는 것이고 인간을 결합하는 힘이며 평화의 방향으로 나

---

19) 각주 8, 앞의 책, p.111. p.115. p.117.
20) 池田大作, 『신인간혁명』7권, 화광신문사, 2013, p.45. p.210.

아가는 생명의 승리이다. 그리고 시나 그림, 음악 등 뛰어난 예술작품을 접했을 때의 충족감, 환희, 혼의 오저로부터 끓어오르는 듯한 감동은 바로 자신의 경애가 우주 생명의 절묘한 리듬에 촉구되어 확대되어 가는 것이다. 따라서 한 사람 한 사람이 진정한 아름다움을 만날 때 굳게 닫힌 마음의 문이 열리고, 예술의 혼을 만날 때 감동을 하며, 그 감동은 '삶의 원동력'이 된다고 한다. 그는 이러한 신념을 바탕으로, 일류의 것을 직접 접하지 않으면 사물의 본질을 간파할 수 없다는 도다 조세이 창가학회 제2대 회장의 훈도[21]와 아름다움의 가치를 중요시했던 마키구치 쓰네사부로[22] 창가학회 초대회장의 유지를 받들어 도쿄후지미술관 민음 등 문화기관을 설립한다.

III. 세계를 이야기하는 도쿄후지미술관

2018년 올 해로 개관 35주년인, 도쿄후지미술관은 소장품의 규모나 시설, 다양한 프로그램 운영 그리고 일본과 국외의 활발한 전시 기획 등에서 일본을 대표하는 사립미술관이다. 앞 장에서 언급했듯이, 이케다 다이사쿠의 설립의지에 입각하여 자연이나 인간을 사랑하는 마음과 미(美)를 추구하는 마음으로 세계의 사람들과 연대하기 위해 세계 각국의 훌륭한 문화를 새로운 시점에서 소개하는 해외 문화 교류를 활발하게 전개하고 있다.

---

21) 池田大作,『大道を歩む: 私の人生記録 II』, 每日新聞社, 2000, p.75.

22) 牧口常三郎(1871-1944): 홋카이도사범학교를 졸업, 1913년 도쿄의 초등학교 교장으로 취임, 약 20년간 6개 학교의 교장 역임, 1928년에 제자 도다 조세이(戸田城聖)와 함께 니치렌(日蓮) 불법에 입신, 1930년 11월 18일에 도다와 함께 창가교육학회를 창립, 1943년 일본 제국 군부에 치안유지법 위반으로 체포됨, 이 탄압으로 21명의 학회간부가 체포되었으나 가혹한 심문으로 도다와 마키구치만 제외하고 모두 퇴전함, 1944년 11월 18일 영양실조 등으로 獄死(한국 SGI, http://www.ksgi.or.kr).

다음은 도쿄후지미술관에 대한 소개와 설립역사, 미술관을 활용한 교육 그리고 문화 예술 교류의 활약상 등을 간략하게 살펴보겠다.

1. 소개[23]

<사진 1> 도쿄후지미술관

도쿄후지미술관은 회화, 도자기, 조각, 그리고 사진 등 다양한 장르의 문화 예술관련 전시를 기획하며 교육프로그램을 제작하여 보급하고 있다. 따라서 이를 담당하는 학예원들은 일본과 중국미술을 비롯하여 아시아와 서양, 유럽미술, 그리고 사진 등을 전공하였고, 일본 근대 미술 및 Japonism[24] 등 다양한 분야를 연구하고 있으며 그들 중에서 전국미술관회의 사무장도 배출되었다. 또한 본 미술관은 1991년 11월 3일 학술지인 『MUSE』를 창간하였다.

한편, 도쿄후지미술관은 1985년 도쿄 교육위원회로부터 재단법인 승인을 받았으며, 1990년 일본 외무성으로부터 '외무장관표창'을 수상하였고, 2013년 4월 1일 '공익재단법인'으로 승격되었다.

---

23) 도쿄후지미술관 홈페이지(http://www.fujibi.or.jp) 및 인터뷰 내용 요약. 사진은 도쿄후지미술관에서 제공함(논자는 2018년 10월 13일 본 미술관을 방문하여 五木田 聰 관장과 白根 敏昭 사무국 主事를 인터뷰하였음).

24) 19세기 말 유럽에서 대유행하였던 일본식 미술양식으로 1873년 미술비평가 Jules Clarie가 그의 저서 『L'Art Frankais』와 『Philipe Burty』에서 'Japonisme'라 언급함(http://www.visual-arts-cork.com/history-of-art/japonism.htm).

본 미술관의 전시는 일반적으로 상설전시를 포함한 특별전, 소장
품전과 해외문화교류특별전, 그리고 기타전시로 기획되며 2014년
까지 21개국 각 지역에서 42회에 걸친 전시회를 개최하는 등 해외
문화교류를 적극적으로 추진하고 있다.

<표 1> 도쿄후지미술관 개요

소재지	도쿄도(東京都) 하치오지시(八王子市) 야노마치(谷野町) 492-1
개관 년 월 일	1983년 11월 3일
소장품	일본 동양 서양의 회화·판화·사진·조각·도자기·칠공예·무구·도검·메달 등 다양한 장르의 작품 약 3만여 점*
미술관 시설	■ 본관·기획전시실: 회랑으로 연결된 4개의 구역으로 구성됨 해외문화교류 특별전을 시작으로 각종 특별전·관 소장품전 개최 전시회의 내용·규모에 맞추어 공간 설정 ■ 신관·상설전시실: 총 8개, 개관 25주년인 2008년 오픈 서양회화 컬렉션을 중심으로 조각, 보석류 등 전시 ■ 본관·신관의 로비: 근대 조각 작품 상설 전시 ■ 미술관 야외: 16세기 잠볼로나(Giambologna)**의 <넵튠(Neptune)>과 부르델(Bourdelle)***의 <승리 (The Victory)> 등 대형 야외 조각 작품 상설 전시 ■ 박물관 숍, 레스토랑 & 카페, 라운지, 놀이방 등
교육프로그램	■ 초·중·고 학생용 프로그램, 컬리지 프로그램(전문대학, 대학교, 대학원), 기타 교육관련 서비스 - 초중고학생용 프로그램 : 직업 체험 학습, 학교 각종 과제, SUN ☆KAN라리,**** 출장 수업, 단체감상·수업, 학예원에 의한 설명 교원용 투어, 워크숍 - 컬리지 프로그램 : 인턴쉽. 학예원 실습, 졸업 논문 등 연구과제, 워크숍 기획 기타 교육관련 서비스 : ART NAVI (터치 패널식 작품 검색 컴퓨터 시스템) 아트카드, 해설 팸플릿 - 소카대학과 연계강의25) : 표현과 감상(2014년 개설) 뮤지엄 포럼 Ⅰ/Ⅱ(2015년 개설)

---

25) 白根 敏昭·堀舘秀一·平谷 美華子, 「大学と美術館の連携 —創価大学と東京富士美術館の連携事業 "美術館を活用した授業" 報告」, 創人教育研究 第26号, 創価大学教育學会, 2016.

* 회화, 공예품, 조각 등 1만점과 사진 2만점 소장.

특히 서양회화는 르네상스부터 20세기까지 약 500년 미술사에 관련된 작품 감상 가능.

** Giovanni da Bologna(1529-1608): 이탈리아 르네상스시대 조각가.

*** Antoine Bourdelle(1861-1929): 프랑스의 조각가, 로댕의 제자.

**** 주로 여름방학 기간에 하치오지 시내의 미술관 3곳 (무라우치 미술관, 하치오지시 유메 미술관, 본 미술관)에서 스탬프라리 개최. 미술관 3곳을 돌면서 스탬프를 모으면 각 미술관의 오리지널 상품을 경품으로 받을 수 있음. 하치오지시 교육위원회 등 후원, 니시도쿄 버스(주)협력 이벤트, 누구나 참가가능.

2. 설립 역사

도쿄후지미술관은 1961년 6월 17일 이케다 다이사쿠가 미술관 설립을 발표한 이후, 1981년 설립 준비위원회 발족 및 기공식을 거쳐, 1983년 11월 3일 개관되었으며, 1973년 개관된 시즈오카현 후지노미야시 후지미술관[26]과 2008년 통합되었다.

1961년 "평화와 문화를 위한 운동을 촉진하기 위해서는 미술관 건립이 반드시 필요하다"[27]는 미술관 건립의 비전을 나타낸 이케다 다이사쿠는 평화 문화를 실현하기 위해, 세계의 많은 지식인들과 대화를 거듭했다. 이들 중 도쿄후지미술관 설립역사에 반드시 언급해야 할 인물이 바로 '르네 위그'다.

---

26) 1973년 시즈오카현(静岡県) 후지노미야시(富士宮市)에 개설, 일본과 동양 미술 중심으로 작품을 수집. 러시아 및 중국과 교류, 지역 사회 예술 문화의 원천으로 다양한 특별 전시회 등 35년간 운영되다 2008년 5월 폐관됨. 1983년 도쿄후지미술관(도쿄도 하치오지시)으로 사업 이행함(각주 8, 앞의 책, p.113).

27) 위의 책, p.109.

그가 1974년 <모나리자>와 함께 일본을 방문했을 때, 세계 각국의 지식인들과 회담하고 있던 이케다 다이사쿠를 만난다. 그는 '일류의 예술을 널리 사람들을 위하여' 라는 이케다 다이사쿠의 생각에 깊이 공감하여, 1982년 「근대 서양 미술사에 대하여」란 주제로 창가대학에서 강연을 하는 등 이케다 다이사쿠와 깊은 우정을 쌓는다.

그 우정의 결실 중 하나가 바로 도쿄후지미술관의 개관 기념전인 ≪근세 프랑스 회화전≫이다. 이 전시회에는 르네 위그의 헌신적인 노력으로 루브르와 베르사이유를 비롯하여 프랑스를 대표하는 8개 미술관의 명화가 출품되었다. 특히 루브르 미술관 소장의 루이 14세 때부터 나폴레옹 시대까지의 명작들은 프랑스에서 최초로 국외 반출되는 것이었다.[28]

이는 아무 실적도 없는 무명의 사립미술관 개막식에 서양미술사에 족적을 남긴 중요한 작품들을 대여해 준 것으로, 현재의 상식으로도 있을 수 없는 일이다. 왜냐하면, 역사적인 유물들이 도난 등 위험한 상황에 노출될 수 있을 뿐 더러, 소장품이 전시되는 장소가 그 작품의 위상을 나타내기 때문이다.

말년에 르네 위그는 다음과 같이 말했다고 한다. "미술관이야말로 인간이 더 높은 곳으로 비상하여 존귀한 길로 다가가게 하는 중요한 수단이다. 나는 이케다 다이사쿠 씨가 창설한 미술관을 두 번 방문했지만, 그 탄탄한 컬렉션과 다양한 기획에 창립자의 미술관에 대한 이념을 확인할 수 있었다."[29]

---

28) 각주 21. 앞의 책, p.83.
29) 위의 책, p.84.

3. 미술관을 활용한 교육

"일류의 예술품은 한 개인만을 위한 것이 아닌 세계 공통의 유산이다!"라는 설립자의 강한 신념에 의거해 도쿄후지미술관은 학생과 서민들을 대상으로 소장품을 활용한 예술교육을 실행해왔다. 특히 미술관의 임원이 일본 소카대학의 비상근 감사를 겸임하는 등, 소카대학과 연계한 교육프로그램을 통해 인재육성을 모색하고 있다.

이와 같은 적극적인 교육보급 정책은 본 미술관의 설립자인 동시에 소카대학의 창립자인 이케다 다이사쿠가 30년 전, "젊은 시절에 일류의 작품을 접할 수 있는 환경을 만들어 주겠다!" 고 밝힌 구상에서 비롯된 것이다. 현재 도쿄후지미술관이 일본 소카대학교의 정문 앞에 위치한 것도 바로 이에 연유한다.

앞서 미술관 소개에서도 언급했듯이, 2014년부터 일본 소카대학은 본 미술관을 활용한 강의 과목들을 신설했는데, 그 중 하나는 풍부한 감성과 뛰어난 안목을 지닌 미래의 훌륭한 교육자 육성을 목표로 교육학부의 필수과목으로 채택되었다고 한다. 그 교육과정은 학생들이 미술관의 소장품을 이용해 스스로 강의를 준비하고 초등학생 등을 상대로 수업을 하는 것이다.

한편 소카대학은 2014년 Super Global 대학30)으로 채택되어 국제

---

30) 일본문부과학성은 세계 최고 수준의 대학과 교류·협력을 실현하고, 가속화시키기 위한 새로운 시도와 인사·교무 시스템의 개혁, 학생들의 글로벌 대응력 육성을 위한 체제 강화 등 국제화를 철저하게 추진하는 대학을 중점적으로 지원하기 위해, 2014년부터 'Super Global대학교 창성 지원 사업'을 실시하고 있다. 독립행정법인 일본학술진흥회를 중심으로 운영되는 'Super Global 대학교 창성 지원 프로그램 위원회'에서 서면심사와 청문회 심사를 거쳐 채택한 후보 대학들을 문부과학성에 추천하면, 문부과학성이 채택여부를 결정한다. 일본에는 현재 775개 대학교가 있는데, 그 중 37개교가 채택되었고, 그 중 하나가 일본 소카대학이다. 표준 지원액은 172백만 엔이며 연간 보조금 기준액은 200백만 엔~300백만 엔이다 (https://www.jsps.go.jp/j-sgu).

화에 부합하기 위한 노력의 일환으로, 2016년부터 소카대학의 언어센터 교수진과 협력하여 미술관을 활용한 영어교육도 실시하고 있다.

이 밖에도 타 대학의 교직원(특히 철학과)들이 도쿄후지미술관의 교육프로그램에 관심을 갖고 방문하고 있다. 또한 지난 10년간 본 미술관은 교육위원회와 연계하며 하치오지 시내의 초등학교와 중고등학교 학생들에게 버스를 무상으로 제공하여 약 6천여 명의 학생들이 본 미술관을 관람하였다.

그리고 일반 서민을 위한 예술교육으로, 작품 소개 뿐 만 아니라 화가의 인생과 철학관을 알기 쉽게 이해할 수 있는 강좌 등을 하고 있다. 동시에 서민들이 미술관과 더욱 친근해질 수 있는 환경 조성을 위해, 무료로 Tea를 제공하는 라운지 그리고 수유실과 그림책, 놀이기구 등이 있는 놀이방을 설치하는 등 다각적인 노력을 전개하고 있다. 또한 다른 지역의 문화발전과 지역주민들의 문화의식 고취를 위해, 그 지역의 미술관에서 본 미술관의 소장품 전시뿐 만아니라, 해외문화교류특별전도 개최하고 있다. 일례로 2016년 일본과 이탈리아 수교 150주년을 기념하여 도쿄후지미술관이 기획하고 도호쿠 센다이시 미야기현 미술관에서 전시한 ≪레오나르도 다빈치와 '앙기아리전투' 전≫이다. 센다이시는 2011년 동일본대지진 당시 큰 피해를 입었던 지역으로, 이 전시는 한 순간 가족과 재산을 잃어야 했던 주민들에게 '마음의 부흥'을 일으키는데 큰 힘이 되었다고 한다.[31]

〈사진 2〉 사진의 중심에 위치한 건물은 도쿄후지미술관,
미술관 상단은 도쿄마키구치기념회관, 하단은 소카대학 캠퍼스의 일부.

4. 세계를 이야기하는 미술관: 해외문화교류

　미술관(museum)은 교육을 위해 인류와 그 환경의 유형과 무형의
유산을 획득하고, 연구하며, 소통하고, 전시하며, 일반인들에게 개
방되는 사회봉사와 발전을 위한 비영리적인 연구 기관이다.[32]
　이러한 미술관의 역할을 통해, 이케다 다이사쿠는 모든 사람들에
게 세계적으로 훌륭한 예술작품을 직접 감상할 수 있는 기회를 주
고 그들의 영혼이 영감을 받을 수 있는 장소를 제공하는 미술관을

---

32) ICOM(International Council of Museums)이 2007년 정의함. ICOM은 1946년 설립되었으며
　　세계 박물관 커뮤니티를 대표하는 37,000명 이상의 회원과 박물관 전문가들로 구성되어 전 세
　　계 박물관들이 직면한 난제에 대응하기 위해 141개국과 지역의 전문가들로 구성된 외교 포럼
　　을 개최하고 있음. 유엔 경제 사회 이사회와의 협의 기구로, 115개의 국가 위원회와 30개의
　　국제 위원회는 다양한 박물관 전문 분야에 공헌하고 있음(http://icom.museum). 미술관에 대한
　　부정적인 견해 즉 '미술의 공동 묘지', '생기 없는 바자회', '사후의 피난처' 등. 이런 냉소적인
　　표현들은 미술관과 박물관이 예술품의 고유한 성격을 왜곡시킨 사치스러운 창고에 불과하다
　　는 비난에서 비롯됨. 이보아, 『박물관학 개론』, 김영사, 2000, p.61.

설립하길 원했다.33)

그는 아루렐리오 펫체이34)와 대화에서 "리더의 자리에 있는 사람들은 미술관이 열린 공간으로서 사람들에게 영감을 줄 수 있도록 노력하는 것이 중요하다"고 역설하였고, "예술은 모든 사람들을 위한 것으로 소수의 부유한 엘리트들의 전유물이 되는 순간, 모든 것이 평범한 오락이 되어 버린다"는 톨스토이35)의 말을 인용하며 예술은 누구나 쉽게 접할 수 있도록 개방되어야 함을 강조했다.

사실, 본 미술관 설립 당시 만해도 경제발전을 매우 중시하던 일본의 사회적 분위기 속에서, 일반인들은 문화를 향유하려는 의지도 인식도 적었다. 또한 예술가들도 대중성이 예술의 가치를 하락시킨다고 보는 경향이 강하여 일반대중과 가까워지려는 노력도 부족했다.

이런 상황에서, 이케다 다이사쿠는 도쿄후지미술관을 방문하는 모든 사람들이 세계의 예술에 대해 이야기할 수 있기를 바라며 세계적인 식자들과 대화를 통해 해외문화교류전 등을 지속적으로 추진해오고 있다.

특히, 이케다 다이사쿠는 해외문화교류전에 출품되는 작품이나 그에 관련된 역사적인 인물과 사건들이 주는 교훈과 가치 등을 강연이나 집필을 통해 대중들에게 알려주고 있는데, 그 내용은 이념과 종교, 정치, 그리고 국제정세 등의 한계를 벗어난 것이었다.

대표적인 사례36)로, 우선 1992년 ≪고려 조선도자기 명품전≫이

---

33) 각주 8, 앞의 책, p.113, p.119.

34) Aurelio Peccei (1908-1984): 제 2차 세계대전 중 이탈리아의 레지스탕스로 활동하였으며 Fiat를 재건하였고 Olivetti의 회장이 되었음. 1968년 인류의 곤경을 헤쳐 나가려는 세계적인 인물들로 구성된 글로벌 싱크 탱크인 "로마 클럽"을 창설하였으며 초대회장 역임.

35) Leo Tolstoy(1828-1920): 러시아 소설가, 사상가. 저서 『전쟁과 평화』, 『안나 카레리나』 등.

36) 도쿄후지미술관 연보 참조.

다. 이 전시는 본 미술관의 소장품을 1990년 한국의 호암미술관에서 해외 최초로 공개한 ≪서양회화 명품전≫37)에 대한 한국 측의 답례였다.

이 전시에 관해, 이케다 다이사쿠는 공개석상에서 도요토미 히데요시의 조선 침략을 언급하며 야만스럽기 짝이 없는 약탈, 폭행, 파괴였으며 죄도 없는 수많은 사람들이 살해되었고, 조선의 국토가 매우 황폐해졌으며 조선의 수많은 국보급 문화재가 파괴되거나 반출되었다는 사실을 밝혔다. 그리고 이웃나라에 대한 일본인의 침략은 영원히 지울 수 없는 악업의 역사를 새겼지만 이제부터 라도 만대에 걸친 우호의 길을 만들자고 했다.38)

두 번째로 쿠바의 예술품을 소개한 ≪쿠바국립미술관 명작전≫이다. 이케다 다이사쿠가 당시 국제적으로 고립되어 있던 쿠바를 공식 방문하여 국가평의회 의장(당시)이었던 카스트로39) 와 대담한 후, 일반 대중들이 쿠바의 예술을 향유할 수 있도록 기회를 마련한 것이었다. 이를 계기로 국제사회의 쿠바에 대한 편견을 일소할 수 있었다.40)

다음은 간디 탄생 125주년을 기념하는 인도정부의 공식행사로 개최된 ≪아소카·간디·네루전≫이다.41) 이 전시는 세 명의 위인들

---

37) 당시 국립중앙박물관의 한병삼(韓炳三, 1935-2001)관장의 소개로 도쿄후지미술관의 소장품을 호암미술관에서 전시할 수 있었다. 『MUSE』, 東京富士美術館, 1991, p.38-39; 서양미술사의 이해에 도움이 되는 작품을 선별하여, 르네상스에서 인상파까지 500년의 역사를 한 눈에 바라볼 수 있도록 기획되었다. 또한 도쿄후지미술관 소장품 중, 서양회화명작들은 최초의 해외전시였을 뿐만 아니라 한국에서도 도쿄후지미술관 소장품이 최초로 공개되는 의미 깊은 전시회였다 (당시 전시 기획을 담당했던 富永씨의 서면인터뷰 내용).

38) 제58회 본부간부회 스피치(1992.9.25).

39) Fidel Castro(1926-2016).

40) 1996년 소련과 동유럽 사회주의 정권이 붕괴되자 사회주의 국가인 쿠바는 고립되었고, 2월 쿠바군이 미국의 민간기를 격추하는 사건을 계기로 미국은 쿠바에 경제제재강화법을 입법하는 등 긴장 상태였다. 『화광신문』, 화광신문사, 2018-9-14, p.4.

41) 『법련』, 화광신문사, 2000-4.

을 통해 '자애'와 '비폭력', 그리고 '대화'의 힘으로, 사람들의 마음
을 바꿀 수 있다는 평화실현의 역사를 미술관이라는 문화·예술 공
간에서 서민에게 알려준 것이었다. 마지막으로, 본 미술관에서 3회
에 걸쳐 개최한 나폴레옹을 주제로 한 전시다. 가난한 귀족으로 태
어나 불가능이 없는 청년황제로 즉위하였지만, 유배 신세가 되어야
했던 나폴레옹의 일생을 일반 서민들이 직접 만날 수 있었던 기회
였다.42)

이와 같이, 도쿄후지미술관은 세계 여러 국가와 활발한 문화교류
를 추진하고 있다. 일례로 이탈리아의 문화성은 2012년 6월 도쿄후
지미술관과 문화 예술협정을 체결하였고 도쿄후지미술관은 소장품
인 (傳) 레오나르도 다빈치(1452-1519)의 작품 <the Tavola Doria>43)

---

42) 『화광신문』, 화광신문사, 1993-11-01 및 1999-05-03. 제2회 ≪특별나폴레옹전≫관람객 인터뷰:
   "'한 사람의 인간이 이렇게까지 할 수 있는 가'―나폴레옹의 파란만장한 인생을 접할 수 있었
   습니다. 실로 '소설'을 읽고 있는 기분이었습니다"(유치원 보모). "'내 사전에는 불가능이란 말
   은 없다'는 영웅의 말은 현대인―특히 '아무리 해도 변하는 건 없다'고 생각하고 있는 젊은이
   에 대한 경종이라고 느끼지 않을 수 없습니다. '세기의 전환기'을 맞이하는 지금, 나폴레옹이
   라는 한 인간에게 겸허하게 배우고, '21세기의 나폴레옹'이라는 말을 들을 수 있도록 노력해
   가고 싶다"(대학생).
43) 傳 Leonardo da Vinci, <the Tavola Doria>, 1503-1505, 나무판넬 위에 오일페인트, 86㎝ x 115
   ㎝, 피렌체 우피치미술관 소장: 이 작품은 일명 'Lost Leonardo'라고 불리며, 다빈치의 가장 전
   성기 작품인 <앙기아리 전투(the Battle of Anghiari)>(1505)의 사본으로 알려져 있다. <앙기아
   리 전투>는 1440년 Toscana에서 수적으로 매우 열세였던 피렌체의 연합군이 승리한 전투장면
   을, 이탈리아 피렌체 베키오 궁전(현재 시청건물) '500년의 방'의 벽에 묘사한 벽화이다. 다빈
   치는 다양한 프레스코 화법을 실험하고 수년 동안 준비해온 스케치를 참고하여 이 전투 장면
   을 그렸다고 한다. 이 벽화는 다빈치의 작품 중 가장 큰 프로젝트였으며, 이탈리아 르네상스
   미술 역사상 매우 중요한 작품 중 하나였다. 그러나 다빈치와 미켈란젤로(Michelangelo
   Buonarroti, 1475-1564)가 1504년에 함께 이 방의 벽화제작을 의뢰 받았지만, 스케치만을 남긴
   채 벽화는 완성하지 못했다. 그 후, 미완성인 채 공개되고 있었는데 1560년대에 바사리
   (Giorgio Vasari, 1511-1574)가 <마르치아노 전투(The Battle of Marciano)>로 '500년의 방'을
   장식하면서 이 벽화를 덮어버렸다. 그런데 2012년 Maurizio Seracini(이탈리아 미술분석가) 박
   사의 연구팀이 바사리의 벽화 뒷벽에서 다빈치 작품에서만 볼 수 있는 안료 성분을 발견했다
   고 한다. 한편 <the Tavola Doria>는 <앙기아리 전투>장면 중, 피렌체의 연합군와 밀라노의 군
   인이 서로 깃발을 차지하려는 극적인 승리의 순간을 긴장감 있게 묘사한 것으로 다빈치의 화
   법이 매우 잘 나타나 있다. 따라서 바자리의 벽화를 훼손하지 않고 <앙기아리의 전투>를 복원
   할 수 있는 과학기술이 개발된다면 <the Tavola Doria>의 가치는 더욱 높아질 것이다. 그러므
   로 도쿄후지미술관이 <the Tavola Doria>를 이탈리아에 기증한 것은 역사적으로 매우 깊은 의
   미가 있다고 하겠다(http://www.fujibi.or.jp/en/exhibitions;

를 이탈리아에 기증하였다. 또한 국립러시아미술관도 2017년 12월 도쿄후지미술관과 교류협정을 체결하였다. 이러한 국제적인 협정체결로 해외교류특별전이 활발히 추진되고 있는데, 특히 도쿄후지미술관은 2015년 ≪레오나르도 다빈치와 '앙기아리의 전투'전≫과 2017년 ≪아득한 르네상스전≫를 이탈리아에서 대여 받아 전시하였고 이탈리아 예술품의 제 3차 전시도 계획하고 있다.

그리고 2018년 9월 본 미술관에서 국립러시아미술관 소장품을 전시한 ≪러시아 명품전≫을 개막하였으며, 본 미술관의 소장품으로 구성된 ≪일본 명품전≫을 러시아에서 개최할 예정이다. 또한 2015년 12월 개관한 대만국립고궁박물관 남원(南院)과 소장품 교류전시를 계획하고 있고, 2018년 10월 23일-12월 23일 베이징 칭화(靑華)대학 예술박물관에서 ≪서양회화 명품전≫44)을 개최하였다.

앞에서 알 수 있듯이, 이케다 다이사쿠와 도쿄후지미술관은 국제적인 문화교류를 통해 문화를 사랑하는 시민과 미래를 책임질 청년들에게 인류의 정신유산인 위대한 예술을 직접 만나는 기회를 제공하고 있다. 그리고 올바른 역사의식은 물론 인간정신의 불굴의 투혼을 재조명하여 생명존엄과 인간평등관에 대한 교육, 그리고 평화문화의 전파 및 창출을 위해 큰 기여를 하고 있음을 알 수 있다.

---

https://www.florenceinferno.com/tavola-doria-leonardo-anghiari-uffizi).

44) 동서냉전 시대였던 1968년, 이케다 다이사쿠는 중일 국교정상화의 필요성을 제언하였는데, 올해로 '중일 국교정상화 제언 50주년' 되는 것을 기념하는 전시회임.

IV. 결론

이케다 다이사쿠는 문화와 예술을 매개로 세계평화라는 국제적인 난문제를 서민의 의식 개혁과 선성(善性)의 발현에서 해결할 수 있다고 한다. 그러나 현시대 대부분의 예술은 불확실한 미래에 대한 불안과 이기주의의 팽배로 '예술을 위한 예술', '물질에 현혹된 예술', '철학부재의 예술' 등으로 이정표 없이 떠돌고 있다. 이런 상황에서 평화 문화 구축을 위한 '창조적 생명으로 승화한 예술'이란 개념은 비현실적이란 비판을 받을 수 있다.

그러나 이케다 다이사쿠는 시나 그림, 음악 등 뛰어난 예술작품을 만난 감동은 '삶의 원동력' 이 되고 우주 생명의 절묘한 리듬에 촉구되어 감상자의 경애가 확대됨으로써 이기적이었던 마음도 타인의 행복을 바라는 마음으로 전환될 수 있다며, 예술을 매우 긍정적으로 평가한다. 즉, 위대한 예술에 의해 감화된 한 사람 한 사람의 변혁을 통해서 평화를 바라는 문화가 구축된다는 것이다. 이런 의미에서 도쿄후지미술관은 세계적인 문화예술에 관련된 전시와 교육 프로그램 등을 제공하여 더 많은 학생과 서민에게 더 많은 변혁의 기회를 제공하고 있었다.

그러므로 도쿄후지미술관은 인간 정신의 숭고한 문화예술을 선양하여 평화의 연대를 넓히려 했던 설립이념을 더욱 확고히 하기 위해, ≪고려 조선도자기 명품전≫ 이후 26년간 도쿄후지미술관과 문화교류가 없었던 한국을 비롯하여, 세계의 다양한 미술관들과의 교류 협정 등을 더욱 적극적으로 추진해야할 것이다. 그리고 훌륭한 인성과 뛰어난 안목을 지닌 일류의 인재를 양성하기 위한 교육

프로그램의 개발과 함께, 대중의 문화의식 변화에 대한 다각적인 분석 등 심도 깊은 연구도 병행해야 할 것이다. 이러한 노력은 미래의 도쿄후지미술관을 "세계를 이야기하는 미술관"에서 "세계 평화를 위한 문화의 요람" 으로 발전할 수 있게 할 것이다.

V. 도쿄후지미술관 주요 연보

날짜	주요 행사	날짜	주요 전시
1961.6.17	이케다 미술관 건립 발표		
1973. 5.3	시즈오카현 후지노미야시 '후지미술관' 폐관		
1981. 1.1	설립 준비위원회 발족.		
11.18	기공식		
1982.4.16	Mr.르네 위그 「근대 서양미술사에 대하여」란 주제로 창가대학 강연		
1983. 6.22	Jacquemart-Andre Mueum 에서 르네 위그씨가 이케다회장에게 도쿄후지미술관 개관 기념 ≪근세프랑스회화전≫ 전시회작품 목록 증정	1983. 11	≪근세 프랑스 회화전≫
11.2	르네 위그씨 도쿄후지미술관 명예관장으로 임명됨		
11.3	이케다회장이 돈황문물연구소(당시) 은문걸(殷文傑)소장과 회담, ≪중국돈황전≫ 개최협의 '도쿄후지미술관' 개관		
1984		1984. 3	≪시실리 고대그리스보물전≫
1985 12.4	도쿄 교육위원회 재단법인 인가	1985. 10	≪중국돈황전≫
1986		1986. 10	≪영광의 18세기 프랑스명화전≫
1987 6.1	(파리시청) 이케다회장 ≪프랑스혁명 인권선언 200년≫기념 공식행사 ≪프랑스혁명 낭만주의전≫출품목록 증정	1987. 10	≪프랑스혁명 낭만주의전≫
1988 2.3	(방콕) 이케다회장 푸미폰 국왕과 회담. 국왕사진전 개최협의	1988. 3	≪18세기 프랑스 회화의 거장전≫

8.23	(도쿄)이케다회장 영국옥스포드대 Bodleian 도서관 David Vaisey 관장과 회담	1988. 4	≪17세기황금시대 플랑드르회화전≫
8.31	(도쿄)이케다회장 Fidel Duque Ramirez 콜롬비아대사와 회담. ≪콜롬비아황금박물관 교류전≫ 개최협의	1988. 5	(프랑스) ≪영원한 일본의 명보전≫ (프랑스) ≪이케다 이사쿠 사진전≫
1989 4.5	태국 Chulabhorn Walaik공주 등 ≪푸미폰 국왕 특별사진전≫ 개막식 참석	1989. 4	≪태국 푸미폰 국왕 특별사진전≫
4.28	(도쿄)이케다회장 볼로냐대 총장 일행과 회담 ≪볼로냐대학 특별중보전≫ 개최협의		
5.31	이케다회장 옥스포드 Bodleian 도서관 방문	1989. 5	(영국)도쿄후지미술관 소장 ≪일본미술중보전≫
6.2	≪Bodleian 도서관 중보전≫ 출품목록 증정		
6.14	이케다회장 스웨덴 국립 동양미술관 방문 도쿄후지미술관 ≪일본미술의 명보전≫출품목록 증정		
10.5	이케다회장 「동서의 예술과 정신성」 프랑스학사원 강연	1989. 6	(스웨덴) ≪자연과의 대화전≫
11.26	(도쿄) 이케다회장 Mr.Brian Wilsmith부부와 회담 전시회 제안	1989. 10	≪영국왕실의 예복전 Wales 국립박물관전≫
12.7	(도쿄) 이케다회장 Cornell Capa 국제사진가협회이사장 부부와 회담	1989. 12	≪볼로냐대학 특별중보전≫
12.19	(도쿄) 이케다회장 Virgilio Barco Vargas 콜롬비아대통령과 회담 브라질 상파울로에서 ≪도쿄후지미술관 일본미술의 명보전≫ 개최 발표		
1990 4.27	≪콜롬비아대황금전≫ 개막식에 Carolina Isakson de Barco 브라질 영부인이 일본황족과 함께 참석	1990. 2	(브라질) ≪도쿄후지미술관 일본미술의 명보전≫
5.9	Marcel Landowski 프랑스 예술아카데미 종신사무총장 「예술과 정신성, 그리고 교육」 소카대 강연	1990. 3	(미국) ≪태국 푸미폰국왕 특별사진전≫

5.19	(도쿄) 이케다회장 Veena Sikri 인도문화관계평의회 의장과 회담, ≪아소카 간디 네루전≫ 개최협의	1990. 4	(아르헨티나) ≪도쿄후지미술관 일본미술의 명보전≫
7.5	도쿄후지미술관 외무성의 외무대신표창 받음	1990. 9	≪콜롬비아대황금전≫ (한국 서울)
9.14	르네 위그씨 <Mars>와 <Minerva> 두 복제조각상 선물		≪서양회화명품전≫ (스웨덴) ≪일본미술의
9.25	스웨덴 국왕부부 ≪일본미술의 명보전≫ 개막식참석		명보전≫ ≪Bodleian도서관 중보전≫
10.25	『東京富士美術館所藏名品選集 I 日本美術』 발간	1990. 10	≪Bievres 프랑스사진박물관전≫
11.13	브라질 상파울로 미술관과 교류협정 체결	1990. 11	(한국 용인) ≪서양회화명품전≫
1991 1.21	(도쿄) 이케다회장 Mero Goveia 포르투갈 대사와회견, ≪포르투갈 영광의 5백년전≫ 개최 협의	1991. 7	영국공주 Alexandra ≪태국푸미폰국왕 특별사진전≫개막식 참석
2.26	(도쿄) 이케다회장 Antonio de Oyarzabal 스페인 대사와 회견		
4.2	『東京富士美術館所藏名品選集 II西洋繪畵』 발간	1991. 8	(영국) ≪일본미술의 명보전≫
7.5	영국공주 Alexandra ≪태국푸미폰국왕 특별사진전≫개막식 참석		
7.14	『東京富士美術館所藏名品選集 III 中國陶瓷』 발간		
1992 5.10	(뉴욕) Robert Capark가 마지막으로 애용했던 카메라를 Cornell Capa 국제사진가협회이사장이 본 미술관에 기증	1992. 1	(오스트리아) ≪일본미술의 명보전≫ (브라질) ≪자연과의 대화전≫ (오스트리아) ≪자연과의 대화전≫
10.15	장저민주석 '일중국교정상화20주년' 미술관 소장의 ≪서양회화 명품전≫ 개막식에 전시회 제목을 쓴 본인의 서예작품을 기증	1992. 3	≪Robert과 Cornell Capa전≫
		1992. 4	(불가리아) ≪자연과의 대화전≫
		1992. 6	(터키) ≪자연과의 대화전≫
		1992. 9	≪고려조선도자기명품전≫
		1992. 10	(중국) ≪서양회화명품전≫

1993. 3.3	(브라질) 이케다회장 Sao Paulo미술관 방문, Chateaubriand 재단의 Edmundo Monterio회장& Fabio Magalhae 미술관장과 ≪Sao Paulo미술관 명품전≫ 개최협의	1993. 2	(콜롬비아) ≪일본미술의 명보전≫
5.14	홍콩중문대학문물관에서 ≪일본미술의 명보전≫ 전시개최 조인식		
8.18	인도문화관계평의회에서 ≪아소카 간디 네루전≫ 전시개최 조인식	10	≪위대한 나폴레옹전≫
1994 2.8	(방콕) 이케다회장 푸미폰국왕과 회담, ≪푸미폰국왕전하어즉위50주년기념 특별전≫개최협의	1994. 2	(홍콩) ≪일본미술의 명보전≫
6.10	독일 Nuremberg 시립박물관과 Nuremberg 시립박물관 소장의 일본회화 복원협력협정 체결	1994. 4	(산 마리노) ≪우키오에 명품전≫ ≪현대중국거장서화전≫
7.5	Sao Paulo미술관의 ≪Sao Paulo미술관 명품전≫조인식		
8.30	인도수상 P.V.Narasimha Rao ≪아소카 간디 네루전≫에 전언보냄	1994. 5	(이탈리아) ≪일본미술의 명보전≫
10.17	(도쿄) 이케다회장 인도의 소냐 간디와 회담, ≪Rajiv Gandhi-사진전≫ 개최협의	1994. 6	(콜롬비아) ≪일본의 미와 정신전≫
11.17	(도쿄) 이케다회장 칠레대통령 Eduardo Frei Ruiz-Tagle과 회담, ≪일본미술의 명보전>개최협의	1994. 9	(스페인) ≪일본미술의 명보전≫
12.8	(도쿄) 이케다회장 폴란드대통령 Lech Walesa와 회담, 문화교류에 관해 협의	1994. 10	≪아소카 간디 네루전≫
1995 8.23	(뉴델리) <Rajiv Gandhi-사진전≫ 조인식	1995. 2	(스페인) ≪일본미술의 명보전≫
10.10	베이징 고궁박물관 개원 70주년기념식전에 초대되어 미술관장 참석	1995. 3	(미국) ≪일본미술의 명보전≫
10.23	(도쿄) 이케다회장 오스트리아 문부차관 Jutta Unkart-Seifert 박사와 회담, ≪구스타브 크림트와 오스트리아 인상파전≫에 관해 논의	1995. 4	≪상파올로미술관명품전≫

11.1	(도쿄) 일본브라질수교100주년기념식전에 이케다회장의 대리로 히로마사 이케다수석 참석	1995. 6	(스페인) ≪프랑스 인상파전≫
		1995. 9	(싱가폴) ≪우키오에 명품전≫
		1995. 11	≪베이징 고궁박물관명품전≫
1996. 11.4	쿠바 Jose Marti 기념관 개막식에 개최한 ≪고야Goya전≫에 도쿄후지미술관 소장인 ≪Nonsense≫를 특별전시함	1996. 4	≪Rajiv Gandhi-사진전≫
		1996. 5	≪푸미폰국왕전하어즉위50주년기념특별전≫
		1996. 7	(쿠바) ≪일본미술의 명보전≫ ≪미켈란젤로전≫
		1996. 10	≪구스타브 크림트와 오스트리아 인상파전≫
1997 8.12	(나가노) 이케다회장 중국문화대학 張鏡湖이사장과 회담, 문화교류협의	1997. 4	≪쿠바국립미술관명작전≫
		1997. 9	(칠레) ≪일본미술명보전≫ (오스트리아) ≪일본마키에와 중국도자전≫
		1997. 10	(홍콩) ≪서양회화명품전≫ (인도) ≪Rajiv Gandhi-사진전≫ ≪합스부르크왕궁 은기박물관실보전≫
1998 4.20	이케다회장 사진작가그룹의 Elliot Erwitt회장에게 자작시(自作詩) 증정	1998. 5	(타이완) ≪일본명화문물전≫
1999. 12.5	≪서양회화 명품전≫ 타이완 개최 조인식	1999. 4	≪나폴레옹 특별전≫
		1999. 10	≪포르투갈 영광의 5백년전≫
2000.2.16	홍콩, 이케다회장 방소린(方召麐) 화백과 회담, ≪방소린의 세계≫ 개최협의	2000. 10	(타이완) ≪서양회화명품전≫
		2000. 11	≪방소린의 세계≫
2001.3.13	(도쿄) 이케다회장 Simon Wiesenthal 센터 Abraham Cooper부회장과 회담, ≪Friedl과 Terezin의 아이들≫개최협의	2001. 11	≪여성미(女性美)의 5백년전≫

2002		2002. 3	(타이베이) ≪자연과의 대화 사진전≫
		2002. 4	(타이완 가오슝) ≪자연과의 대화 사진전 Friedl과 Terezin의 아이들≫
2003		2003. 5	≪Brian Wildsmith의 회화세계≫
		2003. 11	≪제 9의 노도(怒濤)≫
2004. 9.15	『도쿄후지미술관 콜렉션: "열린 창" 사진탄생 170년』 발행	2004. 7	(타이완 가오슝) ≪Brian Wildsmith의 회화세계≫
		2004. 10	≪빅토르 위고와 낭만주의-위고 탄생 200주년 기념≫
2005. 3.7	러시아 국립크렘린박물관 창립2백주년기념식에 당미술관대표 참석	2005. 11	≪영광의 나폴레옹전≫
2006. 9.26 9.29	신관증축공사 기공식 (도쿄)신관증축 공사에서, 이케다회장 중국 왕이(王毅)대사와 회담, ≪대삼국지전≫개최협의	2006. 8	(브라질) ≪일본미술명보전≫
2007			
2008. 2.27	신관 준공	2008. 1	≪국립러시아미술관전≫
5.3	신관 개관	2008. 5	≪대삼국지전≫
9.12	시즈오카현 후지노미야시 후지미술관 폐관	2008. 6	(브라질) ≪일본미술명보전≫
2009		2009. 10	≪화려한 오스트리아대궁전전≫
2010. 3.9 3.31	(도쿄) 이케다회장 중국대사와 회담, ≪지상의 천궁 베이징 고궁박물원전≫개최협의 『도쿄후지미술관명품선집』 발행	2010. 8	≪폴란드명보전≫
2012 6.12	이탈리아공화국과 교류협정체결	2012. 3	≪지상의 천궁 베이징 고궁박물원전≫
2013.4.1	공익재단법인 승인	2013. 6	(타이완) ≪Robert Capa백주년회고전≫
		2013. 10	≪빛의 찬가 인상파전≫
2014		2014. 9	≪로얄아카데미전-터너부터 라파엘 전파까지≫

2015		2015. 5	≪레오나르도 다빈치와 '앙기아리의 전투'전- 일본 최초 공개 '다보라 도리아'의 불가사의≫
2016		2016. 3	≪레오나르도 다빈치와 '앙기아리전투'전≫
		2016. 10	≪한자 삼천년-한자의 역사와 미≫
2017.12.	국립러시아미술관과 교류협정	2017. 1	≪완전공개! 후지미술관의 서양회화≫
		2017. 9	≪아득한 르네상스전≫
2018		2018. 10	≪러시아 회회보물전≫ (베이징칭화대학) ≪서양회화명품전≫

출처) 1961년-2013년: 『東京富士美術館30年史』, 東京富士美術館, 2014, pp.184-195.
2014년-2018년: "http//www.fujibi.or.jp/en/exhibitions/schedule-of-exhibitions.html."

참고문헌

이케다 다이사쿠. 「포르투갈: 영광의 500년 전(展)」, 『희망의 21세기로』 40. 1999-10-17.

_____. 「문명의 십자로에서 인간문화의 흥륭을」, 이탈리아 팔레르모대학교 기념강연. 2007-03-23.

_____. 「동서(東西)에 있어서 예술과 정신성」, 『21세기 문명과 대승불교』. 화광신문사. 2011.

_____. 『21세기 문명과 대승불교』. 화광신문사. 2011.

_____. 『신인간혁명』 5권. 화광신문사. 2013.

_____. 「바이올리니스트 예후디 메뉴인의 예술관 ③」, 『월간중앙』. 2016-7.

_____. 「타이완 중국문화대학교 장징후(張鏡湖) 이사장」, 『월간중앙』. 2016-8.

_____. 『제22회 1.26 'SGI의 날' 기념제언: 지구 문명을 향한 새로운 지평』. 1997.

_____. 『제25회 1.26 'SGI의 날' 기념제언: 평화의 문화, 대화의 대륜』. 2000.

먼로 C. 비어슬리. 이성훈·안원현 譯, 『미학사』, 이론과 실천, 1993.

李澤厚·劉綱紀. 權德周·金勝心 譯, 『中國美學史』, 대한교과서주식회사.

이보아. 『박물관학 개론』. 김영사, 2000.

경창헌. 「문화와 국제관계」, 『외교』. 제77호(2005.1), 한국외교협회, 2005.

池田大作. 『大道を步む: 私の人生記錄 II』. 每日新聞社, 2000.

_____. 『対話の文明: 平和の希望哲学を語る』. 第三文明社, 2007.

池田大作·顧明遠. 『平和の架け橋人間教育を語る』. 東洋哲学研究, 2012.

『東京富士美術館名品選集』. 東京富士美術館, 2009.

『東京富士美術館30年史』. 東京富士美術館, 2014.

白根敏昭·堀舘秀一·平谷美華子. "大学と美術館の連携: 創価大学と東京富士美術館の連携事業 "美術館を活用した授業"報告." 『創大教育研究』 第26号. 創価大学教育學会, 2016.

Starn R. & Partridge L. *Art of Power*. California Univ., Los Angeles & London, 1990.
Rene Huyghe & Daisaku Ikeda, tran. Richard L. Gage. *Dawn After Dark*.
    Weatherhill, 1991.

『법련』, 화광신문사. 1997-10.
『법련』, 화광신문사, 2017-12.
「화광신문」, 화광신문사, 1999-5-03.
「화광신문」, 화광신문사, 2018-9-14.
『MUSE』, 東京富士美術館, 1991.
『MIDAS』, 통권 106호(2012년 12월), 연합뉴스 동북아센터, 2012.
http://elaws.e-gov.go.jp
http://www.fujibi.or.jp
https://www.jsps.go.jp
http://www.ksgi.or.kr.
http://www.city.sendai.jp
http://www.totetu.org
http://www.visual-arts-cork.com

이케다 다이사쿠의 평화사상과 지속가능한 개발[*]

임 정 근 · 미우라 히로키

Ⅰ. 들어가며

평화 운동가이자 종교지도자인 이케다 다이사쿠는 40년 이상에 걸쳐 세계 평화와 개발·발전(development)의 문제에 대한 수많은 실천 방안을 제시해 왔다. 특히 유엔과 국제사회가 2030년을 향해 새로운 목표를 설정하려는 2015년, 그는 개발문제에 있어서 잊어서는 안 될 핵심에 대해서 다시 한 번 환기시켰다. 즉, 근본적 비전(인간의 존엄성을 바탕으로 한 민중 연대)과 세 가지 과제(정치와 경제의 재인간화, 임파워먼트의 연쇄, 우정의 확대)이다. 이는 각각 그의 인간관(내발적 의식변혁의 중요성)과 평화관(적극적, 절대적, 능동적 평화 구현)에 기반을 두는 것으로 해석된다. 또한 이 제안

* 『인문사회 21』제7권 제4호(2016년 8월, pp.267-294)에 게재된 논문을 수정·보완한 것임.

은 지구적 개발 거버넌스나 지구 정의와도 깊이 관련되고 있으며 개발과 평화를 둘러싼 기존 담론이 간과하고 있는 심층적 문제의식과 현실적 과제를 부각시킨다. 전환기를 맞이한 개발문제에 있어서 이케다의 사상과 제안은 선구성, 계몽성, 독창성, 일관성이라는 점에서 의의가 있다.

II. 전환기를 맞이한 개발문제와 이케다 연구의 현황

1. 연구의 개요

유엔이 2000년부터 빈곤퇴치에 초점을 맞추어 추진해 온 MDGs (Millenium Development Goals, 새천년개발목표)가 종료됨에 따라, 회원국은 2015년 9월 경제·사회·환경·평화·정의 등의 분야를 포괄적으로 아우르는 지구적 프로젝트인 SDGs(Sustainable Development Goals, 지속가능개발목표)의 시작을 결의했다. 양자의 이행 기간에는 지구 사회가 직면하고 있는 핵심 과제가 무엇이며 이에 대해 어떻게 대응할 것인가와 같은 근본적 문제가 심도 있게 논의되었으며, SDGs의 효과적 실행을 위해서는 아직도 수많은 과제가 남아있는 상태이다. 본 연구는 이와 같이 전환기를 맞이한 개발문제를 주제로 하여, 이에 대해 지속적으로 제언활동을 해온 이케다의 평화사상 혹은 이론이 가지는 의의를 규명하는 것을 목적으로 한다. 구체적으로는 유엔의 개혁이나 방향성에 대해 그가 발표해 온 'SGI의 날 기념 제언'(이하 평화제언) 중 특히 2015년에 발표한 개발문제에 관한 부분의 내용적 분석을 통해 평화 운동가이자 종교지도자인 이케다의 사상이 실무적 및 학술적 논의에 대해 어떠한 시사점을 갖는지를 고찰한다.

이케다가 현 시대를 대표하는 세계적인 지성 중 한 명인 것은 틀림없다. 그는 1970년대 이후 유엔이나 국제사회를 향해 지구적 문제의 해결을 위한 제언활동을 거듭해왔다. 또한 그는 세계 192개국에서 1000만 명 이상의 회원을 가진 SGI(국제창가학회) 회장으로서 각지에서 평화, 교육, 문화운동을 이끌고 있다. 그러나 그의 행동이나 업적과 비교해 이를 이론적 혹은 체계적 틀에서 분석한 학술연구는 부족한 편이며, 양자 간에 큰 격차가 존재해 왔다 (Urbain, 2010: 3). 이러한 흐름을 반영해 2000년대 중반 이후 세계 각지에서 이른바 '이케다 연구'가 본격화되고 있다. 이케다는 빈곤이나 환경 등을 포함한 개발문제에 대해서도 다양한 제안을 해왔으며 이를 심도 있게 분석하는 것은 이 분야의 학술적 발전뿐만 아니라 중요한 전환기를 맞이한 개발문제의 근본적 측면을 생각하는데 유익할 것이다.

본문에서는 우선 연구의 배경으로서 개발의제의 논의 현황과 이케다 연구의 현황을 간략하게 정리한다. 다음으로 1984년 이후 발표된 평화제언 그리고 특히 개발의제에 대해 직접적으로 언급한 2015년 평화제언의 내용을 정리한다. 또한 기존 연구를 활용하면서 구체적 제안들이 어떠한 맥락 혹은 체계를 가지고 있으며, 어떠한 방식으로 지속가능한 개발을 촉진할 것인지 즉, 제안의 논리적 특징을 살펴본다. 마지막으로 이와 같은 제안이 전환기 개발문제에 있어서 어떠한 면에서 중요성을 가지는지 고찰한다.

2. 개발의제의 논의 과정

주지하는 바와 같이 2000년에 시작한 MDGs는 빈곤문제를 중심으로 8개 분야에서1) 18개 세부 타켓과 48개의 세부 지표로 추진한 범세계적 개발 프로젝트이었다. 유엔기관 중심의 하향적 프로젝트 설계, 모두가 알기 쉬운 단순화된 노력 목표의 제시, 각 회원국의 자율적 추진과 상호 모니터링 등이 특징이었다. 2010년을 전후하여 MDGs의 성과와 약점을 평가하면서 2016년에서 2030년을 향해 어떠한 새로운 프로젝트를 추진할지에 대한 본격적인 논의 이른바 '포스트 2015 개발의제(development agenda)'가 시작되었다. 이에 따라 새로운 목표의 구체적 범위, 내용, 방향성, 추진 전략 등 개발 문제의 근본적 이슈에 관해서 유엔기관과 회원국, 시민사회 등에서 다양한 아이디어가 제출되었다.

논의는 두 가지 축을 중심으로 이루어졌으며 이를 통합하는 방향으로 진행되었다. 두 축의 성격과 제시된 목표 안을 간략하게 정리하면 다음과 같다. 첫째, 유엔사무총장과 시민사회 주도의 논의 과정이다. 2011년 유엔사무총장이 실무작업반을 설치,2) 이를 발전시켜 2012년에는 27명의 지식인으로 구성된 유엔고위급패널(HLP)을 설치해 MDGs에 대한 평가와 새로운 목표를 검토했다. 이 과정에서 세계 각지의 5,000개를 넘는 NGO가 토론에 참여했으며 2013년

---

1) 1) 절대빈곤 및 기아 퇴치, 2) 보편적 초등교육 실현, 3) 양성평등 및 여성능력의 고양, 4) 아동 사망률 감소, 5) 모성보건 증진, 6) HIV/AIDS, 말라리아 등 질병 퇴치, 7) 지속가능한 환경보장, 8) 개발을 위한 국제 글로벌 파트너십 구축.

2) 실무작업반은 유엔관련 약 50여 개의 기구 대표로 구성되며 2012년 6월 보고서를 제출했다. 여기서는 3대 기본원칙(인권, 평등, 지속가능성)과 4대 핵심 방향(포괄적 경제개발, 포괄적 사회개발, 환경 지속가능성, 평화와 안보)이 제시되었다.

5월에 구체적으로 5개의 '혁신적 기본 방향(big, transformative shift)'과 12개 목표를 제시했다(UN, 2013). 이 기본 방향이란 1) 한사람도 제외되는 사람이 없도록 하는 것(leave no one behind), 2) 지속가능한 개발을 핵심에 둘 것, 3) 일자리 창출과 포용적 성장 (inclusive growth)을 위한 경제구조를 구축할 것, 4) 평화롭고 효과적이고 투명하며 책임 있는 제도를 구축할 것, 5) 새로운 글로벌 파트너십을 수립할 것이다. 유엔사무총장은 HLP 보고서를 토대로 2013년 7월 "모두를 위한 삶의 존엄(A Life of Dignity for All)"이란 제목으로 MDGs의 성과와 15개의 새로운 목표 안을 제안했다.

둘째, 2012년 6월에 개최된 유엔지속가능발전회의(리우+20)를 계기로 가속화된 유엔 회원국 정부를 중심으로 한 과정이다. 회의에서는 지속가능한 개발과 빈곤문제 해결을 위한 녹색 경제를 주요 과제로 하여, 개발의제의 흐름에 맞춰 국제적 목표 수립 작업을 본격화시키기 위해 '지속가능한 개발목표를 위한 정부 간 공개작업반(OWG-SDG)'을 설치했다. OWG-SDG는 2014년 7월 보고서를 통해 빈곤과 불평등, 사회발전, 경제발전, 환경, 젠더, 물과, 위생 노동, 경제, 주거, 이행수단 등이 고루 반영된 17개 목표를 제안했다.[3]

2014년 12월 이러한 광범위한 흐름을 통합하기 위해 유엔사무총장은 통합보고서(synthesis report)를 발표했다. 보고서에서는 "이 모든 목소리가 인간 중심이며 지구를 배려한 의제를 요청하고 있으며 인간의 존엄, 평등, 환경보호, 건전한 경제, 결핍과 공포로부터의 자유 그리고 지속가능한 개발을 위한 새로운 글로벌 파트너십의

---

[3] 이 두 가지 축 이외에도 유엔 회원국이나 전문 기관에서도 새로운 목표에 대한 연구나 활동이 이루어졌다. 예를 들어 2013년 이후 개최되는 유엔개발자금국제회의, 2001년에 시작되어 확대 추진 중인 유엔 글로벌 컴팩트, 기타 시민사회와 결합된 각종 프로젝트에서 목표 안이 논의되었다.

실현을 호소하고 있다"며, 논의를 통합하기 위해서 모든 목표 안을 관통하는 6가지 핵심요소(essential elements)를 정리했다.4) 또한 보고서는 이행 수단과 '책임의 공유'라는 측면에서 자금조달 방법의 혁신, 책임성 메커니즘의 강화, 유엔의 조직 개혁 등에 대해서도 언급하며 다음과 같이 결론했다. "현재 우리는 유엔 창설 이래, 개발 문제에 관한 가장 중요한 해를 맞이하고 있으며 (중략) 한사람도 제외되는 사람 없이 모두를 위한 삶의 존엄을 달성하기 위해 과감하고, 적극적으로, 신속히 행동하는 역사적 기회와 의무를 가지고 있다"(UN, 2014: 34).

이상과 같이 개발의제의 논의과정에서는 MDGs의 한계에 대한 반성과 함께 개발문제에 대한 근본적인 사고나 접근 혹은 패러다임의 변화가 제기되었다.

이와 같은 논의를 거쳐 2015년 9월 25일 유엔 지속가능개발 회의에서 회원국들은 마침내 세계를 변화시키기 위한(transform our world) 17개 목표와 169개 세부 타켓으로 구성된 SDGs를 결의했다(표 1). 결의문에서는 인간·지구·번영·평화·파트너십 등 핵심 요소와 환경·사회·경제 그리고 여성 분야의 통합 등을 강조하면서 이 프로젝트를 역사적으로 전례가 없을 만큼 야심적이며 혁신적인 것으로 발표했다(UN, 2015).

---

4) 1) 인간의 보편적 존엄성: 빈곤퇴치와 불평등, 2) 인간개발: 여성과 아동을 포함한 모두를 위한 교육과 지식, 그리고 건강한 삶을 보장, 3) 경제적 번영: 보다 포괄적, 혁신적, 변혁적인 (transformative) 경제 성장, 4) 환경: 모든 사회와 아이들을 위한 생태계를 보호해 나가는 것, 5) 사회정의: 안전하고 평화로운 사회를 건설하기 위한 보다 강력한 기구의 촉진, 6) 참여적 파트너십: 지속가능한 개발을 위한 지구적 연대의 촉진(UN, 2014: 11).

<표 1> SDGs: 2016년에서 2030년까지 추진될 17개의 목표

1. 빈곤퇴치: 모든 국가에서 모든 형태의 빈곤종식
2. 기아종식과 지속가능 농업: 기아종식, 식량안보 확보, 영양상태 개선 및 지속가능한 농업 증진
3. 보건과 복지: 모든 연령층의 모든 사람을 위한 건강한 삶 보장 및 복리증진
4. 양질의 교육: 모든 사람을 위한 포용적이고 형평성 있는 양질의 교육 보장 및 평생학습 기회 증진
5. 양성평등: 양성평등 달성 및 모든 여성·여아의 권익 신장
6. 물과 위생: 모두를 위한 식수와 위생시설 접근성 및 지속가능한 관리 보장
7. 에너지: 모두를 위한 저렴하고 신뢰할 수 있으며 지속가능하고 현대적인 에너지에 대한 접근 보장
8. 일자리와 경제성장: 지속적·포괄적·지속가능한 경제성장 및 생산적 완전고용과 양질의 일자리 증진
9. 혁신과 인프라: 회복력 있는 사회기반시설 구축 및 포용적이고 지속가능한 산업화 증진
10. 불평등 완화: 국가 내·국가 간 불평등 완화
11. 지속가능한 도시: 포용적이고 안전하며 회복력 있는 지속가능한 도시와 거주지 조성
12. 지속가능한 소비, 생산: 지속가능한 소비 및 생산 패턴 보장과 확립
13. 기후변화 대응: 기후변화와 그 영향을 방지하기 위한 긴급조치 시행
14. 해양 생태계: 지속가능개발을 위한 해양, 바다 및 해양자원 보존 및 지속가능한 사용
15. 육상 생태계: 육지생태계 보호와 복구 및 지속가능한 수준에서의 사용 증진 및 산림의 지속가능한 관리, 사막화 대처, 토지황폐화 중단 및 복구 및 생물다양성 손실 중단
16. 평화의 정의·제도: 지속가능개발을 위한 평화적이고 포괄적인 사회 증진과 모두가 접근할 수 있는 사법제도, 모든 수준에서 효과적·책무성 있는·포용적인 제도 구축
17. 파트너십: 이행수단 강화 및 지속가능개발을 위한 글로벌 파트너십 재활성화

출처: UN, *Transforming Our World: the 2030 Agenda for Sustainable Development (A/RES/70/1)* (UN, 2015).

특히 <표 1>에서 볼 수 있듯이, [목표 16]은 기존 개발 목표와 달리 인간 가치의 핵심적 요소들을 명시적으로 설정하고 있다. 이는 MDGs와의 중요한 차이점이며, 인간적, 사회적, 정치적 목표를 통합적으로 지향하는, 눈에 띄는 변화라 할 수 있다. 그럼에도 불구하고 SDGs가 개발과 변화의 근본적 목표인 정의, 평화, 포용이라는 목표의 의미와 방향을 깊이 성찰하지 않고 단순히 일국적 사법제도의 개선이나 제도적 보완 정도로 이러한 목표들을 설정한 것은 아쉬운 점이라 할 것이다(Nilsson and Costanza, 2015: 10).

예를 들어, 전 지구적 차원의 정의는 무엇을 의미하는가? 평화적이고 포괄적인 사회란 어떤 상태를 의미하며 구체적으로 무엇을 성취하여야 그러한 사회를 이룰 수 있다는 것인가? 이는 어떤 나라의 사법체제나 새로운 제도의 도입이나 개선만으로 이룰 수 있는 것이 아님은 분명하다. 결국 진정한 개발, 지속가능한 개발을 위해서는 전 지구적 차원에서의 진정한 정의와 평화가 무엇인지 깊이 성찰하고 그의 성취를 위한 근본적인 개혁과 전 지구적인 노력의 경주가 필요한 것이다.

MDGs의 성과와 한계를 면밀히 검토하고 전 세계적으로 많은 의견을 수렴하여 오랜 기간에 걸쳐 수립해 온 SDGs가 개발과 발전의 기본 개념조차 명확히 설정하지 못하고 그 목표의 달성을 기존 개발 패러다임 속에서 지표적인 성과의 일환으로 다루려는 태도는 아직도 개발의제가 확고한 보편적 인류의 가치에 기반을 두지 못하고 있으며 진정한 변화를 추구하는 데 이론적, 철학적 한계가 있음을 보여주고 있다 할 것이다.

이러한 관점에서 볼 때, 지금이야말로 지금까지 제출되어 온 국제적 차원의 정의와 평화에 대한 진지한 이론들과 제안들을 심도 깊게 검토하여 개발의제의 철학적 기반을 확고히 하고 전 세계의 구조적 개혁의 방향을 설정해야 할 때인 것으로 보인다. 본 연구는 SDGs의 근본 가치인 평화와 발전의 개념을 정립하고 획기적인 개발과 근본적 변화의 방향을 설정하는 데 기여하기 위하여 이케다 다이사쿠의 제언을 검토하고자 한다.

3. 이케다 평화사상의 연구 현황과 성격[5]

이케다 다이사쿠는 1928년 일본에서 태어나 1947년 창가학회에 가입, 1975년 국제창가학회(SGI)를 창설하여 동시에 회장으로 취입했다. 그러나 이케다 연구의 현실적 발전 경로는 일본으로부터 세계로 확대된 그의 활동 경로와는 반대로 2000년대 초기 중국어권과 영어권에서 활성화되어 그것이 일본 내에서의 연구 동향에 자극을 주었다고 볼 수 있다.[6]

중국어권에서는 2001년 북경대학교(北京大學) 이케다 다이사쿠 연구회와 2002년 후난사범대학교(湖南師範大學) 이케다 다이사쿠 연구소의 설립을 필두로 2012년까지 31개의 연구기관이 설립되며 2000년대 초기 이케다 연구가 급속히 퍼져갔다.[7] 일본 연구자에게 중국은 이른바 '이케다 연구의 선진국'으로 소개되었다.[8] 그밖에 지역으

---

5) 여기서 말하는 이케다 연구란 이케다 다이사쿠 개인에 초점을 맞춘 일련의 연구를 가리키며 그의 활동기반인 SGI 혹은 창가학회에 대한 연구와 구별한다. 후자에 관해서는 주로 종교학 분야에서 1960년대 이후 지속적으로 발전되고 있다. 국내에서도 이케다 연구는 미흡한 반면 종교단체로서의 SGI의 조직적 혹은 교리적 측면에 대한 연구는 어느 정도 전개되고 있다.

6) 坂本幹雄, "池田研究の方法論的考察," 『通信教育部論集』 第10号 (2007), 35-37. 학술적 성격은 약하지만 이케다의 행동 기록이나 인터뷰 기록을 담은 문헌 자료는 일본 내에서 1960년대부터 발간되고 있다. 神立(간다치)는 이 중에서 특히 연구적 가치가 있는 33권을 이케다 연구의 연구 사료서 정리하고 있다. 神立孝一, "池田研究の新たな地平," 『創価教育研究』 第3号 (2004), 2, pp.115-116, p.132; 神立孝一, "創価大学における池田研究の現状と課題," 『創価教育研究』 第4号 (2005), 108.

7) 高橋強, 『中国の碩学が見た池田大作: その人間観・平和観』(東京 第三文明社, 2008), 182-191; 孫立川, "中国高校及研究機構興起 '池田大作研究热'," 『池田大作與中國: 紀念中日和平友好條約簽訂三十五周年』紫荊編(輯) (香港: 紫荊出版社 2013), pp.80-83.

8) 坂本幹雄, "池田研究の方法論的考察," 『通信教育部論集』 第10号 (2007), p.38. 중국어권에서 이케다 연구가 발전된 이유에 대해서 다카하시(高橋)는 다음 세 가지를 지적한다. 1) 1985년에 중국어로 번역・출판된 이케다와 토인비의 대담(한국어판 『21세기를 여는 대화』)을 많은 연구자가 읽었으며, 이케다 연구 보급의 잠재적 기반을 마련했다. 2) 주은래(周恩來) 연구의 발전과 함께, 그와 우정을 나누었던 이케다가 주목받게 되었다. 3) 이케다의 조화 사상과 중국에서 국가 차원에서 진행되는 '조화사회(和諧社会)'의 관련성이다. 중국의 국가 비전을 구체화, 심화시키는데 이케다 사상의 내용이 주목받게 된 것이다. 高橋強, "中国の碩学が見た池田大作: その人間観・平和観", pp. 182-188.

로서 미국에서는 1993년과 1996년에 이케다 스스로가 두 개의 연구소를 설립했으며, 2000년에 인도, 2003년에 덴마크와 아르헨티나에서도 이케다 연구를 추진하기 위한 연구기관이나 부처가 탄생했다.

이케다 연구의 내용적 현황 중 구체적 연구 분야에 관해서는 다음과 같은 분류가 가능하다. 첫째, 다카하시(高橋)는 중국에서 발표된 관련 논문 약 200편을 분야별로 정리한 결과, 교육분야(약 40편), 인생관이나 생명론, 행복을 포함한 인간학분야(약 30편) 그리고 예술·문학분야(약 20편)와 평화분야(약 20편)가 주요 연구 영역으로 나타났다.9) 둘째, 관련 논문을 종합적으로 편집한 『창립자 이케다 다이사쿠의 사상과 철학』(총3권)의 구성을 보면 철학, 평화, 환경(제1권), 과학, 종교, 대화, 문학, 역사, 인간, 교육, 평화, 비전(제2권), 이념, 제언, 대화(제3권)로 정리되고 있다. 셋째, 이 시리즈를 편집한 사카모토(坂本)는 이케다의 저작물을 크게 전기와 후기로 구분하고 있다. 전기에는 주로 1960년대부터 발표된 니치렌(日蓮) 불교에 대한 해석이나 SGI 회원들에 대한 지도나 강연 등 '불교철학의 핵심 문헌'이, 후기에는 80년대 이후 본격화된 세계 지식인들과의 대담집이나 평화제언 등이 포함된다. 전자는 종교분야이며 후자는 사회분야로 구분된다.10)

사회분야 중에서 중요한 위치를 차지하고 있는 주제가 이케다의 평화사상이나 평화관에 대한 연구라고 할 수 있다. 실제로 이 주제

---

9) 高橋強, "中国の碩学が見た池田大作: その人間觀·平和觀," pp.188-190.

10) 사카모토에 의하면 이케다 사상에 대한 상세한 해석이 전개되는 종교분야의 연구 성과가 사회분야에 충분히 반영되지 못하고 있는 점이 이케다 연구의 중요한 과제이다. 본 논문 또한 사회분야의 주요 문헌자료와 2차 연구 결과를 활용하고 '불교철학의 핵심 문헌'까지를 고려하지 못한 한계가 있다. 이는 연구 추진상의 현실적인 한계이며, 향후 연구 노력에 의해 보완할 과제로 한다. 坂本幹雄, "池田研究の方法論的考察," p.49.

에 대해 다양한 각도에서 접근한 연구가 있다 (하영애, 2015; 西浦昭雄, 2007; 高村忠成, 2007, 2008; 中山雅司, 2012; Carter, et. al., 2001; Guha, 2003; Radhakrishnan, 2006). 이케다는 빈곤이나 환경문제를 포함해 군비와 핵무기 확산, 지역분쟁, 자연 재해, 자본주의나 과학기술 부작용, 상호불신이나 이기주의의 만연 등 현대 사회가 직면하는 다양한 과제에 대해 유엔이나 관련 기관, 사회를 대상으로 해결책을 제시해 왔다. 그 내용은 유엔에 대한 조직 개혁이나 프로젝트 안을 비롯해 국가·사회·기업·NGO·개인 등에 대한 행동 지침이나 가치관 정립 등 다각에 걸친다. 이러한 제안은 형식적으로는 1983년 이후 매년 1월 26일에 발표해 온 평화제언과 특정 유엔 회의에 대한 제언, 대학 강연, 지식인들과의 대담집 그리고 SGI의 NGO 활동 등의 형태로 발표된다. 일련의 제안과 그 배경적 신념이나 사상에 대해서, 그의 실제적인 행동의 측면도 가미하면서, 논리적 특징을 도출하거나 이를 체계화하는 것이 이케다 평화사상의 연구 작업이라고 할 수 있다. 대부분의 연구에 공통적으로 나타난 것은 이른바 이케다의 인간혁명론을 이론의 핵심으로 보는 시각이다. 이는 불교철학을 바탕으로 한, 개인수준의 의식변혁과 사회수준의 시스템 변혁에 대한 통합적 설명 혹은 비전이라고 할 수 있다. 대부분의 연구는 이케다가 1965년에 출판한『소설 인간혁명 제1권』에 나오는 다음 문장에 이론의 본질이 함축되고 있다고 보고 있으며, 후술하는 2015년 평화제언에서도 역시 인용된다. 즉 "한 사람의 위대한 인간혁명은, 이윽고 한 나라의 숙명(宿命)도 전환하고 나아가 전 인류의 숙명전환도 가능하게 한다."[11] 또한 이케다

---

11) 한국어판은 이케다(2014), 『소설 인간혁명 (완결판) 제1권』, (서울: 화광신문사): p.15.

본인은 이러한 사상과 행동이 형성된 계기 즉 그의 평화운동의 원점에 대해서 1) 청년시절의 전쟁 경험, 2) 스승의 의지 계승, 3) 신앙자로서의 사회적 사명을 들은 바가 있다(池田, 2007: 16-18).

그의 사상은 상당히 광범위함과 동시에 평화분야 하나를 보아도 다양한 현실적 이슈를 심도 있게 다루고 있다. 개발문제에 관한 그의 제안을 분석할 경우에도 이와 같은 그의 독창성에 유의하는 것이 중요하다. 특히 SDGs와 관련하여 이케다의 사상을 살펴보면, 이케다가 인간적 가치인 평화를 성취하기 위해 매우 종합적이며 현실적인 제안을 하고 있는 것을 알 수 있다. 이는 SDGs가 평화와 정의를 사법체제나 사회제도의 문제로 보는 시각과 비교해 볼 때 보다 구체적이면서도 경제, 사회, 문화를 포괄하는 평화의 비전과 실천적 목표들을 제공해 줄 수 있다는 점에서 앞으로 심층적인 연구가 필요한 것으로 사료된다.

III. 2015년 평화제언의 내용과 논리

1. 빈곤·환경문제 등에 대한 이케다의 기존 제안들

지구적 문제에 대해 이케다가 제언활동을 시작한 것은 1960년대 후반으로 볼 수 있으며,[12] 빈곤과 환경문제에 대해서도 1970년대 후반에 발표되기 시작했다. 1980년대에는 냉전체계 극복을 위해 평화, 군축, 대화, 지역협력 등을 주제를 집중적으로 다루었으며, 1990년대에는 21세기의 신시대 구축을 위한 전 인류적 과제로서

---

12) 1966년 베트남 전쟁의 즉시 정전을 위한 제언, 1968년 중일국교정상화를 위한 제언이 대표적이다.

빈곤·환경문제를 다시 주목하게 된다. 2000년대에는 MDGs의 전개에 맞춰 제안 내용을 보다 구체화·다각화시켰다.[13]

환경문제에 관해서는 1978년에 '환경 유엔'의 창설을 제안했다. 이는 1972년 스톡홀름에서 개최된 유엔인간환경회의와 1976년 제1회 유엔인간거주회의의 성과에 대해 종합적이고 지속적인 논의의 장을 마련하여 유엔 기능의 통합·강화를 의도한 조직 개혁안이다. 이 구상은 이후 환경안전보장이사회 창설(1990년, 1991년)을 거쳐 환경·개발안전보장회의 창설에 의한 유엔의 분권화(1992년, 1997년)으로 구체화되었다. 한편, 빈곤문제에 관해서는 1974년 유엔세계식량회의 개최에 앞서 잉여식량을 빈곤지역으로 효과적으로 공급하기 위한 세계식량은행 창설과 빈곤지역의 식량 안전보장 강화를 제안했다. 2009년 평화제언에서 식량은행을 바탕으로 식량비축 시스템을 유엔이 추진하는 지구공공재(global public goods)의 일부로 추진하도록 다시 제안했다.

이 밖에 개발분야에 대한 제안은 세계적 회의의 개최 동향에 맞춰 제시되었다. 1992년 유엔환경개발회의(리우 회의), 2000년 유엔 밀레니엄 정상회의, 2002년 지속가능한 개발 정상회의(WSSD), 2012년 유엔 지속가능한 개발회의(리우+20) 등이다. 이에 대해 거시적 비전이나 로드맵, 조직 개혁안, 새로운 목표나 프로젝트, 시민사회와의 협력 방법, 프로젝트의 자금조성 방법 등을 제안해 왔다. 이 중 주요한 것을 정리하면 다음 <표 2>와 같다.

---

13) 2013년에 도다기념국제평화연구소가 과거 30년분의 평화제언 중 유엔에 대한 제안을 다음 16개 주제별로 정리한 바 있다. 1) 인류의 의회, 2) 시민사회의 참여, 3) 소프트 파워, 4) 법에 의한 해결, 5) 평화구축, 6) 지역의 거버넌스, 7) 빈곤과 인간개발, 8)환경과 에너지, 9) 인권, 10) 평화의 문화, 11) 통상무기의 규제, 12) 전쟁 금지의 제도화, 13) 군축교육, 14) 핵군축, 15) 지역의 비핵화, 16) 핵무기의 금지이다(戸田記念国際平和研究所, 2013).

<표 2> 빈곤·환경문제 등에 대한 이케다의 기존 제안

분류	제안 내용(발표 연도)
거시적 비전/로드맵	▶ 인간의 안전보장을 중심으로 한 안보개념의 변화(1995, 1996) ▶ 20세기 유엔의 사명(2006) -대화와 국제협조를 기반을 한 소프트 파워에 의한 세계 평화와 안전 -지구적 문제 해결을 위한 세 가지 기축: 인권, 인간 안전 보장, 인간개발 -인도적 경쟁을 촉진하기 위한 목적의 공유, 책임의 공유, 행동의 공유 ▶ '리우+20'에 대한 세 가지 제안(2012) -지속가능한 미래를 위한 공통목표의 제정 -유엔의 환경기관과 개발기관의 통합 및 시민사회와의 협동 강화 -개개인의 임파워먼트와 리더십 발휘를 위한 교육 프로젝트 추진 ▶ '생명의 존엄'을 기조로 한 문명적 비전(2013) -자비: 타자와 고락을 함께하는 의지 -지혜: 생명의 무한한 가능성에 대한 신뢰 -용기: 다양성을 서로 기뻐하고 꿋꿋이 지키는 맹세 ▶ 지속가능한 지구사회를 구축하는 원동력(2014) -늘 희망에서 출발하는 가치창조, -서로 연대해 문제를 해결하는 가치창조 -자타함께 선성을 일깨우는 가치창조.
조직개혁	▶ 유엔 본부 개혁 -유엔 세계 정상회의 개최(1990) 및 정기화(2003) -글로벌 거버넌스 조정위원회 창설(2005) 및 글로벌 비전국 설치(2009) -미래세대위원회 창설 및 청년의 유엔 프로젝트 참여 강화 (2006, 2012, 2014) ▶ 유엔 국가·지역기구의 기능 강화 -각국에서 유엔 기관을 통합한 유엔 하우스 설치(2000) -5개 세계 지역에서 유엔 지역사무국 설치(2006) ▶ 유엔의 분권화 -환경 유엔 구상(1978) 및 환경안전보장회의 창설(1990, 1991) -환경·개발안전보장회의 창설(1992, 1997) ▶ 유엔 시스템 및 전문 기관의 개혁과 창설 -세계식량은행 창설 및 식량안전보장의 강화(1974, 2009) -지구적 과제를 위한 연구센터 창설(1987) -소수민족·원주민 고등판무관 창설(1993)

	-지구환경 고등판무관 창설(2002) -세계환경기구 창설(2008) 및 지속가능한 지구기구 창설(2012) -국제지속가능에너지기관 창설(2009) - '품위있는 일자리(decent work)' 전문 위원회 창설(2010)
조약/프로젝트/개발 목표	▶ 지구헌장 제정(1997), 재생에너지 촉진 조약 체결 (2002)
	▶ 환경, 개발, 인권, 평화에 관한 '세계시민교육의 10년' 실시(1987) ▶ 지속가능한 개발을 위한 교육의 10년 실시(2002) ▶ 지속가능한 지구사회를 위한 교육 프로그램(2012) ▶ 난민문제 해결을 위한 대화와 교육의 확대, 세계시민의식의 함양(2016)
	▶ 포스트 2015 개발 의제(2016-2030)에 대한 추가적 제안 -인도적 경쟁 촉진 항목(2012) -도시 단위의 실천 항목(2012) -사회적 보호 최저선(social protection floor) 정비(2013) -세계시민교육, 인권교육의 추진(2013, 2014) -청년에 대한 '품위 있는 일자리' 창출 및 청년문화교류 촉진(2014) -세계전체의 군사비용을 절반으로 삭감(2014)
시민사회/파트너십	▶ NGO 간의 연대 강화 -NGO 평화 서밋(1989), 세계 NGO 서밋(1993), 지구포럼의 개최·창설(2001) -지속가능한 미래를 위한 행동 네트워크 확대(2008)
	▶ 시민사회와 유엔 간의 파트너십 강화 -시민사회 담당 사무차장의 창설(2000) -유엔 총회 자문기구로서 유엔 민중협의회 창설(2000) -유엔과 시민사회가 협동하는 세계시민교육 프로그램 실시(2014)
자금조성	▶ 빈곤 문제 해결을 위한 글로벌 마셜플랜(Global Marshall Plan) 실시(2000) ▶ 유엔민중기금 설치(2001) 및 국제연대세 도입(2009)
	▶ 지구녹색기금 창설(2002) 및 생명을 위한 물 세계기금 창설(2008) ▶ 글로벌 초등교육기금 창설(2004) ▶ 여성을 위한 미래기금 창설(2010)

출처: 『법련』(각 년)에서 필자 작성.

2. 2015년 평화제언의 내용

2015년 1월 26일 이케다는 "인도주의 세기를 위한 굳은 연대"라는 제목으로 평화제언을 발표했다.[14] 상기한 바와 같이 그는 1970년대부터 빈곤·환경문제에 대해 관심을 보여주었으며 2012년, 13년, 14년에 걸쳐 이미 개발의제에 관한 추가적 목표 안을 제안해 왔다. 그럼, 기존의 제안과 현실적 논의 동향을 배경으로 이케다는 2015년 중요한 전환기를 맞이한 개발문제에 대해 어떠한 제안을 했는가?

1) 모든 인간의 존엄성과 민중의 연대

제언은 자신과 타자 그리고 인간의 내재적 가능성에 주목하면서 시작한다. 이어서 2014년 7월 유엔의 OWG-SDG가 개발의제의 새로운 목표 안과 방향성을 제시한 것에 언급, 특히 모든 장소, 모든 형태의 빈곤 해결이나 나이에 상관없이 모든 사람에 대한 건강한 생활과 복지의 확보 등 보편성을 중요시한 점을 높이 평가한다. MDGs가 그 동안 절대적 빈곤층 7억 명의 감소나 초등교육 남녀 격차의 대폭 해소 등 큰 성과를 거뒀으나 아직 개선이 나타나지 못한 지역이나 수혜를 받지 못한 사람들이 존재하는 현실을 직시하면서, 이번 OWG-SDG 보고서가 간과해서 안 되는 핵심 즉, "모든 사람의 존엄을 예외 없이 지켜야한다는 방향성을 명확히 했다"는 점을 지지한 것이다(이케다, 2015: 91-92). 이러한 방향성이 중요한

---

14) 2015년 평화제언은 상·하 2부로 구성되고 있으며 개발의제에 관한 것은 제1부이다. 제2부에서는 현재 지구사회가 직면하고 있는 절박한 문제이자 전 인류의 행동을 공유가 요청된 세 가지 과제에 대해 언급하고 있다. 1) 난민과 국제이주자의 인권보호, 2) 핵무기의 금지와 철패, 3) 지속가능한 지구사회의 건설이다.

이유에 대해서는 단지 MDGs에서 해결하지 못했다는 점뿐만 아니라 그의 신념과도 깊이 관련됨을 설명한다. 이는 인권운동 지도자 마틴 루터 킹의 "정의는 분할할 수 없는 것"이라는 신념이나 스승인 마키구치(牧口常三郎)와 도다(戶田城聖)가 공통적으로 추구해 온 신념 즉, "자신들만의 평화와 안녕도 없고, 자신들만의 번영과 행복도 없다"는 신념이다. 두 사람은 1943년 일본의 군국주의 정부의 사상통제에 반대하여 수감되었는데, 출옥 후 도다는 "어느 나라에서 살든 어느 민족에 속하든 인간은 누구나 평화롭고 행복하게 살 권리가 있다"라는 마음을 담아 지구민족주의를 주장하게 되었다. 이것이 이케다가 이끄는 SGI의 유엔지원활동의 원류가 되었으며, 이번에 OWG-SDG가 제시한 보편성을 중시하는 방향성과 일맥상통하다는 것이다(이케다, 2015: 92-93). 이어서 유엔의 새로운 목표 추진과 관련된 세 가지 과제를 제시한 다음, 결론에서는 "유엔의 새로운 목표를 비롯해 수많은 과제에 도전하는 최대의 원동력은 민중의 연대"임을 호소한다.

이와 같이 2015년 평화제언은 도다에서 이어받은 평화사상과[15] 불교철학을 기반으로, 향후 개발의제 추진에 있어서 모든 인간의 존엄이라는 규범적 방향성과 민중의 연대라는 실천적 비전의 중요성을 주장한 것으로 요약할 수 있다.

---

15) 제언의 전체 내용을 통해 "지구상에서 비참이라는 두 글자를..." 혹은 비참이라는 표현은 총 17번 사용되며, 이 신념을 체계적 개념으로서 환언하는 맥락에서 지구민족주의라는 표현이 서론과 결론의 중요한 부분에서 등장한다. 이는 제언에서 도다의 사상이 중요한 배경임을 시사한다.

2) 새로운 목표 추진을 위한 세 가지 과제

다음으로, 본론을 살펴본다. 여기서는 "유엔이 세운 새로운 범세계적 목표를 궤도에 올리고 지구상에서 비참이라는 두 글자를 없애는 도전을 가속시킬 수 있는 방안"으로서 다음 세 가지를 언급한다.

① 정치와 경제의 재인간화

첫째는 비참을 야기하는 원인을 제거하는 과제로서 '정치·경제의 재인간화(再人間化)'이다. 현대 사회에서는 정치와 경제의 본래적 의미가 퇴색되며 이를 통제하는 행동원리가 오히려 어려운 처지에 있는 사람들에게 고통을 주는 상황이 발생하고 있다.16) 이 대표적 사례가 정치적 이유로 국가가 주도하는 무력분쟁이며, 평상시에서도 "안전보장을 이유로 인권을 제한하거나 국력증강을 앞세운 나머지 열악한 처지에 있는 사람들에 대한 대처를 뒤로 미루어 어렵고 궁한 상태가 더 어려워지는 경우"가 적지 않다. 경제에 관해서도 "경제성장률을 비롯해 거시적 지표의 동향만을 주시하는데 급급해 걸핏하면 현실사회에서 살고 있는 한사람 한사람의 생명과 존엄 그리고 생활의 귀퉁이로 내몰리고, 경제의 활력을 불어놓겠다는 정책이 사람들의 어려운 생활을 개선하는 데 도움이 되지 못하는 면"이 있다."17) 이러한 사태가 발생하는 배경에는 타자를 배려하지 않

---

16) 그리스어로 폴리티아(Politeia, 이상적인 시민공동체)에 유래하는 정치(politics)나 경세재민(經世在民)에 유래하는 경제 모두 민중의 행복을 위한 사회를 만드는데 원래의 의미가 있었다고 지적한다.

17) 프란치스코 교황 또한 "어떻게 나이 든 노숙자의 죽음은 뉴스가 되지 않으면서 주식시장이 2포인트 하락한 것은 뉴스가 될 수 있단 말입니까?"라는 말을 통해 경제의 모순에 경종을 울리고 있다는 점도 인용한다. 이러한 정치·경제의 모순 현상은 민주주의의 적자(democratic deficit, 시민들의 기대나 여러 가지 요인으로 인해 정책이 반영되지 못하는 현상)와 금융자본주의(money capitalism)의 폭주로 정리된다.

는 이기주의 혹은 타인의 고통을 되돌아보지도 않고 자기를 정당화시키는 풍조가 있다고 지적한다(이케다, 2015; 98).

이러한 현상의 극복 즉, 정치·경제를 재인간화하기 위한 실천방안으로서 제도, 원칙, 원동력의 세 가지 측면이 제시된다(이케다, 2015; 99). 제도적 측면에서는 국내 인권기관의 확대와 NGO과의 파트너십 촉진에 의한 기능 강화 그리고 국제연대세의 도입 등 기존의 제안을 다시 제기한다. 원칙의 측면에서는 불교에 유래한 중도(中道) 사상을 지적한다. 불교에서 중도란 단순히 극단적인 생각이나 행동을 배척하는 의미가 아니라 치우치지 않은 바른길이라고 하듯이 자신의 판단이나 행동이 인간으로서 걸어야 할 길에서 벗어나지 않았는지를 늘 되물어 자신의 '삶의 증거'를 사회에 남기며 살아가는 것이 본뜻이라고 설명한다. 이와 같이 "개개인이 인간성을 연마하는 과정을 통해 정치나 경제의 참모습이 어떠해야 하는지 깊이 재고하게 되고 사회의 토양이 재인간화를 향해 차츰 일구어진다"(이케다, 2015; 96-98). 이러한 역동적 변혁으로서 중도 사상의 중요성을 주장한다. 따라서 정치·경제의 재인간화를 위한 가장 중요한 원동력으로서 민중의 연대가 요청된다. "한사람 한사람의 의식변혁이 서로 전파되고, 연결되어 결국 사회 전원에게 미쳐 크나큰 사회정신을 낳는다"라는 마키구치가 제시한 '사회변혁의 방정식'을 사회에 부착(built-in)시키는 도전이 필요한 것이다(이케다, 2015; 99-100).

② 임파워먼트(내발적인 힘의 개화)의 연쇄

둘째는 괴로움을 안고 있는 사람이 이를 극복하고 자신의 존엄을 빛내면서 지역이나 사회에서 힘을 발휘하는 과제에 있어서 '임파워먼트(empowerment)의 연쇄'를 제안한다. 개발문제에 있어서 지원자나 수혜자와 같은 정해진 '입장'을 생각하는 것이 아니라 "어떤 사람이라도 병, 노령, 사고 등으로 다른 사람들에게 도움을 받아야 하는 상황이 생길지도 모른다는 현실을 응시"해, 근본적 차원에서 인간 스스로가 내재적 힘을 발휘하는 방법을 고찰하는 것이다.[18]

이를 위해 두 가지 접근이 제시된다. 하나는 성숙한 인간은 남에게 필요한 사람이 되기를 바란다는 사상이다. "인간은 어떠한 상황에서도 누군가가 자신을 필요로 한다고 느낄 때 상대의 마음에 보답하려는 마음이 생기는" 것이며 "그러한 마음이 생명에 내재한 힘을 불러일으켜 존엄한 불을 밝히는 에너지가 되는 것이다." 다른 하나는 인생의 의미를 다시 생각해보는 행위이다. 본인이 걸어왔던 인생에 대해 "다른 사람에게 다시 말함으로써 과거의 일에 새로운 의미를 부여하고 판을 다시 짤 수 있게 된다." 서로 체험을 교류하면서 "말하는 사람은 어떤 일도 지금의 자신을 만드는 데 빠뜨릴 수 없는 이정표였다고 생각해 앞으로의 인생을 개척하는 양식으로 삼을 수 있다." "듣는 사람도 또한 체험을 듣고 자신이 안고 있는 과제에 대해 맞설 용기를 낼 수 있는 것이다."

임파워먼트의 연쇄를 보여준 사례로서 간디의 열정이 당시 많은 청년들에게 전파된 것 그리고 시대를 넘어 만델라의 반차별 투쟁을

---

18) 이 관점에 관해서 구체적으로 정치학자 누수바움(Martha C. Nussbaum)의 주장(Frontiers of Justice)을 소개하면서 기존 사회계약설에 근거한 정의론의 한계를 지적한다. 즉, "(사회계약설을 기반으로 발전한 공리주의에 따르면) 한 개인이 겪는 심한 고통과 가난은 그보다 더 많은 사람의 행운으로 상쇄될 수 있다. 여기에는 각자의 인생은 한번뿐이라는 가장 중요한 도덕적 사실이 빠졌다"며, 인간의 존엄을 바탕으로 한 사회구축을 주장한 것이다. 또한 내재적 힘의 중요성에 대해서는 불교의 연기(緣起)의 법리를 인용한다. 인간과 인간의 만남이 만들어내는 연관성이 세계의 삼라만상(森羅萬象)을 만든다는 원리로 설명된다.

정신적으로 지탱한 예를 들고 있다. 이 맥락에서 앞에서 소개한 인간혁명론의 핵심적 구절을 인용하며, '국경을 초월한 공간적 확대와 세대를 초월한 시간적 확대'가 임파워먼트의 연쇄의 진면목이라고 지적한다(이케다, 2015; 106-107).

③ 차이를 뛰어넘은 우정의 확대

셋째로, 지구화와 더불어 확대되는 차별이나 배제 사상의 문제에 있어서 상태와의 연대를 구축하기 위해서 대화와 우정의 확대 필요성을 지적한다. 최근 지역분쟁이나 군사행동에서는 "자신들의 의사를 무력으로 상대에게 인식시키는 전통적인 자세에서 적으로 간주하는 집단을 배제하는 자세로 중심이 이동하는 경향"이 지적되고 있다. 또한 이 "배제 사상이 분쟁 지역뿐 아니라 세계 곳곳으로 퍼지고 있다"(이케다, 2015; 107-110). 나아가서 불교 설화를 통해 차별의 발생 원인과 이를 극복하기 위한 방안을 제시한다. 요컨대 "본디 공유해야 할 선(善)인 평화와 정의도 자기에 대한 집착으로 분할하고 충돌한다면, 자신과 다른 집단에 가하는 폭력이나 인권억압을 정당화하는 면죄부"가 되어 버린다. 이를 극복하기 위해 "누구나 언제 어디서든 할 수 있는 행동이 대화와 우정의 확대"이다(이케다, 2015; 110-111).

이어서 대화와 우정의 중요성과 기능에 대해 언급한다. 우선, 역사학자 토인비(Arnold Toynbee)의 말을 인용한다. "우정은 서로 다른 속성에 마음을 속박하는 것이 아니라 상대가 고이 간직한 인간다운 생명의 빛을 바라보고 마음을 나누면서 자유자재로 만들어낼 수 있는 관계성"이다. 다음으로 SGI가 대화를 기조로 다양한 교육

교류나 사회문화적 교류를 추진해 온 점을 소개한다. 결론적으로 대화에 의한 우정의 확대가 이룰 수 있는 사회적 효과에 대해서 다음과 같이 요약한다. "국가 간에 긴장감이 고조되고 배타주의로 기울었을 때 이 우정의 유대가 기운 각도를 조금이라도 원래대로 되돌리는 자동안정장치(stabilizer) 역할을 해서 집단 심리에 휩쓸리지 않는 사회의 완강성(頑强性)"을 촉진하는 것이다(이케다, 2015; 111-112).

3) 2015년 평화제언의 논리적 특징

이상, 2015년 평화제언을 간략하게 요약했다. 내용적으로 난해하거나 추상적 부분도 있기 때문에 이러한 요약만으로는 이케다의 사상이나 의도를 충분히 이해하기에는 역부족일 것이다. 또한 개발의제에 관한 학술적・실무적 논의와 비교하기 위해서도 위의 주장을 좀 더 논리적으로 재정리할 필요가 있을 것이다.

① 왜 개발의제에서 민중의 연대가 중요한가?

민중의 연대에 관한 부분도 역시 내용이 추상적이기 때문에 표면적으로 이해하는 경우 이것이 프로젝트의 효과적 추진을 위한 수단으로 오해될 수도 있다. 2015년 평화제언의 의도를 심층적으로 이해하기 위해서는 개발의제와 모든 인간의 존엄 그리고 민중의 연대라는 세 가지 키워드의 관계성에 대한 이케다의 독창적인 논리, 다시 말해 개발문제에 대한 그의 근본적 사상을 이해할 필요가 있을 것이다. 이를 위해서 그가 지속적으로 중요시해 온 '인간개발(human development)' 및 '지속가능성(sustainability)' 개념을 참조하는 것이 유익할 것이다.

우선, 환경이나 개발문제에 있어서 이케다는 1970년대부터 지원자와 수혜자 혹은 소비자와 생산자 모두의 정신적 변혁이 중요함을 주장해 왔다(이케다·토인비, 2008: 97-104; 이케다·펫체이, 1991: 175-185). 1992년 유엔 리우 회의에 대한 제안에서도 환경문제를 정치·경제·과학기술 등 분야를 넘어 인간의 삶의 방식에 직결된 복합적 영역으로 보며 문제해결을 위해서 지구시민으로서의 위기위식을 공유하는 '내발적 의식변혁'의 중요성을 주장했다(이케다, 1992: 24). 이러한 사상이 1990년대 새로운 패러다임으로 등장한 인간개발 개념을 계기로 보다 구체화되었다. 그는 이 개념의 요체를 다음과 같이 보았다. "개발이라는 말은 공리적(功利的) 색채가 강합니다만 인간개발이라는 개념에는 보다 넓은 의미에서 의욕적인 의미가 담겨져 있으며 인간의 무한한 힘을 끌어내는 것이 그 최대 목적"인 것이다(이케다, 1996: 13). 다시 말해 "한사람 한사람에게 갖추어진 내발적 힘이라는 재생도 확대도 가능한 자원"을 발휘하는 것을 이 개념의 본질적 의미로 보고 있다(이케다, 1996: 13).

한편, 2000년대에 들어 본격화된 지속가능성 개념에 대해서는 다음과 같이 지적했다.[19] "누군가의 불행 위에 자신의 행복을 추구하지 않는 삶의 방식이고, 상처 입은 지역이나 지구를 그대로 다음 세대에게 물려주는 일을 옳지 않게 생각하는 정신이고, 현재의 번영을 위해 미래를 발판으로 삼지 않고, 자식이나 손자 등을 위해 최선의 선택을 거듭해 가는 사회 본영의 모습"이라는 것이다(이케

---

19) 지속가능성에 대해서는 1992년과 1997년, 2002년, 2005년 평화제언에서도 간략하게 언급되고 있으며 여기에서도 역시 '내재적 정신성'과 '내발적 의식혁명'을 이 개념의 요체로 보고 있다(이케다 다이사쿠, 1992: pp.18-20).

다, 2012: 124).

이와 같이 개발문제에 대해 이케다는 일관적으로 인간 개개인이 갖춘 내재적 힘에 초점을 두고 있으며 이를 키워드로 인간개발과 지속가능개발 그리고 모든 인간의 존엄성을 연계시킨다. 나아가서 이 힘을 발휘하거나 발굴하는 실천 방법을 논의하는 맥락에서 SGI 가 추진해 온 인간혁명운동이 자주 언급된다. 이는 "무한한 내재적 힘을 자각한 민중 한사람 한사람이 스스로 책임을 지고 인류익(人類益)을 위해 행동할 것을 촉구하는 운동"으로서(이케다, 1996: 15) "SGI에서는 자타 함께 행복을 지향하는 불법의 이념을 기반으로, 인간혁명이라는 이름의 민중의 민중에 의한 민중을 위한 임파워먼트 운동을 추진"해 왔으며, "여기서 말하는 임파워먼트란 인간 누구나 본래 가지고 있는 무한한 가능성과 힘을 최대로 끄집어내는 데 주안점을 두고 있"는 것이다(이케다, 2000; 45). 결국, 인간의 내재적 힘을 중요시하는 이케다에게는 인간개발, 지속가능개발, 임파워먼트, 인간혁명 모두가 심층적 차원에서 연결된다. 뿐만 아니라 이 모든 현상·활동에 공통된 내재적 역학(dynamism)에 주목할 필요도 있다. 이케다는 인간혁명의 성격에 관해서 다음과 같이 말한다. "나는 진정한 인간혁명은 불교의 교의를 실천함으로써 생명의 내부로부터 이룩되는 동시에, 한편으로는 그와 같은 현실생활의 가치 있는 접촉을 통해서 이룩되는 것이라 생각합니다. 그리고 이러한 자연과의 융합, 인간끼리 화합하는 태도에 의해 비로소 현대 문명이 직면한 가장 심각한 위기라 할 수 있는 자연 파괴에 대한 본원적인 방위선이 구축된다고 확신합니다"(이케다, 1991: 185). 즉, 이케다가 생각하는 인간혁명이란 단순히 개인의 내면적 변화에 제한되는 것이 아니라 그 성격상 주변 사람들이나 지역사회, 제도의 변화를 불가피하게 일으키게 된다. 개인의 인간혁명이 인간끼리의 화합으로 귀결되는 논리와 마찬가지로, 진정한 의미로 인간개발이나 지속가능개발을 추진한다는 것은 결국 "생명의 존엄을 자각한 민중과 민중의 마음과 마음의 연대"로 귀결되는 것이다.

요컨대, 민중의 연대란 단순한 의미, 예를 들어 특정 제도 개혁을 달성하기 위한 세력화나 NGO가 추구하는 네트워킹 등을 초월하여, 모든 인간의 존엄이 발휘되는 과정을 핵심으로 하는 광범위한 현상을 의미한다. 다시 말해 이케다에게 민중 연대란 개발목표의 '일시적 달성'보다도 중요하며, 지구적 규모의 과제에 직면하고 있는 현시대 사람들의 삶의 목적자체인 것이다.[20]

② 세 가지 방안의 체계성

제언의 중심 내용인 세 가지 과제가 어떻게 서로 관련되는지 그리고 이들 세 가지 과제가 특별히 중요한 이유가 무엇인지에 대한 이케다의 설명은 없다. 그러나 각 과제의 초점에 주목하여 내용을 살펴보면 어느 정도의 체계성과 논리를 찾아낼 수 있다. 이에 대해서는 이케다 평화사상·이론을 체계적으로 분석한 기존 연구의 도움을 빌리는 것이 지름길일 것이다.

---

20) 이는 이케다의 인간혁명론을 이해하는 데 핵심적 쟁점이라고 할 수 있다. 즉, 개인의 의식변화와 사회변화의 관계성에 관한 것인데, 간자카(勘坂)나 란이(冉毅)의 해석에 의하면 개개인이 의식변혁을 통해 삶의 의미를 획득하는 과정은 그 자체가 각자의 삶의 '목적'이며, 사회변혁을 위한 '수단'은 아니다 (勘坂純市, 2008: 8-12; 冉毅, 2008: 78-86). 사회변혁은 물론 개개인에게도 중요한 과제가 될 수 있지만 근본적으로 중요한 것은 개개인의 의식변혁인 것이다. 이러한 목적관에 집착하지 않는 경우에는 Urbain의 연구처럼, 양자 간의 몇 가지 상호작용 패턴으로부터 그 역동성에 인간혁명론의 본질 나아가서 이케다 평화사상·이론의 독창성을 찾을 수도 있다(Urbain, 2010: pp.6-7, pp.223-224).

나카야마(中山)는 이케다의 평화관이 다음 세 가지 특징을 가지고 있다고 지적한다. 첫째, 적극적 평화이다(中山, 2012: 108-110). 이는 평화학을 개척한 갈퉁(Johan Galtung)의 이론과 유사하다. 갈퉁은 평화를 단순한 전쟁의 부재를 넘어 빈곤이나 격차를 포함한 구조적 폭력의 부재로 이해한다. 이케다 또한 "우리 인류가 도전해야 할 과제는 단순히 전쟁이 없다는 소극적 평화의 실현이 아니라, 인간의 존엄을 위협하는 사회구조를 근본으로부터 변혁하는 적극적 평화의 실현"이라고 지적하고 있다(이케다, 2000). 둘째, 절대적 평화이다. 이는 간디의 사상과 유사하며 평화를 구축하는 데 비폭력적이며 평화적 수단을 사용하는 것이다. 이케다는 전쟁이나 무력 사용을 절대악(絶對惡)으로 보며 그 대극에 위치한 대화를 가장 중요한 수단으로 주장한다. 셋째, 능동적 평화이다. 평화란 국가나 사회로부터 주어지는 것이 아니라 개개인 그리고 민중이 노력을 통해 만들어 가는 것이다. 또한 평화라는 종착지가 있는 것이 아니라 이를 방해하는 원인과의 지속적인 투쟁을 통해 쟁취하여 지켜나가는 과정을 의미한다. 이는 칸트(Immanuel Kant)의 항구평화 사상과 유사하다. 이 세 가지 특징은 각각 조건(폭력의 제거), 수단(대화의 확대), 원동력 혹은 주체(스스로의 의식변혁과 실천)라는 체계를 구성하는 것으로 해석할 수 있으며, 모든 요소가 일관적으로 기반을 둔 것은 개인의 생명의 존엄 실현을 근본적 목적으로 보는 가치관이다.[21]

---

21) 이케다 평화사상에서 생명 존엄은 핵심 요소임이 틀림없으나 이 사상의 구체적 구조나 체계에 관해서는 연구자에 따라 시각에 차이가 있다. 다카무라(高村)는 불교의 생명관을 중심으로 비폭력 사상과 공생사상, 행복관 등에 의해 다각적으로 보완된 인간주의로 체계화하고 있으며, 나카야마는 사상으로서의 생명 존엄과 수단으로서의 비폭력, 주체로서의 민중과 그 연대의 세 가지 축으로 구성되는 평화의 문화로 체계화하고 있다. 울반(Urbain)은 불교의 생명 사상을 중심으로 개인의 의식변혁과 대화, 세계시민주의의 세 가지 축의 상호작용이 문화·구조적 평화 구축이론을 구성하는 것으로 보고 있다(高村忠成, 2007: pp.142-147; 高村忠成, 2008: pp.25-27; 中山雅司, 2012: p.135; Urbain, 2010: pp.221).

위의 논의를 2015년 평화제언의 세 가지 과제에 적용하면 어느 정도의 체계적 관계성을 볼 수 있게 된다. 즉, 1) 조건: 지속가능한 개발을 방해하는 구조적 폭력의 제거를 위한 정치와 경제의 재인간화, 2) 원동력·주체: 민중 스스로가 인간의 존엄을 쟁취해 가는 임파워먼트의 연쇄, 3) 수단: 상호불신과 차별 사상이 만연하는 상황에서 평화적 방법으로 인간 존엄의 가치를 확산시키기 위한 차이를 뛰어넘은 우정의 확대로 정리된다. 제언의 결론 또한 생명의 존엄을 자각한 민중의 연대임으로 나카야마의 해석과 일치한다. 이러한 관점에 입각한다면 제언의 취지는 이케다가 가지는 생명의 존엄 실현이라는 거시적 비전과 이를 위한 독창적인 평화이론(세 가지 평화관)을 전환기 개별문제에 적용시켜, 프로젝트가 꼭 필요하게 될 장기적 과제를 도출한 것으로 재정리할 수 있다(그림 1).

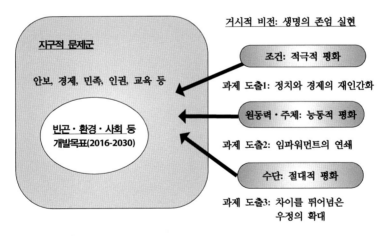

출처: 필자 작성.

<그림 1> 세 가지 과제의 체계적 관련성

Ⅳ. 전환기 개발문제에 대한 이케다 평화사상의 의의

1. 개발문제에 대한 이케다 평화제언의 의의

이상에서 자세히 정리 및 재해석한 이케다의 평화제언이 개발문제에 관한 실무적·학술적 논의에 어떠한 시사점을 주는지 고찰한다.

첫째, 선구성이다. 1970년대 이래 이케다는 세계식량은행을 통한 개발문제에 대한 효과적 이행 메커니즘의 필요성이나 유엔 개혁을 주장해 왔으며, NGO의 세계적 네트워크나 빈곤, 환경, 인권, 평화 등 분야의 통합적 접근에 대해서도 1990년대 초기부터 제안해 왔다.

둘째, 계몽성이다. 평화제언에 대한 실무자나 지식인의 반응으로서 가장 자주 볼 수 있는 것은 그의 깊이 있는 철학적 비전에 대해서 나름대로의 해석을 부여함과 동시에 공감을 표시하는 것이다. 전 유엔 사무차장 초두리(Anwarul K. Chowdhury)는 다음과 같이 말한다. "이 만큼 긴 시간 동안 일관적으로 유엔을 기대하여 그 역할과 책임을 부각시켜온 인물은 따로 없습니다. (중략) 저는 이케다 회장의 평화제언을 관철하는 근본적 철학은 인간정신의 각성에 있다고 봅니다. 그것은 인류가 보다 나은 미래로 나아가기 위한 타자를 배려하는 마음이며, 지구상에 사는 모든 사람에게 살아가는 힘을 부여하는 정신입니다"(戸田記念国際平和研究所, 2013: 14).

셋째, 독창성이다. 제안 중에는 아직 실현되지 못했지만 획기적이며 통찰력이 있는 것이 있다. 유엔의 재정문제와 보편적 대표성을 동시에 강화하기 위한 유엔민중기금이나 유엔민중협의회의 창설, 각국에서 유엔 관련 기관의 통합적 업무 추진을 강화하기 위한 유엔 하우스 구축, 새로운 개발목표에 대해 인도적 경쟁을 촉진하는 항목과 지표의 추가 등 사례를 들 수 있다.

넷째, 일관성이다. 개발문제를 논의하는데 이케다는 40년 이상에 걸쳐 일관성 있는 주장을 펼쳐왔다. 이는 인류의 평화와 행복을 중심으로 개발문제를 논의하는 자세, 스승 도다의 지구민족주의를 구현하려고 하는 의지로 볼 수 있으며, 무엇보다도 중요한 것은 니치렌의 불교철학에 기반을 둔 생명 존엄 사상에 대한 이케다의 확고한 신념이라고 할 수 있다.

상기한 네 가지 시사점 중 선구성, 계몽성, 독창성과 관련된 구체적 제안을 개발의제의 현실적 쟁점에 맞춰 재정리하면 <표 3>과 같다.

<표 3> 개발의제의 주요 쟁점과 이케다 평화제언의 내용

쟁점	평화제언의 의의(선구성, 계몽성, 독창성)
▶ 개발목표의 범위와 내용	● 사회적 약자에 대한 지원 그리고 사회변혁의 중요한 원동력인 여성과 청년에 대한 지원을 적극 주장해 왔다. ● 세계시민교육과 인권교육 등 교육발전에 특별히 중점을 두고 있다. ● 인간과 생명의 존엄에서 출발해서 평화, 안보, 개발, 환경, 사회, 경제 등 분야의 통합적 접근을 지향해 왔다. ● 인간안보에 대한 규범적 접근과 인권보호에 대한 권리 중심의 접근을 제도 개혁안과 거시적 비전의 제시를 통해 동시에 추구해 왔다.
▶ 개발목표의 보편성, 상대성, 글로벌 상호의존성	● 모든 인간과 생명의 존엄이라는 원칙적 차원의 보편성을 유지해 왔다. ● 국가별 상대성을 논의하기 보다는 도시와 지역사회 수준의 개발사업의 중요성에 주목하고 있다. 또한 아시아나 아프리카 등 국가와 국제 프로젝트를 매개하는 지역 협력 프로그램을 중요시하고 있다. ● 상호의존 시대에서 국가, 민중, NGO, 지역 등 모든 수준에서 연대를 중요시해 왔으며 동시에 단순한 협력이 아닌 상호 간에서 선의의 경쟁을 펼치는 '인도적 경쟁' 메커니즘에 의한 상호의존적 성장을 제안했다.
▶ 신뢰성 있는 의사결정과,	● 70년대부터 유엔의 근본적 개혁과 책임성 메커니즘과

실효성 있는 책임성 메커니즘, 시민사회의 참여	연계되는 독창적인 안을 제시해왔다. 환경유엔이나 환경·개발안전보장회의 등 유엔의 분권화, 지역유엔기구와 각국 유엔기관(유엔 하우스)의 설치, NGO나 시민대표에 의한 민중협의회 등이다. 주권 국가의 권력 이양도 주장해 왔다. • NGO 평화 서밋이나 세계 NGO 서밋 등 유엔을 '인류의 의회'로 재구성하기 위해 민중의 연대와 시민사회의 참여를 적극적으로 촉구해 왔다.
▶ 재원확보와 기업의 역할	• 글로벌 마셜 플랜, 군사비 감축, 녹색기금, 여성을 위한 미래기금, 국제연대세 등 유엔의 재정 강화의 필요성에 주목해 왔다. • 세계식량은행과 같이 단순한 지원이 아닌 금융 시스템과 결합된 지속가능한 형태의 지원방법을 모색해 왔다. • 일반 시민에 의한 유엔민중기금 창설 등 유엔의 재원확보와 정당성 강화, 시민 참여의 촉진을 동시에 추구하는 아이디어를 제시해 왔다.

출처: 필자 작성.

2. 전환기 개발문제에 대한 2015년 평화제언의 의의

앞에서 정리한 두 가지 논리적 특징에 초점을 두고 2015년 제언의 의의를 정리하면 다음과 같다. 첫째, 계몽적 기여이다. 제언에서는 인간의 존엄에 주목하여 민중의 연대가 중요하다고 결론 내린다. 특히 일반적인 의미의 연대나 네트워크 등과 달리 이케다는 생명의 존엄 실현이라는 거시적 차원에서 요청되는 민중의 연대를 개발문제에 적용하고 있다. 개발의제 논의 동향에서도 인간의 존엄과 민중 연대는 자주 지적되고 있으나 이케다의 제언은 이것이 왜 중요한지에 대해서 본질적 차원에서 설명함으로써 우리의 상상력이나 판단력을 자극하는 계몽적 의의가 있다. 둘째, 독창적 비전과 신념을 적용해 개발분야의 학문적 혹은 이론적 발전 가능성을 개척한 점이다. 제언은 목표 실천과 관련된 세 가지 과제를 체계적으로 제시했다. 이 체계란 이케다의 독창적인 평화사상 또는 인간혁명론이다. 개인 수준의 의식변혁과 사회수준의 시스템 변혁이 상호 연계되고 있다는 전제를 바탕으로, 적극적 평화, 능동적 평화, 절대적 평화를 실천함으로써 양쪽 수준에서 생명의 존엄을 동시에 실현한다는 논리 체계이다. 이는 물론 개발분야에서 흔히 볼 수 없는 이론이며, 평화학이나 정치학에 가깝다. 그러나 전환기를 맞이한 개발문제에서는 기존의 사고방식을 벗어나 빈곤·환경·경제·사회·평화·제도 등을 아우르는 복합적(complex)이며 변혁적(transformative) 사고와 실천이 요청되고 있는데, 이케다의 제안과 접근 방법은 이러한 측면에서 개발분야의 학문적 발전과 실천에 유익한 기여가 될 것으로 본다.

다만, 이와 같은 제안이나 비전을 제시하는 경우에는 현실적 실현 가능성이나 실용성도 포함에서 검토하는 것도 중요하다. 이케다의 제안은 거시적 비전이나 신념과 깊이 관련된 만큼 실현에 관해서는 당연히 장애요인이나 한계가 있음은 분명하다. 그러나 실현 가능성을 객관적으로 검증하는 것은 본 논문의 범위와 방법론을 벗어난 문제이며, 이에 대해서는 또 다른 체계적인 연구가 필요할 것이다.

3. 새로운 개발이론과 지구적 거버넌스에 대한 이케다 평화사상의 함의

마지막으로, 논문 모두에 상술한 대로 유엔이 추진했던 MDGs가 일정한 성과를 거두면서 개발의제의 확산과 실천의 기틀을 마련한 것은 매우 의미 있는 진전으로 인정할 만하다. 또한 MDGs의 수행

과정에서 제기된 많은 비판과 다양한 지구시민사회 구성원의 의견을 수렴하여 SDGs를 새로운 개발의제로 제시하여 추진하게 된 것도 많은 기대를 걸게 한다. 특히 최종적으로 채택된 SDGs가 평화와 정의에 관한 목표를 중요한 타켓으로 설정하여 좀 더 포괄적인 인간적 가치에 초점을 맞춘 개발의제를 설정한 것은 매우 중요한 변화라 할 만하다. 다만, 이러한 새로운 의제 설정이 향후 지구적 개발의 방향과 실천의 구조적 변혁과 인간적인 목표의 달성으로 이어질 수 있기 위해서는 개발이론 및 지구정의 이론과 관련된 개혁적 사고와 글로벌 거버넌스에 대한 사상적 바탕을 굳건히 하는 것이 절실히 요청된다.

그러나 MDGs에 대한 많은 비판과 제안에도 불구하고 보다 공정하고 정의로운 새로운 발전 패러다임을 염두에 둔 근본적 질문들이 제기된 경우는 그리 흔치 않은 것으로 보인다. 대부분의 비판들이 자본의 지원에 기댄 국가와 정부를 중심으로 한 발전 전략을 당연하게 받아들이고 있는 것이다. 결국 다양한 비판들조차 유엔의 부분적 개혁, MDGs의 기준과 목표의 개선, 크게 문제가 되는 이슈들에 대한 개별적 변화, 그리고 회원 국가들의 참여 증대 정도를 제안하는 데 그친 가운데, 새롭게 설정된 SDGs 또한 개발이론에 대한 근본적 성찰과 인간 가치와 지구 정의에 대한 철학적 비전을 담아내지 못하고 있는 것이다.

SDGs의 근본 가치인 정의와 평화가 전 지구를 아우르며 약자와 자연을 위한 포괄적 개념을 담지 못한 채, 그저 당위적으로, 또는 지표 설정에 유리한 제도적 요소로 간주되고 있는 것은 개발의제 전체의 타당성과 진정성을 의심하게 하기에 충분하다. 반면에 이케다 제언의 세 가지 과제는 SDGs의 근본 화두(구체적으로는 목표 16)라 할 수 있는 정의, 평화, 포용의 개념과 연관성을 진지하게 고민하고 있는 이론적 체계라 할 수 있다.

우리가 이케다의 평화제언에 주목하는 이유가 여기에 있다. 그는 빈곤과 격차를 구조적 폭력으로 이해하며, 어떠한 이유에서건 전쟁과 무력을 용인하지 않는 가운데 민중의 인간적 역량강화와 우정의 확대를 바탕으로 한 변혁적 지구사회를 지향하고 있다는 점에서 개발의제의 개혁과 글로벌 거버넌스 체제의 근본적 개혁에 대한 중요한 사상적 모티브를 제공하고 있다.

이러한 이케다의 평화관은 그동안 서양의 정의이론이 탐구해 온 지구정의에 관련된 논의들과의 연관 속에서 좀 더 확장되고 발전될 수 있는 것으로 보인다. 지구정의를 연구하는 많은 학자들 또한 기존 개발이론의 경제주의와 패권주의를 심각하게 비판하고 새로운 지구정의의 규범과 개혁적 지구 거버넌스의 필요성을 역설해 왔다는 점을 감안할 때(Fraser, 2008; Pogge and Mitu, 2014), 이케다의 평화관은 이러한 담론들과의 이론적 소통을 통하여 더욱 구체적이며 확장된 평화이론으로 발전될 수 있을 것이다. 예를 들어, 프레이저(Nancy Fraser)가 주장하는 대표불능(misrepresentation)의 문제는 이케다가 제시하는 적극적·능동적·절대적 평화의 실현가능성과 관련하여 결정적인 걸림돌이라 할 것이다.22) 개발의제에서 빈곤한

---

22) 프레이저는 대표불능을 심각한 정치적 부정의의 형태로서 제시하고 있다. 대표불능은 어떤 사람들이 정치적 영역을 포함하는 제반 사회적 상호작용들에 다른 사람과 동등하게 참여할 가능성을 박탈당하게 되었을 때 나타난다. 이때 상이한 두 수준의 대표불능이 구별될 수 있다. 첫째는 "일상적 대표불능"으로서 정치적 의사결정 규칙이 공동체에 포함된 어떤 사람들이 완벽하게 참여할 기회를 부정할 때 발생하는 부정의를 일컫는다. 두 번째 대표불능은 "잘못 설정된 틀"로서 공동체의 경계들이 어떤 사람들이 정의에 관한 승인된 논쟁에 참여할 기회 자체를 박탈하는 방식으로 잘못 설정된 경우를 말한다. 최근 지구화가 가시화하고 있는 것이 바로 "잘못 설

사람들의 대표성이 결여되어 있고 발전도상국들의 참여가 매우 제한적이며 정부·자본·국제기구 등 강자에 의해 주도되어온 발전과 지구화는 프레이저가 주장하는 대표불능의 가장 현저한 사례라 아니할 수 없으며, 기존의 MDGs 또한 이에 포함될 수밖에 없다.

결국 개발의제의 모든 체제는 '잘못 설정된 틀(misframing)'에서 벗어나 있지 못하며 이는 곧 MDGs의 결과를 비판적으로 성찰하고 SDGs를 위한 새로운 틀을 설정하는데 우리 모두가 나서야 함을 의미한다. 이러한 상황에서 이케다의 평화관은 대표불능의 문제가 '차이를 뛰어넘은 우정의 확대'를 가로막고 궁극에는 인간존엄의 가치를 심각하게 훼손하는 '부정의'의 문제임을 다시 한 번 일깨워 준다. 나아가 불교사상에 기초한 인간과 인간, 인간과 자연의 연대와 우정이 정의와 평화의 시작이자 끝이라는 사상은 공리주의와 분배적 정의이론에 기초한 서구적 지구정의이론의 보완과 발전에 크게 기여할 수 있다는 점에서 이케다 평화사상에 대한 심층적 조명과 연구가 절실하다 할 것이다.

V. 결론

본 연구는 2015년 평화제언의 내용과 논리적 특징을 중심으로 평화 운동가이자 종교지도자인 이케다 다이사쿠의 평화사상이 중요한 전환기를 맞이한 개발문제에 대해 어떠한 시사점을 갖는지를 고찰했다. 우선, 이케다의 개발문제에 대한 입장을 이해하기 위해서

정된 틀"의 문제이다. 왜냐하면 그러한 틀이 가난하고 멸시받는 사람들이 그들을 억압하는 힘에 저항하지 못하게 만드는 방식으로 정치적 공간을 분할하고 있기 때문이다(Fraser, 2008).

는 2015년에 발표된 문헌과 기존에 발표된 문헌을 통합적으로 고려할 필요가 있기 때문에 과거의 평화제언에서 그가 발표한 개발문제와 관련된 내용을 정리했다. 또한 그의 평화사상을 이해하기 위해서는 기존 연구를 활용하여 이를 2015년 제언의 내용에 적용함으로써 개발문제의 구체적 맥락에서 재구성해 보았다. 이와 같이 이케다의 사상과 제안 내용을 어느 정도 체계화하여 논리적 특징을 도출하되, 이를 개발분야의 기존 쟁점이나 실무적·학술적 논의 동향과 대비하는 방법으로 그의 평화사상의 의의를 고찰했다.

고찰의 결과 다음 두 가지 의의를 특히 지적했다. 첫째, 이케다가 과거 40년 이상에 걸쳐 제안해 온 내용을 개관할 때 그의 사상, 이론 혹은 개별적 제안은 선구성, 계몽성, 독창성, 일관성이라는 점에서 개발분야에 있어서 중요한 의의를 갖는다. 특히 변화하는 개발문제에 대해서 생명의 존엄을 핵심으로 하는 비전을 바탕으로 일관성 있게 유익한 제언을 해왔다는 점은 중요하다. 둘째, 전환기를 맞이한 개발문제에 대해서 2015년 제안은 내용적 계몽성과 논리 혹은 사고방식의 복합성의 측면에서 중요한 실천적 및 학술적 의의를 갖는다. 전환기 개발문제는 평화학이나 정치학 혹은 인류학 등을 시야에 둔 보다 복합적이며 통합적 지식체계나 사고방식을 요청하고 있다. 특히 평화담론 중에서도 지구적 개발 거버넌스나 지구정의 이론의 발전을 위해 이케다의 광범위한 비전과 깊이 있는 신념은 우리의 상상력이나 판단력, 지적 노력에 적지 않은 자극을 줄 것이다.

참고문헌

박상필. 2000. "종교단체의 공익 활동 내용과 교리적 근거: 기독교 단체와 불교 단체의 비교."『현상과 인식』24(3): 111-135.

박승길. 1996. "한국 속의 일본 신종교",『종교신학연구』9: 251-288.

_____. 2007. "창가학회의 차별화와 사제불이 이념의 사상사."『일본사상』12: 109-143.

박승길·조성윤. 2005. "한국 사회에서 타자로서의 일본 종교와 타자 멘털리티의 변화."『사회와역사』67: 300-331.

이케다 다이사쿠. 1992. "희망과 공생의 르네상스."『법련』3월호.

_____. 1996. "제3의 천년'을 향한 세계시민의 도전."『법련』3월호.

_____. 2000. "평화의 문화 대화의 대륜(大輪)."『법련』3월호.

_____. 2008. "평화의 천지 인간의 개가."『법련』3월호(부록.)

_____. 2012. "생명존엄의 연대가 빛나는 세기를."『법련』3월호.

_____. 2014.『소설 인간혁명』(완결판) 제1권. 서울: 화광신문사.

_____. 2015. "인도주의 세기를 향한 굳은 연대."『법련』4월호. 이케다 다이사쿠·아우렐리오 펫체이. 1991.『21세기에의 경종』. 서울: 일조각.

이케다 다이사쿠·토인비. 2008.『21세기를 여는 대화』. 서울: 화광신문사

이성훈. 2014. "Post-2015 개발의제란 무엇인가: 한국시민사회의 관점에서." KoFID Issue Brief.

정지원·송지혜. 2014.『Post-2015 개발의제: 논의동향 및 시사점』. 서울: 대외경제연구원.

조성윤. 2013. "왜색종교: 1964년의 한국 창가학회와 국가 폭력."『종교문화연구』21: 165-196.

하영애. 2015. "조영식과 이케다 다이사쿠의 평화운동 실천의 비교연구."『평화학연구』16(5): 57-82.

한국SGI. 2015. "SGI회장 수상이력."
    http://www.ksgi.or.kr/about/ sgi/prize/medal.ksgi
    (검색일 2015년 4월 14일).

홍문숙. 2014. "Post-2015 개발의제의 현황과 쟁점: 정부, 시민사회, 기업의 역할을 중심에 놓다!." KoFID Issue Brief.

Cater, Lawrence Edward, George David Miller and N. Radhakrishnan. 2001. *Global Ethical Options in the Tradition of Gandhi, King, and Ikeda.* Boston: Weatherhill.

Fraser, Nancy. 2008. *Scale of Justice: Reimagining Political Space in a Globalizing World.* Columbia University Press.

Guha, Amalendu. 2003. *Daisaku Ikeda's Peace Cosmology and Renaissance of Humanism.* Oslo: M. K. Gandhi Foundation for Non-Violent Peace.

Kawada, Yoichi. 2013. "Philosophy of Peace in Lotus Stura." Olivier Urbain ed. *Daisaku Ikeda and Dialogue for Peace* 13-21.

Nilsson, M. and Costanza, R. 2015. "Overall Framework for the Sustainable Development Goals." *Review of the Sustainable Development Goals: The Science Perspective* 7-12.

Nussbaum, Martha C. 2007. *Frontiers of Justice: Disability, Nationality, Species Membership.* Boston: Belknap Press.

Pogge, Thomas. Mitu. Sengupta. 2014. "Rethinking the Post-2015 Development Agenda: Eight Ways to End Poverty Now." *Global Justice: Theory Practice Rhetoric* 7: 3-11.

Radhakrishnan, N. 2006. *The Living Dialogue, Socrates to Ikeda.* New Delhi: Gandhi Media Centre.

UN. 2013. *A Life of Dignity for All.* (A/68/202), UN.

_____. 2014. *The Road to Dignity by 2030: Ending Poverty, Transforming All Lives and Protecting the Planet.* (A/69/700), UN.

_____. 2015. *Transforming Our World: the 2030 Agenda for Sustainable Development* (A/RES/70/1), UN.

UN System Task Team. 2012. *Realizing the Future We Want for All.* UN.

Urbain, Olivier. 2010. *Daisaku Ikeda's Philosophy of Peace: Dialogue, Transformation and Global Civilization.* New York: I. B. Tauris.

_____. 2014. *A Forum for Peace: Daisaku Ikeda's Proposals to the UN.* New York: I. B. Tauris.

池田大作. 2012. 『(環境提言)持続可能な地球社会への大道』.
　　http://www2.sokanet.jp/download/teigen/proposal05.pdf.

池田大作・フェリックス・ウンガー. 2007. 『人間主義の旗を: 寛容・慈悲・対
　　話』, 東京: 東洋哲学研究所.

勘坂純市. 2008. "二つの「人間革命」論: 池田・ペッチェイ対談『21世紀への
　　警鐘』を学ぶ." 『創価教育』1: 4-14. 東京: 創価大學.

神立孝一. 2004. "池田研究の新たな地平." 『創価教育研究』3. 東京: 創価教育
　　研究所.

＿＿＿. 2005. "創価大学における池田研究の現状と課題." 『創価教育研究』4.
　　東京: 創価教育研究所.

坂本幹雄. 2007. "池田研究の方法論的考察." 『通信教育部論集』10: 35-54.

高橋強. 2008. 『中国の碩学が見た池田大作: その人間観・平和観』, 東京: 第三
　　文明社.

高村忠成. 2007. "池田先生の平和思想の形成と構造." 『創立者池田大作先生の
　　思想と哲学』第1巻: 141-166. 東京: 第三文明社.

＿＿＿. 2008. "世界に広がる池田平和思想." 『創価通信教育学部論集』11: 20-47.

チョウドリ, アンワルル K. 2013. "発刊に寄せて." 戸田記念国際平和研究所
　　(編). 『新しき人類社会と国連の使命』. 東京: 潮出版.

戸田記念国際平和研究所(編). 2013. 『新しき人類社会と国連の使命』. 東京: 潮出版

中山雅司. 2012. "池田大作の平和観と世界秩序構想についての一考察: 人間・
　　非暴力・民衆をめぐって." 『創価教育』5: 105-137. 東京: 創価大學.

西浦昭雄. 2007. "地球環境問題と池田思想." 創価大學通信教育部学会(編).
　　『創立者池田大作先生の思想と哲学』第1巻: 293-309. 東京: 第三文明社.

冉毅. 2008. "池田大作の「人間学」思想の特徴: 「立正」にして「安国」." 高橋強
　　(編). 『中国の碩学が見た池田大作: その人間観・平和観』 71-86. 東京:
　　第三文明社.

孫立川. 2013. "中国高校及研究機構興起 '池田大作研究热." 紫荊(編輯). 『池田
　　大作與中國: 紀念中日和平友好條約簽訂三十五周年』80-83. 香港: 紫荊
　　出版社.

제11장

한일관계에 대한 이케다
다이사쿠의 사상[*]

미우라 히로키

"우리 인류는…인간이 중심이 되는 인간사회, 문화적인 복지사회,
보편적인 민주사회를 구현하는 데 최선의 노력을 경주해야 할
역사적인 소명을 안고 있습니다. 그 선두에 서 계신 분이 바로
이케다 회장님이십니다" (조영식 1999, 8).

I. 들어가며

이케다 다이사쿠(池田大作 1928-)의 한일관계에 관한 사상에는
보은(報恩)이라는 키워드가 있다. 국제관계의 맥락에서 이는 '다양
한 문화, 그 중에서도 특히 인간의 존엄성을 밝힌 근본적 사상 문
화의 흐름을 국가나 시대를 넘어 이어가는 것'이라고 해석할 수 있
다. 이케다는 유교나 불교의 근저에 있는 인간 존엄 사상이 중국과

---

* 『일본연구논총』 제46호(2017년 12월, pp.127-157)에 게재된 논문을 수정·보완한 것임.

한반도를 거쳐 일본으로 건너온 점을 항상 강조해 왔으며 이러한 역사관·문화관을 바탕으로 1) 일본이 문화적 은혜를 잊어서는 안 되는 것, 2) 한일 민중이 함께 그러한 문화를 지키고 실천하는 것, 3) 이를 아시아와 세계로 다시 넓혀가는 것을 한일관계가 나아가야 할 방향으로 제시해 왔다. 또한 인간의 존엄성을 자각한 한일 그리고 세계 민중 연대가 발휘하는 문화적 힘이야 말로 혼돈에 빠진 아시아 국제관계나 한반도 위기를 장기적 및 실질적으로 전환시킬 수 있음을 피력하고 있다. 이와 같은 사상은 문화적 국제관계론 혹은 인간중심의 평화구축론으로서, 구현의 단계화, 세부 과제, 제도화, 한계 극복 등을 포함해서 향후 학술적 및 실천적으로 심화시키는 의의가 크다. 물론, 이를 위한 추가적 연구와 노력은 필요하다. 본 론에서는 이와 같은 이케다 한일관계 사상의 특징을 국제관계론(존재론, 목적론, 인식론)의 관점에서 자세히 분석한다.

II. 연구의 개요

본 연구는 평화운동가이자 종교지도자인 이케다 다이사쿠의 사상 중 한일관계라는 구체적 주제에 대한 그의 주장의 특징과 쟁점을 규명한다. 이를 통해 최근 국내외적으로 발전하기 시작한 그의 불교적 평화사상(buddhist peace philosophy)에 관한 담론에 대해서 함의를 제시하고, 동시에 현대 한일관계 담론에 대한 대안적 아이디어 모색에 기여하는 것을 목적으로 한다.

이케다에 주목하는 이유는 다음과 같다. 첫째, 최근 한국사회에서의 관심의 증가이다. 이러한 사회적 평가에서는 구체적으로 한반

도 평화나 한일관계 개선을 위한 노력이 언급되고 있다.1) 다만, 그
에 대한 부정적 시각도 무시할 수 없다. 일본에서는 이미 1960년대
부터 그를 비난하는 서적이나 잡지 기사가 다수 나타났으며,2) 이와
관련된 소송·사건도 일어났다.3) 예를 들어 榊·中川(1970,
200-240)는 이케다 사상의 문제점으로서 비과학적이며 관념적
성격이나 내용적 모순과 자기 미화적 경향 등을 비판했다. 둘
째, 이케다 자신의 정치·사회적 영향력이다. 그는 교육자이나 불
교 학자로서 다방면에서 활동을 펼쳐왔으며, 그의 평화운동은 유엔
차원에서 평가받고 있는 것은 사실이다.4) 현실 정치에 있어서도
1961년 일본에서 공명정치연합(현재의 공명당(公明党))을 설립하여,
중일관계 개선이나 복지·교육·인권 정책을 비롯해 현대 일본정치
에 적지 않은 영향을 주고 있다. 그러나, 종교와 정치의 관계를 둘
러싼 논쟁은 끊임없이 제기되어 온 것 또한 사실이다. 이러한 논란
을 포함해서 지속적으로 높아지는 이케다에 대한 사회적, 종교적,
정치적 관심에 대해서 '학술적 차원'의 분석·평가를 활성화시키는
것은 의의가 있을 것이다.

---

1) 예를 들어 경희대학교 명예철학박사학위 수여사(일부)는 다음과 같다. "일본 소카대학의 창립자
　로서 또한 SGI의 회장으로서 세계평화의 구현과 인류사회의 복리증진에 헌신적인 노력을 쏟고
　특히 한국의 문화와 역사에 대한 심원한 통찰을 통해 한일 간의 우호증진에 기여한 바가 지대
　하므로 본 대학 대학원위원회의 의결에 의해 명예철학박사 학위를 수여합니다"(『화광신문』
　1998/5/22).

2) 당시의 대표적 비판 서적으로서는 植村(1967), 藤原(1969), 榊·中川(1970) 등이 있다.

3) 대표적 소송·사건으로서는 1957년 선거법위반사건, 1969년 언론방해사건 등이 있다. 전자는
　이케다와 창가학회(創價學會) 간부에 의한 조직적 선거운동에 대한 소송이다(1962년 최종적으
　로 기각되었음). 후자는 비판적 서적에 대한 창가학회의 항의 활동과 정치 개입의 문제성을 둘
　러싼 사건이다(1970년 5월에 이케다가 공식 사죄를 했음). 사건의 실질적 흐름과 이후 창가학
　회의 발전에 대해서 마에하라(2007, 151-162) 참조.

4) 1983년 유엔평화상, 1989년 유엔인도상 수상을 비롯해 28개 국가 훈장, 약 370개 대학의 명예
　학술칭호, 약 750개 도시에서 명예시민칭호를 수여 받고 있다(2017년 10월 기준. 한국
　SGI(2017) 참조).

이케다의 사상 중 한일관계에 관한 부분에 연구 초점을 둔 이유는 다음과 같다. 첫째, 선행연구와의 차별화이다. 후술하는 바와 같이 이케다 사상의 전체상에 관해서는 어느 정도 해외 선행연구가 존재하며, 구체화, 유형화, 비판적 재구성 등 과제가 나타나고 있다. 이에 대해 본 연구는 한일관계라는 세부 주제에 논의를 제한함으로써 그의 사상적 특징을 보다 구체적 맥락에서 논의하고자 한다.

둘째, 증가하는 국내적 관심에 대한 현실적인 논의의 제공이다. 이케다의 불교적 평화사상에 관해서는 지구문명(global civilization)이나 내재적 보편(inner universality), 인간혁명(human revolution) 등 거시적 혹은 철학적 논의가 주목되기 마련이다. 이와 달리 한국이나 한일관계와 직접 관련된 세부적 주장을 자세히 검토하는 것은 국내적 관심의 증가와 국내 연구의 발전을 고려하면 유익한 시도일 것이다.

셋째, 보완적 이유로서 한일관계 담론 개선을 위한 대안적 아이디어의 모색이다. 현대 한일관계는 일관성 있게 분석·평가하기 어려운 다양한 양상을 보여주고 있다. 인적, 물적 교류나 협력 네트워크가 지속적으로 발전하고 있음에도 불구하고, 외교나 여론 차원에서는 양자관계에 대한 긍정과 부정의 평가가 빈번히 교차하며, '최악의 관계'라는 표현까지 자주 나타난다. 따라서 학술적 접근에 있어서는 실용적, 단기적 해법 뿐만 아니라 심층적, 장기적 관점에서 양자관계에 대한 설명이나 비전을 개선해 가는 노력이 필요하다. 이러한 맥락에서 이케다는 전형적인 학자와 다른 관점에서 다양한 대안을 제시해 왔기 때문에, 이것이 어떠한 측면에서 학술적 의의가 있을지 논의하는 것은 담론 개선을 위해 유익한 시도라고 할 수 있다.

본론의 구성과 방법론을 정리하면 다음과 같다. 제3절에서는 국제관계나 평화에 관한 이케다 사상의 개요와 이에 관한 선행연구를 간략하게 정리한다. 제4절에서 본격적으로 한일관계에 관한 이케다의 주장 내용을 추출한다. 이를 위해서는 주제를 세분화하여 1차 문헌을 면밀히 검토하는 방법으로 접근한다. 즉, 1) 한국·한국인, 2) 한일관계, 3) 동아시아 지역질서라는 세부 영역을 설정하여, 논문, 수필, 대화록, 인사문 등의 저작물에서 그의 주장이 잘 드러나는 부분을 추출한다. 제5절에서는 추출된 주장 내용을 분석적으로 재해석함으로써 사상적 특징과 쟁점을 도출한다. 이를 위해서 국제관계론에서 사상이나 이론의 성격을 논의·분류할 때 자주 활용되는 관점으로서, 존재론(ontology), 목적론(teleology), 인식론(epistemology)이라는 분류를 적용하고자 한다.[5] 간단히 말해, 한일관계를 형성하는 주요 주체나 구조(존재론), 이들의 행위 목적이나 질서가 지향하는 방향성(목적론), 이러한 행위나 상호작용을 통제하거나 촉진하는 메커니즘(인식론)이라는 관점에서 이케다의 주장을 체계적으로 재해석하는 것이다. 결론 부분에서는 이상의 논의를 종합적으로 요약하며, 기존 한일관계 담론과 불교적 평화사상 담론에 대한 함의를 제시한다.

III. 이케다의 불교적 평화사상에 관한 선행연구 현황

이케다는 1928년 일본에서 태어나 1947년 창가학회(創價學會)에 가입, 1960년에 제3대 회장으로 취임하여, 1975년 국제적 조직인

---

5) 국제관계론의 이론적 과제를 이와 같은 관점에서 분류·논의한 것으로 이무성 외(2008), 하영선 (2012)이 있다. 세 가지 관점은 원래 이론 철학의 용어로서 존재, 목적, 논리 자체에 대한 인식 방법이나 내용, 유형화 등을 심도 있게 논의하는 영역이다(이영춘 1986, 17-20; 신대양사 1991, 111, 301). 본 연구에서는 철학적 수준이 아니라 단순화된 맥락에서 논의를 전개한다.

SGI(Soka Gakkai International)를 창설했다. 그 동안 그는 종교 활동, 교육 활동, 사회운동 등을 통해 방대한 양의 저작물을 발표해왔는데, 사카모토(坂本 2007, 48-49)에 의하면 이들은 크게 전기와 후기로 구분된다. 전기는 회장 취임 후 1960년대부터 발간된 니치렌(日蓮, 1222-1282) 불교에 대한 해석이나 SGI 회원들에 대한 지도집 등이 중심이며, 후기는 이와 평행하여 1980년대 이후 본격화된 세계 지식인들과의 대담집이나 유엔에 대한 제언 등 사회사상이 다수 포함된다. 선행연구를 살펴봐도 이케다의 불교 철학이나 종교 단체로서의 SGI의 교리적 혹은 조직적 측면에 관한 연구는 1960년대 일본에서 활발하게 전개되었으며,6) 국내에서도 이와 관련된 연구는 종교 및 종교사회학 영역에서 이미 발전해 왔다(박승길 1996; 2007; 박상필 2000; 박승길·조성윤 2005; 조성윤 2013). 후기 저작물 즉, 니치렌 불교에 기반을 둔 사회사상에 관한 연구는 2000년대에 들어 국제적 차원에서 확산되고 있다.

이케다의 사회사상은 정치, 경제, 문화, 교육, 과학, 자연, 우주, 생명 등 광범위한 분야를 포함한다. 이 중 특히 국제관계나 거시적 사회질서에 관한 것을 이른바 이케다의 '불교적 평화사상'으로 체계화하려고 하는 담론적 경향이 해외연구에서 나타나고 있다(Guha 2003; Urbain 2010; 神立 2004; 高村 2007; 高村 2008; 有里 2007; 中山 2012; 石塚 2014). 국내에서도 관련 연구가 최근 등장하기 시작했다(하영애 2016; 임정근·미우라 2016; 박상필 2017). 이 담론의 개요와 본 논문과의 관련성을 간략하게 정리하면 다음과 같다.

---

6) 이케다의 행동 기록이나 인터뷰 기록을 담은 문헌 자료는 일본 내에서 1960년대부터 발간되고 있다. 神立(2004, 115-116, 132)는 이 중에서 특히 연구적 가치가 있는 33권을 이케다 연구사로 정리한 바 있다.

우선, 대부분의 선행연구가 공통으로 주목하는 사상적 배경과 내용에 관해서는 이케다 본인도 지적한 바와 같이 '불교 신앙'과 '스승의 뜻 계승'이 관련된다(池田・ウンガー, 2007, 16-18). 여기서 '불교 신앙'이란 앞서 언급한 13세기 일본의 불교 승려이었던 니치렌의 가르침을 의미한다. 니치렌 불교는 일반적으로 석가모니(Shakamuni)가 설한 법화경(法華經, Lotus Sutra)을 기반으로 하는 것으로 알려져 있으며, 가와다(2016)에 의하면 법화경과 니치렌 불교를 관통하는 사상적 기층에는 다음 세 가지 특징이 있다. 첫째, 모든 인간의 평등성을 중요시하는 만인성불(萬人成佛) 사상, 둘째, 최고의 가치로서의 생명의 존엄과 항구성을 중요시하는 구원실성(久遠實成) 사상, 셋째, 이를 추구하는 사회질서나 삶에 있어서 개개인의 역할, 책임, 주체성 등을 중요시하는 보살도(菩薩道) 사상이다. 이러한 사상을 이케다가 현대사회의 맥락에서 실천적으로 구체화하는데 있어서 두 스승으로부터의 배움이 중요한 역할을 했다. 마키구치 쓰네사부로(牧口常三郎, 1871-1944)와 도다 조세이(戸田城聖, 1900-1958)이다. 창가학회 창립자인 마키구치는 서양철학에 대한 비판적 고찰을 통해 "가치란 인간의 생명과 평가 대상과의 관계성에 있다"고 보며(牧口 1931[2008], 92),『인생지리학』(人生地理學),『창가교육학체계』(創價敎育學體系) 등의 저작을 통해 개개인이 일상생활 속에서 인간성 존엄의 가치를 깊이 있게 학습 및 실천하면서 행복을 획득해 가는 삶의 방식을 제안했다. 나아가서 이 과정에서 향토인, 민족, 세계시민이라는 다층적 정체성(identity)을 확립하는 것이나 국가 간의 관계를 경제력과 군사력을 바탕으로 한 경쟁에서 '인도주의 경쟁'으로 전환시키는 것의 중요성을 주장했다.

그의 뜻을 이은 도다는 서민층 중심으로 '좌담회(座談会)'라는 풀뿌리 대화운동을 펼치면서 국가보다는 인류, 민중, 서민 등에 가치의 중점을 두는 지구민족주의(地球民族主義, one-worldism)를 주장했으며, 나아가서 인간성 상실의 온상으로서 전쟁에 대한 반대와 핵무기의 철폐를 강력하게 주장했다.

다음으로, 방법론적 측면에서 대부분의 선행연구는 이케다가 서술한 다음 문헌에 대한 해석적 분석 또는 비교 사상적 분석을 시도하고 있다. 첫째, 1983년 이후 매년 발표해 온 'SGI의 날 기념 제언'(일명, 평화제언. 총34회), 둘째, 국내외 정치·사회 정세에 맞춰 발표한 제언으로서 군축제언(1978, 1982, 1988), 교육제언(2000, 2001), 유엔제언(2006), 핵무기 폐절제언(2009), 환경제언(2012), 셋째, 1974년 이후 계속해온 세계적 지식인들과의 대담집(총 76권), 넷째, 1988년 이후 시작한 해외대학에서의 특별강연(32회), 다섯째, 수필이나 소설, 칼럼 등이다.7) 본 연구에서도 이러한 문헌을 1차 문헌으로 활용할 것이다.

마지막으로, 선행연구 중 이케다 평화사상의 유형화나 논리적 특징 도출을 시도한 사례를 정리하면 다음과 같다. 나카야마(中山 2012, 108-110)는 국제관계론이나 평화학의 맥락에서 이케다의 '평화관'이 다음 세 가지 특징을 가지는 것으로 지적했다. 첫째, 적극적 평화이다. 이는 평화학을 개척한 갈퉁(Johan Galtung)의 이론과 유사하며 평화를 단순한 전쟁의 부재를 넘어 빈곤이나 격차를 포함한 구조적 폭력의 해결로 이해한다. 둘째, 절대적 평화이다. 이는 간디(Mahatma Gandhi)의 사상과 유사하며 평화를 구현하는 데

---

7) 모두 2017년까지의 현황임.

비폭력적이며 평화적 수단을 사용하는 것이다. 셋째, 능동적 평화이다. 이는 칸트(Immanuel Kant)의 항구평화 사상과 유사하며, 평화란 국가나 사회로부터 주어지는 것이 아니라 개개인 그리고 민중이 노력을 통해 만들어 가는 것이다. 또한 평화라는 종착지가 있는 것이 아니라 이를 방해하는 원인과의 지속적인 투쟁을 통해 쟁취하여 지켜나가는 과정을 의미한다. 한편, 울반(Urbain 2010, 5-8, 185)에 의하면 이케다 평화사상은 "나는 평화를 위해 무엇을 할 수 있는가?"라는 실천적 질문에 대한 답으로서 전개되며 구체적으로는 다음 세 가지 요소로 구성된다. 1) 평화나 행복을 가로막는 현실적 문제나 장애에 직면한 개인은 내면적 성찰(reflection)을 통해 이를 극복하기 위한 용기나 지혜를 함양하는 것. 2) 이성(reason)과 합리성(rationality)을 바탕으로 한 타인과의 대화를 통해 삶이나 평화, 행복의 본질에 대해서 '내재적 보편'으로서의 공통적 가치관을 발견해 가는 것. 3) 인류(humanity)이자 지구시민(global citizen)으로서의 정체성을 자각한 민중의 연대를 통해 '조화와 공생의 지구문명'을 건설하는 것이다. 울반은 이러한 세 가지 요소의 역동적 상호작용을 강조·설명한 점을 이케다 평화사상의 특징으로 보고 있다. 국내 연구의 사례로서 박상필(2017)은 주요 1차 문헌에서 사용되는 키워드 조사를 통해 이케다의 '적극적 평화' 사상 내부에서 정치윤리, 타자윤리, 사회윤리가 어떻게 상호 관련되는지 계량적으로 분석했다. 이 결과 평화사상의 내용, 배경, 방법론에 있어서 특히 사회윤리의 주도성을 규명했다.

이상과 같이 이케다에 의한 불교적 평화사상의 개요와 이에 대한 선행연구의 동향을 간략하게 정리했다. 영역이나 주제가 상당히 광범위하기 때문에 이에 대한 연구는 현실적으로 쉽지 않는 것은 사실이다(박상필 2017, 58). 선행연구들은 단계적 및 제한적으로 의미 있는 시도를 해왔으나 동시에 다양한 과제도 나타나고 있다. 평화사상의 유형화(中山 2012)는 보다 구체적 맥락에서 분석될 필요가 있으며, 논리적 체계의 정리(Urbain 2010)는 실천 지향적인 사상인 만큼, 개인, 사회, 국가 차원에서의 실천 상의 문제를 보다 깊이 분석할 필요가 있다. 박상필(2017)에 의한 계량적 분석은 1차 문헌에 대한 객관적 검증이라는 점에서 유의미하지만, 위에서 언급한 국제적 연구 흐름과의 관련성을 규명하거나 분석 결과를 바탕으로 이케다 평화사상의 특징을 이론적으로 재해석·재구성하기 위한 과제가 남아 있다.

이러한 맥락에서 본 연구는 한일관계라는 세부 주제에 초점을 맞추어, 이케다의 사상에 대해서 보다 구체적 수준에서 접근하고자 한다. 그가 한일관계에 대해서 어떤 주장을 하고 있으며, 이에 관한 존재론, 목적론, 인식론적 특징과 한계를 규명함으로써 기존 담론 그리고 한일관계론에 대한 함의를 제시한다.

Ⅳ. 한일관계에 관한 이케다의 주요 주장 내용

1. 한국·한국인에 관한 주장과 배경

이케다는 연설이나 수필, 교육활동 등을 통해 세계 각지의 역사적 인물들의 용기나 지혜, 사상과 행동을 소개해 왔는데, 한국인에 대해서도 자주 언급해 왔다. 한일국교정상화 직후인 1966년, '3.1독립운동'을 이끈 유관순에 대해서 "최후까지 일보도 물러서지 않고 '독립만세!'라고 계속 외치면서 죽어간 숭고한 그녀의 인생에서 나는 정의와 인도(人道)에 살아가는 청정하고 용감한 '한국의 혼'을 강하게 느꼈다"라는 소개를 시작으로,[8] 한국의 민족지도자, 철학자, 문화예술가 등을 소개했다. 특히, 김구, 김마리아, 김용식, 유관순, 여운형, 안창호, 함석헌 등 독립운동이나 일제하에서 고난에 맞선 인물들을 자주 소개하면서 일본의 비도덕성과 함께 이들이 보여준 올바른 인생관에 주목했다.[9] 또한 재일한국인에 대해서도 이케다는 깊은 관심을 보여 왔다. 예를 들어 1971년 그가 창립한 소카대학교(創價大學)에 1기생으로서 입학하여 사회적 차별과 투쟁하는 재일한국인 여학생을 다음과 같이 격려했다. "본디 인간에게는 국경 따위 없었다. 언제부터인가 인위적으로 국경이 생겼다. 그러므로 우리는 국경보다 더 근본에 존재하는 인간연대에 도달해 살아가야 함을 잊으면 안 된다."[10] 이후 이케다는 이들에 대한 차별 해소와 참정권 부여를 일본사회와 정부를 향해 계속 주장해 왔다. 이와 같이 한국인에 관한 이케다의 서술이나 이해는 보편적 관점 혹은 인도적, 역사적 관점을 중요한 기반으로 하고 있다.

다음으로, 한국에 관한 주장이 형성된 것은 1950년대이다. 한반도 정세에 관해서 1951년 스승인 도다가 발표한 "한국동란과 광선유포(朝鮮動乱と広宣流布)"라는 글을 배우면서 이케다 또한 강대국들의 이해관계에 시달린 한반도 민중의 고뇌와 행복에 대해 사색하

---

8) 제16회 재경 고등부부원회에서의 연설(1966/1/6), 이케다(1999, 16).

9) 이 밖에 자주 인용된 한국의 역사적 인물로서 민족지도자(이순신, 김유신, 세종대왕, 정조), 문화예술인(조선통신사절단, 홍세태, 신유한, 신사임당, 윤동주, 나혜석, 한용운, 최치원, 방정환, 김정희, 박인로), 철학자(정약용, 박지원, 이황), 운동선수(김용식, 김영근, 경성축구단) 등이 있다(이케다 1999; 이케다 2001; 이케다 2010).

10) 『화광신문』(2015/10/16).

며,11) 이후 1960년대에 증가하기 시작한 한국 SGI 회원들을 지속적으로 격려해 왔다.12) 그러나 한국에 대한 그의 주장은 1990년 한국 첫 방문을 전후하여 구체적 행동과 맞물리면서 보다 직접적 형태로 표출되었다.13)

> "전쟁 전, 아버님과 형님이 징병돼 한국의 경성(지금의 서울)과 중국에 각각 체류했었는데, 귀국 후 한국이나 중국에서 '일본군이 하는 행동은 너무나도 지나치다. 이러한 일은 절대로 있어서는 안 된다'라는 이야기를 듣고, 그것이 오늘날 저 자신 평화운동의 원점이 됐습니다. 그리고 한국과 중국에 대해 깊은 사색을 거듭했으며, 형님의 유언이던 중일우호에 지금까지 제 나름대로 진력했다고 생각합니다. 또 아버님의 염원이던 한일우호는 이제부터 시작이며, 양국의 우정과 우의를 위해 나름대로 최선을 다해 전심전력으로 공헌하고 싶은 심정입니다."14)

> "저는 세계에 '문화의 길'을 여는 것에 심혈을 기울이고 있습니다. 특히 '문화의 대은인'인 귀국(한국)에게 작으나마 보은의 일부가 됐으면 하는 마음입니다. (중략) 어디까지나 '평화'가 제 원점입니다. 우호가 제 신념입니다. 그리고 문화가 그를 위한 무기입니다."15)

한일우호를 위한 이케다의 행동은 중일우호를 위한 활발한 행동을 이어가는 형태로 1990년 이후 본격화되었다.16) 또한 이 흐름에

---

11) 『大百蓮華』1951년 5월호에 게재된 논문임. 이 시기 이케다의 사색 내용과 흐름에 관해서 이케다(2003, 353-354; 이케다 2014b, 163-165) 참조.

12) 한국에서 SGI의 발전 과정에 대해서는 이케다(2003, 333-394), 박승길(2008) 참조.

13) 1990년 9월 14일 이케다는 일본에서 설립한 도쿄후지미술관의 작품전인 서양회화명품전을 서울의 삼성호암미술관에서 개최했다. 이후 이케다는 1998년 5월(서울)과 1999년 5월(제주도)에 한국을 방문했다.

14) 한국교원대학교 권이혁 총장과의 회담(1987/1/31), 이케다(1999, 17).

15) 삼성그룹 이건희 회장과의 회담(1990/9/14), 이케다(1999, 22).

16) 이케다는 1968년 중일국교회정상화제언을 발표해 일본 정부에게 중국과의 국교정상화와 무역 및 상호교류의 촉진, 중국의 유엔 가입 협조를 제안했으며, 그 후, 1974년에서 1997년까지 10차례에 걸쳐 중국을 방문했다.

서 한국을 일본에게 '문화 대은(文化大恩)의 나라'로 보는 관점이 일관되게 나타나기 시작한다. 실제로 그는 불교 사상을 비롯해 벼 농사, 청동기, 철기, 토목·관개 기술, 한자, 회화, 조각, 음악, 무용, 건축 기술 등 다양한 문화가 한반도에서 일본으로 건너온 역사를 자주 소개해 왔다(이케다 2012). 문화 대은은 그의 한일관계 사상의 키워드로 볼 수 있기에 배경에 대해서 간략하게 정리하는 것이 유익할 것이다.[17] 첫째, 이 관점의 원류는 1269년 니치렌이 불교 전래의 역사에 관해서 "일본국은 그 이국(二國)의 제자이니"라고 서술한 것에 거슬러 올라간다.[18] 여기서 이국은 중국과 한반도를 가리킨다. 이케다는 이와 관련해서 불교에 있어서 보은(報恩)의 중요성에 대해 다음과 같이 주장한다.

> "국제관계에서나 인간 사회에서나 배은망덕 이야말로 가장 큰 죄악입니다. 모든 잘못은 은혜를 모르는 오만함과 질투에서 비롯된 것이라 해도 결코 과언은 아닐 것입니다. 니치렌의 불법(佛法)에서는 은혜를 아는 자를 '인간'이라 이름하고 은혜를 모르는 자를 '축생'이라 했습니다. (중략) 그러므로 불법자라는 증거는 무엇인가. 그것은 지은(知恩)을 최고로 삼고 보은(報恩)을 제일로 삼아야 한다고 되어 있습니다."[19]

> "니치렌 대성인은 '일본국은 그 이국(二國)의 제자이니'라고 명확하게 말씀하셨습니다. 그 두 나라는 귀국(한국)과 중국입니다. 한국은 일본에게 '문화대은(文化大恩)'의 '형님의 나라'입니다. 또 '스승의 나라'입니다. 일본은 그 대은을 짓밟고 귀국을 침략했습니다. 그러므로 저는 영원히 귀국에 속죄할 것입니다. (중략) 그것에 비로소 일본이 올바르게 번영하는 길도 있다고 확신합니다."[20]

---

17) 문화대은 관점의 배경을 중심으로 이케다가 한국에 대한 생각을 포괄적으로 서술한 문헌으로 서 이케다(2003, 333-394) 참조.

18) 니치렌(1269[2000], 1272) 참조.

19) 부여군수와의 대담(1998/9/28), 이케다(1999, 32).

둘째, 문화 대은은 이케다가 그의 스승으로부터 계승한 정신이기도 하다. 마키구치와 도다 또한 일본이 중국과 한국으로부터 받은 문화적 은혜의 중요성에 대해서 주장했다.[21] 셋째, 이케다 본인도 1960년대 후반부터 중일우호관계 수립을 위한 활동을 시작했는데, 이 때 중국에 대해 문화적 은혜나 문화의 원천이라는 표현을 쓰기 시작했다 (池田 1974, 161-162). 이와 같이 불교 전래의 역사와 불교적 보은 사상, 스승의 뜻 계승, 그리고 중일우호를 위한 활동 경험을 바탕으로 이케다는 한국을 일본에게 문화 대은의 나라로 주장해 왔다.

2. 한일관계에 대한 진단과 주장

한일관계에 대한 이케다의 직접적인 진단과 주장은 특히 1990년 이후 한국의 여러 인사들과의 대화를 통해 구체적으로 나타난다. 이 중에서 특히 중요한 언급을 인용하면 다음과 같다. 첫째, 한일관계의 개선을 가로막고 있는 근본적 문제로서 일본 사회에 만연된 차별 의식이나 이를 조장한 권력자의 폐해를 강조한다.

> "현재 한국과 일본 사이에 놓여 있는 문제는 어느 면에서 보면 20세기 인류 전체가 남긴 문제의 축소판이라고 말씀드릴 수 있습니다. '역사교과서 문제', '종군위안부 문제', '재일한국·조선인의 인권문제' 등, 이러한 문제들을 다음 세대에게 물려줄 수는 없습니다. (중략) 이러한 문제들의 근본에는 인간의 내면에 숨어 있는 '차별의식' 내지는 '소수파에 대한 우월감' 등이 자리 잡고 있습니다. 그것들은 지금도 세계 각지에 만연하는 분쟁의 원인이 되기도

---

20) 한일우호대표자회의 인사말(2000/5/19), 이케다(2012, 54).

21) 마키구치는 그의 저서 『인생지리학』에서 지적했다. 도다는 6.25 전쟁 시절 한국 민중의 고뇌에 대해서 언급하면서 중국과 한국으로부터 받은 문화적 은혜의 중요성을 지적했다(이케다 2012, 6, 176).

합니다. (중략) 그런 의미에서 '한·일우호'는 단지 한·일 양국의 관계성 회복만을 위한 것이 아니라 '아시아 안정과 세계평화의 모델'이며, '세계시민의 바람직한 모습'으로서 시사하는 바가 크다고 생각합니다."[22]

"지금 진정한 한일 우호의 꽃을 피워 가려면 반드시 공정한 역사인식이 필요합니다. 과거의 권력자가 일본인의 체내에 심어 놓은 이웃 나라에 대한 편견이라는 독초를 철저하게 뽑아내지 않으면 일본인의 인간성 회복은 불가능할 것입니다. 한일 우호는 누군가를 위한 것이 아닙니다. 첫째로 일본인 혼의 정화를 위한 것입니다."[23]

둘째, 이러한 문제가 현실적으로 어느 정도 심각하며 어떤 구조적 원인이나 성격을 가지고 있는지에 대해서 그는 다음과 같이 진단하고 있다.

"일본인은 더 없이 소중한 이웃 나라 한국 분들에 대해 좀 더 자세히 알아야 합니다. 또 양국의 현안 문제가 무엇인지 정확히 알아야 합니다. 지금까지 이웃 나라 사람들의 마음을 짓밟은 언동을 겸허하게 받아들이고 반성해야 합니다. 한국에 대한 일본인의 무관심과 무인식은 도가 지나칠 정도입니다."[24]

"일본은 교만한 탓인지 사회적 지위에 있는 사람일수록 편견이나 차별하는 마음이 뿌리 깊은 듯이 보입니다. 특히 아시아 나라들에 대해 과거의 역사에 대한 반성도 없이 아무렇지도 않은 듯 깔보는 경향이 있습니다. 가장 소중히 하고, 가장 우호를 돈독히 해야 할 아시아 사람들에게 냉혹한 태도를 취하는 사람은 지금도 적지 않습니다. 이렇게 해서는 일본은 아무리 시간이 지나도 아시아의 신뢰를 받지 못하고 '세계의 고아'가 되겠지요."[25]

"일본인의 편협한 섬나라 근성을 증장시켜 온 큰 요인은 확고한 철학이 부재한 데 있으며 또 국가주의라는 왜곡된 교육에 있습니

---

22) 조문부 제주대 총장과의 대담(이케다·조문부 2004, 303-304).
23) 조문부 제주대 총장과의 대담(이케다·조문부 2004, 296-297).
24) 조문부 제주대 총장과의 대담(이케다·조문부 2004, 304).
25) 조문부 제주대 총장과의 대담(이케다·조문부 2004, 75).

다. 따라서 저는 인간주의의 철학과 교육의 연대를 세계에 펼쳐 왔습니다."26)

셋째, 이케다는 한일관계의 과거와 현재에서 긍정적 측면이나 모델에 대해서도 논의하고 있다. 예를 들어 개국신화에 관해서『고려사지리지』에 등장하는 '동해벽랑국'(일본)과의 관계, 고대로부터의 쓰시마(대마도)나 제주도의 역사적 역할, 백제와 신라와의 문화교류, 중단 기간을 제외해도 약 500년에 걸친 조선통신사를 통한 문화교류, 이 과정에서 등장한 두 학자 즉, 신유한과 아메노모리 호슈(雨森芳洲)의 우정과 활약 등이다. 이러한 사례에 대해 이케다는 다음과 같이 언급하고 있다.

> "'최대의 우호기간'이 엄연하게 200년에 걸쳐 이어졌다는 것은 양국의 큰 재산이라고 생각합니다. (중략) 현대에 사는 우리들도 조선통신사가 만든 우호관계를 구축하지 못할 이유가 없습니다. 이것은 단순한 낙관론도 아니고 공상도 아닙니다. (중략) 우리들의 선배는 같은 인간으로서 선린우호를 이룩했습니다. 그 역사에서 배우고 희망의 빛을 발견해 가야만 합니다."27)

> "'서민이 주체가 되고 민중이 중심이 되어 새로운 문화 교류를 하는' 일은 매우 중요합니다. 이번에 기쁘게도 김대중 대통령께서 일본을 방문하여 역사적인 대성공을 장식했습니다. 그때 '21세기 한일파트너십'을 위한 민중 교류의 중요성을 다시금 확인했습니다. 그런 의미에서도 정종태 군수가 일본을 방문해 양국의 '지역'과 '지역'이 우호를 맺는다는 것은 실로 중요하다고 생각합니다."28)

---

26) 경희대 명예철학박사 학위 수여식 답사(1998/5/15), 이케다(1999, 29).

27) 조문부 제주대 총장과의 대담(이케다·조문부 2004, 250-251).

28) 정종태 울릉도 군수와의 대담(1998/1/17, 이케다 2012, 35).

3. 동아시아 지역질서에 대한 대안적 비전과 실천 아이디어의 제시

이케다는 한일관계가 포함된 동아시아 지역질서에 대해서도 적극적으로 주장해 왔다. 이에 관해서는 특히 1983년 이후 지속적으로 발표해 온 이른바 평화제언을 정리하는 것이 유익할 것이다. 다양한 제언 중 동아시아 지역질서와 관련된 것을 요약하면 <표 1>과 같다.

연대별로 보면 이케다는 1980년대부터 남북관계 특히, 전쟁 예방을 동아시아 평화 나아가서 세계평화를 위한 최대 과제로 중요시해왔으며, 1990년대와 2000년대에 들어 주제나 내용적 범위가 한중일이나 동아시아로 확대된 것을 알 수 있다. 각 주장을 살펴보면 알 수 있듯이 북핵문제를 포함한 한반도 위기에 대한 이케다의 제안은 다음과 같이 복합적이며 포괄적이다. 즉, 남북 간 그리고 주변국의 지속적 대화, 대화 아젠다의 조정(전쟁 예방, 무기 통제, 인간안보 등), 대화 방식의 다각화(정상회담, 고위급 회담, 전문기관·NGO 회의 등), 유엔을 비롯한 국제기구의 역할 강화(유엔 아시아 본부를 비무장지대에 설치 등), 전 세계적인 군축과 핵 비확산의 추진, 사회문화적 교류 촉진을 통한 소프트 파워(soft power)의 지배력 강화 등을 동시에 추진하면서 상호신뢰를 촉진하는 비전이다. 그는 남북 통일문제의 특징과 의의에 대해서 다음과 같이 언급하며 이 속에서 일본의 역할도 나타난다.

> "본래 이 문제는 원칙적으로 한국과 북한 양쪽의 자주적인 판단에 따라 추진해 가야만 하는 것이며 내정간섭과 같은 일은 절대 있어

서는 안 됩니다. (중략) '상호 불가침·부전'의 서약이야말로 모든
것의 전제이며, 그 이전의 다른 전제 조건을 추구해서는 안 된다
는 것이 나의 기본적인 생각입니다. 또한 그 합의를 관계 각국, 즉
미국·소련·중국·일본이 확인하고 지지, 결정한다면 남북 간의
긴장은 크게 완화될 것입니다. (중략) 한반도 평화와 번영 없이 아
시아·태평양 지역의 평화는 있을 수 없으며 더 나아가서는 세계
평화도 바랄 수 없습니다. (중략) 이 나라가 진실한 평화를 향해
선구의 길을 개척하는 것은 다른 나라의 민중들에게도 커다란 희
망과 용기를 줄 것이 분명합니다. 이 나라의 민중은 어느 의미에
서는 20세기 고뇌의 상징이었습니다. 그 고뇌를 극복하고 이 나라
가 소생할 때, 아시아뿐 아니라 인류 최대의 난제를 지혜로 해결
한 모범적인 존재로서 찬연히 역사에 빛날 것입니다."29)

이와 같은 이케다의 비전에 관해서는 몇 가지 보완 설명이 필요할
것이다. 첫째, 동아시아나 한반도에 관한 논의 속에서 한일관계가
직·간접적으로 나타나지만, 결국 그가 특별히 중요시하는 지역적
틀을 찾기 어렵다. 즉, 동북아, 한중일, 동아시아, 아시아·태평양,
세계 등 모든 틀이 중요하며, 동시에 상호 연결되고 있음을 강조하고
있다.

둘째, 이러한 맥락에서 아케다가 발표해 온 평화에 관한 구체적
비전의 형성 배경을 보완적으로 살펴보면 다음과 같다. 그는 1983년
이후 평화제언을 통해 위와 같은 개별적인 제안을 제시해 왔으나, 이
를 포괄적으로 논의한 것은 1970년대이다. 즉, 유럽 통합의 아버지
로 알려진 칼레르기(R. N. Coudenhove Kalergi), 세계적인 역사학자
토인비(Arnold Toynbee), 로마클럽 창시자 펫체이(Aurelio Peccei) 등
과의 연속적인 대화를 통해 아시아·태평양 시대의 도래와 한반도
문제의 중요성, 세계평화를 위한 길에 대해서 논의했다.30) 이러한 대

---

29) 1986년 평화제언, 이케다(1999, 38-43).
30) 각 대화 내용에 대해서 다음 문헌 참조. 이케다·토인비(2008); 이케다·펫체이(1991); 池田·

화가 가능했던 것은 이와 같은 지식인들이 이케다가 1960년대에 발표한 불교에 기반을 둔 각종 제언이나 논문에 관심을 가졌기 때문이다. "중일국교정상화 제언"(1968년)이나 "중도주의에 의한 세계평화"(1967년) 등이다.

셋째, 1960년대 논문에서 그가 사상적 기조로 삼은 것은 "한 국가가 다른 국가를 희생시켜서 안 된다"는 도다의 지구민족주의, 그리고 '올바른 통치 사상'의 중요성을 설한 니치렌의 입정안국(立正安國)론이다(池田 1966, 1967, 1974). 공통적으로 인간성 존중의 가치관을 개인, 사회, 국가, 지역, 세계 차원에서 구현해 가는 것이 평화를 위한 확실한 길이자, 시대적 패러다임으로 확신하는 사상이다. 재정리하면, 이케다 한일관계 사상은 1950년대 도다로부터의 배움 속에서 나타났으며, 1960-70년대에 전개된 평화사상에 녹여있는 형태로 발전하여, 1980년대 이후 개별적 이슈 차원에서 구체화, 세분화되었다고 요약할 수 있다.

<표 1> 평화제언 중 한일관계와 동아시아 지역질서와 관련된 주요 제안

분야	주요 제안 내용(발표 연도)
남북관계	• 남북정상회담 개최 촉구, 김정일 국방위원장의 서울방문('85, '86, '90, '92 '01 등) • 남북 간에서 상호불가침·부전의 서약('86, '00) • 철도와 도로 개설 등에 의한 남북 간 신뢰관계 구축('95)
비무장지대	• 비무장지대의 평화적 활용('86), UN평화대학, 동북아평화대학의 유치('00) • UN아시아본부를 비무장지대 내 설치, 남북이산가족 재회교류센터 개설('94) • 비무장지대 내에 농업·공업기술지도·어학연수 등을 실시하는 센터 개설('94)

カレルギー(1972). 1970년대 초에 이루어진 이 세 번의 대화는 모두 인간, 사회, 평화, 종교 그리고 절박한 국제정치적 이슈 등에 관한 의견을 서로 교환하며 일치점을 모색한 것이다.

북핵문제, 동북아 비핵화	● 동북아 비핵구상, 핵 비사용지대 구상('97, '07, '09, '10, '11, '14, '15, '16, '17) ● 6자회담의 확대와 제도화('03, '04,'06), 북경 혹은 뉴욕에 실무 작업반 상설화('05) ● '핵 폐절을 향한 세계 민중의 행동 10개년' 제정 및 네트워크 수립('06, '07) ● 포괄적핵실험금지조약(CTBT), 핵무기금지조약(NWC) 체결 촉진('00, '07, '11, '13, '14) ● 핵무기 사용과 위험성에 대한 국제형사재판소의 의견, 입장 촉구('11) ● 2030년까지 세계 전체의 군사비를 반으로 줄일 것('13) ● G8, 핵보유국, 비핵지대 대표, 유엔이 모여 '핵무기 없는 세계' 정상회담 개최 ('13)
재일동포・ 이주민의 인권	● 재일동포에게 참정권 부여('94) ● 국제이주자의 권리 보장, 지속가능개발목표에 '모든 난민과 국제이주자의 존엄과 기본적 인권을 지킬 것'이라는 항목 포함시킬 것('15, '17)
한중일 협력	● 한중일 지자체 간 자매결연을 두 배 수준으로 확대, 지방정부교류회의 개최('99, '14, '15) ● 한중일 대학 간 네트워크 구축 및 청년교류 활성화('05,'08) ● 한중일 환경협약 제정, 방재협력 촉진, 우호공동체 건설('05, '13, '14) ● 한중일 협력을 지속가능한 지구사회 건설을 위해 세계적 모델 지역으로 개선('15) ● 한중일 3국 협력사무국의 역할 확대, 한중일 청년 파트너십 제도 도입('15)
기타 동아시아 평화	● 아시아의 공통된 역사 인식 토대를 위한 공동연구 추진('02) ● 아시아 청년교육 교류 계획의 확대 추진('05) ● 동북아시아평화회의, 동북아 대학・연구기관 파트너십 회의 개최('94, '99) ● 동북아시아평화대학교 및 대학원 설치('00, '07) ● 동아시아 평의회, 동아시아 환경협력기구 설립('06, '07, '13, '14) ● 재해 예방과 신속한 대응을 위한 아시아 부흥 리질리언스 협정 체결('14)

*( )안은 발표연도를 의미함.

출처: 이케다(1999), 創価学会 홈페이지 등에서 필자 작성.

V. 한일관계에 대한 이케다 사상의 특징과 쟁점: 존재론, 목적론, 인식론

1. 존재론적 특징과 쟁점: 한일관계의 다층·복합 구조와 민중 개념의 구체화 문제

이상에서 추출한 이케다의 주장을 한일관계의 존재론, 목적론, 인식론적 측면에서 재정리하면서 사상적 특징과 쟁점을 도출하면 다음과 같다.

우선, 존재론적 측면에서는 기존 한일관계 담론의 흐름에도 유의할 필요가 있는데, 특히 국가 혹은 중앙정부 중심의 시각을 탈피하여 다층·복합적 구조나 동태를 중요시하는 시각 혹은 다층 거버넌스(multi-level governance)의 관점이 나타나고 있다.[31] 이러한 맥락에서 이케다 사상의 특징은 다음과 같이 도출할 수 있다. 첫째, 이케다 또한 단순한 국가 간 외교관계를 넘어 한일관계를 다층적 관점에서 논의하고 있다. 세계질서(세계정치, 유엔, 문명적 패러다임 등), 지역질서(아시아·태평양, 동아시아, 한중일 등), 국가질서(분야별 협력 과제 등), 사회질서(지자체·NGO, 사회문화 교류, 교육교류, 민중교류 등)가 서로 영향을 주고받는 다층적 구조이다.

둘째, 이케다 사상의 특징은 이 중에서 특히 사회질서에 주목하

---

31) 양국을 대표하는 약 40명의 학자가 참여해 2008년에 시작된 '한일신시대 공동연구'에서는 '한일 공생을 위한 복합 네트워크'라는 복합·다층적 비전과 실천 과제가 제시되었다. 하영선(1997, 25-29)은 전근대적 상호 우월의식의 극복과 탈근대적 공생 의식 확립의 중요성을 지적하여, 국가 중심적 시각이었던 기존 한일관계를 지구, 지역, 국가, 지방, 및 사회조직, 개인의 5중 구조로 발전시킬 것을 주장했다. 일본의 대표적 한국 연구자인 기미야(木宮 2015) 또한 1990년대 이후 양자 관계의 구조적 변화를 1) 양국의 정치·경제적 힘의 수평화, 2) 양국에서 경제·사회·정치적 가치관의 동질화, 3) 양자 관계를 구성하는 정치·사회적 주체들의 다양화와 다층화, 4) 양자 간을 왕래하는 정보나 지식, 인적·물적 자원들의 쌍방향화로 요약했다.

여 실천 과제를 적극적으로 제시해 온 점이다. 그의 주장에서 가장 빈번히 나타나는 키워드는 아마도 '민중'일 것이다.32) 행위주체로서의 민중에 대한 그의 관점을 다시 확인하면 다음과 같다.

> "일본과 한국, 일본과 중국이라는 '국가 대 국가'의 견해가 아니라 '세계의 민중과 국가의 권력'이라는 관점도 소중하겠지요. '국가주의'와 '인간주의', '민중주의'는 아무래도 양립할 수 없습니다. 특히 진정한 불법자(佛法者)는 어디까지나 '민중의 편'에 섭니다."
> "니치렌 대성인의 마음에는 항상 '민중'이 있고 '인간'이 있었습니다. (중략) 국경을 초월해 한일의 그리고 세계 민중의 불행에 눈물을 흘렸습니다. (중략) 어디까지나 '민중의 행복'이 목적이고 기준입니다. 여기에 불법(佛法)의 인간주의가 있습니다. (중략) 이 기준으로 보면 사회현상도 확실히 알게 됩니다."33)

> "아시아 평화를 강하게 염원하던 도다 선생님은 근대 일본의 행동은 '그 나라의 번영을 함께하고자 하는 것이 아니고 어디까지나 침략적인 정신의 발로에 있다'라고 엄하게 비판하셨습니다. 그리고 일본이라는 한 나라의 번영을 위한 것이 아니라 일본의 민중이 한국의 민중이나 중국의 민중과 함께 손을 맞잡고 평화와 행복의 길을 열어가지 않으면 안 된다고 역설하셨습니다. 저는 이 스승의 마음을 나의 마음으로 해서 행동에 옮겼습니다."34)

셋째, 이와 같은 민중 개념의 내용을 불교철학을 바탕으로 다층적으로 구성하는 점에서 이케다 사상은 기존 학술적 담론과 차별화된다. 위의 인용문 그리고 제4절의 인용문에서 알 수 있듯이 이케다의 민중 개념은 초국성이나 보편성을 강조하지만 '국민'이나 '유권자'와 같은 국가적 제약을 완전히 부정하는 급진적인 것은 아니

---

32) 尹(2007, 213-214) 또한 한국에 대한 이케다의 역사관의 특징을 민중사관(民衆史觀)으로 지적하고 있다.
33) 수필(1992/9/13), 이케다(2012, 154-155).
34) 조문부 제주대 총장과의 대담(이케다 · 조문부 2004, 273).

다. 국가 권력의 해악에 대항하는 것도 민중의 역할이지만, 민중은 권력을 창출하거나 이에 대해 관심을 갖지 않은 경우도 있다.35) 결국 위의 인용문에 있듯이 존재론 속에 내재된 '국가주의'와 '인간주의'라는 이념적 대립 구조에서 후자를 옹호하는 행위주체로서 민중에 의한 특정한 역할에 주목하고 있는 것이다. 이 부분에 관해서는 다음 목적론에서 계속 언급하겠다.

넷째, 다만, 이와 같은 민중 개념의 보다 본질적 내용에 관해서는 한일관계에 관한 이케다의 주장 중에서 찾기가 어려우며, 그의 거시적인 평화사상에서 대부분 언급되고 있다. 예를 들어 그는 마키구치가 주장한 인간의 다층적 정체성을 활용하면서 현재의 애국심을 세계시민 의식으로, 현재의 향토심을 민족의식으로 발전시키는 비전이나 인간주의를 확산시키는 주체로서의 세계시민의 요건이나 육성 등을 주장하고 있다. 또한 이러한 맥락에서 앞에서 언급한 보살도 사상이 깊이 관련하게 되며, 나아가서 이케다는 불교를 바탕으로 한 인간론이나 생명론 차원에서 '새로운 인간상'을 논의하고 있다.36) 이와 같은 심도 있는 내용들이 한일관계에 대한 주장에서 구체적 혹은 체계적으로 전개되지 않았기 때문에 존재론적 측면에서 이케다 한일관계 사상은 기존 한일관계 담론이나 평화사상 연구를 발전·개선하는데 어느 정도 한계가 있는 것으로 보인다. 한

---

35) 민중과 권력의 관계에 관해서 다음과 같은 언급이 있다. "일본의 민중은 '일본의 권력자'라는 진짜 적에게서 눈을 돌리고 본래 자기편인 '이웃 나라 민중'을 적대하도록 조종당했다고 말할 수 있습니다. 그렇기 때문에 민중과 민중의 교류야말로 국가주의를 물리치는 근본적인 힘이 됩니다"(오키나와 협의회 인사, 1998/2/27, 이케다 1999, 29). "일본의 '국가주의'에 극복하지 않는, 확고한 '인간주의'의 평화 세력을 확대할 방법밖에 없습니다. 그렇지 않으면 진정한 '한일우호'도 있을 수가 없으며, 아시아와의 진정한 신뢰관계를 맺을 수 없습니다"(충청대학 명예교수 수여식 1998/7/4, 池田 2001, 228-229).

36) 다층적 정체성의 발전 비전에 관해서는 이케다·토인비(2008, 58-62). 세계시민 및 이와 보살도 사상과의 관련성에 대해서는 이케다(1999, 59-66) 참조.

일관계와 관련된 주체들이 향토심이나 애국심, 세계시민 의식 등을 어떻게 조율·형성하고, 특히 문제가 되는 일본의 국가주의를 타파하기 위해 연대하는 민중이란 구체적으로 어떠한 모습이나 방법으로 등장할 수 있을지에 대해 보다 자세한 설명이 필요하다.

2. 목적론적 특징과 쟁점 : 인간성 존중의 가치관과 이에 대한 단계화, 지속의 문제

목적론적 측면에서 이케다 사상은 보다 독보적이며 기존 담론과의 차별성이 확실히 드러난다. 다층 구조의 한일관계가 나아가야할 방향으로서 그는 일관적으로 인간성 존중을 주장한다. 인간주의, 중도주의, 마음의 연대, 생명의 자각, 보편적 가치의 구현 등 이케다의 주장에는 다양한 표현이 등장하지만, 모두 내용적 측면에서는 인간성 존중 또는 인간의 존엄성을 언급하는 점에서 공통적이다. 앞서 논의한 바와 같이 이러한 목적론은 1960년대에 이미 형성되었으며, 한일관계 뿐만 아니라 중일관계, 아시아·태평양 질서, 지구문명, 유엔 개혁 등 다른 주제에서도 나타난다. 현실적으로도 이케다가 한국의 많은 대학들로부터 높은 평가를 받은 이유로서 이와 같이 인간성 존중을 바탕으로 한 역사인식을 일관성 있게 호소해온 자세를 지적한 기존 연구가 있다(高村 2008, 38-40).

목적론적 특징에 관해서 몇 가지 보완적 고찰을 지적하면 다음과 같다. 첫째, 목적의 내재성과 이를 위한 능동적 노력이다. 인간성이란 말 그대로 모든 사람이 본래 가지고 있는 가장 근본적인 존엄성이나 가치, 인권 등으로 이해되는데, 이케다의 사상에 따르면 이를 옹호하기 위해서 필수적인 것은 외부적 환경이나 제도가 아니라 인간 개개인 스스로의 자각과 노력이며, 이를 촉진하는 본질적 요인은 개개인 사이의 연대나 공감, 격려 등의 확산이다. 한일관계에 관한 주장의 곳곳에서도 한일 민중 연대를 위한 노력의 중요성이 강조되고 있으며 이케다는 이러한 노력을 '민중의, 민중에 의한, 민중을 위한 임파워먼트(empowerment) 운동'으로 자주 언급하고 있다. 이는 나카야마가 지적한 '능동적 평화관'과도 관련되며(中山 2012), 인간성 존중이라는 목적론과 민중을 중심 행위자로 삼는 존재론은 이들의 연대를 통한 능동적 노력이라는 점에서 수렴된다. 기존 한일관계 담론에서도 공생이나 상호이해와 같은 목적론이 표면적으로 제시되고 있으나, 이케다 사상은 내재성과 능동성에 주목함으로써 보다 심도 있는 논의를 제공하고 있다. 예를 들어 일본사회에서 재일한국인에 대한 차별 의식을 온전한 채 표면적 혹은 제도적 차원에서 공생을 주장하는 것은 폭력과 같다고 주장하며,[37] 인간성 존중을 바탕으로 한 '진정한 한일관계'를 공생의 실질적 모습임을 강조한다.

둘째, 이와 같은 성격의 목적론은 필연적으로 상당히 장기적인 비전으로서 제시될 수밖에 없다. 이케다 본인도 인간성 존중을 위한 의식과 문화, 제도가 상호 보완적으로 정착해 가는 과정을 50년 단위로, 21세기에 본격적으로 시작해 23세기를 향해 진행되는 것으로 전망 한 바 있다.[38] 이케다 사상을 논의할 경우 이러한 '초장기적' 비전을 배경으로 하면서 근본적으로 중요한 현재적 과제나 시대적 패러다임을 제시하는 점에서 일반적인 학술 담론에서 제시되

---

37) 수필(2002/5/19), 池田(2002).

38) 이른바 '일곱개의 종 구상'이라는 명칭으로 이케다가 1997년과 2000년에 발표한 비전이다(池田 2000).

는 목표나 과제와는 어느 정도 성격 차이가 있는 것에 유의해야 한다. 따라서 목적론적 측면에서 중요한 쟁점이란 한일관계 개선을 위해 제시된 목표나 과제들이 주어진 정치·제도적 환경에서 얼마나 실행 가능한가라는 문제보다, 이를 어떻게 단계화하거나 타당성을 지속적으로 유지할 수 있는가라는 문제라고 할 수 있다. 이와 관련해서 사실 한일관계에 대한 그의 주장에서는 과제 달성의 시간이나 단계화, 속도, 규모 등에 관한 자세한 언급은 없다. 장기적 목표는 심도 있게 제시되고 있으나 이 과정을 관리·통제해 가는 현실적 설명이 필요한 것이다. 이러한 상황에서 영토문제나 역사교과서문제, 해양 구획문제 등 구체적 외교 현안에 대해 그의 사상을 적용하려고 하면 해석적 문제나 사상의 지속성에 대한 의문이 생길 수 있다. 예를 들어 이케다가 설립한 공명당은 한일 간의 외교현안에 대해서 정상회담의 주기적 개최, 평화적 해결이라는 원칙 수립, 사회문화 교류의 지속적 확대 등을 제시하고 있으나(公明党 2014), 조성윤(2013, 173-176)은 변화하는 정치·안보 환경에서 이를 향후에도 일관성 있게 유지·발전시킬 수 있을지에 대해서 의문을 제기하고 있다.

셋째, 한일관계의 목적론에 관해서는 '문화 대은'이라는 키워드도 있기 때문에 이와 인간성 존중과의 관계에 관해서도 보완적 논의가 필요할 것이다. 이에 대해 이케다는 중일우호 활동의 과정에서 다음과 같이 언급한 바 있다.

> "은혜란 본질적으로 베푸는 쪽보다 받는 쪽의 '마음의 문제'입니다. (중략) 그러므로 '문화 은인'인 중국의 발전과 행복을 위하여 성심성의를 다해 노력하는 것이 일본인에게 더욱더 요구된다고

확신합니다." "우호교류를 더욱 영원히 지탱하는 것은 무엇보다도 민중과 민중을 맺는 '마음의 유대'일 것입니다. (중략) 민중이라는 대해(大海) 위에서만 정치 · 경제라는 배가 뜨고 나아갑니다."[39]

즉, 문화 대은이라는 관점 또한 인간성 존중과 연결되는 사상적 형태이자 정신적 문제로서 이해하는 것이 적절할 것이며, 이를 형식적이고, 일방적인 외교정책의 제안으로 오해해서는 안 될 것이다. 이 점에 관해서 이케다와 직접 대담을 한 조문부(제주대 총장, 당시) 또한 다음과 같은 해석하고 있다.

"저 자신은 개략적인 견해로, 한국이 일본에 끼친 문화적 영향은 이케다 회장이 하신 말씀이 맞지만 한 · 일 양국의 문화교류에 따른 영향은 서로 마찬가지라고 생각합니다. (중략) 이를테면 어느 한쪽만 '은인'이라는 차원이 아니라는 것이지요." "이케다 회장이 한국을 '문화대은의 나라'라고 칭송해 주셨기 때문에 일본인뿐 아니라 한국인도 상대국의 사람에게 감사할 수 있는 '가치창조적인 인간'으로 성장하는 방법을 깨달을 수 있었습니다. 또 이케다 회장은 일본인, 한국인 상관없이 전 인류가 그러한 인간이 되는 것을 절실히 염원하고 있다는 것이 저의 결론입니다."[40]

이와 같이 문화 대은 관점 혹은 보은 사상은 이케다 한일관계 사상에서 자주 등장하는 독특한 키워드이지만, 이 역시 한일 그리고 세계 민중이 인간성을 존중하여 가치 창조적인 삶을 구현한다는 기본적 목적론의 맥락에서 이해할 수 있을 것이다. 이케다 본인의 설명과 상기한 맥락에서 재해석한다면 보은 사상이란 '다양한 문화, 그 중에서도 특히 인간의 존엄성을 밝힌 근본적 사상 문화의 흐름

---

39) 북경대학교 특강(1990/5/28), 이케다(2011, 322-323).

40) 이케다와의 대담(이케다 · 조문부 2004, 317).

을 국가나 시대를 넘어 이어가는 것'이라고 할 수 있다. 심층적인 문화의 흐름과 인간성의 구현, 한일 민중의 실천적 과제를 통합적으로 지향하는 점이 이케다 사상의 중요한 특징일 것이다.

3. 인식론적 특징과 쟁점 : 구성주의·세계시민주의적 사상과 창의적 재구성의 문제

마지막으로, 존재론과 목적론적 특징을 포괄하는 인식론적 특징과 쟁점에 대해 고찰한다. 우선, 이케다 평화사상에 관한 선행연구에서는 다음과 같은 견해가 있다. 국제정치학자 다카무라(高村 2008, 28)에 의하면 이케다 평화사상은 구성주의(constructivism) 시각과 유사하다. 국제적 질서나 평화란 거시적 시스템이나 세력 관계, 제도 등에서 자동적으로 주어지는 것이 아니라 구성원의 의지나 자각으로 인해 지속적으로 만들어지는 것으로 이케다 또한 설명하기 때문이다. 그가 주장하는 민중 차원의 마음의 연대나 인간성 존중, 보살도로서의 삶의 방식이란 이러한 논리와 부합하다. 이시즈카(石塚 2014) 또한 인간적 존엄성과 대화적 소통을 바탕으로 한 지구문명의 건설이라는 '문화적 힘'의 중요성을 강조하는 점을 이케다 평화사상의 특징으로 보고 있다. 울반(Urbain 2010, 181-185)은 보다 구체적으로 이케다 사상은 평화학자 알기부치(Daniele Archibugi)가 주장하는 세계시민주의적 민주주의(cosmopolitan democracy)와 유사하며, 이른바 자유주의적 평화론(liberal peace)과는 차이가 있다고 본다. 수단으로서의 제도보다 주체로서의 민중을 중요시하며, 단순한 전쟁의 부재가 아니라 대화를 통한 절대적 비폭력과 적극적 평화의 창출을 주장하기 때문이다.

이와 같은 구성주의 및 세계시민주의적 성격은 한일관계 사상에서도 충분히 확인할 수 있다. 앞에서 지적했듯이 이케다는 민중을 규범적 관점에서만 보는 것이 아니라, 인간성 존중의 가치를 구현하기 위한 실질적 행위자 혹은 원동력으로 주목하며 '민중 간 연대', '민중의 힘', '평화 세력'과 같은 표현을 자주 언급한다. 나아가서 그는 이와 같은 민중 연대나 교류를 성공적으로 실천하기 위한 원칙으로서 점진성, 상호성, 평등성이라는 요인을 제시한 바 있다.41) 한일관계에 있어서도 민간 교류의 증가에 따른 마찰의 악화 가능성도 인식하면서도 장기적 관점에서 지속적 교류의 중요성을 주장하고 있다(이케다・조문부 2004, 297).

그런데 이와 같이 인식적 요인의 중요성에 주목하는 것 자체는 한일관계 담론에서 새롭거나 독창적인 것은 아니다. 이미 1960년대의 담론에서 다나카(田中 1963)나 하타다(旗田 1963)는 진정한 한일우호 관계를 위해서 양 국민 간의 상호 이해와 역사에 대한 인식적 공유의 필요성을 주장했다. 2000년대 한일관계 악화의 원인에 대해서 장달중(2015)은 역시 상호 이해의 악화나 부족을 지적했다. 이 밖에도 상호 이해, 상호 교류, 정체성의 공유 등 인식적 요인의 중요성은 이미 널리 논의되고 있다.

이케다의 주장을 살펴볼 때 이러한 기존 담론과의 차이점은 역시 '내재적 동기'와 이것이 가지고 있는 잠재력에 크게 기대하는 점이라고 할 수 있다. 사실, 기존 담론에서는 상호 교류나 문화 교류에 대해서 한일 국가 간 혹은 외교 차원의 제도적 안전화나 발전을 위

---

41) 1989년 평화제언 "새로운 글로벌리즘의 여명" 중에서. 池田(1999, 56).

한 조건이나 수단으로 이해하는 경우가 많다. 인식적 요인의 중요
성이나 실천 과제를 제도주의적 관점에서 이해・디자인하며 구성주
의적 논리는 사실상 '보완적 역할'을 하는 것이다. 이와 비교해 이
케다의 경우, 공통의 핵심적 가치에 대한 한일 민중 '스스로'의 자
각과 행동 그리고 이로 인한 세계시민으로서의 성장에 기대를 하
며, 이 과정에서 지방, 국가, 국제 수준의 제도 개선이나 국가주의
의 극복을 보완적 과제로서 논의하고 있다. 즉, 민중 스스로가 '한
일관계' 이상의 가치나 질서를 만들어 가는 과정으로서, 구성주의
적 논리의 '본질적 기능'에 주목하고 있는 것이다.[42]

예를 들어 한국과 일본의 대표적 학자가 모여 '공생 복합 네트워
크'라는 비전을 제시한 바 있다.[43] 이 비전에서는 사회문화교류를
포함해 역사인식문제, 환경문제, 무역관계 등의 개선에 있어서, 국
제정치 시스템으로 인해 제약된 상황(예를 들어 중국의 대두와 미
중관계의 동향 등)에서, 제도적 협력과 네트워크를 통해 한국과 일
본의 공생, 나아가서 동북아 평화의 촉진을 설명하고 있다(하영
선・오코노기 2012). 그러나 비전의 핵심 부분 즉, 외부적 제약
을 받는 복합적 네트워크를 내부로부터 움직이게 하는 동기나 원
동력, 메커니즘 등에 대해서 충분히 규명하고 있다고 보기 어렵고,
'공생'의 구체적 내용이나 도덕・윤리적 측면에 대한 설명도 불투
명하다. 즉, 구성주의적 논리는 부분적으로 적용되는 수준이다.

양자의 입장은 서로 장단점이 있으면서 상호 보완적이라고 할 수

---

42) 이와 같은 관점에서 한일관계를 논의한 연구 사례로서 이수경(2010)은 생애에 걸쳐 한일우호
   활동에 노력한 인물들을 소개하면서 '삶의 무대'로서 한일관계를 재인식한다.
43) 한일 간의 대규모 공동 연구인 '한일신시대 연구 프로젝트' 1기(2009-2010)와 2기(2011-2012)
   에서 발표된 주요 비전으로, 각각 21가지 실천 과제와 7가지 핵심 분야를 제시했다(한일 신시
   대 공동연구 프로젝트 2011 및 2013).

있다. 민중의 인식이라는 것이 역시 제도적 문제나 조건들과 깊이 관련된 것으로 이해한다면, 제도 개선을 한일관계의 중심적 비전으로 삼는 것은 효과적일 것이다. 민중 스스로의 내재적 변화와 성장에 기대하는 이케다의 비전은 낙관적 혹은 초장기적 전망일지도 모른다. 그러나 제도주의적 관점에서 경시되기 쉬운 상호 교류나 협력을 위한 근본적 동기와 장기적 비전을 구체화하며, 각종 수준의 제도 개선을 포함한 포괄적 설명을 시도하는 점에서 기존 담론에 대해 보완적이며 대안적 아이디어를 제공하고 있는 것으로 본다.

인식론적 측면에서 이케다 한일관계 사상의 중요한 쟁점은 이와 같은 포괄적 비전을 보다 구체적, 체계적으로 재정리하여, 기존 국제관계론이나 평화 이론과의 맥락에서 학술적으로 재구성하는 문제일 것이다. 이는 결국 존재론과 목적론의 쟁점이나 과제가 종합적으로 나타난 문제이기도 하다. 민중에 대한 기대가 단순한 낙관주의가 아님을 증명하기 위해서는 포괄적 비전의 내부 동태에 대해서 세밀하게 설명할 필요가 있다. 또한 보다 근본적인 부분 즉, '인간성' 자체의 내용, 이에 대해 개인이 '자각'을 하는 방법, 나아가서 개인의 자각을 '민중 연대'로 승화시키는 방법과 문화의 힘 등에 관해서 한일관계의 맥락에서 어느 정도 구체화할 필요가 있다. 즉, 불교적 평화사상과 개별적 이슈에 대한 담론을 보다 긴밀하게 연결하는 노력이 필요하다.

VI. 결론: 평화사상 연구에 대한 종합적 함의

본 연구는 이케다에 대한 국내적 관심의 증가와 그의 불교적 평화사상에 대한 연구의 발전 그리고 현대 한일관계에 대한 대안적 담론 창출의 필요성 등을 배경으로, 한일관계에 관한 그의 주장을 추출하여, 이를 존재론, 목적론, 인식론적 맥락에서 분석했다. 이와 같은 접근 방법을 통해 그의 사상적 특징을 보다 구체적으로 규명할 수 있었던 부분도 있으나, 역시 평화사상 전체의 맥락에서 논의해야 할 부분도 동시에 나타났다.

본문의 논의를 종합해 보면 한일관계에 대한 이케다의 주장은 다음과 같이 압축적으로 표현할 수 있다. 즉, '한국, 일본 그리고 세계 민중이 인간성 존중이라는 내재적 의식과 문화를 점진적, 장기적, 능동적 그리고 대화적 방법을 통해 공유 및 확대해 가는 것이 한일관계가 나아가야 할 근본적 목적이자 주요 원동력이며, 이를 촉진하기 위한 보완적 수단으로서 사회, 지방, 국가, 지역, 세계 등 각 수준에서 필요한 제도적 조건을 마련하거나 억압적 권력을 포함한 장애 요인을 통제해 가는 것'이다. 이는 그의 독특한 '보은 사상'에 기반을 둔 문화적 국제관계론 혹은 인간중심의 평화구축론으로 재해석할 수 있지 않을까 한다.

이러한 주장의 사상적 특징을 재정리하면서 기존 한일관계 담론에 주는 함의를 요약하면 다음과 같다. 첫째, 존재론적 측면에서 합리적 국가 행위자 간의 관계에 주목하는 좁은 시각을 넘어 행위자의 다층성과 복합성을 중요시하는 점에서 그의 사상은 기존 담론의 흐름과 일치한다. 둘째, 목적론과 인식론 측면에서 이케다 사상은 구성주의와 세계시민주의를 바탕으로, 민중 연대의 힘과 인간성 존중이라는 패러다임을 일관성 있게 주장하고 광범위한 제도적 보완 방안을 제안함으로써 대안적 한일관계 담론의 지평을 열고 있다. 특히 기존 담론에서 지배적인 현실주의나 제도주의적 주장의 취약점인 복합적 동태 속에서의 내부적 동기나 원동력 그리고 장기적 목표를 설명하는 데 보완적 역할이 될 수 있다. 셋째, 다만, 비전 구현의 단계화나 불교 철학에 유래하는 핵심 개념을 한일관계의 맥락에서 구체화하는 부분에 관해서 아직 과제가 남아 있으며, 이로 인해 외교적 현안에 대한 적용에 관해서 어느 정도 한계가 있는 상황이다. 이러한 문제를 극복하기 위해서는 평화사상 연구와의 상호 보완을 통해 한일관계 사상을 창의적으로 재구성해 가는 노력이 필요하다.[44]

이상에서 규명한 이케다 한일관계 사상이 그의 불교적 평화사상 연구에 주는 함의를 요약하면 다음과 같다. 첫째, 한일관계에 관한 주장에서는 나카야마(中山 2012)가 지적한 적극적 평화, 절대적 평화, 능동적 평화라는 특징이 어느 정도 나타나고 있다. 1) 한일 민중 스스로의 연대와 변화(능동적 평화), 2) 대화적 방법을 핵심으로 한 동아시아 평화를 위한 복합적 접근(절대적 평화), 3) 한일관계의 목적으로서 인간성 존중의 문화 구현(적극적 평화)으로 재정리할 수 있다. 나아가서 이러한 평화관을 보완하기 위한 다양한 수단이나 제도적 과제(사회, 지방, 국가, 국제 수준의 교류 확대 등)도 제시되고 있다. 다만, 반복적으로 지적했듯이 이러한 비전이나 과제가 세부적 수준까지 체계화되지 못한 점이 다양한 쟁점이나 한계를

---

44) 이에 관해서 사카모토(坂本 2007, 49) 또한 이케다 사상에 대한 상세한 해석이 전개되는 종교 분야의 연구 성과가 사회분야에 충분히 반영되지 못하고 있는 점이 이케다 사상 연구의 중요한 과제로 지적하고 있다. 양자 간에서 학술성과의 공유와 시너지 창출이 필요한 것이다.

야기하고 있다. 이는 결국 평화사상 연구에 있어서 거시적 비전과 현실적인 정책·실천 방안을 연결하는 '전략적 측면'을 재검토·재인식할 필요성을 제기한다. 다시 말해 주장·사상의 유형이나 성격을 단순히 논의하는 수준을 넘어 이를 구현하기 위한 단계나 전략에 대해서 이케다의 구상을 검토하는 작업이다. 둘째, 울반(Urbain 2010)에 의하면 이러한 맥락에서 그가 가장 중요시하는 것은 지속적인 자기혁신(자기성찰, 안간혁명)과 대화 전략이다. 즉, 내면적 성찰과 타자와의 대화를 지속적으로 실천함으로써 본인의 의식 변화와 주변의 변화를 동시에 일으켜 가는 것이다. 이와 같은 전략에 주목해 이케다 한일관계 사상을 재정리하면 몇 가지 함의를 찾아볼 수 있다. 1) 한일 간 대화의 주제로서 문화와 역사에 대한 심층적 이해, 2) 대화의 방법으로서 점진성, 상호성, 평등성이라는 원칙, 3) 대화의 목적으로서 서로의 인간성 존중 그리고 그러한 문화의 조성을 통한 가치 창조적인 삶의 구현 등이다. 이케다·조문부(2004)는 이를 시도한 사례라고 할 수 있다. 다만, 이러한 대화 전략이나 인간혁명의 확산 전략을 한일관계의 정책·실천 방안으로서 적용하기에는 아직도 세부적 문제가 남는다. 예를 들어 정책·여론의 단기적 마찰에 대한 해법이나 민중의 의식 형성에 큰 영향을 주는 미디어의 역할, 민간과 정부의 대화를 상호 연계하는 방법 등을 들 수 있다. 결국 이는 평화사상 연구에 있어서 대화 전략이나 인간혁명의 논리와 체계, 유효성과 한계, 성패조건 등을 자세히 규명하는 필요성을 시사한다.

마지막으로, 본 연구의 한계와 후속적 연구에 대해서 전망하면 다음과 같다. 첫째, 본 연구는 제한적 주제와 방법으로 접근했기 때문에 도출된 사상적 특징에 대한 비판적 연구가 가능할 것이다. 특히 방대한 양의 1차 문헌과 이케다 본인의 국내외적 행동을 고려한다면 다양한 방법론을 통해 그의 사상을 다르게 분석하는 것이 가능할 것이다. 예를 들어 이케다와 만난 한국 지식인들에게 인터뷰를 하는 방법, 조영식이나 조문부 등 동시대의 평화운동가나 교육자 등을 비교하는 방법, 한국 SGI 회원에게 이케다가 보낸 격려나 지도를 살펴보는 방법 등이다. 둘째, 이케다 한일관계 사상과 평화사상 연구를 상호 보완적으로 발전시키기 위해서는 이케다의 1차 문헌에 대한 연구를 넘어 그의 사상적 기반인 마키구치와 도다의 사상 그리고 이들과 이케다의 연계성, 나아가서 가장 핵심적인 과제로서, 사상의 기원인 니치렌 불교의 특징과 이에 대한 이케다의 이해 방법 또는 계승을 분석하는 것이 중요하다.

참고문헌

니치렌. 1269[2000]. "法門을 말씀하시는 方法之事". 한국SGI교학부 역편. 『日蓮大聖人御書全集』. 1265-1273. 서울: 화광신문사.

박상필. 2017. "이케다 다이사쿠의 평화사상의 배경과 평화실현 방법". 『일본연구논총』, 제45호. 55-90.

박승길. 2008. 『현대 한국사회와 SGI: 한국SGI와 대승불교운동의 사회학』. 대구: 태일사.

마에하라 마사유키. 박인용 옮김. 2007. 『이케다 다이사쿠: 행동과 궤적』. 서울: 중앙일보시사미디어.

신대양사. 1991. 『철학대사전』. 서울: 신대양사.

장달중. 2015. "긴장과 갈등 속의 한일 관계, 무엇이 문제인가". NEAR재단 편. 『한일관계, 이렇게 풀어라』. 20-39. 서울: 김영사.

조성윤. 2013. 『창가학회와 재일한국인』. 파주: 한울.

조영식. 1999. "추천사." 이케다 다이사쿠. 『인간혁명의 세기로』. 서울: 중앙일보 J&P.

이무성 외. 2008. 『국제정치의 신패러다임: 존재론, 인식론, 방법론적 고찰』. 서울: 높이깊이.

이수경. 2010. 『한일 교류의 기억: 근대 이후의 한일 교류사』. 파주: 한국학술정보.

이영춘. 1986. 『철학개론』. 서울: 동화문화사.

이케다 다이사쿠. 1999. 『인간혁명의 세기로』. 서울: 중앙일보 J&P.

_____. 2001. 『세계지도자를 말한다』. 대구: 경북매일.

_____. 2003. 『신·인간혁명』(제8권). 서울: 화광신문사.

_____. 2010. 『평화의 아침(SGI 회장이 말하는 한국의 독립열사들)』. 서울: 한국SGI.

_____. 2012. 『감사합니다. 한국』. 서울: 조선뉴스프레스.

_____. 2014a. 『소설 인간혁명(완결판)』(제1권). 서울: 화광신문사.

_____. 2014b. 『소설 인간혁명(완결판)』(제5권). 서울: 화광신문사.

_____. 2015. "인도주의 세기를 향한 굳은 연대". 『법련』 4월호, 90-143.

이케다 다이사쿠·조문부. 2004. 『희망의세기를 향한 도전』. 서울: 연합뉴스.

이케다 다이사쿠·아놀드 J. 토인비. 2008.『21세기를 여는 대화Ⅱ』. 서울: 화
　　광신문사.
이케다 다이사쿠·아우렐리오 펫체이. 1991.『21세기에의 경종』. 서울: 일조각.
임정근·미우라 하로키. 2016. "이케다 다이사쿠의 평화이론 고찰: 지속가능
　　한 개발을 위한 이론적 함의".『인문사회 21』제7권 4호, 267-295.
하영선. "탈근대 지구질서와 한일관계의 미래". 하영선 편. 1997.『한국과 일
　　본: 새로운 만남을 위한 역사인식』, 13-29. 서울: 나남출판.
　　　　. 2012. "복합세계정치론의 탄생과 성장". 하영선·김상배 편.『복합세
　　계정치론』, 375-422. 파주: 한울.
하영선·오코노기 마사오 편. 2012.『한일 신시대와 공생복합 네트워크』. 파
　　주: 한울.
하영애. 2016.『조영식과 이케다 다이사쿠의 교육사상과 실천』. 파주: 한국학술정보
한일 신시대 공동연구 프로젝트. 2011.『한일 신시대를 위한 제언』. 파주: 한울.
　　　　. 2013.『신시대 한일 협력 7대 핵심과제』. 파주: 한울.
『화광신문』. 1998. "池田SGI회장, 축 한국방문 慶熙大서 '명예철학박사' 학위
　　받아". (5월 22일).
　　　　. 2015. "우호의 무지개를 보고 하늘도 웃는다". (10월 16일).
한국SGI. "SGI회장 수상이력." http://www.ksgi.or.kr
　　/about/sgi/prize/medal.ksgi (검색일: 2017. 10. 1).

Urbain, Olivier. 2010. *Daisaku Ikeda's Philosophy of Peace: Dialogue, Transformation and
　　Global Civilization*. New York: I.B.Tauris.
池田大作. 1966. "中道主義で世界平和".『会長講演集』, 15-18. 東京: 会長就任
　　7周年記念出版委員会.
　　　　. 1967. "中道政治で平和と繁栄".『会長講演集』, 19-23. 東京: 会長就
　　任7周年記念出版委員会.
　　　　. 1974.『中国の人間革命』. 東京: 毎日新聞社.
　　　　. 1988.『池田大作全集』(第1巻). 東京: 聖教新聞社.
　　　　. 1999.『池田大作全集』(第2巻). 東京: 聖教新聞社
　　　　. 2000. "第52回本部幹部会·関西代表幹部会·関西女性総会"『池田大
　　作全集』(第92巻), 58-79. 東京: 聖教新聞社.
　　　　. 2001.『池田大作全集』(第89巻). 東京: 聖教新聞社.
　　　　. 2002. "人生はすばらしい(第5回 韓国唱原大学 李寿晤総長)."『聖教
　　新聞』(5월 25일).

_____. 2011. 『池田大作全集』(第101巻). 東京: 聖教新聞社.

池田大作・クーデンホーフ・カレルギー. 1972. 『文明・西と東』. 東京: サンケイ新聞社.

石塚義高. 2014. 『人類未来社会の創造』(第2巻). 東京: 近代文藝社.

尹龍澤. 2007. "在日韓国人の地方参政権問題についての一考察: 池田大作先生の人権思想を知る一つの手がかりとして." 創価大學通信教育部学会編. 『創立者池田大作先生の思想と哲学』(第1巻), 212-226. 東京: 第三文明社.

植村左内. 1967. 『これが創価学会だ: 元学会幹部43人の告白』. 東京: しなの出版.

神立孝一. 2004. "池田研究の新たな地平". 『創価教育研究』第3号, 1-2.

木宮正史. 2015. "構造変容に直面し漂流する日韓関係". 木宮正史・李元徳編. 『日韓関係史: 1965-2015(政治)』, 1-11. 東京: 東京大学出版会.

公明党. 2014. 『衆院選重点政策: manifesto 2014』. 東京: 公明党.

榊利夫・中川一. 1970. 『公明党・創価学会批判』. 東京: 新日本出版社.

坂本幹雄. 2007. "池田研究の方法論的考察". 『通信教育部論集』第10号, 35-54.

創価学会. "池田名誉会長関連データ." http://www.sokanet.jp/kaiin (검색일: 2017. 8. 3).

高村忠成. 2007. "池田先生の平和思想の形成と構造". 創価大学通信教育部学会編. 『創立者池田大作先生の思想と哲学』(第1巻), 141-166. 東京: 第三文明社.

_____. 2008. "世界に広がる池田平和思想". 『創価通信教育学部論集』第11号, 20-47.

田中直吉. 1963. 『日韓関係の展開』. 京都: 有斐閣.

中山雅司. 2012. "池田大作の平和観と世界秩序構想についての一考察: 人間・非暴力・民衆をめぐって". 『創価教育』第5号, 105-137.

旗田巍. 1963. "「日韓友好」と日韓条約." 斎藤孝・藤島字内編. 『日韓問題を考える』, 7-26. 東京: 太平出版社.

藤原弘達.. 1969. 『創価学会を斬る』. 東京: 日新報道.

牧口常三郎. 1903[1971]. 『人生地理学』. 東京: 聖教新聞社.

_____. 1931[2008]. 『価値論』(創価教育学体系 第2巻). 東京: 第三文明社.

제3부

International Perspectives
(국제적 관점)

Peace Philosophy of Young-Seek
Choue and Daisaku Ikeda

제12장

Young-Seek Choue's Philosophy and its
Promise for a Unified Korean Peninsula
(조영식의 철학과 한반도 통일을 위한 약속)

Emanuel Pastreich

Young-Seek Choue place a tremendous emphasis on peace in his
work as an innovator in educator and was the first to develop an
entire program in peace studies in Korea. I was lucky enough to
come to Kyung Hee University towards the end of his life and to
learn at multiple levels about his philosophy from those around
me. I was also there for his funeral and stood with other
professors to watch his hearse pass by.

Dr. Young Seek Choue was one of most remarkable figures of
the post-Korean War period. A man who devoted himself to a
vision of peace and education in an age when most Koreans were
concerned with the basic challenges of survival and economic
development, Dr. Choue was above all a visionary, a man who
established and built Kyung Hee University while remaining
engaged in a far-sighted plan to "build a civilized world." He
started this project at a time when most Koreans were struggling

to feed themselves. He imagined a global role for Korea, deeply engaged with the United Nations, that in the 1950s and 1960s seemed fantastic, but today, with Ban Ki Moon as Secretary General seems most prescient.

Dr. Choue, Chancellor of the Kyung Hee University System, passed away on February 18, 2012 at the age of 91. He had been ill for several years. He served as president of Kyung Hee University for many years.

Dr. Choue was born in North Pyeongan Province (in present-day North Korea) in 1921. He received a degree in law from Seoul National University in 1950 and found himself caught up in the chaos of the Korean War the following year. A refugee from the Communist invasion in Busan, Dr. Choue took over the Shinheung Junior College in 1951 and started to rebuild it as Kyung Hee University. "Kyung Hee" refers to the Kyung Hee Palace, the furthest West of the Imperial Palaces, and nearby the Gohwang Mountain beneath which Kyung Hee University stands today. Kyung Hee Palace, as the locus where the Korean King conducted political affairs was destroyed as part of Japanese occupation policy. The buildings for the Kyung Hee Campus in Hoegi-dong are made from rock carved from the Gohwang Mountain and form by far the most attractive campus of any university in Korea.

In 1961, a larger Kyung Hee University System was established, that provides for education from kindergarten through the Ph.D. level. Dr. Choue imagined that education should be a life-long process inseparable from other aspects of human experience.

Dr. Choue argued that "scholarship and peace" should be the central role of the university at a time when most Koreans had little interest in such abstractions. Peace and "peace studies" were critical to Dr. Choue's vision. At a time when the term peace studies was unfamiliar, he led the way, establishing the Graduate Institute of Peace Studies in 1984, launching a series of research projects that drew attention to the importance of peace as a field of study. Dr. Choue imagined the Graduate Institute to be a beacon for the future in an age of immense challenges. He wrote,

This global era opens a new chapter in human history, one in which peace, security and prosperity for all on earth can become a reality. Nevertheless, Mammonism and belief in the omnipotence of science and technology are still prevalent. So many people continue to indulge in egoism and to pursue blindly self-interest. In this process, human dignity has been impaired and the human spirit itself is at risk withering away. If human society is so dehumanized, human civilization and its institutions cannot properly serve humankind. They will decay, and in time dictate the rules and threaten to control human beings.

There are many critical challenges confronting humankind today. The gross imbalance between population and food, the depletion of natural resources, pollution, and the aggrandized vision of the power of science and technology have reached a level of crisis. The distortions that have formed in our social values and norms, the moral decadence that permeates society and dependency on terrorism as a solution to social problems trouble us. And the constant threat of nuclear war, though considerably diminished by the demise of communism in Eastern Europe and Russia, remains quite real. These are only a few of the global problems facing the world today.

Without solutions to these problems, the future of humankind will be in jeopardy.
Given this situation, the supreme tasks facing humankind in the 21st century are:
The reconstruction of human society so as to bring about a better world, through the restoration and invigoration of the human spirit.

The reestablishment of mankind, and the human spirit, as the proper master of civilization, through liberation from purposeless

science and technology, the deification of technology, and the clinging to obsolete institutions.

The utmost exertion of our efforts to create a new civilization wherein everyone on earth can enjoy happiness and security, through good will and cooperation among nations, taking all humans to be a single family.

The piece-meal approach to solving these problems undertaken today remains insufficient. To implement solutions to these problems we must find holistic approaches that take the whole, as well as the parts, into consideration.

As a graduate program international relations that emphasizes peace, philosophy and the liberal arts, and physical education, the Graduate Institute for Peace Studies remains unique in the world. The school offers full scholarships to all students, and thus allows students to focus on their ideals without financial concern.

Dr. Choue also placed emphasis on physical health, serving as a major supporter of Taekwondo. He felt that a strong body was essential part of education and made physical education, which he had training in, part of his university program.

He invested heavily to build up the best program in oriental medicine in Korea, and the only program in the world that encourages institutionally the fusion of Western and Eastern medical sciences. His vision of a "third medicine" combining the best of East and West has also proven to be remarkably prescient. Kyung Hee University has the most comprehensive medical center in Korea, covering every aspect of medicine from nursing and dentistry to rehabilitation and long-term care.

Dr. Choue placed great emphasis on the responsibility of the university to society. He envisioned the university's role as directly linked to the United Nations and the building of a global community. He was the first educational leader to state that education and peace must be part of the same process.

In the 1950s, he started a program to educate farmers in the devastation following the Korean War. This "For a Better Life" Program, although deeply involved in the needs of the immediate post-war period, was also directly linked to Dr. Choue's concerns with the international movement for world peace.

Dr. Choue launched another movement, the Global Common Society, in 1965 which strives to instill personal ethics and a global perspective within Korea. He also launched the "Neo-Renaissance Movement" which strove to create a life that was "spiritually beautiful, materially affluent and humanly rewarding."

He would then launch the "Global Peace Movement" in 1981. As part of this movement, Dr. Choue proposed the establishment of the International Day of Peace at the 36th U.N. General Assembly and, with the support of Costa Rica, the United Nations adopted his proposal. Dr. Choue was an early advocate for family reunions between North and South Korea, starting his work in 1982 as head of the "Reunion Movement."

Dr. Choue also proposed, and co-founded, the International Association of University Presidents in 1965 to assure closer global cooperation between universities. He established Korea's first Graduate School of NGOs and had the foresight to understand the critical role that NGOs would play in this century.

Dr. Choue wrote,

The civilization of the world passes through cyclic changes. At the moment, the dynamics of world civilization suggest a shift from m Europe and North America and new alignment around East Asia.

As human civilization aligns with the Pacific Basin, civilizations coming together as one global community, a community that harmonizes the spiritual and material realms of human life. We must be keenly aware of our duty as academicians and intellectuals to usher in this new era. We will leave behind our "partial culture" that forces a choice between the spiritual and the material and move towards a new integrated culture.

Dr. Choue developed elaborate theories to undergird his activities. He saw the role of the university as being, in part, a preparation for the new realities of a world wherein information technology rendered the modern nation state untenable and a new paradigm would be required. He felt that there was a need for a fundamental restructuring of society in response to these challenges that would encompass all institutions and habits. He also argued that war was caused by the greed of rulers and that a true democracy was the best response.

Dr. Choue theorized that history would pass through a period of international coalitions and regional coalitions like the European Community, but that in the end regional coalitions would be absorbed by international coalitions. He predicted the emergence of a global civil society based on participatory democracy and the empowerment of citizens that would involve NGOs representing civil society. He spoke of a global common society in which there flourished a global democracy one in which freedom, equality and prosperity would be extended to all.

He labeled this future global democracy as "Oughtopia," a term he coined to describe a world that aspired to an ideal, but unlike a "utopia," could be realized. He felt there was a moral imperative at the local and international levels, and, drawing on Immanuel Kant's essay "Perpetual Peace: A Philosophical Sketch" (Zum ewigen Frieden. Ein philosophischer Entwurf), Dr. Choue put forth a vision for what could be accomplished. He imagined a new concept of nationalism that allowed for a coexistence and prosperity based on accepted universal principles.

Dr. Choue received more than 70 awards in recognition of his dedication to the promotion of human rights, peace and welfare. His written works include "On Liberty in Democracy" (1948), "Creating a Civilized World" (1951), "Rebuilding Human Society" (1975), "Oughtopia" (1979) and "Why Human Society has to be rebuilt?" (1993).

Dr. Choue married Ms. Oh Jeong-myung in 1943 and they have two sons Choue Jung Won, President of the World Taekwondo Federation, and Choue Inwon, Chancellor of Kyung Hee University and two daughters Choue Yo Won, Dean of the School of Western and Eastern Medicine, and Choue Mi Yon, Executive Director of the Kyung Hee Educational Foundation.

Dr. Choue's Philosophy at This Moment of Tremendous Opportunity and Risk on the Korean Peninsula

Now that we face a tremendous challenge as we move towards the unification for the Korean Peninsula while at the same time facing increasing conflicts around the world, and contradictions within each society. I believe that Young-Seek Choue's philosophy of peace can make a critical contribution in addressing this situation through its emphasis on culture as the foundation for peace and cooperation. Moreover, I would like to suggest that Dr. Young-Seek Choue's philosophy suggests a means of redefining the concept of "security" so as to make real peace possible on the Korean Peninsula, and in the region.

The Implementation Process

So how can we establish the foundations for an effective East Asian community that draws strength from Young-Seek Choue's vision of peace and establishes a broad mandate that will justify further integration and the implementation of reforms?

The essential issue is the form of a new consensus on security that will bring us all together. If such a consensus can be reached in East Asia, with the support of thoughtful figures in the United States and around the world, we can take confidence in our efforts.

But this new consensus this time cannot be one of slow progress. We have gone too far in the rhetoric of confrontation and the literal preparations for war. Unlike previous South-North summits, we cannot afford to focus only on the reopening the Gumgang Mountain Tourist Park, or meetings of separated families.

Nor can the summits focus on only the entirely unrealistic demand for unilateral denuclearization of North Korea — which we all know will never happen outside of a large comprehensive deal. The current Trump administration is incapable of negotiating and implementing such a deal because it has stripped government of all experts.

Future inter-Korean summits must indicate, symbolically and substantively, a fundamental shift in the relationship between the Republic of Korea and the Democratic People's Republic of Korea, and, in order to make that work, a transformation of relations between the U.S., China, Russia and Japan.

The tensions between the U.S. and China, and between the U.S. and Russia, not to mention Japanese disagreements with China, can be a reason to say that such a grand bargain would be a pipe dream.

Yet, one could argue also that precisely because we face the possibility of world war, this is a rare moment when otherwise bored and detached bureaucrats and politicians may be forced to take transformative actions they otherwise would not consider.

The crux of the problem on the Korean Peninsula is security. And this time we must stop trying to put off war, conflict or friction for weeks or months and rather focus all effort on establishing long-term security. This move would signify a change in the meaning of the word "security" that is akin to the transformation of states, like ice to water, or water to steam. Although the nature of security, like H2O, remains the same, its configuration will be profoundly altered.

So, what are the security issues for the Korean Peninsula, and for Northeast Asia? If you look at the newspapers, the overwhelming focus is on denuclearizing North Korea, and insisting that North Korea do so unconditionally as a precondition for future normalization of relations.

But let us be honest with ourselves for a moment. The Trump administration has swung from suggestions of eating a hamburger with Kim Jung-un, to threatening a preemptive nuclear strike, to arguing for the strictest sanctions in history, to suddenly agreeing to a Trump-Kim summit without any clear commitment to any meaningful dialog with North Korea.

The first step towards real security means starting a serious debate on the topic that is transparent, independent of special interests pushing particular weapons systems, and that involves citizens directly. If we have an honest dialog among ourselves about what security means, that will allow us to reach a meaningful consensus that is not dictated from above.

Yet the discussion on security on the Korean Peninsula is drifting further and further away from reality, especially because the U.S. refuses to recognize North Korea as a nation with nuclear weapons, even though it clearly is.

It is far more important to establish what are shared security concerns between North Korea and South Korea, and other nations in the region, as the basis for an agreement. That would be a strong base for future progress, rather than insisting that North Korea give up all nuclear weapons and related technology while insisting that the U.S. is entirely entitled, in violation of the Non-proliferation Treaty that it signed, to invest a trillion dollars in next-generation nuclear weapons. Such a demand of North Korea does nothing to find common ground and will fail.

The collapse of the ecosystem is one common security concern. The water is scarce on the Korean Peninsula. Lack of water reached crisis levels last summer and, in light of the high temperatures and low precipitation so far in 2018, we are on track to beat that disaster this year.

Deserts are creeping across Asia, and across the world, and the cost of food is likely to soar over the next five years. These are profound security issues that are shared with North Korea.

What Should Be South Korea's Strategy?

To put it bluntly, we must go back to the drawing board and rethink our definition of security, emphasizing environmental security, human security and economic security as we prepare for the summit meetings. To dismiss such central security concerns is to forget the whole purpose of the meetings

In an odd way, we must take President Donald Trump's words "the end of 'strategic patience'" literally.

The hawks around Trump suggest this phrase means that only military force or crippling sanctions can get North Korea to give up nuclear weapons.

However, that is not the only, nor even the primary, sense of the expression "the end of 'strategic patience.'"

The more accurate interpretation of an end of "strategic patience" is that the assumption during the Obama Administration that it could just leave North Korea alone and let it build nuclear weapons and prepare to defend itself against what it saw as an increasingly hostile environment, was a profound mistake for the United States which must be replaced by substantive dialog, not military action.

Strategic patience meant no significant dialog, and no fundamental proposals for a security order in East Asia that would include the Koreas, China, Japan and Russia.

Responding through economic sanctions or military action will never be successful, as we know from the humanitarian crises that the U.S. has created throughout the Middle East.

Rather South Korea should think big and open up a serious initiative in this summit meeting that will let it rewrite the rules for every aspect of security for Northeast Asia, and to bring in thoughtful, brave and wise people so that this can be a moment of great historical import, like the drafting of the Magna Carta, and not be a media circus.

Moreover, the dangers of this historical moment as so great

that such a big-picture approach is not at all unrealistic, but rather may be the only strategy that can work.

Anti–intellectualism

The greatest cancer when it comes to the security of the Korean Peninsula is the malignant anti-intellectualism that is propagated through a decaying media. The death of reliable sources of information that are independent from the stock market and from foreign investment banks, the withering away of local community groups that gave meaning to the lives of ordinary people through cooperative efforts and mutual aid, has left many Koreans exposed to unreliable information and feeling profoundly alone.

This state is evident from the high suicide rate for both youth and the elderly. It is evident from the number of Koreans who try to lose themselves in video games or superficial dramas, rather than engaging in serious discussions.

The brave pursuit of truth, which is the requirement for meaningful policy, has been replaced by a ruthless consumption-driven culture that holds up as the definition of "happiness" immediate satisfaction through the eating, drinking or watching of things that provide a short-term thrill.

Politics has been reduced to a popularity show with little interest in the details of policy, or long-term developments and overwhelming fascination with the latest statement on the social media. The careful analysis of social, environmental and economic factors that are destabilizing Northeast Asia has been replaced by sensationalism.

The rise of the video game culture has played a role in this grotesque transformation of the debate on security. Many Koreans, including adults, spend their time playing video games that glorify ruthless military conflict and make it appear as if shooting guns not only good fun, but solves all problems. This gaming culture makes it impossible to explain the complexity of security today as we face climate change, massive integration driven by AI, and the collapse of nation states. Video games suggest that it is a split-second response that is critical for security rather than a long-term strategy. That myth is far more dangerous than nuclear weapons in North Korea.

Climate Change and Poisoning the Environment

As opposed to the highly unlikely attacks from North Korea that are hyped in the media, the threats of climate change and industrial pollution are 100 percent guaranteed. Newspapers never compare the temperature for the day over the last 50 years. If they did, we would have some sense of how dangerous the situation is.

Nor do we learn how many people die each year from diseases related to industrial pollution. In fact most Koreans have no idea how much worse domestic emissions of toxic substances have become over the last 10 years. Instead of analysis, micro-particles in the air are treated in the media as something unavoidable, like snow or rain.

The gutting of government in Korea, and the deregulation of corporations, means that factories voluntarily report how much they pollute the air and water. The voluntary reports are often doctored and there is no way for the government to inspect and to punish polluters. The government has lost the authority to demand that industry stop poisoning citizens. All we are offered is fancy cancer centers at major hospitals where desperate loved ones pour fortunes into treating victims, but they can do nothing to change environmental policy.

Any objective assessment of the threat of climate change to the Korean peninsula over the next 30 years would reveal that the danger is so great, and the cost of adaptation to, and mitigation of, climate change so enormous, that Korea has no choice but to sign agreements with its neighbors for deep cuts in conventional weapons across the board so that it can put together a budget required for the rapid and complete transformation of its economy to a 100 percent renewable one.

The elements in Korean society that fight against such efforts to redefine security in environmental terms, and those who do not want to invest in a sustainable economic system for fear of losing short-term profits, are committing a crime against future generations.

The spread of deserts is just starting. The deserts of northern China are heading towards Beijing, and then they will move on to Pyongyang and on to Seoul. Already semi-arid regions across the peninsula are spreading. No tanks, or missile defense systems, or smartphones can do anything to stop that march and we will ultimately face a battle for our lives.

Sadly, it is common sense for businessmen and government officials that somehow through "free trade" Korea can make up for the agricultural land lost to highways and apartment buildings, the rich soil washed away by the rains after being left exposed, by simply buying grains and vegetables from abroad.

But the trends in climate change suggest that this plan is a false dream. The U.S., Russia, Australia, Argentina and other exporters of grains and vegetables will suffer increasingly from terrible droughts and may no longer be able to provide food for Northeast Asia. The costs of imported food will skyrocket and food itself will become the security issue of this century. China will use its immense wealth to secure food and Korea may find itself backed against a wall.

Korea will be forced, whether it likes it or not, to return to an economy focused on agriculture, and no doubt in the future many will regret that so much priceless soil was lost to mindless housing developments. The approach to agriculture this time will need to be organic. Organic farming is not a boutique branding effort for an upper-middle class market, but rather required because petroleum-based agriculture, and fertilizer, are so destructive to the environment and humans will have to live on the Korean peninsula for hundreds and thousands of years into the future.

The spread of deserts is accompanied by a rise in sea levels around the world that will flood cities like Busan and Incheon and will require massive infrastructure investment. This damage will come sooner than later. Yet Korea has no long-term plans for responding to the threat to food supplies, or the response to rising seas. Many Koreans do not even understand that rising sea levels and desertification are major threats.

There is another threat from the oceans besides rising sea levels. The rising temperatures of the oceans, combined with increasing acidity, poses the very real risk that we will witness in the next 20 years the depletion, or even extinction, of many species of fish that Koreans assume will be here forever. That will also contribute to the food crisis on the peninsula.

Wealth Disparity

Rising inequality in East Asia is tearing apart the fabric of society and it will lead to serious political conflicts domestically and internationally. The destruction of family-owned businesses, the declining quality of the jobs available to young people and the increasing power of investment banks and other speculative financial organizations over economic planning is remaking society in a negative sense.

Although Koreans are aware of the concentration of wealth, and of the death of a public sector, they never learn the details of what is happening from the media, or from each other, and they are discouraged by the culture itself from thinking deeply about anything.

In fact, if you do not start out with enough money to go to a good school, you will never learn about how the world works from the information to which you are exposed.

Interestingly, even progressive groups do not offer incisive analysis concerning the profound contradictions generated by this decadent commodity-driven culture.

No one is advocating that investment banks, or telecommunications companies, should be highly regulated public monopolies. Yet back in the 1960s or 1970s (which people think of as a more conservative time in Korea) that assumption was common sense.

Addiction to Oil

Much of the security debate in the Korean press, and in think tanks, takes for granted that expensive tanks, fighter planes, submarines and other weapons systems are the best way to defend Korea. Yet, if there was no fuel, no petroleum, all of those pricy weapons would be useless.

I am not being facetious in the slightest. The radical dependency of Korea on imported oil, as is a tremendous security liability. Not only is it a liability because so many weapons depend on oil (rather than using solar or wind power), but also because many urban Koreans simply could not survive if the flow of oil was disrupted.

If a war broke out that resulted in an end of the shipment of petroleum and gas to South Korea, the situation would be far more serious than it was during the Korean War. With the high consumption lives we live today, you can be sure that people would be freezing to death in their apartments in days, and starving in weeks. North Koreans, who have not been so spoilt, would quickly realize that they were at a distinct advantage.

South Korea would do well to look at the frugality, the modesty and the efficiency shown by its northern neighbor when conducting its own security planning. South Koreans often hold up a satellite image of the Korean peninsula at night with pride. The picture shows the south lit up like a Christmas tree, in contrast to a dark North Korea. This photo suggests, they say, just how much Korea has developed and just how far behind the north is. But it is more accurate to state that South Korea has embraced tremendous waste and consumption, lighting itself up at night entirely unnecessarily. Unnecessary electricity use should be strictly regulated and the massive implementation of solar and wind power should be required by law for reasons of national security.

Arms Control

The jewel in the crown of military waste, and the pied piper leading politicians and corporate interests away from the scientific method, and away from engagement with intellectuals in the formulation of policy in U.S. (and in Korea and in Japan) is missile defense.

When missile defense was introduced during the Reagan administration in the 1980s, it was meant as a Trojan horse, as a policy that would allow a few firms to make great profits selling a hyped-up system that cannot not do what they promised it could do.

At a deeper level, the promotion of missile defense was a bid to exploit anti-intellectual tendencies in American society. There were intellectuals in the military and in diplomacy, who suggested, logically and scientifically, that the only way to control the dangerous spread of nuclear weapons was through negotiated disarmament treaties. They were correct, but they were not good for sales. They were dismissed as "soft" or as "eggheads" who did not understand tough security issues.

In fact, mutually binding treaties like those negotiated by the U.S. in the 1970s and 1980s to reduce the number of nuclear and conventional weapons in Europe are the only way to respond to the proliferation of missiles.

Although such international agreements, like the Agreed Framework with North Korea in 1995, are the only scientific way to reduce tensions and to increase security, such efforts give too much authority to intellectuals, and that, arms manufactures feared, could create groups who, armed with the truth, would say no to weapons systems.

That was the beauty of overpriced weapons systems like missile defense and other forms of automation. They eliminated experts from the process for formulating policy and running systems and increased profits. Nothing could be more irritating to arms manufacturers than informed experts who can negotiate arms limitations treaties. The U.S. military once had many highly educated experts in diplomacy and technology who understood security and history and employed the scientific method to assess the viability of new weapons. Today, generals and ambassadors see the sales of weapons systems as their primary mission and look forward to lucrative consulting work with defense firms after retirement.

But missile defense does not work effectively. At best, THAAD and its brothers and sisters, can shoot down but a small percentage of incoming missiles. Moreover, because missile defense systems, and other weapons systems, are no longer tested by objective third parties in the U.S., their reliability is doubtful.

And, although missile defense systems may not stop incoming missiles, they are effective at setting off arms races.

This massive proliferation of nuclear weapons is the real danger and it would make the potential for nuclear warfare far greater. North Korea's tiny nuclear program does not pose that sort of threat. But there are serious threats out there.

At present, neither Japan nor Korea has built or deployed nuclear weapons and China maintains less than 300 nuclear weapons. But, if China feels truly threatened, it can go from under 300 nuclear weapons to over 10,000 in a short time.

The rest would be just a chain reaction. Japan could have 6,000 nuclear weapons and South Korea would follow. And then what? Taiwan? Vietnam, Indonesia? If Japan or South Korea makes the mistake of developing nuclear weapons, it will set off a dangerous chain reaction that will make the entire region far less safe.

North-South Relations

We need a new strategy for North-South relations which was uniquely Korean and not based on the demands of other parties. Such a move is essential in the debate on security.

The core of Korea's strategy must be taking control of the debate on security domestically and internationally and playing the leading role in the debate on security. That will mean distancing Korea from the so-called experts in Washington D.C. whose salaries depend on the generosity of arms manufacturers.

The North-South summit should be seized upon as an opportunity to rethink security in East Asia and appeal to the rationality, not the emotions, of citizens' as we plan for a dangerous future. Sadly, many Korean politicians and diplomats have devoted their attention to trying to please other countries rather than articulating a distinct Korean perspective that might win others over at home and abroad.

The Japanese philosopher Ogyu Sorai once made an observation that is most apposite here.

Sorai noted, "There are two ways to play chess. One way is to master the rules of chess perfectly so that one can respond to any situation. The other way to play chess is to make up the rules by which chess is played."

When Koreans think about security, the military and the future of the Korean Peninsula, they have adopted the former strategy.

Koreans strive to master the rules that they have been taught by others and always to stick to them.

But there are great historic moments when, by contrast, it is not only useful, but also imperative to alter the very rules of the game. This moment is such a time. Young-Seek Choue's philosophy offers us tremendous potential in responding to today's challenge.

제13장

Searching for Young Seek Choue's
"Human-Centrism" in Francis Fukuyama's
"Post-Human Futrue"
(조영식의 '인간중심주의'와 후란시스 후쿠야마의
'후기 인간 미래')

Pedro B. Bernaldez

Introduction

Dr. Young Seek Choue had proposed that "human beings are rational and civilized creatures, with faculties to think creatively, to work cooperatively and to feel empathy with other human beings in sorrow and pain. Likewise, human beings possess the wisdom to learn lessons from history and past experiences." In analyzing human history, Choue emphasized that is must be done through a civilizational view, which is a "comprehensive view of history through a combination of spiritual culture and material civilization" (Choue, 2000).

Human civilization is not the product of capricious chance, but the monumental achievement of those who tried to see the bright side of human life and worked ceaselessly to achieve something worthwhile (Choue, 1981). Because of the phenomenal progress of science and technology, moving hand in hand with the spread of democracy, the world has shrunken drastically and has become a small expanse of land. Human beings have become proximate to each other, sharing a common earth. But, ambitious as they are, humans aspire for more enhancements in their way of life.

Science and technology has become the main instrument of enhancing human nature.

Choue (2001) observes "today's material civilization, through the advancement of science and technology, has brought many conveniences and great prosperity to mankind. On the other hand, it is also true that materialistic ethos and the qualified belief in technology have made man enslaved by his own creations. Its manifestations are the phenomena like dehumanization and slight upon human persons.

Choue advises that science and technology should be used to serve man and not the other way around. If man becomes slave to machine then it would result to the dehumanization of mankind. No one could be blamed if he feels wary about the tendency of overusing science and technology. It's no longer impossible that man can be manipulated by machine" (Bernaldez, 2001).

Biotechnology has gained prominence due to the pharmaceutical advancement gained in curing different diseases. The most amazing discoveries perhaps must have been in genetic engineering with the first cloning of an animal in the 1990s, paving the way to speculations that cloning humans was not far behind. But, there have been violent debates on the excesses that may be committed should genetic engineering be left on its own course. The danger that lurks in the horizon is the onset of a "posthuman future," as Francis Fukuyama foresees.

At this juncture, let us pause and examine the thoughts of these two famous thinkers of the time, Young Seek Choue and Francis Fukuyama, who both focused their minds on the human being and his future in the age of scientific revolution.

Young Seek Choue's "Human-centrism"

Earlier, Choue wrote abundantly on his vision of a Global Common Society as a practical manifestation of Oughtopia, that is "spiritually beautiful, materially affluent, and a humanly rewarding society"

(Choue, 1999). In his Magna Carta of Global Common Society, he prescribes that human civilization should proceed toward perfection through the five approaches of (a) building a human-centered society, (b) developing a cultural-welfared society (c) establishing a global common society, (d) promoting universal democracy, and (e) achieving Peace through United Nations. This paper focuses on the first approach: human-centrism. By human-centrism, Choue means that science and technology, materials, systems, institutions and organizations exist only to serve human beings and they are merely instruments and means to be utilized by men. While world civilization is undergoing drastic changes brought about by quantum-leap advances in science and technology, we must pay attention to problems which are negative externalities or side-effects of our excessive belief in the power of science and technology.

In building a human-centered society, I assume that emphasis should be placed on the principle of respect for humans. We cannot afford a dehumanized society where men are relegated to a level far below the level rendered to materials and where they are even slighted and marginalized by science and technology. In his Magna Carta of Global Common Society, Choue stresses that "To make a human-respecting society is to make a society where materials, science and technology and all the social institutions, laws, systems, and organizations should exist for men and rightly serve them as their instruments and means to achieve their ends of life" (Choue, 1999).

Humanism

Every human being should appeal to his sense of humanism in order to build a human-centered society. Humanism stands against all forms of violence and discrimination, it points out that a human being's personal life and the life of society are not separate things. Humanism is a world-view based on naturalism. Humanists affirm that humans have the freedom to give meaning, value and purpose to their lives by their own independent thought, free inquiry, and responsible, creative activity. They stand for the creation of a more humane, just, compassionate, and democratic society using pragmatic ethics based on human reason, experience and reliable knowledge.

Humanism maintains that people can acquire purpose in life and maximize their long-term happiness through developing their talents and using them for the service of humanity. Humanism is a democratic and ethical stance which affirms that human beings have the right and responsibility to give meaning and shape to their own lives. It stands for the building of a more humane society through an ethics based on human and other natural values in a spirit of reason and free enquiry through human capabilities (The Virtual Community of Humanists, 2000).

New humanism seeks to create a world of multiplicity and diversity, and so we affirm the importance of the struggle of the alienated and marginalized by societies, ethnic groups, and all human groups that suffer discrimination. It also seeks to preserve the humanity of man in the face of unbridled science and technology revolution and the attendant advancement in human engineering.

Human Security

Human-centeredness underlines human security. Human security shifts the focus from traditional security to that of the person. It recognizes that the personal protection and preservation of the individual comes not just from the safeguarding of national security and global security but also from access to individual welfare and quality of life. Human security also denotes protection from the unstructured violence emanating from environmental scarcity, or mass migration (MacLean, 2003).

Then, human security was taken to mean those conditions related to threats to the physical security of the person. But, nowadays, it is taken to encompass economic, health, and environmental concerns as well. The United Nations Development Programme attempted a more precise definition by noting that human security implied safety from chronic threats such as hunger, disease, and repression. Meanwhile, the Global Environmental Change and Human Security Project maintains that human security means providing for options in the face of external threats and ensuring the freedom to exercise these options. Environmental change and human security, therefore, focuses on improving the quality of the environment and society, and the institutions that govern these, to ensure that human beings are adequately protected from environmental degradation and environmental hazards (Global Environmental Change and Human Security, 2005).

Human Welfare

Human welfare is firstly concerned with human values. Values are something we qualify as good, and are prepared to set as our goals in life. It would be fair to state that the concept of values describes that part of our goals, which are not immediately necessary for survival. A person's values are the things he considers important and motivates him. It is a person's values that determine what personal morals one has that affects his behavior.

People have desires and aspirations, which go beyond mere physiological maintenance. The interrelationships of needs, wants, desires and aspirations are critical to human satisfaction. But a worldwide deprivation is observed in many pockets of human population. The manifestation of the global crisis is visible everywhere: poverty, violence, famine the spread of life-threatening diseases, severe environmental degradation, more personal insecurity and decaying quality of life. Human welfare is at stake due to a combination of facts such as inequality, resource mismanagement, lack of political will among state leaders and social dislocations.

Human Dignity

The concept of human dignity takes a social significance for people. It is understood to be a mental state or a particular quality of the soul bestowed upon all human beings. This implies that, as a person, one is automatically worthy and honorable, this honor being an innate right second only to the right of existence. This individual's participation in a community should by no means deny that person of his sense of dignity or intrinsic value one possesses as a human being (Vodou.org, 2006). In the case of human security, the moral imperative for action is the preservation of human dignity in all its dimensions. If these dimensions of human security took greater priority in the risk analysis of national and international actors, it could at the same time go some way toward meeting crucial objectives of both sustainable development and global security (Buttedahl, 2004).

Francis Fukuyama's "Post-human Future"

Both Young Seek Choue and Francis Fuluyama, writing in the 1990s, reckoned with two monumental books: George Orwell's *1984* and Aldous Huxley' *Brave New World. 1984* was about information technology used as a way of building a centralized world where individual privacy didn't exist. Francis Fukuyama's *Our Posthuman Future* argues that the most significant threat post by contemporary biotechnology is the possibility that it will alter human nature and thereby move us into a "post-human" stage of history. "Human nature shapes and constrains the possible kinds of political regimes, so a technology powerful enough to reshape what we are will have possibly malign consequences for liberal democracy and the nature of politics itself" (Fukuyama, 2002).

Human Nature

Aristotle, together with his predecessors Socrates and Plato initiated a dialogue about the nature of human nature that continued in the Western philosophical tradition right up to the early modern period. The dialogue, once again, comes about due to the revolution in biotechnology. Human genetic engineering raises most directly the prospect of a new kind of eugenics and ultimately the ability to change human nature. Yet, despite completion of the Human Genome Project, contemporary biotechnology is still very far from being able to modify human DNA in the way that it can modify the DNA of corn or beef cattle. Changing human nature, therefore, is neither possible nor remotely on the agenda of contemporary biotechnology.

The technology that is likely to mature well before human genetic engineering is human cloning. Ian Wilmut's success in creating the cloned sheep Dolly in 1997 provoked a huge amount of controversy and speculation about the possibility of cloning a human being from adult cells (Wilmut, Campbell and Tudge, 2000). The question of whether the eugenic or dysgenic effects of genetic engineering could ever become sufficiently widespread to affect human nature itself is an open one. Hanging over the entire field of genetics has been the specter of eugenics---that is, the deliberate breeding of people for certain selected heritable traits. This, some are afraid, will alter human nature.

What is that human essence that we might be in danger of losing? For a religious person, it might have to do with the divine gift or spark that all human beings are born with. From a secular perspective, it would have to do with human nature: the species-typical characteristics shared by all human beings qua human beings. The connection between human rights and human nature is not clear-cut and some modern philosophers even assert that human nature does not exist.

Fukuyama stresses that "human nature is what gives us a moral sense, provides us with the social skills to live in society, and serves as a ground for more sophisticated philosophical discussions of rights, justice and morality. What is ultimately at stake with biotechnology is not just some utilitarian cost-benefit calculus concerning future medical technologies, but the very grounding of the human moral sense, which has been a constant ever since there were human beings" (Fukuyama, 2002).

Human Rights

The debate over biotechnology and genetic engineering sometimes focuses on the concept of human rights. Bioethicist John Robertson argues that individuals have a fundamental right to what he calls procreative liberty, which involves the right to reproduce as well as a right not to reproduce. Ronald Dworkin (2000) proposes what amounts to a right to genetically engineer people. Political systems enshrine certain kinds of rights over others, and thereby reflect the moral basis of their underlying societies.

Rights derive in principle from three possible sources: divine rights, natural rights, and what may be called as positivistic rights, located in law and social custom. Rights, in other words, can emanate from God, Nature, and Man himself. But, rights derived from revealed religion are not today the acknowledged basis of political rights in any liberal democracy. The second possible source of rights is nature, more precisely, human nature. A political principle like equality had to be based on empirical observation of what human beings were like "by nature." The simplest way to locate the source of rights is to look around and see what society itself declares to be a right, through its basic laws and declarations. William Schultz (2001) argues that contemporary rights advocates have long dropped the notion that we could base human rights on nature or natural law. Instead, according to him, "human rights" refer to "humans' rights, something that can be claimed to be possessed by humans but not necessarily something derived from the nature of the claimant." Human rights are, in other words, whatever human beings say they are.

Human Dignity

Much of politics centers on the question of human dignity and the desire for recognition to which it is related. That is, human beings constantly demand that others recognize their dignity, either as an individual or as members of religious, ethnic, racial, or other kinds of groups. What the demand for equality of recognition implies is that when we strip all of a person's contingent and accidental characteristics away, there remains some essential human quality underneath that is worthy of a certain minimal level of respect (Fukuyama, 2002).

One important reason for the persistence of the idea of the universality of human dignity has to do with what we might call the nature of nature itself. Many of the grounds on which certain groups were historically denied their share of human dignity were proven to be simply a matter of prejudice, or else based on cultural and environmental conditions that could be changed.

The politics of breeding future human beings, as in eugenics, will be very complex. Up to now, the Left has on the whole been opposed to cloning, genetic engineering, and similar biotechnologies because of a number of reasons: traditional humanism, environmental concerns, suspicion of technology and the corporations that produce it, and fear of eugenics.

"Denial of the concept of human dignity---that is, of the idea that there is something unique about the human race that entitles every member of the species to a higher moral status than the rest of the world---leads us down a very perilous path. We may ultimately compelled to take this path, but we should do so only with our eyes open," Fukuyama advises.

Dovetailing Young Seek Choue's "Human-centrism" and Francis Fukuyama's Post-human Future"

Both Choue and Fukuyama felt wary of the prospective dehumanization of humans which will be brought about by an unbridled revolution in science and technology, genetic engineering, specifically. Both thinkers underscored the ill-effects of eugenics to human beings considering their human nature, human welfare, human rights, and human dignity.

Young Seek Choue's "Human-centrism" and Francis Fukuyama's "Post-human Future"

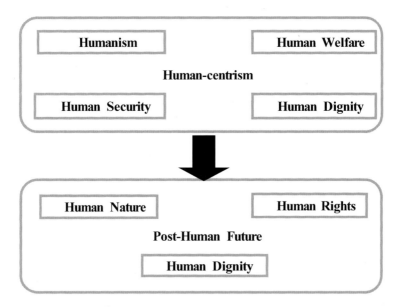

Genetic modifications of the unborn humans can be made possible by genetic engineering. But people want genetic technology to develop because they expect to use it for themselves, to help themselves and their children, to keep their own humanity.

According to economic theory, social harms can come about in the aggregate only if individual choices lead to what are termed negative externalities--- that is, costs that are borne by third parties who don't take part in the transaction. In the case of genetic modification, children who are yet unborn are the most clear class of potentially injured third party. In the above, genetic manipulation affects the unborn children's human nature, human welfare and human dignity. Thus, in the envisioned "post-human future" by Francis Fukuyama, we can discern the great importance of Young Seek Choue's "human-centrism"---technology should, therefore, serve to enhance the humanism, human nature, human welfare, and human dignity of human beings. It should serve humans and not make humans its slave. In so doing, Fukuyama's post-human future will only be an idea and never will be a reality.

Conclusion: What Needs to Be Done?

Technology must be controlled. But, one of the greatest obstacles to thinking about a regulatory scheme for human biotechnology is the widespread belief that technological advance cannot be regulated, and that all such efforts are self-defeating and doomed to failure (Fukuyama, Wagner, et al., 1999). But, even Young Seek Choue had believed that the international community can do something to solve this problem. To this end, Fukuyama asserts that "The only way to control the spread of technology is to have international agreements on technology-restricting rules, which are extraordinary difficult to negotiate and even harder to enforce (Fukuyama, 2002).

Young Seek Choue had also believed that the United Nations is central to global efforts to solve problems which challenge humanity. Day in and day out, the UN and its family of organizations work to promote respect for human rights, protect the environment, fight diseases, foster development and reduce threats to human existence. The United Nations, through its relevant organ like the UNESCO, can create a regulatory scheme by issuing a legally-binding international agreement to be signed by all members of the United Nations who are willing to adhere to its provisions (Bernaldez, 2002).

References

Buttedahl, Paz (2006). "True Measures of Human Security." Cited from http://www.idrc.ca.books/reports/v223/view.html.

Bernaldez, Pedro (2002). *Oughtopian Peace Model for Neo-Renaissance: Young Seek Choue's Peace Thoughts and Strategies.* Legazpi City, Philippines: Aquinas University of Legazpi, Inc., Strategic Development Research Bureau.

_____2001). "Technology Should Serve Man." *The Korea Times*, July 7.

Choue, Young Seek. (1999). "Magna Carta of Global Common Society." *World Encyclopedia of Peace Vol III (second edition),* New York: Oceana Publishers, Inc.

_____(2001). *Oughtopia.* Oxford: Pergamon Press.

_____(2001). "The Great Global Human Family Looking at the 21st Century." *Toward the Global Human Society.* Vol II, Seoul: Kyung Hee University.

_____(2000). "A Grand Design of NGOs for the New Millennium." speech delivered in the Millennium Forum held in the United Nations Headquarters, New York, on May 22, 2000.

Dworkin, Ronald (2000). *Sovereign Virtue: The Theory and Practice of Equality.* Cambridge: Harvard University Press.

Fukuyama, Francis (2002). *Our Posthuman Future.* New York: Farrar, Strauss and Giroux.

_____; Wagner, Caroline; et al., 1999. *Information and Biological Revolutions: Global Governance Challenges: A summary of a study group."* Sta, Monica, Ca: Rand MR-1139-DARPA.

Global Environmental Change and Human Security (2005). A *Primer on Global Environmental Change and Human Security.* Cited from http://www.uvic, ca/GECHS/SPC/primer.html

MacLean, George (2003). "The Changing Perception of Human Security: Coordinating National and Multilateral Responses." Cited from http://www.unac .org/canada/security/maclean.html.

Schultz, William (2001). *The National Interest* No. 63 (Spring).

The American Humanist (2000).
"The Virtual Community of Humanists." Cited from http://www.theamericanhumanist.org.

Vodou.org (2006). "Human Dignity." Cited from http://www.vodou.org/index.html.

Wilmut, Ian; Campbell, Keith and Tudge, Colin (2000). *The Second Creation: Dolly and the Age of Biological Control.* New York: Farrar, Strauss and Giroux.

제14장

Integrated Approach to Peace & Human Security in the 21st Century (21세기 평화와 인간안보를 위한 통합적 접근)

Garry Jacobs

Humanity has made remarkable progress during the past two centuries in advancing peace, democracy, human rights, economic development and social equality. The evolution of human relations has progressed far from the time when physical violence, war and conquest were the predominate form of international relations. Diplomacy has evolved from political negotiations at the conference table to mutually beneficial economic exchange and creative cultural integration. But the ideal of peace and human security for all human beings remains elusive, distant and utopian. Violence and insecurity persist and social harmony is threatened by the competition for political supremacy, markets, jobs and scarce resources. Thousands of nuclear weapons remain armed and on alert. Existential ecological threats increase daily. The roots of war and violence remain intact, even if their most horrendous expressions have receded from view. The permanent abolition of war and achievement of human security for all cannot be attained by narrowly conceived political alliances or collective security agreements. The negative concept of peace as the absence of war needs to be replaced by a positive conception of peace as the essential condition for the fullest development of human potential. The narrow concept of security in military and political terms needs to be replaced by an inclusive conception that views security as an emergent property of effective and harmonious social organization founded on the ultimate value of the human being. Peace and security are fundamental attributes of society as a whole. They can only be achieved by a comprehensive, integrated approach that addresses the roots of violence and disharmony in all forms—political, military, economic, social, cultural and ecological. This will require radical democratization of international institutions, establishment of an effective global legal process, abandonment of outmoded conceptions of national sovereignty, regulation of the global casino, recognition of the fundamental right to employment and economic security, and a realization of the essential role that cultural diversity plays in the evolution of the human race. New theory is needed to unify the disparate fields of social science by development of a transdisciplinary, human-centered perspective of society and social evolution. Formulation of a unifying social theory requires a radical shift from reductionist analytic thinking and mechanistic systems thinking to a more organic, integrated form of thinking that views society as a living organism and regards peace and security as emergent properties of harmonious social organization. These objectives can be significantly advanced by establishment of a new type of international center for human security dedicated to combining new thinking on these issues with practical political initiatives for their implementation.

Missed Opportunities

The history of the 20th century is a record of unprecedented challenges, remarkable achievements and missed opportunities. The world community missed a unique opportunity at the end of WWII to abolish war between nation-states. After centuries of military confrontation under the rubric 'balance of power' culminated in two world wars, in 1945 representatives of 51 countries founded the United Nations as a global political assembly embodying the principles of peace, cooperative security, democracy, and universal human rights. Indian independence in 1947 was followed by the collapse of colonial empires around the world and independence for dozens of other countries. The post-war period became one of unprecedented prosperity. Europe, which had been the epicenter and motor for global conflict for centuries, was transformed into a model of peaceful political, economic and social relationships and collaboration. Peace was cemented by the emergence of European Economic Community and NATO, forging an unprecedented economic and military alliance that effectively ended the threat of warfare between its member countries.

But the world community utterly failed to capitalize on the political opportunity envisioned by the founders of the UN and made possible by the positive post-war atmosphere. Instead, the new institution quickly degenerated into a forum for political confrontation between competing global military alliances. Instead of global disarmament, international relationships quickly degenerated into intensive military and political competition between two opposing military blocs. The peace of 1945 was followed by 45 years of nuclear confrontation. World war on the battlefield was replaced by Cold War tensions and proxy-wars, a frantic arms race that produced 70,000 nuclear weapons, and the constant imminent threat of total mutually assured destruction (MAD). Deeply concerned by the rising danger resulting from post-war political and military developments, the World Academy of Art &

Science was established in 1960 by eminent scientists and intellectuals committed to cooperative international efforts to address pressing global problems. Its founders included Albert Einstein, Robert Oppenheimer, Bertrand Russell, Joseph Rotblat and many others deeply concerned about the growing threat posed by the proliferation of nuclear weapons and the fast-deteriorating atmosphere of political confrontation.

In 1990 humanity missed another unprecedented opportunity. The end of the Cold War, the decline of communism, and breakup of the Soviet Union created the possibility of permanently eradicating nuclear weapons and establishing a truly inclusive, cooperative security system that could abolish the threat of future international conflicts. Initial progress was achieved on several fronts. The fall of the Berlin Wall, the spread of democracy and human rights in Eastern Europe, the dissolution of the forced union of Soviet Republics, the breakup of the Warsaw Pact and expansion of NATO, and the seventy percent reduction in the total number of nuclear weapons were dramatic achievements. The founding of WTO ushered in a new era of global trade. The founding and rapid expansion of the European Union solidified cooperative relations in Europe. The Internet evolved into the first truly global social network, promoting transnational and cross cultural exchanges between hundreds of millions of human beings from all over the world.

But the initial euphoria that accompanied the end of the Cold War soon dissipated and the positive momentum reversed. Instead of progressive reduction of nuclear stockpiles leading to complete abolition as mandated by the Nuclear Non-Proliferation Treaty, production and possession of nuclear weapons spread to four more nations and prompted other countries to consider acquiring them. Space weaponry and cyber warfare gradually gained legitimacy. The expansion of NATO stopped far short of transforming it into a truly global cooperative security system, failing to take into account the legitimate security concerns of Russia and other regions. The peaceful breakup of the Soviet Union was interpreted by many as the total collapse of Russian power, leading eventually to an assertion of unilateral American power in Afghanistan and Iraq. The fall of communism in Eastern Europe was misinterpreted as a victory for extreme neoliberalism, breeding arrogance in international affairs, promoting the wholesale adoption of flawed economic doctrines and breeding oligarchy in former communist countries, while dismantling decades of economic and social progress in the West. The field of global confrontation shifted from war and politics to intense economic competition. The rapid globalization of economy in the absence of effective international institutions converted international financial markets into a global casino and enabled multinationals to operate increasingly free of regulatory constraints. The result has been rising levels of financial instability, unemployment, economic inequality, social tension, political instability, cultural conflict, terrorism, competition for scarce resources and ecological destruction.

All of these threats to peace and human security persist and continue to grow. The urgent compelling need for radical change and the growing danger of continued inaction are indicated by the lack of a compelling vision of the future, the loss of confidence in traditional institutions, rising cynicism regarding prevailing economic theory and policies, growing hostility to business and financial institutions, the backlash against globalization, the sense of helplessness to combat climate change, the inward turning of nations, rising disillusionment with established parties and policies, and growing resentment, alienation and violence among the youth. The social compact for peace, freedom and prosperity for all so enthusiastically embraced in the early 1990s has been replaced by a growing sense of uncertainty and insecurity regarding the future of the human community.

This trend is not inevitable. Crises can be converted into

opportunities. History confirms that it often requires the intensity and urgency of serious crisis to generate the willingness for radical change. The growing disenchantment with national politics is a negative sign of a positive opportunity. The loss of faith in conventional social theories and policies is a demand for urgently needed new thinking. The failure of international institutions to fill the vacuum created at the end of the Cold War is an invitation for radical reform. Circumstances are now ripe for bold international political action to promote new thinking, strategies and policies. Opportunity knocks for an international coalition of nations, institutions and individuals dedicated to establish a new paradigm for global peace and human security.

Evolving Concept of Human Security

Traditionally, peace and human security have been viewed in narrow, negative terms. Peace was defined as the absence of war or conflict. Security was conceived in terms of protection against threats and use of physical force in violation of the sovereign rights of a nation and the self-determination of its people. These narrow, negative conceptions are incomplete and inadequate. They merely describe but do not point to the underlying causes or remedies. Nor do they reflect the positive human condition of harmony and social organization that is the only real and effective deterrent to war and conflict. In their place, we need a conception of peace that is founded on positive values and conditions, rather than the mere absence of violence. We need a broader conception of human security that encompasses the entire spectrum of human needs for survival, growth and development, and not merely the need for physical protection from aggression. We need a conception based on the realization that peace and harmony represent positive conditions or statuses of society, closely related to the overall organization and functioning of the society, not merely the absence of negative disturbances.[1]

The prospects for world war have receded. War between nation-states is increasingly infrequent and unlikely, although threats of military action continue. Even civil wars have become a cause of international concern, evoking strong pressure and intervention to ensure they are resolved rapidly. But real threats to peace and security persist and even increase. These threats are political, economic, social and ecological. The rights of sovereign nations continue to be threatened by the unilateral acts of other states. Authoritarian regimes still deprive huge numbers of people of freedom and fundamental legal and human rights. Even in many so-called democratic countries, the rights of individuals and minorities are in constant jeopardy. The threat of famine and persistent poverty still undermine the security of a few billion people. Over 200 million workers, including more than 80 million youth, are unemployed, leaving many of them with little prospect of a steady job, which is the essential condition for economic security. Global financial instability recently demonstrated its capacity to imperil the livelihoods and security of people all over the world and that danger persists. The unregulated and corrupt actions of multinational corporations pervert public policies for private benefit; the illegal use of money power perverts democratic forms of government into oligarchies and plutocracies. Social tensions, intercultural conflict and terrorism are on the rise. And on top of them all is the existential threat to all humanity posed climate change.

A positive and comprehensive concept of peace and human security can only be founded on a wider conception of society and social organization. Society is an indivisible and integrated whole. War, peace and social unrest are not attributes of any part

---

1) A positive conception of peace is found in the ancient Indian Sanskrit term for peace, "shanti", which refers to a positive condition founded on spiritual foundations of inner strength and harmony which are immune to all disturbances. The application of this concept to international relations was explored and developed in discussions with Robert van Harten and Mark Spetter, in 2006-7 during preparation of their joint PhD proposal for research on a theory of peace.

of society. They are characteristics of the society as a whole, expressions of its viability, stability and integrity. An imbalance or disturbance in any one aspect can destabilize the whole. So also, any single factor or combination of factors that strengthen that social foundation or provides a constructive outlet for frustrated or pent up social energies can defuse social tensions and remove the underlying source of discontent from which it rises. Viewed from a social, rather than merely a political or military perspective, the progress of humanity in spreading democracy, rule of law, human rights, economic development, education, medical care and other social welfare measures offers valuable insights into the positive foundations on which lasting peace and security can be achieved.[2]

Society is an organization that promotes cooperative interactions and relationships between individuals to enhance the welfare and well-being of all its members. It is an integrated, living organism. The prevailing conception of peace is akin to the negative conception of health as the absence of disease. Disease is narrowly conceived as the breakdown of a component organ or system. Treatment focusing on alleviating the symptoms or on measures to repaid a malfunctioning part. By contrast, in traditional systems of medicine such as Ayurveda, health is viewed in wider terms as a property or status of the body as a whole. Health is fostered through measures that strengthen the general organization and harmonious equilibrium of the whole organism. Like the body, society strives to maintain a balance and equilibrium between people and activities. Like the body, all the parts, systems and functions of society are interrelated and integrated with one another. Cooperation, coordination and integration between its constituent elements is as essential for social peace as it is for bodily health.

---

2) A. Natarajan, "The Cold War and European Integration," *Eruditio*, 1-2, Feb 2012, p.57.

The Evolution and Unification of Social Organization

Peace is a function of effective and harmonious social organization. It is fostered by the progressive development and evolution of the whole society. It develops horizontally by expanding the geographic reach and coordination of its different activities. It develops vertically by increasing cooperation and integration between different layers and levels of the social structure. The evolution of society began with tiny units of family, village and tribe which gradually expanded to constitute kingdoms. The subsequent emergence of multi-cultural, multi-ethnic nation-states marked an important advance in human social evolution, because this new model overcame the inherent limits resulting from the partition of humanity into separate groups according to languages, religious, ethnic and cultural background. The modern nation-state created a common space and organization within which diverse demographic and social groups could co-exist, cooperate and intermarry, resulting simultaneously in greater unity and greater diversity. The nation-state is a triumph of cultural diversity over mono-cultural isolationism.

The development of democracy has been the primary instrument for the vertical integration of society to reduce or eliminate class privileges and religious discrimination. For thousands of years, Indian civilization was organized politically into hundreds of princely states varying in size, language, ethnic composition and religion. The fragmentation of Indian society was finally overcome by successive foreign invasions by the Moghuls and the British. It required foreign conquest to forge national unity among this highly diverse population. It was only after India achieved independence in 1947 that these culturally-related but politically separate units were fully integrated within a modern nation-state. Democracy in India has promoted vertical social integration by reducing discrimination between castes and classes. India's diversity of language, caste, class, religion, race and political grouping—perhaps Nature's greatest experiment with heterogeneity—has evolved into one of its greatest experiments with human unity.

The evolution of society remains a work in progress. In a few nations it has proceeded very far to ensure an atmosphere of peace, security and harmony for all members. Most offer some degree of protection. Still, in many even the basic internal conditions for peace and security within national boundaries are yet to be met. But when we look beyond the boundaries of the nation-state to the status of the human community as a whole, progress is far less evident, especially prior to 1945. Human rights, rule of law and democratic representation, which constitute the foundation of the modern democratic nation-state, are sparsely and sparingly applied to international relations. The UN Charter and the Universal Declaration of Human Rights set forth idealistic principles for peaceful co-existence between sovereign nation states and respect for the rights of individual citizens. In practice, the UN remains an undemocratic institution in which most power resides with the permanent members of the UN Security Council, who possess an arbitrary right to veto actions not perceived to be in their self-interest, even those supported by the entire rest of the world community.

Social evolution has progressed up to the level of the nation-state and struggles to advance haltingly beyond it. Peace and human security are still organized on that basis. Yet many of the essential conditions for permanent peace and human security necessitate cooperation and collaboration between nations. Moreover, when it comes to ecological security, global cooperation is essential. This makes the European experiment with a supranational organization of great relevance to all humanity. The problems it encounters arise mainly from two causes. First is the refusal of national governments to fully cede authority to a democratically-elected, all-European government representing the rights and aspirations of all European citizens. Second is the unwillingness or inability of national populations to outgrow the limitations of national identity, as humanity has previously outgrown the limitations of family, village, tribe, ethnic, religious and cultural differences in order to establish modern nation-states. Viewed in an evolutionary perspective, the further transition appears inevitable. It will require corresponding advances in social organization. Europe's initial efforts point the way forward as well as the limitations of exclusive reliance in rules and mechanisms to achieve higher and wider levels of integration and unity. Society is a conscious living organism, not merely a constructed, inanimate machinery. Ensuring lasting peace and human security between nation-states will require psychological as well as social and cultural integration. Efforts to achieve global peace and human security can have only limited success so long as our educational system highlights differences in national culture, our economic system promotes competition between nation-states, and our political system places emphasis on national sovereignty rather than human unity.

Nuclear Weapons and Cooperative Security

The persistence and proliferation of nuclear weapons graphically illustrates the limitations imposed by the prevailing system of global social and political organization. The mere existence of nuclear weapons undermines the security of all nations and people of the world, including and especially those residing in countries possessing nuclear weapons. The increasing likelihood of nuclear terrorism or blackmail threatens the security of all human beings. These weapons should never have been created. At least now they can have no possible raison d'être. They are a disease that must be abolished.

The solution does not lie in preventing Iran from acquiring nukes or convincing North Korea to give up the ones they possess, although both of these objectives are highly desirable. Nor will it be sufficient to persuade Pakistan and other nations to renounce first use of these weapons under any circumstances. The only effective solution will be for the international community in the name of humanity to declare the production, possession, use or threat of use of these weapons a crime against humanity and to destroy the weapons of mass destruction en masse. If the UN Security Council is unwilling to do it, then the UN General Assembly should assert its power to declare the use or threat of use of nuclear weapons a crime against humanity and prefer a new case before the International Court of Justice demanding its recognition as valid international law. Failing that, the UN should conduct the first global electronic referendum of all adult human beings to declare the illegitimacy and illegality of these weapons.

But nuclear weapons are only one expression of the problem. The core of the problem lies in the present paradigm of competitive security in which each nation is responsible for its own security and largely dependent on its own means to secure it. Under this paradigm, each nation is encouraged to acquire the maximum defensive and offensive weapons capability to protect against any possible threat. The nature of the competitive security paradigm was graphically described by the International Commission on Peace and Food (ICPF) in its report to the UN in 1994.

> *The competitive security paradigm is a state-centred, egocentric approach in which the security of each nation is perceived in terms of its military superiority over potential adversaries. The push of each nation for unlimited security through military power is inherently destabilizing, since it inevitably increases the level of insecurity of other sovereign states. In practice, the effort of nations to arm themselves against perceived external threats generates a sense of insecurity among other nations and compels them in turn to increase military preparedness, thus initiating a vicious spiral, as it did during the Cold War.[3]*

This competitive paradigm was responsible for the insane escalation

---

3) International Commission on Peace and Food, *Uncommon Opportunities*, Zed Books, London, 1994, p.40.

of arms production during the Cold War, which still persists today. That is the logic which led to 70,000 nuclear weapons and now sustains $1.6 trillion in global military expenditure, up by 45% in nominal terms since the end of the Cold War. The only obvious permanent solution is to shift to a cooperative security system open to all nations in which each contributes to and is protected by the overall preparedness of the collective in exchange for renouncing the right to aggression against any other state for any reason.

What is needed is a quantum shift from the competitive security paradigm to a cooperative security system in which countries mutually and collectively agree to refrain from acts of aggression and to protect each other from such acts by any nation. This principle served to protect the NATO and Warsaw Pact countries in the past, but on an exclusive basis which promoted a polarization of alliances into military blocs and, most importantly, left more than one hundred countries outside the security orbit and vulnerable to proxy wars. It should now be restructured on a global basis as a collective security system that offers protection to all nations from external aggression.[4]

NATO is a working example of a cooperative security system, but it remains an exclusive club and a perceived threat to countries which are denied entry. The expansion of NATO may make the nations of Eastern Europe feel safer, but it also acts as a spur to greater military spending by Russia, China, India, Iran, Pakistan and a host of other states left outside its purview. The only permanent solution is a global cooperative security system, which necessitates an effective system of global governance. We have avoided world war for 65 years, but we have yet to secure the peace. That we can only accomplish all together.

Toward that end, in its report, ICPF called for the establishment

---

4) *Op.cit.*, p.43.

of a truly cooperative international security system supported by a world peace army open to all democratic nations willing to renounce war as an instrument of public policy and committed to defend each other against any acts of aggression from member or non-member countries. The proposal resembles the constitution of NATO except that it is an inclusive system open to all and exclusively defensive in character.

Economic and Ecological Challenges to National Sovereignty & Global Rule of Law

As the recent nuclear accident at Fukushima illustrates, environmental catastrophes can be equally or more devastating than a nuclear detonation. It matters little to the hundreds of thousands of people who were driven from their homes, many never to return, whether the event was intentional or accidental. If this accident had occurred in Western Europe, instead of insular Japan, the radiation would have respected no national boundaries. If national sovereignty accords each nation the right to decide on the source of energy it will generate for its own use, what does it say about the right of neighboring nations to protection from the threat of nuclear contamination from beyond their borders? While regional security may be achieved by cooperation with other nations, global environmental security can only be achieved by cooperation with all nations. It is not the right of nations that is at stake here but the right of humanity as a whole to the global commons.[5]

The inviolable sovereignty of the nation-state is a flawed conception that cannot withstand rational scrutiny. The legitimate claims of the nation-state for self-determinism must also take into account the legitimate claims of the individuals who constitute

---

5) This section is based on a paper presented at the UNESCO Conference on Sustainable Development, Dubrovnik, September 2011, and published as an article by G. Jacobs entitled "Turn Toward Unity," *Cadmus*. 1-3, Oct 2011, p115.

each nation and the total collective of those individuals who constitute humanity as a whole. Justice cannot support claims of the sole legitimacy of any of the three at the expense of the other two. The legitimate source of authority for the nation-state derives from the consent of the governed, which is based on the inviolable sovereignty of the individual, and from the inviolable sovereign rights of humanity, which has chosen to organize itself as a community of nations.

Economic globalization has already undermined the nation-states' imperious claim. The myth of national sovereignty has already been defeated by the global marketplace, especially by international financial markets. Foreign exchange transactions average some four trillion dollars daily. These transactions consist primarily of surplus money circling the globe in search of higher returns, moving with the speed of light and the callous indifference to consequences of an earthquake or tsunami. Like its natural counterparts, this ungoverned social tempest is utterly without conscience, but not without intention. It thrives on uncertainty and strives to multiply complexity in an effort to conceal its transactions in a bewildering haze of jargon and sleight of hand. It seeks to destabilize national currencies in order to take advantage of sudden changes in their value. It rushes in and out of countries with highly disruptive consequences. It is utilized to hoard scarce food grains, energy and other raw materials to drive up international prices, to the detriment of people everywhere. Its aim is to maximize self-interest regardless of whose interests are sacrificed as a result. It plays nation and against nation in a competitive game designed to minimize taxation and legal accountability. It strikes every vulnerability, uttering the hallowed name of free markets and economic science as it plunders. The soul and mastermind of the international financial markets is a computer running black-box trading algorithms, which has already wreaked havoc on the global economy on several occasions. Nations are defenseless against this most pernicious of all computer viruses, the virus of financial speculation, which moves with abandon across national borders. Even the strongest of central banks, acting on its own, is hapless to defend itself. But worst of all, the entire world economy is held hostage for an extortionist's ransom. Tens of millions of jobs, which mean tens of millions of lives, are prey to its whims. In the name of free markets, growing numbers of people everywhere are deprived of one of the most basic of human freedoms, the freedom of livelihood.

Financial speculation represents as real a threat to human security as nuclear weapons and climate change. Its actions may be less physically destructive, but its sudden and pervasive impact is deeply disruptive of the very fabric of peace, prosperity and human well-being. Speculation is defended in the name of freedom supported by neoliberal economic philosophy. It represents a gross perversion of the original intention for which financial markets were invented as a means to facilitate support the growth of the real economy. On the contrary, speculation diverts resources from the real economy and undermines its stability. The rapidly expanding gap between rich and poor in recent times is channeling more and more wealth from productive purposes into a pseudo world where money chases money instead of creating real wealth, employment and welfare. Investors rightly point out that an effort to regulate or tax money flows and transactions nationally will only encourage the movement of money to foreign markets. Yet the very same group vigorously protests efforts to establish uniform policies and tax rates globally, for that would remove the threat which prevents national governments from regulating or taxing financial transactions. Speculation thrives in the absence of effective global financial regulatory mechanisms. The wisdom of the marketplace is a myth. The only truly free markets are those that are subject to regulations that preserve competition and a level playing field. Left to themselves, markets do not take cognizance of human welfare.

Global peace and human security cannot be achieved without establishment of effective global regulatory mechanisms to govern the activities of financial markets and multinational corporations. Differences in policy and enforcement are an open invitation for arbitrage. The destructive impact of speculative currency trading can be substantially mitigated without detriment to the global economy by imposition of a uniform Tobin Tax on short term, cross-border currency movements that are not directly related to trade or direct investment. One immediate result would be to free productive investment in human welfare trillions of dollars in foreign exchange presently held in reserve by national governments to defend their currencies against the threat of sudden attack. Ultimately, a permanent solution requires a unified global financial organization backed by international law, a world reserve currency and a world central bank.

Similarly, environmental challenges are oblivious of national borders and claims to national sovereignty. Environment threats clearly and compellingly demonstrate the need for united and concerted global action by all nation-states. But this is a field in which cooperation rarely extends beyond the conference table. International environmental law is rudimentary at best. Ecological issues require the formulation of new legal principles embracing a universal concept of sovereignty, which international courts are reluctant to embrace. The concept of national sovereignty—the idea that the state is not subject to any higher jurisdiction apart from laws and regulations with which it voluntarily complies—

is inconsistent with principles of justice and human security for all. The emergence of common global environmental threats, such as chemical and radioactive pollution, the exhaustion of energy, mineral and water resources, and climate change, compel us to accelerate the evolution of international law. Law is both a condition and a consequence of social development, a form of social organization and an outcome of the broader process of social development.[6]

Historically, law evolves as a mechanism for conflict avoidance and resolution. Law is a civilizing force that evolves as society develops, transforming the raw power of physical violence into legal authority. Law represents the sublimation of violence by acceptance of common values, principles and processes for defining rights, governing conduct and resolving disputes. Law presupposes the existence of a collective. International law presupposes the existence of an international community—a community of people as well as states. Social order does not necessitate law. Primitive societies can be sustained on the basis of arbitrary authority, the rule of force and power. Law becomes essential when the rights of the individual and groups are to be safeguarded from arbitrary action. Law emerges in society with the emergence of the individual. Law represents the power of the impersonal collective over the individual, but also the acceptance by the individual of the impersonal authority of the collective internalized in his own mind. Therefore, laws presuppose the mental development and awakening of the individual. What begins as custom and usage evolves over time into codified law. Customs are based on values. Laws come into existence when the customs are accepted by all members of society. The most fundamental premise of law is that each individual's existence must be in harmony with that of

---

6) W. Nagan and G. Jacobs, "New Paradigm for Global Rule of Law," *Cadmus* 1-4, Apr 2012, p.130.

everyone else. The challenge today is for us to embrace shared values with respect to the global commons and the sovereign rights of individuals, nation-states and humanity as a whole.[7]

The evolution of law at the level of the nation-state is far advanced. At the level of the international community it is much less developed. The emergence of a shared global awareness and common human identity is still in a nascent state of emergence. The institutions needed to effectively organize global society have not yet acquired the requisite authority and strength. The process needed to create a comprehensive framework for global rule of law is still lacking. Insistent adherence to an outmoded historical concept of sovereignty is a major obstacle to the development of an effective global political, legal and social organization.[8]

Right to Peace

Since 1984, the UN General Assembly has been debating drafts of a resolution affirming the human right to peace. Subsequently the resolution has been considered by the Human Rights Committee. The right of peoples to peace resolution contains four substantive sections: 1. The solemn proclamation that the peoples of our planet have a sacred right to peace; 2. The solemn declaration that the preservation of the right of peoples to peace and the promotion of its implementation constitute a fundamental obligation of each State; 3. The demand that the policies of States be directed towards the elimination of the threat of war, particularly nuclear war, the renunciation of the use of force in international relations and the settlement of international disputes by peaceful means on the basis of the Charter of the United Nations; 4. The supplication to all States and all international

---

7) This paragraph includes excepts from G. Jacobs, *"Turn Toward Unity,"* *Cadmus.*
8) W. Nagan and G. Jacobs, "Evolution of Sovereignty," *Eruditio*, 1-3, Sep 2013, p.110.

organizations to do their utmost in implementing the right of peoples to peace.[9]

Inspired by resolutions previously approved by the General Assembly, since 20008 the Human Rights Council (HRC) of the United Nations in Geneva has been working on the "Promotion of the right of peoples to peace". On 1 July 2016 the HRC adopted a Declaration on the Right to Peace and recommended that the General Assembly adopt this Declaration in its 71st regular session, which begins its work in September 2016.

Why has there been need for three decades of debate to affirm what must be regarded as the most fundamental and inalienable of all human rights? The long struggle to obtain final approval by the UNGA reflects the complexity of the legal implications of its adoption and the cumbersomeness of the procedures for international deliberation. But most of all, it reflects the difficulty in overcoming the reluctance of nation-states to recognize the sovereignty of the individual human being.

Social Foundations of Human Security

There can be no assured peace and human security without addressing the international dimensions of peace—universal human rights, national sovereignty, global governance and rule of law, cooperative security, abolition of nuclear weapons and coordinated global action to address the environmental challenges. But these alone do not constitute a sufficient foundation for universal peace, social harmony and human security. The roots of conflict and violence lie in the deeper layers of human society and they can only be effectively extracted by addressing the issue at a more fundamental level.

---

9) C. Guillermet-Fernández, D. Fernández Puyana, "The 70th Anniversary of the creation of the United Nations: Giving Peace a Chance," *Cadmus*, 2-4, p.20.

This article has so far focused on the organizational structure of society. But it is also necessary to examine the content or substance of society and the process by which it is organized. Society is a living organism composed of living individuals and groups of individuals. They possess a vast reservoir of human potential in the form of energies, aspirations, ideas, attitudes, values, beliefs, knowledge, skills, and capacities that are expressed through myriad forms and varieties of organized and unorganized activity. This reservoir is the source and basis for all human activities, innovations, creativity and organization. The rapid and remarkable development of global society over the past few millennium has resulted from an increased capacity to develop, release, direct and channel this human potential for socially productive purposes. Its basis is the expansion of positive relations and increasing cooperation and coordination of activities between individuals and groups. It has been accomplished through the systematic development of social organization, including the institutions of national government and international relations, law and justice, military, transport, communication, production, trade, education, scientific research, media and many others.

This process of social organization is the key to the process of social development. The process of development can be defined as an upward directional movement of society from lesser to greater levels of energy, efficiency, quality, productivity, complexity, comprehension, creativity, enjoyment and accomplishment. The essential nature of the process is the progressive development of social organizations and institutions that harness and direct the social energies for higher levels of accomplishment. Society develops by organizing all the knowledge, human energies and material resources at its disposal to fulfill its aspirations.[10]

---

10) H. Cleveland and G. Jacobs, *Human Choice: The Genetic Code for Social Development,* World Academy of Art & Science, USA, 1999, p.5.

The organization of society converts social potential into many different types of social power—power for defense, governance, law, transportation, communication, production, commerce, research, education, health care, etc. All these forms of power are linked together, interdependent and interconvertible. The organization that accomplishes the transformation of social potential into usable social power grows increasingly sophisticated and complex.[11]

The values, ideals and structures that govern how the organized power is utilized determine the character of the society and its capacity for peace, stability, harmonious relationships and human security. Democratic values and institutions which recognize and uphold the rights of each individual and diverse grouping of individuals promote lasting peace and security. So also, social structures that maximize the equitable distribution of power among individuals, levels and groups and prevent the usurping of power by privileged minorities achieve the highest level of harmony and stability.

The relationship between peace and development is subtle and complex. It holds the key to effective strategies for addressing the roots of social unrest and violence. Society is not static or rigid. It continuously develops by an evolution of consciousness and organization. The awareness and aspirations of its members continuously expand and release fresh energies. Former WAAS President observed this process in East Asia after the second world war and described it is as a "revolution of rising expectations".[12] Rising expectations are the principal driving force for social development.

In the measure the social organization is sufficiently developed

11) G. Jacobs, W. Nagan & A. Zucconi, "Unification in the Social Sciences," *Cadmus* 2-3, Oct 2014, p.5.
12) Cite Ashok's article.

to provide effective avenues for these fresh energies to find constructive, productive expression, social progress is smooth and rapid. In times of war or natural calamity, society channels all the available energies to cope with the crisis. Thus, we find nations able to double or triple their productive capacity within a short time as USA did after entering World War II. So also rapidly expanding economic opportunity, such as that prevalent in the USA and Europe after the last world war and in East Asia during the last quarter of the 20th century, generates an enormous power for rapid social development which fully absorbs the available social energies for productive purposes.

When the social organization is rigid and resistant to change or when it tries to direct the maximum benefits to an élite group, the energies are not able to find productive expression, and they begin to spill over in the form of frustration, discontent and violence. Power becomes more and more concentrated as it did in pre-Revolutionary France and Russia and inequality rises dramatically as it did in USA during the 1920s and in many countries since 2000. The growing gap between rising expectations and increasing social opportunities leads to mounting discontent, tension and propensity for conflict. Great revolutions were the result of this process. The faster and higher aspirations rise, the greater the likely gap between expectations and reality. That gap promotes a sense of frustration, depravation and aggression leading to social unrest and violence.

This process explains why violence actually increases even during times of rapid economic development, as witnessed in India and many other developing countries in recent decades. The discontent does not arise from a real increase in poverty. It arises rather from an increasing gap between aspirations and opportunities to realize them. The spread of democracy, the rapid development of the media, and greater access to education all increase public awareness about how people live in other parts of the society and in other countries, leading to increased awareness of their own relative deprivation and consequently increasing frustration.

Role of Economic Development

This process of social development explains why a comprehensive approach to peace and human security must necessarily take into account economic opportunity as well as political rights. Economic relations have always been an important and effective means for avoidance of war. The 20th century marked a radical shift from political negotiations to economic cooperation between nations, characterized by the opening of commercial relations for mutual benefit. The dramatic transformation of relations between China and USA since 1972 in spite of continued acute ideological differences is a remarkable instance of the power of economy to improve relations between people.

But the relationship between peace and economics is valid at the national level as well as at the level of international relations. This is dramatically illustrated by the sudden, unexpected end of religious conflict and terrorism in North Ireland since 2005. Up to that time the Irish conflict seemed so intractable that it appeared it would go on for decades. Like the conflict in Palestine, it had its origins in the distant past when England first colonized Ireland and subjected it to a deeply humiliating and oppressive imperial rule. The Roman conquest which conquered England did not reach Ireland and Scotland. Celtic Ireland lay beyond the pale of the Roman Empire and preserved its own distinct culture. The English colonial settlement of Ireland imposed centuries of severe hardship under English rule. The forced settlement of Belfast by Scottish Presbyterians generated deep resentment among Irish Catholics. Irish independence in 1920 shifted the center of attention to the foreign occupied Northern region. An inextricable mixture of political, economic, cultural and religious factors made the problem intractable and seemingly beyond solution. Its intractable nature was complicated by the fact that the population of North Ireland consisted of bitter dispute between almost equal numbers of Irish Catholics on one side and Scottish and English Protestants on the other.

While many factors contributed to the remarkable transformation in North Ireland, one least appreciated was the consequence of rapid economic development in the Republic of Ireland to its south. When Ireland entered the European Union it was considered the basket case of Europe with high levels of poverty and unemployment, and very high rates of emigration to UK and USA. As a result, the population of Irish descent living outside of Ireland is roughly fifteen times higher than the present 4.5 million people living in Ireland. Faster rates of growth among the Catholic population in North Ireland aggravated tensions between communities, since it became evident that they would soon outnumber the Protestants who gave allegiance to Britain. The economic disparities between North and South was another aggravating factor, resulting in a steady flow of migrants and job seekers from Ireland to North Ireland until around 2000.

The turning point occurred imperceptibly when Ireland entered the European Economic Community, forerunner of the European Union, in 1973, but the consequences of that step did not become fully perceptible until nearly three decades later. During that period Ireland gradually transformed itself from Europe's basket case to become its fastest growing economy in the 1990s, when its rapid economic development earned it the title of the Celtic Tiger. By year 2000, per capita income and employment rates in Ireland exceeded those in the UK and the direction of net migration reversed. Ireland became a popular destination for North Irish, English and other Europeans in quest of better employment opportunities.

Until this dramatic change, a widespread belief had persisted that the conflict in North Ireland was essentially religious in nature and that anything short of a fundamental change in religious sentiments would be inadequate to resolve the conflict. However, a more considered view suggests that the factors influencing the region were both far more subtle and more complex. After nearly five decades of terrorist violence, the conflict ended quite suddenly and unexpectedly in 2005, when the IRA announced plans for unilateral disarmament. The sudden peace in North Ireland gives us hope and teaches us not to rely too much on past precedent and recent experience in assessing the future prospects for peace in other regions subject to prolonged conflict.

The Right to Employment

Access to gainful employment is essential for promoting peace and human security nationally and globally. In a modern market economy, employment is the principle means by which individuals acquire the purchasing power to meet basic human needs for food, clothing, housing, education, and medical care and to fulfill their rising aspirations to benefit from the ever expanding array of comforts and conveniences offered by modern society. It is the basis for economic democracy, equivalent to the right to vote in political democracy. In recognition of this fact, US President Franklin Roosevelt planned to introduce a second Bill of Rights at the end of World War II protecting employment and other economic rights, but died before he could do so. Employment should be recognized as a fundamental human right and constitutionally guaranteed.

There is substantial evident linking high rates of youth unemployment with rising levels of crime, violence and terrorism around the world. The Naxalite Maoist movement in Central India, radical Islam in the Middle East and Pakistan, drugs and violent crime in urban USA, Central America and Africa are all related to the absence of employment opportunities. There can be no effective and lasting solution to promoting peace and human security in a society which does not generate sufficient opportunities for gainful employment or provide some alternative means of ensuring social welfare.

The problem of employment is neither insoluble nor inevitable. It is the direct result of policies and priorities held sacrosanct, because they benefit established centers of economic and social power. Rules such as the tax rates applicable to payroll and capital gains, patent and copyright laws, policies concerning interest rates and speculative investment, incentives for investment in human capital, subsidies for energy and technology-intensive investments, all impact on employment. Change the rules and unemployment can be eliminated. Today's economies are organized to maximize growth, speculative investments, corporate profits, expenditure on weapons, high energy consumption and ecological destruction, rather than peace, human security, welfare and well-being. Change the system and the threats to human security can be radically reduced.

Employment is a global challenge, as well as a national problem. The competitive policies of other countries undermine efforts to manage employment solely at the national level. Solution to the global employment challenge necessitates global coordination of policies and strategies to harness the enormous potential of human capital and financial capital to ensure stable employment opportunities for workers everywhere. The alternative is increasing inequality, instability and unrest that threaten to tear apart the delicate social fabric woven so patiently, yet so sensitive and intolerant of neglect.

Peace and Rising expectations fueled by the information age and rising human insecurity resulting from unfettered markets is an insufficient foundation for building a peaceful and prosperous world. The absence of international regulation and coordination is exploited to the advantage of multinational corporations at the expense of job seekers. Global policy coordination can stabilize global labor markets, but it will not address the severe inequalities in wages, which are aggravated by the ease with which jobs now move from one place to another. Some form of global minimum wage, which could be graded according to average national income, would more substantially benefit low income workers with minimal impact on total employment. Its main affect would be to remove the price subsidy which presently benefits more wealthy consumers domestically and abroad.

Effective policies can address the global employment challenge, but they must be human-centered policies. Current policies are based on the flawed notion that full employment is neither possible nor even desirable and on a system of values that gives greater importance to money than it gives to human welfare. The human resource is the most creative, productive and precious of all resources. Human beings are a perishable resource. Their capacities grow when effectively engaged, decline when left inactive. Society has a vast array of unmet and inadequately met needs—for education, health care, housing, environmental remediation, etc. At the same time, the current system possesses all the human and financial resources required to fully meet these needs, but it allows these precious resources to remain grossly underutilized or misdirected.

Efficient market theory is a terrible misnomer. Replacing human beings with machines may be efficient for the firm, but it is highly inefficient and wasteful for society. The greatest obstacle to global full employment is not population, automation, world trade, multi-national corporations or outsourcing. It is our collective faith in the myth of market fundamentalism. Valid economic theory must be based on the premise that the primary purpose of economic systems is to generate human security and promote human welfare, not to maximize growth or preserve accumulated wealth. Such a theory must be founded on the right to gainful employment as a fundamental human right.

The Evolution of Diplomacy

The course of history traces the evolution of diplomacy as a means for conflict avoidance and resolution. Several major stages can be identified that have transformed global society during the 20th century. The stages overlap and often occur out of turn, but still we can perceive a certain continuity in the progression from first to last. Before the advent of diplomacy, warfare was the principle means resorted to for settling conflicts based on the relative strength of the opposing parties. But even in early history, peaceful alternatives to warfare became prevalent. Among the most common was the forging of marriage alliances as a substitute for war or conquest. "Family diplomacy" enabled countries and empires to bind themselves to one another without resorting to wars of conquest and submission. During the 19th century nearly all the monarchs of Europe including Queen Victoria and Czar Alexander were members of the same extended family related by marriage. At an early stage of social evolution, a transition occurred from physical warfare to political treaties and alliances. Political diplomacy seeks to resolve or avoid military conflicts through treaty negotiations, alliances and balance of power based on bargaining and compromise. This phase characterized relations within Europe for many centuries and persisted as a dominant form of relationship until the end of the Cold War.

Throughout history, diplomacy has often been clothed in high principles, fundamental rights and good intentions, but in practice these were usually little more than a veil for self-interest and self-justification. The transition from the politics of pure power and self-interest to political diplomacy based on principles of peaceful co-existence and rule of law is a recent phenomenon, even now respected more in word than in real act or intention at the national and international level. The events that triggered the two world wars and many other regional conflicts were often clothed in similar garb. But in recent decades diplomacy based on Principles, Law and Rights has become more than mere words. The establishment of the International Court of Justice, the founding of the UN, ratification of the Universal Declaration of Human Rights, and creation of the EU are remarkable and unprecedented efforts of humanity to move beyond power to law, a process that is still only half done.

The 20th century marked a radical shift from political negotiations to economic cooperation between nations, characterized by the opening of commercial relations for mutual benefit. Economic relations have always been an important and effective diplomatic strategy and it has become the most prevalent form of diplomacy today. The dramatic transformation of relations between China and USA at the height of the Cold War in 1972 in spite of continued acute ideological differences is a remarkable instance of the power of economy to improve relations between people. Before President Nixon's surprise visit, such a radical change in relations seemed truly unimaginable.

Culture has always been a powerful force of change. Cultural diplomacy marks a significant step beyond traditional forms of political and economic diplomacy. Here the emphasis shifts from political treaties and trade agreements to social and cultural exchanges in which conflicts are resolved by mutual attraction to what is new, different and unique in other cultures. At its highest, cultural reconciliation leads to understanding that differences can be fully reconciled through mutual understanding and harmony. At its best, cultural diplomacy can lead to a higher stage of diplomacy which may be termed psychological. In this stage, we discover the universal principle that there is a truth in every point of view, even those which are diametrically opposite to our own. Conflicts lend themselves to full and final resolution when we fully and genuinely recognize the truth in the other person's point of view.

The progression from military to political to economic to cultural and psychological diplomacy marks the transition from contradiction, conflict, and competition to compromise, reconciliation, harmony, and mutuality. Through this process, humanity evolves from the physical man to become the social and mental man. By this process violent revolution is transformed into social evolution, as the violent revolutionary fervor of France in the 1790s was transformed into peaceful social evolution between the classes on the other side of the English Channel in England. Intermarriage between classes, religions, nationalities and even races has become a common means for cultural integration. Humanity starts by relating physically through war. It evolves to relating socially through trade. It evolves further by relating psychologically through culture. Culture represents the psychological evolution of humanity, as education reflects the evolution of knowledge.

Cultural Diplomacy

Culture is the finest flower of human social evolution containing the essence of knowledge and experience accumulated through long centuries of history and civilization. The astonishing achievements of the human community over the past few millennia are the product of intensive and incessant contact, exchange and interchange between cultures at the level of objects, foods, plants and animals, tools, products, languages, mathematics, technologies, customs, laws, systems of governance, religion, science, philosophy, art, architecture, literature and the other arts. All the humanity possesses today in terms of knowledge, skill and ways of life is the product of global cultural collaboration. Culture has an unrivalled capacity to generate positive, constructive human relations.

Cultural exchange is the highest in an ascending series of social measures that can be applied to sublimate humanity's aggressive instincts and reliance on physical violence and political power to resolve disputes and forge cooperative interactions between individuals and social groups. Because of its subtle character, cultural influences permeate by osmosis from one society to another, defying the political and social barriers that often obstruct understanding and recognizing the value of other societies. Past experience suggests that the comprehensive, systematic application of cultural diplomacy in concert with appropriate economic and other strategies can achieve a sudden breakthrough in relations in places which have defied resolution for decades through more conventional forms of diplomacy.

Political diplomacy is primarily the task of governments. Cultural diplomacy is primarily the work of civil society at the national and international level. Business too has played an enormous role in spreading awareness of other cultures and ways of life through the dissemination of life style products, books, TV, cinema and other popular media. Witness the craze in China when Apple releases a new model iPhone. The world media plays a similar role. It provides information and news about people and events that generate common global understanding, culture, values and life styles.

Global Civil Society plays an increasingly prominent role in promoting peace under circumstances in which national governments are severely constrained. Following the end of the Cold War, the number of international non-governmental organizations has grown rapidly to exceed 40,000. This is in addition to the millions of national and local level NGOs, many of which also interact across national boundaries.

Of all the instruments for cultural diplomacy, the most powerful of all is the instantaneous exchange of information and ideas across national boundaries over the Internet, which has grown exponentially to become the first truly global social organization linking and binding together more than a billion people around the world into a single cultural community. The Internet permits the rapid diffusion of ideas and knowledge globally, enabling them to permeate all but the most inaccessible places and impenetrable political barriers. From a sparely populated map of linkages between research institutions in the 1960s, it has evolved into a densely woven web of interrelationships linking together people, organizations and activities encompassing the entire gamut of humanity's global social life. It has done more than any other institution to forge a common sense of humanity and unified human culture.

Theoretical Foundations for Peace and Human Security

Diplomacy that transfers conflict from the battlefield to the conference table, abolition of nuclear weapons, commitment to universal human rights (including the right to peace) and rule of law, truly democratic institutions for global and national governance, acceptance of a wider conception of sovereignty that recognizes the legitimate claims of individuals and humanity, economic and employment security for all, a halt to predatory speculative financial activities, effective measures to reduce economic and social inequality, harmonious multi-culturalism, and concerted efforts to protect the environment are core elements of a comprehensive strategy to promote global peace and human security. Many of them are reflected in the 17 sustainable development goals adopted by the United Nations for global implementation. These challenging and elusive goals are necessary, but not sufficient to secure peace and human security for all.

Violence is rooted not only in human actions and emotions, but in ideas as well. Religious crusades, slavery, colonialism, imperialism, racial superiority, proletarian dictatorship, people's democracy and balance of power are among the long list of ideas which have channeled the energies of their people into horrendous acts of warfare and self-destruction in the past. Today we look back on these discredited ideas as primitive and barbaric relics of earlier times. Yet the seeds of violence live on in intellectual notions and theories that still command respect and adherence today, most notably in the fields of social science.

Contemporary social policies are still founded on outdated notions of a clock-work, mechanical universe tending toward equilibrium, natural selection and survival of the fittest, scarcity, and positivistic, value-free, objective ideas about science. Inspired by the achievements of the natural sciences in earlier centuries, the social sciences have attempted to reproduce the objectivity and rigorous discipline developed for the study of material phenomena in physical nature. This led to the search for impersonal, immutable universal laws governing society, akin to Newton's laws of motion and thermodynamics. It also led to the emphasis on quantitative measurements and mathematical formulations which have proven so precise and effective in the material sciences.[13] The philosophy of positivism which prevailed in the natural sciences eventually took hold in the social sciences as well. In the process, the social sciences have largely come to

---

13) G. Jacobs, "The need for a new paradigm in economics," *Review of Keynesian Economics*, Vol.3 No.1, Spring 2015, pp.2-8.

ignore or regard as externalities vitally important distinctions between social and natural science.

The notion of a natural law and universal principles central to the natural sciences fails to take into account the conscious dimension of human behavior and individual uniqueness, which are vitally important to understanding the role of conscious human choice and its impact on social systems. Efforts to discover universal laws of political, economic, and social behavior fail to recognize the fact that the laws governing human society are created by human beings and are determined by prevailing values, attitudes, laws, customs, institutions, and social forces rather than immutable universal principles. Today few recall that Adam Smith considered himself as a morale philosopher, not a scientist. His advocacy for free markets was to counter the incestuous relations between business and government that shaped the policies of mercantilism. Smith's objective was to enhance human welfare and well-being by eliminating unfair policies designed to benefit the wealthy and powerful.

The aim of social science is not to imitate the impartiality of Nature founded on the law of the jungle, but rather to maximize human security and well-being. Philosopher of Science Karl Popper rejected the notion of value-free social science and emphasized the central importance of the ethical dimension in the social sciences. He cautioned against "misguided naturalism" and called on social scientists to accept moral responsibility for the outcomes of their knowledge. Persistent poverty, high levels of unemployment, and widening inequality reflect failures of knowledge, not immutable laws of social science.[14] Social science must be human-centered and founded on the power of conscious human beings rather than

---

14) G. Jacobs, "The need for a new paradigm in economics," *Review of Keynesian Economics*, Vol.3 No.1, Spring 2015, pp.2–8.

immutable laws of material nature.

Social science also ignores the single most powerful factor in social evolution: the role of the individual. It ignores the fact that a single person—a Lincoln, Churchill, Gandhi, Gorbachev—can change the world. In an effort to mimic the mathematical and statistical perfection of other sciences, the emphasis on mean, median, and standard deviation in the social sciences obscures the fact that all significant changes in social behavior originate in the mind and action of a single individual and from there spread to groups and the larger collective. The determinative power of the individual on the welfare and well-being of the collective is sufficient justification for all initiatives to eliminate authoritarianism and injustice, eradicate inequality, abolish nuclear weapons, fight against oligarchy and plutocracy, and strive to establish a harmonious and inclusive social organization promoting the peace, human security and well-being of all human beings.[15)]

The prevailing concepts of war and peace based on the limited perspective of political and military science need to be broadened and founded on a comprehensive, integrated, transdisciplinary, human-centered science of society. Only then will we possess the right theoretical foundations to achieve permanent peace and human security for all.

Need for Integrative Thinking

Social theory forms the explicit and implicit basis for our conception of what is possible and the formulation of policies to achieve it. Theory is a product of the way we think. Different types of thinking have different epistemological foundations. The

---

15) G. Jacobs, W. Nagan & A. Zucconi, "Unification in the Social Sciences," *Cadmus*, 2-3, Oct 2014, p.5.

notion of peace as the absence of war and the conception of security in narrow military terms are the products of analytic thinking, which dominated scientific thought for three centuries based on a positivistic, reductionistic view of reality. Positivism eliminated the role of consciousness and choice from the study of humanity. Reductionism eliminated the complexity arising from the interrelatedness and interdependence of all aspects of social reality. The study of the individual elements as separate aspects of reality is useful and necessary for practical purposes. But when mistaken for reality itself, it introduces significant distortions and errors that can have immense practical implications and in some cases catastrophic consequences. The 2008 financial crisis and the Cold War nuclear arms race are striking instances.

Analytic thinking utilizes the mind's capacity to divide reality and life into categories, classifications, sectors, subjects, topics, specializations, components, systems, elements, fragments, parts and particles and regard each as if it exists separately and independently from all the rest. Mind's capacity for division and analytic thinking inevitably led to a proliferation of separate disciplines, to specialization, and compartmentalization of knowledge with immense consequences. Over the last five centuries, the number of intellectual disciplines has multiplied from five to around 1000 disciplines and sub-disciplines. As the study of reality is divided up into smaller and smaller pieces, specialization has led to increasing fragmentation of knowledge. Viewing each field independently has generated precise knowledge of the parts, but obscured the complex interactions and interdependencies between elements that are essential for knowledge of the whole.[16]

The insufficiency of analytic thinking became increasingly apparent during the 20th century and led to development of more holistic ways of thinking in fields such as biology,

---

16) G. Jacobs, "A Brief History of Mind and Civilization," *Cadmus*, 2-6, May 2016, p.85.

ecology, genetics, cybernetics, systems theory, management science, neutral networks, complexity and chaos theory, and artificial intelligence. These new approaches are all founded on the capacity of mind to aggregate the fragments of reality conceived by analytic thinking in an effort to understand the interrelationships and interdependencies between the parts. Systems thinking has led to the identification a number of transdisciplinary principles applicable to all fields of social science, such as feedback loops, self-organization, network effects, and emergent properties, which link apparently independent fields together.

This more inclusive type of thinking confirms the view that peace and human security depend on a wide range of political, economic, social, cultural and environmental factors. But even systems thinking is an inadequate instrument to fully comprehend the intricate complexity of social reality. Society is an integrated whole. Every aspect and dimension is interconnected to all the others, just as the health of human body depends on interactions and interdependencies between virtually all of its parts, organs and systems. Integrality cannot be attained by a mere aggregation and assembly of its constituent elements, any more than the living integrity of the human body can be accurately represented or reproduced by a constructed assembly of its constituent atoms, molecules, cells, organs and systems. Nor can it be achieved even by identifying all of the myriad links between its constituent components. Society, like the body, is a living organism. It is organically integrated. It is a whole that is greater than the sum of its parts. It cannot be understood by modes of thinking that regard the whole as a mere aggregation of interlinked parts. More effective social theory needs to be founded on more integrative types of thinking, which will require a radical reorientation of the educational system.

Peace as an Emergent Property

Peace and human security are characteristics of society as whole, not merely of one dimension of its integrated existence. Peace is an emergent property of a social organization that effectively addresses the full spectrum of human needs in a manner that maximizes individual freedom, social equality, economic opportunity, welfare and well-being in a manner that also recognizes the rights of other individuals and groups, promotes social harmony and cultural diversity.

Proposal

An integrated, value-based, human-centered approach to peace and human security will be difficult to advance based on the compartmentalized structure of social science research prevalent in universities and research institutes. Moreover, an integrated approach cannot be effectively undertaken by institutions whose responsibilities are primarily for observation and analysis rather than for action. Nor can it be accomplished by purely political institutions which are subject to the dictates of prevailing governmental policy. Theory and practical application need to go hand in hand, but they need to be considered in an atmosphere free from the imposition either of conventional social theory or prevailing public policies.

For this purpose, WAAS proposes the establishment of an International Center on Human Security (ICHS) committed to an integrated approach that encompasses the political, economic, social, cultural and ecological dimensions of human security. The center could be established by a coalition of governments, research institutes and NGOs committed to fresh thinking and new policy measures designed to break the logjam that presently stalls progress on critical issue.

The structure and governance of the center might well be similar to that of European Organization for Nuclear Research (CERN), the world's leading institute for applied research in the field of particle physics based in Geneva, and, incidentally, the birthplace of the World Wide Web. Established by 12 European nations in 1954, CERN's membership now includes 22 countries and works in close cooperation with other leading research institutes around the world. CERN operates autonomously and democratically and provides an excellent model for multi-national, cross-cultural research.

The purpose of ICHS would be political rather than academic. Although engaged in research, its activities would focus on formulating and propagating effective, implementable solutions to real world issues through international collaboration. Its aim would be to build alliances of partner countries and institutions committed to quantum change. The work of the center would be global in scope and relevance, while giving special attention to issues of regional concern.

The World Academy's research program to formulate a new paradigm for human development confirms that solutions do exist to the pressing political economic, social, cultural and ecological challenges confronting humanity today.[17] Recent work by the Academy and other organizations on new economic theory, global employment challenge, the future of education, nuclear weapons, peace, cooperative security, multi-culturalism and ecological security can serve as a useful foundation for the activities of the center. Regardless of its structure and membership, the mandate of ICHS would be to evolve new theoretical perspectives and practical strategies to address the most pressing challenges to global peace and human security in a comprehensive and integrated manner.

---

17) G. Jacobs, "New Paradigm: The Necessity and the Opportunity," *Cadmus*, 2-2, May 2014, p.9.

제15장

Peace Philosophy of Young-Seek Choue &
Daisaku Ikeda: English Abstract
(조영식과 이케다 다이사쿠의 평화사상:
영어 요약문)

(Chapter 1)
Succeeding and Exploring the Development of Young-Seek Choue's Thoughts on Peace

Young-Ae Ha

This paper starts with the question, "How may Young-seek Choue's thoughts on peace be succeeded?" As claimed by the Behaviorism School of the University of Chicago in the United States, Korea may be considered as a suzerain in terms of peace movements and this is reflected in Korean President of IAUP(The International Association for University Presidents) Young-seek Choue's proposals to the UN which led to the UN enactment of the International Day of Peace in 1981 and the enactment of the International Year of Peace in 1986. Since then, nearly 40 years have passed but peaceful dialogue between the two Koreas has barely just started to take off, let alone achieving world peace.

This study examines Young-seek Choue's thoughts on peace from two perspectives, i.e. practicing peace ideology through school education and the development of peace movement through social organizations. Research has been done on the succession and development of the GCS Movement which is a movement currently in practice based on the peace thoughts of Young-seek Choue, the national consciousness and the practice of nationalism through the Committee for the Reunification of 1 Million Separated Korean Families, as well as the succession and nationwide development of kimchi-making charity work that helps spread love. The paper also examines the activities that succeed Young-seek Choue's thoughts on peace in the field of education which includes the participation of Kyung Hee University professors and students in the Peace Boat, Global Service Corps of Kyung Hee University (GSC), Global Academy for Future Civilizations, Miwon Lecture, Humanitas College and the emphasis of human education, as well as the establishment of the Choue Young seek-Ikeda Daisaku Research Center, etc.

In the conclusion, the following suggestions have been made for the succession of creative thoughts on peace. They include concerted efforts for fund donations, compilation and publishing of dialogues with Young-seek Choue, pursuing the continuous and meaningful operation of the Oughtopia Peace Festival, establishment of the Choue Young seek-Ikeda Daisaku Research Center and continuing research presentations, as well as promoting exchange and cooperation such as building network with overseas countries.

(Chapter 2)
Young-Seek Choue's Ethical Philosophy of 'Oughtopia' and Its Kantian Genesis

Chungshig Shin

"Two things fill the mind with ever new and increasing admiration and awe, the oftener and more steadily we reflect on them: the starry heavens above me and the moral law within me." Dr. Young-Seek Choue seemed to always have in mind this famous phrase from Kant's Conclusion of *Critique of Pure Reason* (1788) that was indeed treated seriously in his magnum opus, Toward *Oughtopia* (Seoul: The KHU Press, 1983). Dr. Choue, one of the most remarkable educators in Korea who established and built the Kyung Hee University, had attempted to create a society of "Oughtopia," not related to a utopia at all. In my research, I found that his main insights into the so-called 'oughtopian' society were rooted in Kantian sense of humanitarianism, pacifism, and the true democratic spirit. What is remarkable in his philosophy of education is that he considers every human being as a potential 'fluctuation' able to effect change in our complex dynamic socio-economic-cultural system. Since he firmly believed that the future world must not be dominated by science and technology, Dr. Choue asked most urgently a Copernican revolution in education that can rebalance the lopsided relation between science education and ethical education. Thereby he tried to overcome the adverse effects of contemporary materialistic civilization such as disrespect for human dignity, alienation of human beings and so on. For harmonizing the spiritual culture and the materialistic civilization, a new school is required to offer a truly humanistic curricular focused on the whole person. For Dr. Choue, nurturing the moral character is a vital need at all times and places, especially in a current Korean society. Now the serious question is: How could students cultivate the ability to distinguish what is right and wrong, part and whole, good and evil, and responsible and irresponsible? In order to cultivate students' capability to distinguish between them, he stresses the importance of the new value hierarchy based upon the following three value systems: a milieu of *livable life* in which people may live in material affluence; a milieu of *beautiful life* in which people may live in the spiritual richness of a virtuous life; a milieu of *rewarding life* in which people may achieve meritorious and valuable work.

(Chapter 3)
Choue Young Seek's Chon–Sunghwa Theory:
A Scientific Interpretation of Holistic Insights

Ki–Joon Hong

The primary objective of this article is to investigate the theory of Chon-Sunghwa from the perspective of complexity theory. Chon-Sunghwa literally means 'totality,' 'multiplication,' and 'harmony.' This means that all things in the universe not only interrelated but interact with each other within the whole. The theory's holistic approach to universal phenomena is scientifically supported by complexity theory. The core ideas of complexity theory are self-organization, emergence, wholeness, self-similarity, and nonlinearity, far-from-equilibrium state and co-evolution. The theory of Chon-Sunghwa, which was derived from ideal insights, exactly coincides with the empirically proved theory of complexity.

(Chapter 4)
Young Seek Choue's Vision of a 'Pax UN' for a Peaceful World Community

Young-Dahl OH

Young Seek Choue, a life-long peace visionary and an activist, argued for a peaceful world community under the strengthened leadership of the United Nations in the latter period of the 20th century. He put forward his vision of a 'Pax UN' for the global community through the International Association of University Presidents (IAUP), a gathering of leading intellectuals from around the world. Young Seek Choue, as the previous president of the IAUP, ultimately succeeded in designating the International Day of Peace through a UN General Assembly resolution. As the United Nations continues to experience ups and downs in maintaining world peace in the contemporary world, it is worthwhile to revisit Young Seek Choue's vision for world peace under what he termed 'Pax UN.' This paper explores the background of his vision for a 'Pax UN' and delves into the main approaches to building a strengthened United Nations. In this way, this article will introduce and evaluate his insights of world peace. In conclusion, this article emphasizes that it is high time to revisit Choue's vision of Pax UN for a peaceful global community.

(chapter 7)
The Background of Daisaku Ikeda's Peace Philosophy and the Method of Peace Realization

Sangpeel Park

Peace researches, which in general started in the modern age, are diverse ranging from studies on human mind to those on the structure of international regime. Peace philosophers are also actively studied and studies on religion leaders have some significance. This paper aims to study peace philosophy of Daisaku Ikeda who is the leader of SGI (Soka Gakai International). He is renowned as a peace philosopher, but relatively less studied. I will grasp relations between concepts of positive peace and the background of Ikeda's peace philosophy as well as methods of peace realization with a sociolinguistic approach targeted at his peace proposals which proceeded on January 26th each year since 1983. He referred to social ethics 6405 times on concepts related positive peace, subsequently 1616 times to political ethics and 1214 times to ethics of the other in the peace proposal. In the background of peace philosophy, political ethics was mainly related to buddhism (80 times among 118 times), while social ethics and ethics of the other to his teacher's guidance (140 times among 223 times and 31 times among 54 times respectively). In the method of peace realization, he put emphasis on the role of the UN in the aspect of political ethics (217 times among 339 times). On the other hand, he underlined the activities of NGOs (100 times), the role of state (99 times), and individual efforts (83 times) besides the role of the UN (437 times among 719 times) in the aspect of social ethics. Meanwhile, in the aspect of ethics of the other, the UN's role (355 times among 652 times) was emphasized the most with the activities of NGOs (144 times). In general, he described on anti-war and anti-force the most (4930 times) and above all, on opposition against weapons of mass destruction as nuclear weapons. He thought the role of the UN as the most important method of peace realization.

(chapter 8)
Peace Education of Daisaku Ikeda

Jaeyoung Yu

This paper is an in-depth study of a theoretical approach to Daisaku Ikeda's peace education and his practical efforts to convert the conventional negative view of peace into positive one for the purpose of contributing to the peace settlement of the Korean peninsula. A qualitative research method, which analyzed materials such as books, interview collections and speeches given by Dr. Ikeda, was used. The results of this study are detailed below.

First, Dr. Ikeda's theoretical foundation for peace education is based on Nichiren Daishonin's philosophy of life and human revolution, which he acquired through studying under his mentor, Jōsei Toda, for some ten years.

Second, he has criticized the nationalistic education, for it is the main reason why humankind has repeatedly committed violence. He has urged public educational institutions and informal symposium organizations to advocate global citizenship education (realizing the importance of human rights and non-violence, trusting in people and understanding other cultures) and contribute to education for peace.

Third, he has published a variety of dialogues with intellectuals from all over the world in the hope of offering 'reproduction of encountering' to the people in the present and the future with a mutual sympathy for each other.

Fourth, He also established academic institutions such as the Institute of Oriental Philosophy, Pacific Basin Research Center and Toda Peace Institute to construct a concrete form of non-violence philosophy. He put in a great effort to build a network with non-violence movement-related organizations worldwide, to publish books for his research and to organize symposiums and workshops for peace leading the way for peace education to become more mainstream in the world.

(chapter 9)
Daisaku Ikeda and Tokyo Fuji Art Museum

Hee-jung, Son

Daisaku Ikeda is well known to the international community as an educator fostering talent and a peace activist taking action for non-violence and denuclearization based on the humanistic philosophy of the Nichiren. As a poet and photographer, he established IOP (The Institute of Oriental Philosophy) and MOCA (Min-On Concert Art Association) and TFAM(Tokyo Fuji Art Museum). This paper investigates the meaning of the realization of peace culture and solidarity of art he has asserted, and its characteristics. The composition of this paper is based on discussions, speeches, and reference books on culture and art, describing his view of culture and art, and looking through TFAM at an aspect of it being realized.

Daisaku Ikeda emphasizes the establishment of the cultural nation and defined "new aesthetics" created by synergies made when culture and culture meet as the sublimation of art. He also changes the Buddhist concept of 'NIDANA' to the power of unity and defines a dynamic movement of the life as "the creative life".

The creative life overcomes the limitations of time and space, the hyper-polar work from a small self to a large one, in other words makes itself a new leap and innovate through resonating with the rhythm of the universe source. And speaks "active practice towards self-sustaining" by comparing creative life to "an attitude of life."

Thus, efforts to develop creative life can be a source of vitalization of all human beings, including art, because they can open the path to a "mental revolution" through human internal transformation. So, for him, art is the singing of the joy of life, the power to unite human and the triumph of life in the direction of peace. And when one appreciates a masterpiece, such as poetry, painting, and music, the stirring emotion of soul just are being amplified by the exquisite rhythms of the universe.

Accordingly, when one meets true aesthetics, a closed mind opens up, moves when one meets the spirit of great art, and the emotion becomes the driving force of life. Therefore, the great art is said to be the expression of humanity, an expression of humanity and of freedom and diversity, so it is the opposite of the 'must' that bind humans with force or violence.

As a result, true art can bring about world peace in the sense that we can build friendship by resonating with the art and sympathizing at a much deeper level than external regulations such as politics, economy, and military. Hence, artists must always do their best to achieve greatness beyond themselves with their own philosophy, and this mission is the source of self-purification, art purification, and society cleanup.

To overcome these limitations, we must recognize the fact that there are differences among distinctive races, cultures, traditions, etc. Then we should be able to resonate with the great art of winning "the sublimation of creative life" in order to transcend their differences and boundaries.

Based on this belief, he showed the vision in 1961, "To promote the movement for peace and culture, establishing a museum is essential."

In addition, the company established the TFAM in support of the maintenance of Tsunasaburo Makiguchi(1871~1944, 1st President of Soka Gakkai), who valued the value of beauty and Josei Toda (1900~1958, 2nd President of Soka Gakkai)'s discipline that if you don't have access to the top class, you can't see the true nature of things.

The TFAM, which opened on November 3, 1983, is a private art museum representing Japan in terms of the size and facilities of its collection, various education program operations, and active exhibition planning at country and abroad.

In particular, the TFAM's Special Exhibition on Foreign Cultural Exchange held 42 exhibitions in 21 countries until 2014, introducing excellent cultures from around the world at a new point in order to seek the love of nature or human beings and esthetics.

Daisaku Ikeda educates the public with lessons & values and historical figures & events about exhibition's masterpiece. It is beyond the limits of ideology, religion and international politics. As mentioned earlier, he believes that the international task for world peace can be solved by the consciousness reform of the common people and the expression of good faith through cultural and art.

He said, "The pleasure we get by meeting outstanding works of art such as poetry, painting, and music becomes the driving force of life and encouraged by the exquisite rhythm of the universe, the scope of viewer's thinking expands, this makes a change that even selfish people can wish others happiness." In other words, the solidarity of great art to enable each individual's to transform forms a culture of peace.

In conclusion, TFAM contributes to the expansion of the arts solidarity and the spread of peace culture by planning global cultural and arts-related exhibitions and educational programs that accord with the purpose of its establishment, providing the public with more opportunities for internal change.

(chapter 10)
A Study of Ikeda's Peace Theory: Theoretical Implications for the Sustainable Development Goals

Jungkeun Lim and Hiroki Miura

The purpose of this article is to find out the meaning and vision of Daisaku Ikeda's peace theory in relation to the global development agenda. Especially, this article reviews and analyzes his '2015 Peace Proposal,' which includes his basic ideas and suggestions toward the establishment of UN's new global paradigm, Sustainable Development Goals. This article concludes that Ikeda's proposals (re-humanization of politics and economy, human empowerment, and universal friendship) are based on three types of peace-building methodologies (positive, active, and non-violet peace-building) and a profound belief on the dignity of the human life as a grand goal. These are significant for global development agenda and future governance system because they can contribute to enhance our understanding on global justice and teleology of development which are fundamental, but neglected elements in the global development agenda and SDGs.

(chapter 11)
Daisaku Ikeda's Thought on the Japan–Korea Relations: Characteristics, Limitations and Implications

Hiroki Miura

This study tries to analyse theoretical characteristics and limitations of Daisaku Ikeda's thought on the Japan-South Korea relations by the in-depth research on his literary works, essays, speeches on this subject. This study also discusses important implications for the improvement of existing discourse of Japan-Korea relations and his buddhist peace philosophy in general. As a result, this study has shed light on the following characteristics and implications. While Ikeda's views are largely consistent with the existing discourse that emphasizes the multiplicity of actors and their complex interactions in the ontological aspect, he is providing alternative ideas in the teleological and epistemological aspects of the bilateral relations. In essence, Ikeda has consistently argued for the significance of the power of people's solidarity, respect for the humanity and the holistic and progressive way to realize the fundamental social change based on these drivers. However, creative follow-up research is needed on the applicability of his thought to the dynamism of various sub-issues and on-site political realities between two countries. Thus, it is important to reexamine how he strategically combines his macro-level peace visions and micro-level practical tasks in his peace philosophy.

▪ 저자약력

하영애 ─────────────

건국대학교 정치외교학과 학사, 정치학 석사, 자유중국 국립대만대학교(National Taiwan University) 정치학 박사. 경희대학교 후마니타스칼리지 교수, 여교수회 회장 역임. 중국 북경대(2010), 청화대(2011) 방문교수. 1994년에 '사단법인 한중여성교류협회' 설립 및 회장으로 봉사하고 있다. 최근에는 경희대학교 설립자와 일본 소카대학교 설립자 연구에 중점을 두고 조영식-이케다 다이사쿠 연구회를 만들었으며, 두 사람의 비교를 위해 미국, 영국, 일본, 대만 및 중국지역을 방문하였다. 지은 책으로『아름답고 풍요롭고 보람 있는 BAR사회』,『한중사회 속 여성리더』,『밝은사회 운동과 여성』,『한중사회의 이해』,『중국 현대화와 국방정책』,『대만 지방자치 선거제도』,『조영식과 평화운동』,『조영식과 이케다 다이사쿠의 교육사상과 실천』,『조영식과 이케다 다이사쿠의 교류협력과 문명융합』,『조 영식과 민간외교』,『대만을 생각한다』,『중국을 생각한다』등이 있다.
ha-youngae@hanmail.net / hayoungae@khu.ac.kr

신충식 ─────────────

뉴욕 사회과학대학원(New School for Social Research)에서 철학 박사학위를 받았으 며, 현재 경희대 후마니타스 칼리지 교수로 재직 중이다. 주요 관심분야는 공직윤리, 정치 철학, 행정철학, 교양교육이다. 지은 책으로『20세기 사상지도』(2012, 공저),『보수주의 와 보수의 정치철학』(2013, 공저),『루소, 정치를 논하다』(2017, 공저)가 있으며, 주요 논문으로는 "푸코의 계보학적 접근을 통한 통치성 연구", "공공조직 내 윤리적 의사결정 연구", "공감에서 놀이로: 가다머의 이해와 선의 본성에 관한 연구", "라이너 슈어만과 궁 극의 현상학: 비극적 진리와 정치", "슈미트와 하이데거: '정치현상학'의 가능성 모색" 등 이 있다. 옮긴 책으로『다른 하이데거』(프레드 달마이어 저, 2012),『공직윤리』(테리 쿠 퍼 저, 2013, 공역),『인간을 인간답게: 글로벌 공공윤리를 위해』(프레드 달마이어 저, 2015),『공직윤리핸드북』(테리 쿠퍼 편, 2018),『윤리역량』(테리 쿠퍼 편, 2018) 등이 있다. shinn@khu.ac.kr

홍기준

루벤대학교 국제관계학 박사. 경희대학교 평화복지대학원 교수, 한국지방정치학회, 한국유럽학회 회장 역임. 주요 저서로는 The CSCE Security Regime Formation: An Asian Perspective (Macmillian, 1997), North Korea: Political, Economic and Social Issues (NOVA, 2016, 공저), 주요 논문으로는 "The Unintended Consequences of the Helsinki Final Act: A Path Emergence Theory Perspective," International Political Science Review, 2012, "A Path to 'Emergent Peace' in Northeast Asia: The Shadow of the Past Matters," Asian Studies Review, 2015, "Dynamics of Network Resonance: The Case of the Transnational Helsinki Network," Europe-Asia Studies, 2019 등이 있다.

오영달

한국 한양대학교 학부 정치학사, 대학원 정치학 석사, 경희대학교 평화복지대학원 정치학 석사, 영국 아버리스트위드대학교 국제정치학 박사. 고려대학교 BK21 동아시아교육연구단 연구교수, 평화연구소 연구교수, 경희대학교 인류사회재건연구원 학술연구교수, 한양대학교 정책과학대학 정책학과 조교수를 역임한 후 현재는 충남대학교 정치외교학과 교수로 재직 중임. 주요 연구로는 "유럽 중세 및 근대의 평화사상: 성 아우구스티누스, 성 토마스 아퀴나스와 이마뉴엘 칸트를 중심으로" (천주교 서울 대교구 민족화해위원회 평화나눔연구소 엮음, 『가톨릭교회 평화론과 평화사상』 2018), 『국제기구와 지역협력: EU · ASEAN · OAS · AU』 (공저, 2015), "남북한 정치체제와 인권 그리고 한반도 평화" (2016) 등이 있다.

김소중

연세대학교 정치외교학과 학사, (대만)국립정치대학 정치학 석사, (대만)중국문화대학 정치학 박사, 배재대학교 사회과학대학 · 외국학대학 학장 역임. 현 배재대학교 중국학과 명예교수. 경력은 중화인민공화국 요녕대학(1995), 북경대학 객원교수(2007), 현 한국정치학회 명예이사, 한국국제정치학회 명예이사, 한국동북아학회 고문, 한중사회과학학회 회원, 통일부 통일교육위원 대전협의회 회원. 저서로는 『中國을 움직이는 사람들』(1988), 『中國特色의 社會主義』(1994), 『세계외교정책론』(1995, 공저), 『21세기 한국의 외교정책』(1999, 공저), 『중국을 정복하자』(2002~2009), 『中國政治思想史와 中國現代化』(2005), 『中國現代政治』(2005), 『中國少數民族』(2007), 『세계화와 동아시아민족주의』(2010, 공저) 외 논문 다수. sojkim@pcu.ac.kr

황병곤

국립대만대학교(國立臺灣大學) 학사, 대만 국립정치대학교(國立政治大學) 법학 석사, 경희대학교 정치학 박사. 경희대학교 명예교수. 대만 중국문화대학교(中國文化大學), 육달과기대학교(育達科技大學), 일본 데이쿄대학교(帝京大學) 교수 등 역임. 지역사회 개발에 관한 다수의 연구-저서를 중국어, 한국어, 일본어로 출판했으며, 중한사전(고려대학교 민족문화연구소 1989) 검수. 일본 소카대학교(創價大學) 영예상 수상(1997). 전 경희대학교 밝은사회연구소 소장, 전 GCS International 사무총장으로서 밝은사회운동의 세계적 발전에 진력했음. Kon30@hotmail.com

박상필

경희대학교, 알래스카주립대학교, 경북대학교에서 정치학, 정책학, 행정학 등을 연구하고 행정학 박사학위를 받았다. 현재 성공회대학교 NGO대학원 대우교수로 재직 중이며, 한국NGO학회장을 맡고 있다. 주요 관심분야는 NGO, 시민운동, 거버넌스, 대안사회 등이다. 지은 책으로 『NGO와 현대사회2』(2001), 『NGO를 알면 세상이 보인다』(2001), 『NGO와 정부 그리고 정책』(2002), 『NGO학: 자율 참여 연대의 동학』(2005), 『국가 시장 비판』(2010), 『한국 시민운동역량 측정』(2014), 『아시아의 시민사회 1, 2』(2005, 공저), 『한국 시민사회 그랜드 디자인』(2017, 공저), 『로컬 거버넌스의 성공모델』(2018, 공저) 등이 있다. npongo@naver.com

유재영

서울과학기술대학교, 한국교원대학교 대학원 졸업. 교육학 박사. 한국교원대학교 겸임교수를 역임하여, 현재 중등교사로 재직 중임. 주요 연구로서 Contemporary Research in Technology Education(2017, 공저), "팀 기반 학습 문제해결 활동에 대한 실행연구"(2017) 등이 있다. 3pmx018@hanmail.net

손희정

이화여자대학교 미술대학, 홍익대학교 대학원 미술사학과 졸업, 중국미술학원(中國美術學院 美術史論系) 졸업. 미술사학 박사. 이탈리아 피렌체의 Kunst Historishes Institut 에서 방문 연구 후, 수원대학교, 동방대학원대학교 등에서 동양 및 한국미술사, 동양예술사상사 등을 강의함. 주요 연구로서 "안드레아 만텐냐(Andrea Mantegna) 회화에서의 古代性과 후원자"(1996), "傳 蕭照≪瑞應圖≫의 미술사적 의의와 정치적 역할"(2013), "南宋초기 院體畵 연구와 고려로의 유입 가능성 考察"(2015) 등이 있음. 국립문화재연구소 발행『한국역대서화가사전』(2011)의 서예부분 집필을 담당했으며, 전시기획 및 동양미술사에 관한 다수의 번역서가 있음. kathleen528@gmail.com

임정근

연세대학교, 미시간주립대학교 졸업. 사회학 박사. 현재 경희사이버대학교 NGO사회혁신학과 학과장, 서울시공익활동촉진위원회 위원장, 경희사이버대학교 부총장, 한국인권재단 이사 등 역임. 주요 연구로서 "The Regional Regime of Accumulation in Ulsan City, Korea," Journal of International Economic Studies, 2016, "New Policy Directions for the Revitalization of Busan City in Korea," International Regional Research Review, 2016 등이 있음. socio@khcu.ac.kr

미우라 히로키

서울대학교 사회혁신 교육연구센터 수석연구원. 정치학 박사. 일본 소카대학 및 경희대학교 평화복지대학원을 졸업하여 경희대학교 인류사회재건연구원 학술연구교수를 역임했다. 전문 분야는 거버넌스, 사회혁신, 동북아 지역학 등이며, 주요 연구로서『동아시아 지역 거버넌스와 초국적 협력』(2018, 공저),『한중일 사회적경제 Mapping』(2015, 공저), "사회혁신 담론에서 행위자 개념에 관한 고찰"(2018) 등이 있다. sugeun@msn.com

Emanuel Pastreich

일본 동경 대학 석사, 미국 하버드 대학 박사. 우송대학교 국제경영학과 교수, 충청남도 도지사 국제교류 보좌관, 외교안보연구원 강사, 미국 조지워싱턴대학교 역사학과 겸임 교수, 미국 펜실베니아대학교 동아시아학센터 객원연구원 등을 역임했다. 현 지구경영 연구원 원장, 국제종합녀교육대학원 대외부총장, 아시아인스티튜트 이사장. 대표 저서 로『한국인만 몰랐던 더 큰 대한민국』(2017),『지구경영 홍익에서 답을 찾다』(2016,공 저),『하버드 박사의 한국표류기: 인생은 속도가 아니라 방향이다』(2011) 등이 있다. epastreich@asia-institute.org

Pedro B. Bernaldez

경희대학교 평화복지대학원 교수, 동국대학교 교수 등을 역임하여, 현 필리핀 레가스피 디바인 월드 대학(Divine Word College of Legazpi) 경영대학원 교수, 필리핀 행정자 치부(DILG) 제5지역 사무국 지역개발관리팀 매니저로 재직 중임. 주요 저서로 Praxis of Oughtopia (1996, 공저), Oughtopian Peace Model for Neo-renaissance: Young Seek Choue's Peace Thoughts and Strategies (2002), "Human Security in Global Governance: Implications for the East Asian Region Focusing on South Korea," Oughtopia, 2011 등이 있다.

Garry Jacobs

현 세계예술과학 아카데미(WAAS) 회장(CEO), 세계대학컨소시엄(WUA) 의장, 인도 마더 서비스협회(Mother's Service Society) 부회장. 로마클럽(The Club of Rome]) 회원. 경제사회발전과 경영의 전문가로서 지속가능하고 공정한 세계 경제사회질서의 발전과 고용촉진, 인적 및 사회적 자본의 확충 등에 관한 다수의 저서가 있으며 국제적 인 경영컨설턴트 활동을 펼치고 있다.

조영식과 이케다 다이사쿠의
평화사상과 계승

초판인쇄 2018년 12월 31일
초판발행 2018년 12월 31일

지은이 하영애 편저
펴낸이 채종준
펴낸곳 한국학술정보㈜
주소 경기도 파주시 회동길 230(문발동)
전화 031) 908-3181(대표)
팩스 031) 908-3189
홈페이지 http://ebook.kstudy.com
전자우편 출판사업부 publish@kstudy.com
등록 제일산-115호(2000. 6. 19)

ISBN 978-89-268-8657-1 93340